周恩来传略

李海文——主编

四川人民出版社

图书在版编目（CIP）数据

周恩来传略/李海文主编. —成都：四川人民出版社，2021.6（2023.11重印）
ISBN 978-7-220-11852-4

Ⅰ.①周… Ⅱ.①李… Ⅲ.①周恩来（1898-1976）-传记 Ⅳ.①K827=7

中国版本图书馆CIP数据核字（2021）第017754号

ZHOU ENLAI ZHUANLUE
周恩来传略
李海文　主编

出 版 人	黄立新
策划组稿	张明辉　李洪烈
责任编辑	罗晓春
营销策划	张明辉
封面设计	象上设计
版式设计	戴雨虹
责任校对	舒晓利
责任印制	祝　健
出版发行	四川人民出版社（成都三色路238号）
网　　址	http://www.scpph.com
E-mail	scrmcbs@sina.com
新浪微博	@四川人民出版社
微信公众号	四川人民出版社
发行部业务电话	（028）86361653　86361656
防盗版举报电话	（028）86361653
照　　排	四川胜翔数码印务设计有限公司
印　　刷	成都蜀通印务有限责任公司
成品尺寸	170mm×240mm
印　　张	25.5
字　　数	410千
版　　次	2021年6月第1版
印　　次	2023年11月第4次印刷
书　　号	ISBN 978-7-220-11852-4
定　　价	69.90元

■版权所有·侵权必究

本书若出现印装质量问题，请与我社发行部联系调换
电话：（028）86361656

《周恩来传略》编委会

主　编　李海文
编　委（按作品先后顺序排列）
　　　　廖心文　李海文　曹应旺
　　　　李　静　刘春秀　易飞先
　　　　熊华源　安建设

目　录

001/　一版前言
002/　二版前言
004/　三版前言

001/　"这家真难当啊！"
003/　绚丽的樱花
007/　"我认的主义一定是不变了"
011/　选择小超做新娘
013/　血染沙基
016/　贺龙元帅的引路人
019/　化险为夷
022/　豪密
025/　特科严惩叛徒
028/　把毛泽东同志请回来
033/　遵义会议，支持毛泽东进入中央常委会
039/　战胜死神
042/　患难与共草地情
045/　下寺湾会议，支持毛泽东担任中央常委和军委主席

049/ 坐谈竟夜，快慰平生
054/ 智救廖承志
056/ "在政治上不要与南京对立"
063/ 坚持和平，坚持谈判
067/ 劳山遇险
071/ 狱中讲演
075/ 为党做"官"
078/ 举荐郭沫若为第三厅厅长
082/ 请范长江组织"青记""国新社"
086/ 令冯玉祥敬重的朋友
090/ 革命需有后来人
093/ 出使共产国际
097/ 雾重庆的曙光
101/ 西安赴宴
105/ 当干部犯了错误的时候
109/ 李少石遇难之后
113/ "这条河，是难不住我的"
116/ 与马歇尔谈判中"讨论"与"实行"之争
119/ 主动撤离延安，转战陕北，指挥全国战局
124/ 牵着胡宗南的鼻子
128/ 定都北京，进京"赶考"
133/ 共商建国事
136/ 我们是同行
140/ 筹建新中国首届"内阁"
144/ 四商建立解放军最高学府

- 148/ 在毛岸英牺牲的前后
- 151/ 冲破封锁　推开国门
- 158/ 将绍兴酒选入国宴
- 160/ 和义女孙维世
- 167/ 不忘国际友人
- 172/ 《梁祝哀史》——中国的《罗密欧与朱丽叶》
- 175/ "中国人使外交成为艺术"
- 178/ 海棠花·瑞士表·两地书
- 182/ "克什米尔公主号"爆炸前后
- 188/ "中国代表团是来求团结而不是来吵架的"
- 192/ 做民族工作要用少数民族语言
- 195/ 用具体数字说话
- 198/ "知识就是力量"
- 200/ 探访地质学家李四光
- 203/ 向毛泽东提意见，要求反冒进
- 206/ "文化越古，不知保护，树木越少"
- 208/ 检阅海军
- 210/ 关心"上天"
- 214/ 介绍程砚秋入党
- 219/ 周恩来与小六龄童
- 222/ "每个月给我写一封信"
- 224/ 我们的心永远忠于党
- 228/ "都值得我们学习"
- 230/ 特殊的客人
- 234/ 真诚的"红娘"

237/ 邯郸调查　解散食堂
241/ 又是一个不眠之夜
244/ "干一杯酒，要增加外调粮食1亿斤！"
246/ 就以你们做民主的据点
250/ "香港95％以上是自己的同胞"
253/ 天涯处处有芳草
257/ 史诗《东方红》的"总导演"
261/ 一定要飞出去，才能打开局面
263/ 当大地还在颤抖的时刻
266/ 狂风暴雨护英华
270/ 七亿人民的好"管家"
273/ 不要随便提"打倒"口号
276/ 停止红卫兵大串联
281/ "我不入地狱，谁入地狱？"
284/ "决不能开这个先例！"
286/ 痛斥"骗斗"闹剧
289/ 挺身而出，保卫中南海
292/ 在外交部"夺权"的日子里
295/ 七机部群众的内疚
298/ "派性像毒蛇一样"
302/ "规章制度很重要"
304/ 数学手稿遗失之后
307/ 部长张霖之非正常死亡之后
312/ "你们不要那么'左'！"
315/ 在"接班人"叛逃前后

319/ 一个机敏过人的决断
322/ 打破坚冰，推动中美关系正常化
329/ 抓住时机　求同存异　恢复中日邦交
339/ 价值四十三亿美元大型成套设备的引进
346/ 把基础理论研究抓起来
349/ "港口问题一定要解决"
351/ 在"批林批孔"的困境中
354/ 饱含歉意的哀思
358/ 周恩来抱病飞长沙
364/ 全面整顿的后盾
367/ 临终前的嘱托
371/ "英特纳雄耐尔"一定要实现
374/ "人民的总理人民爱"
378/ 魂归大地
381/ 作者简介

一版前言[①]

  我们是热爱周恩来、研究周恩来的几名历史工作者，由于工作之便，采访过几百位同周总理有过接触和交往的老同志，并翻阅了大量历史档案、文献资料，从中选出比较典型的、有情节的事件，撰写成《周恩来足迹》，献给读者。这些故事题材广泛，以小见大，各自独立成篇，如将这些故事连贯起来，可以看出一代伟人周恩来从童年到病逝，整整78年所走过的路。这条路，是崎岖艰难之路，是奋斗之路，它代表了一代人的探索、追求，也从一个侧面反映了我们党的历史、我们民族的历史。希望读者能从中受到启迪。

  参加本书写作的几位同志是（按故事的先后顺序排列）：廖心文、李海文、曹应旺、李静、刘春秀、易飞先、熊华源、安建设。

  因水平有限，写作中难免有不当之处，敬请读者批评指正。

李海文

1992年1月

[①] 因《中国农村文库》有中宣部一副部长写的序言，此文是原书的后记。

二版前言

人们常常用"日理万机"来形容周恩来的工作，他工作之繁忙，管的事情之多、之细是世人公认的。他从五四运动起投身革命57年，是中国共产党第一批党员，他几乎经历了中国共产党所有的重大历史事件；从1927年起担任中共中央常委50年，时间之长是那一代领导人中唯一的一个；从1924年在黄埔军校起，领导军事工作几十年，是中国人民解放军的缔造者之一；他是中华人民共和国缔造者之一，担任共和国总理26年；他的名字同中国共产党、同中华人民共和国的许多事业联系在一起，每当各行各业人们总结历史经验，回顾过去时就不由得想起指导过、关心过他们工作的周恩来。正因为他"日理万机"，他接触的各级干部、民主人士、群众之多、之广也是世人公认的。冰心女士讲得很好："总理是中国亘古以来付予的爱最多而且接受的'爱'也是最多的一位人物。"这就是自他病逝后20年来回忆、怀念、研究他的文章不断发表、经久不衰的原因。

我们是研究周恩来的几名专业历史工作者，工作时间最长的已达20年，时间短的也有10年了，在长期不懈的工作中，采访过几百位同周总理交往的老同志，并翻阅了大量历史档案、文献资料，经过去伪存真，去粗取精，从中选出比较典型的、有情节的事件，撰写成文，献给读者。我们采用白描手法，文字通顺、明快、简洁，没有浮夸、华丽、拖沓；史实确凿可靠；既通俗易懂，又包含了我们多年的研究成果。文章虽短，也常常是几易其稿。从1992年开始写，经过几年的努力，今天终于汇集成册。

全书104篇，题材广泛，以小见大，各自独立成篇，按故事发生的时间顺序排列成书。如将这些故事连贯起来，可以看出一代伟人周恩来从童年到病逝，整整78年所走过的路。为了富民强国，一百多年来中华民族一代又一代的志士仁人前仆后继，英勇奋斗。周恩来所经历的时代正是中国历史发生翻天覆地的变化，中华民族开始崛起的时代。中国人民从受屈辱到站立起来，从内战不已到国内实现和平，从贫穷走向富强，自立于世界民族之林。周恩来走过的路，是崎岖艰难之路，是奋斗不已之路，它代表了一代人的探索、追求和牺牲，也从一个侧面反映了我们党的历史、我们民族的历史。一个民族生存、发展总是要有一种精神，这就是周恩来的精神。希望读者能从中受到启迪。

参加本书写作的几位同志是（按作品的先后顺序排列）：廖心文、李海文、曹应旺、李静、刘春秀、易飞先、熊华源、安建设，最后由我对全书进行统稿，做了多处修改和增补。

李海文

1998年1月8日

三版前言（真实是历史书籍的生命线）

20世纪50年代，周恩来是我敬仰的中国共产党领袖之一。当时，我正在北京第一女子中学学习。那时欢迎外宾，常常在人民大会堂开会，女一中在毗邻人民大会堂的北长街，得地利之便，我们到人民大会堂当观众。周恩来和外宾坐在主席台上讲话时，我们为领导占座。当大会结束，开始文艺演出前，周恩来和外宾走下主席台，到观众席和我们一起观看演出，我们将座位让出来。我把紧挨着周恩来总理的座位安排给同学们，我坐在后面。一次欢迎来自越南的外宾，郭兰英演唱，同学们少不更事，不停地鼓掌，郭兰英一连唱了七首歌才下场。会后，坐在周总理后面的同学告诉我，总理不断地摇头，不赞成学生们只顾自己高兴，完全不顾外宾的感受。当时地方剧团经常进京汇报演出，展现"百花齐放，推陈出新"的成果，他们进京后都要到中南海怀仁堂、小礼堂或人民大会堂小礼堂演出。周恩来非常喜欢文艺，经常看北京人艺的演出。在观看演出中我也见到过周恩来总理。我们感到周总理是那么平易近人，可亲、可敬，是一个容易见到、接触到的中央领导人。

"文革"中，我只能从电视、新闻电影中看到周恩来。他日夜操劳，鞠躬尽瘁，死而后已的精神感动着我们每一个人。1976年1月8日周恩来总理逝世，亿万民众同悲。我开始收集周恩来的资料，当时我在北京三十三中教书。

1978年3月我到中央党校党史教研室工作。1979年3月随廖盖隆、缪楚黄领导的毛泽东传小组到了毛家湾，当时那里是毛泽东著作编辑委员会办公室。1979年4月，成立了周恩来选集组，1947—1957年曾任邓颖超的秘书的陈楚平任组长。[①] 经廖盖隆的推荐，我参加了编辑《周恩来选集》（上卷）编目、注释工作，从此开始专业研究周恩来的工作。

1980年6月《周恩来选集》（上卷）出版前的一个月，在毛著编委会办公室的基础上成立中共中央文献研究室，内设理论研究组，毛泽东、周恩来、刘少奇、朱德四个研究组，综合研究组，注释组，图书资料组和办公厅各局。周

[①] 1980年12月陈楚平同志追悼会悼词。

恩来研究组下设周恩来生平小组（处）和周恩来著作小组（处）。在室务委员、周恩来研究组组长陈楚平、副组长方铭的努力下，我离开注释组，留在周恩来生平小组工作。周恩来生平研究组组长方铭手把手地教我们写《周恩来年谱》。先让每个人试写几个月，大家讨论通过了，才能继续向下写。在讨论中逐渐明确了年谱的体例和注意的事项，我们逐渐掌握了"年谱"的写作方法。首先要求言之有据，力求准确，兼顾生动，将电报的一些内容以谱主的活动形式出现。并且要交代清楚必要的历史背景，处理好谱主活动与历史背景的关系，既不能以偏概全，还要繁简得当、突出谱主的活动。

周恩来生平小组负责写年谱和传记。方铭重视活的历史。她带领我们采访。1980年不少老干部还没有分配工作，1982年后，许多老同志退居二线。我们采取召开座谈会、请进来、走出去的方法，采访了数百人。几年间，召开了数次座谈会，参加者多的二三十个同志，少的几个同志。每次都是周恩来外交秘书、外交部办公厅副主任，离休后到周恩来研究组当"志愿兵"的陈浩，在会前列名单，打电话，邀请各位参加。因为她和这些负责干部都很熟悉，座谈会举办得十分顺利，院子里停满了汽车，盛况空前。很多老同志都互相打听，你接到文献室的邀请了吗？大家热爱周恩来，以参加这样的座谈会为荣，到了会场纷纷发言，我们从中了解了大量新鲜、生动的资料。周恩来的部下，有人大常委会副委员长、部长、将军、大使、专家。还有党外的朋友和周恩来的亲属。我们访问过的诸多同志后来都已仙逝。

特别是1980年6月《周恩来选集》出版后，邓颖超大姐请中央文献研究室的30多个相关人员到西花厅参观。在中央文献研室主任李琦的带领下，我第一次来到周恩来曾经工作、生活的地方，以后邓颖超大姐多次邀请方铭、周恩来生平小组的同志到西花厅观赏盛开的海棠花，向我们讲述周恩来的历史。周恩来总理值班室主任童小鹏、陈浩带我们参观西花厅、中南海，边走边谈，我们渐渐了解了周恩来生前生活和工作的环境。

与此同时，我们查阅了大量档案。为了做注释，我一趟一趟到中央组织部看干部档案。写年谱、传记，在中央档案馆一住就是几个月，为了节省时间，只有星期三、星期日才回家。

我们来自五湖四海，以前互不相识。方铭提出研究周恩来，学习周恩来的口号，在周恩来等老一辈革命家思想和事迹的浸润、感召下，大家全身心地投入工作，不计报酬，不计名利，任劳任怨。夜晚办公室灯火通明，那时是自觉自愿地加班，从来没有加班费。精诚合作，毫无保留地交流资料、看法，在讨论中，各抒己见，畅所欲言，在碰撞中产生新的思想火花，每个人业务水平都提高很快。留在文献室工作的或调出去的同志都事业有成，没有出一个贪官。

20世纪80年代中期，我们将《周恩来年谱》上卷（1898—1949）初稿写出后，开始着手《周恩来年谱》下卷（1949—1976）的工作。当资料、档案看得差不多时，周恩来生平小组为了达到"史料准确，立论公允"的要求，用了8天的时间，先由这段历史的拟稿人汇报自己看到的主要资料，根据资料向大家介绍这段党史的重点，然后再介绍周恩来在这段历史中的事迹、思想和在历史上所起的作用。其他同志根据自己看到的材料进行补充或纠正。我们不注重寻章摘句，更不是堆砌辞藻，而是关注重大历史事件、重要转折的前因后果，以达到宏观、整体把握。经过8天讨论、研究，大家以诚相待，直言不讳，互相取长补短，经过争论，取得共识，不会像瞎子摸象，只看到局部。从而对中国共产党与周恩来有关历史，对周恩来一生的轨迹、对错、贡献有了整体的理解和把握，对周恩来的认识高度、深度有了很大的提高。这时再来写自己所承担的一段年谱，做到"史料准确，立论公允"，心中有底了。20世纪80年代是思想解放的年代，思想活跃、开放的年代，中央文献研究室、外交部、江苏省委、浙江省委、重庆市委、南开大学等经常召开学术研讨会。

我们经常接待外宾，与他们交流。如韩素音为写《周恩来和他的世纪》一书就来过文献室4次。在南开大学召开的国际学术讨论会上，我们与《周恩来传》的英国作者迪克·威尔逊，以齐赫文斯基为首的一批苏联（俄罗斯）学者，周恩来首次提出和平共处五项原则时的印度翻译白春晖以及美国学者交流。

李琦为了让军旅作家铁竹伟写文学的周恩来传，特地对她开放档案，参加采访，我们由此成为好朋友。20世纪80年代末新闻电影制片厂摄制大型纪录影片《周恩来》时，铁竹伟担任撰稿。王永宏导演请我们到新闻电影制片厂里看了30多个小时的有关周恩来的纪录片。这在商业大潮之下的今天是不可想象的。此电影1990年公映。1997年上级派我到《百年恩来》电视专题片摄制组担任历史顾问，又看了一两天的新闻纪录片。这些新闻纪录片，当年大多数都看过，但是这时再看，感觉和认识完全不一样了。补充、提高了我对周恩来的认识，特别增强了形象认识。如1973年4月12日，周恩来率党中央、国务院多位领导人在人民大会堂宴会厅门口迎接西哈努克亲王，邓小平站在第十几位的位置。周恩来和西哈努克握手后，疾步向后走到邓小平的身后，特别向西哈努克介绍邓小平。这是邓小平复出后第一次公开露面。这个细节如不是有电影记录，很难为人所知。

那时是研究周恩来的高潮，也是周恩来研究组的黄金年代。我很有幸赶上了那个时代，真是生逢其时。经过10年努力，1989年出版了《周恩来年谱（1898—1949）》《周恩来传（1898—1949）》。这是中央文献研究室推出的第一部年谱和传记。我任《周恩来年谱（1898—1949）》副主编。在出作品的同时，我和同志们一起成长，由一般研究人员进而升任周恩来生平小组副组长、组长、周恩来研究组副组长。

1991年四川人民出版社的倪进云通过周恩来研究组第一任组长郑新如找到我，说中宣部1990年决定在四川人民出版社组织出版一套《中国农村文库》，周恩来的书是必不可少的。《中国农村文库》要求让农民"买得起""看得懂""用得上"。因而出版社要求此书通俗易懂，字数不超过12万字。我当时正担任周恩来研究组副组长，和组内廖心文、熊华源、安建设、刘春秀、李静、易飞先几个同志一说，大家欣然同意。当时正在写《周恩来年谱》《周恩来传》下卷，或者参加编辑周恩来著作选，手里有不少资料。因《周恩来年谱》《周恩来传记》的字数有限，不能展开；或受体例、结构的限制用不上，令人扼腕叹惜。四川人民出版社的约稿正合大家心意，很快写出56个故事，取名为《周恩来的足迹》，于1992年3月出版。到1996年印了45000册。在《中国农村文库》基础上，20世纪90年代中期中宣部、中央文明办发起《万村书库》，经过10年的时间在8万多个乡村建立了图书馆。2006年第三批《中国农村文库》启动，此书又以《周恩来的故事》之名出版，2008年译成藏文出版。从1992年初版以来印了10万册左右。

1994年，周恩来研究组、刘少奇研究组、朱德研究组、任弼时研究处合并为中央文献研究室第二编研部，我不再担任领导职务，摆脱了行政事务，潜心向学。我做的第一件事就是修改、扩充、增补这本书，增加了曹应旺和诸位同志们的文章，我又写了若干篇。全书共96篇30万字，以《周恩来之路——100个真实的故事》为书名，1998年由北京出版社出版，很快印了近2万册。

现在是第三次出版。此书从成书到现在已经过去了29年，时间是最好的考验。

1991年广西电影制片厂拍摄《周恩来》故事片时，编剧宋家玲多次采访我们。我们将自己掌握的史料和盘托出。导演丁荫楠、主演王铁成多次与我们交谈、讨论。1992年中央电视台导演戴维宇，编剧宋家玲、吉天旭拍历史回顾纪实片《伟人周恩来》，邀请我、廖心文、熊华源、安建设等担任历史顾问。1997年邓在军、周尔均、周秉德等拍摄电视专题片《百年恩来》，李琦派我担任历史顾问。这两个片子都获了奖，《伟人周恩来》获得1994年中宣部"五个一工程奖"。《百年恩来》获得2000年国家音像制品奖。在拍摄中，摄制组采访了大量的当事人，特别是拍《百年恩来》时，我随剧组到西花厅、中南海拍摄数日，进一步熟悉了周恩来生活、工作过的地方。在讨论铁竹伟、乔良写的剧本时，文艺工作者与我们观察事物的角度不同，关注的重点不同，表现手法不同。跨界的碰撞，开阔了我的眼界和思路。经过反复的咀嚼、消化、锤炼、融和，反复与不同行业人的讨论，收获颇大，达到新的境界和认识，回味无穷。在和铁竹伟合作写《穿过硝烟的握手》一书时，她说：写作切忌平铺直叙。史料如同一条鱼，你要剁成三段，将鱼头放在后面，将鱼尾放在前面。要将枯燥的史料编织成引人入胜的故事。写作时，第一个出现在脑海中的词一定不要用，这肯定是用熟了、用烂了的。一定要再想想，多想几个，才能有与众不同的好的词句出现。这就是推敲。

有了这么多的经历，现在回头再看这本书仍然能站住脚。为什么此书能一而再、再而三地出版呢？我想有以下几个原因：

一、真实，史实确凿可靠。历史是过去发生的事实。观察历史可以有不同的角度，对历史的认识随着时间的流逝，时代的变迁会发生变化。仁者见仁，智者见智。但是历史事实是已经发生的事实，是凝固的，是不可变化的。从这个角度讲，历史不是任人打扮的小姑娘。书写历史，真实是第一要紧的，是生命力的根本。尊重历史事实是历史工作者遵循的根本原则。决不可人云亦云，随波逐流，这样写出的历史书籍只能流传一时，但是没有生命力。而你手中的这本书是根据采访过的几百名同周恩来有过接触和交往的老同志，并翻阅了大量历史文献资料才写成，经得起时间的考验。如《狱中讲演》一篇是根据中央党史征集委员会的钱听涛提供的乐于泓原始记录和我采访彭竟秋前辈的回忆而写的。一次中央文献研究室举行讲演比赛，我讲了这个故事，因为生动、真实而受到好评。

二、全书各自独立成篇，按故事发生的时间顺序排列。这次又增加了7篇文章，有关毛泽东担任中央常委和军委主席的2篇，有关外贸的1篇，外交2篇，周恩来和邓颖超两地书1篇，"'文革'中引进价值四十三亿美元的成套设备"事例1篇，共103篇。因为是各自成篇，行文自由，切入点不同于一般的传记，立意新颖。故事有情节、有头有尾，引人入胜。

三、虽然每个故事篇幅不大，但是周恩来重要历史史实基本不漏。如：周恩来10岁管家，留学日本，信仰共产主义的转变过程，大革命在黄埔军校经历，八一南昌起义，担任中央常委，向各地介绍、宣传毛泽东，建立红军、根据地的经验，支持毛泽东进入中央常委，长征，西安事变，在国统区开展卓有成效的统一战线工作，转战陕北，协助毛泽东指挥全国战局，组建政务院，打破帝国主义封锁，日内瓦会议，万隆会议，反冒进，领导文化艺术工作，领导"两弹一星"工作，困难时期调查研究，向毛泽东建议解散食堂，日夜操劳解决粮食问题；特别有30篇是关于周恩来在"文革"期间，为保护干部，维持国家运转，发展生产，稳定局面贡献的描写，如处理"九一三事件"、批林批孔、支持邓小平整顿。此次增加四十三亿美元引进，推动中美关系正常化、恢复中日邦交。一般人都知道1976年1月11日百万人十里长街送总理，却很少人宣传1月15日追悼会结束后，几百万人在寒风中等着送总理。这些内容在书内都有展示。

特别是我们这代人经历过的那个时代。20世纪90年代，我年龄最大，不到50岁，李静、易飞先不到30岁。大家精力充沛，干劲十足，充满了激情。作者写作有激情才能感染读者。如将这些故事连贯起来，可以看出一代伟人周恩来从童年到病逝，整整78年所走过的路。经过近30年的检验，这本书可以命名为《周恩来传略》。

四、题材广泛，不以文害义。提倡不拘一格，从实际出发，不设框框，不以文害义，文章该长则长，该短则短。最短的仅八九百字，最长的则四五千字。以小见大，深入浅出，易读易记，通俗易懂，便于流传。

五、以白描手法，文字朴实、通顺、明快、简洁，没有浮夸、华丽、拖沓。文章虽短，也常常是几易其稿。如第二篇《绚丽的樱花》，1992年我随中日友好代表团参加中日恢复邦交20周年纪念活动，看到周恩来读书处的模型，回来后写了此文。1999年10月我在村田忠禧先生推荐下到日本参加学术讨论会。当时日本学者矢吹晋先生刚刚出版了《周恩来十九岁东京日记》一书，此书将周恩来在日本的日记由铃丁博先生译成日文，由矢吹晋先生增加了对周恩来留学时常去地方及所交往日本朋友的介绍，并附上周恩来读过的日文文章全文。此书一出受到日本青年的欢迎。根据此书拍了故事电视片。我很想将此书介绍给中国读者，时过 20 年终于有希望出版。

在矢吹晋带领下，我考察了周恩来在东京学习、居住、买过书的旧书店，常吃饭的汉阳楼，一起切磋。村田忠禧安排一位女留学生陪我到了日暮里灵梅寺院。这是日本美术大学毕业生保田重右卫门寄宿之地。因南开校董严修之子严智开（季冲）与保田同住，季冲要归国，周恩来搬过去住，和保田君来往很多，保田君为周恩来画了肖像。[①] 我们见到了灵梅寺院的主持。日本和尚和中国元朝时一样，是可以结婚生子的，主持职务，父子相传。这位主持的祖父接待过周恩来。他详细介绍了 80 年前的情况，那时，这里是乡下，寺庙很小，并不像电视里看到的那么大。主持笑着说：艺术总是会夸大的。保田重右卫门笔下的灵梅寺院是柴门篱笆墙。我得到保田重右卫门的年谱和他画的周恩来肖像。又到京都，毛泽东学院院长小野信尔先生拨冗陪了我一天，参观了岚山和圆山等名胜，只有身临其境，才知道岚山在京都的西边郊区，圆山在京都东部。周恩来在京都写的诗，是看到在不同的地方的樱花而写的。正因为有了切身的感受，这次将这篇文章重新改过。文章虽短，但是一字一句都浸透着笔者的心血。

由于以上五个特点，此书才会再次出版。

此次修订考虑到周恩来已经逝世 40 多年，这段历史渐行渐远，为了让年轻的读者看懂，增加了历史背景和画龙点睛的话。并对少数篇幅的排序做了调整。这些内容均在《周恩来年谱》《周恩来传》出现过。

此次修订得到罗援、熊蕾、顾保孜、王克明、周燕的帮助。感谢四川人民出版社，感谢张明辉、李洪烈，没有他们的努力也不会有如此精美的书出版。

一本书，最终是在读者那里实现它的价值的。我真诚希望读者能对这本书提出宝贵意见。

李海文

2021 年 1 月 13 日于北京毛家湾

[①] 见周恩来 1918 年 2 月 1 日、2 日、6 日，3 月 1 日日记，《周恩来早期文集》上册，第 325—341 页。中央文献出版社、南开大学出版社 1997 年出版。

"这家真难当啊！"

同许多孩子一样，童年的周恩来也曾在充满幸福与母爱的环境中生活过。

他的生母万氏是一个性格爽朗，精明强干、乐于助人的女人。万氏有三个儿子，周恩来是她的长子。因丈夫常年奔波在外，家里的事情全部由她担当起来。周恩来未满周岁时，因为叔父身患重病，身边无子，善良而识大体的母亲把他过继给了叔父。这样，一来可使叔父在弥留之际有所安慰，同时也使年轻的叔母有所寄托。虽然周恩来从小过继给他人，但是在几个孩子中，母亲仍旧最喜欢他，出门做客、办事总是带着他，母亲处事公正、坚定、果断的作风深深印在他的心中。

周恩来的叔母，也就是他的过继母亲陈氏虽然出身贫寒，但也是书香门第，家庭的影响使她勤于书画，爱好诗文，是一个富有才学的女子。同万氏的性格相反，陈氏十分文静。因年轻守寡，周恩来成为她唯一的依靠。她把全部希望寄托在这个孩子身上。周恩来从四岁起就在陈氏的教育下开始认字和背诵唐诗，这种文化启蒙，使他的理解能力和接受能力从幼儿时起就得到了很好的锻炼，几十年后周恩来还深情地说："直到今天，我还得感谢母亲的启发。没有她的爱护，我不会走上好学的道路。"

两个母亲的抚爱给周恩来留下了难以忘却的记忆。

但是，童年的欢乐似乎太短暂了。由于家境日渐衰落，万氏在生活的重压下劳累忧愁而亡。第二年，陈氏也匆匆而去。短短的两年时间内，周恩来连续承受了失去亲人的巨大打击。那一年，他才十岁。家庭的变故把他过早地推上了人生艰难的路程。

两个母亲的相继逝世改变了周恩来的全部生活。当时，周恩来已随母亲搬到外婆家清河县清江浦，他的伯父和父亲都在外做事，家中还有两个年幼的弟弟。沉重的生活重担不得不落到周恩来稚嫩的肩上，他成为这个败落家庭的当家人。

周恩来当家后的第一件大事就是处理过继母亲的丧事。当时，生母万氏的丧事刚刚办完不久。万家因是官宦之家对这件事要求严苛，他们不顾周家破落的窘况，坚持按照封建家族的旧规矩来办，不但要求为死者买了楠木棺材，还对出殡时要多少人吹打，多少和尚念经，多少人送葬等都做了严格的规定。周家没有办法，只好把万氏的棺木寄厝在清江浦的一个庵内。直到许多年后，周恩来的父亲有了一些积蓄，才将灵柩移回淮安县安葬。陈家对过继母亲的丧事没有提出什么要求，但万氏丧事在前，处理不好难免要引起族人的一些非议。周恩来不理睬周围的议论，主张一切从简，当即将过继母亲的灵柩移回淮安与过继父亲合葬。这种违抗世俗的做法，在封建社会中对一个十岁的孩子来说是很了不起的事情。

两个母亲的丧事花了很多钱，周家又欠下了很多债务。丧事办完后，周恩来领着两个年幼的弟弟回到淮安老家，同八伯、八伯母一起生活。八伯残疾，不能下地，周恩来成为家中一个紧要的男子。那时几乎每天都有债主上门来讨债，要利息。周恩来不得不到处借钱来维持这个家。更糟糕的是，家境虽然破落了，但封建家族的旧习俗还仍旧存在。大家族中矛盾重重，关系复杂，生老病死样样需要应酬。为了记住这些事情，他在家中的墙上贴了一张纸，记下亲戚朋友的生日和忌日，到时候就是靠典当、借钱也要把礼送到。

债务天天逼着，钱是没有，几口子饭是要吃的，当也当净了，卖也卖绝了，借是没处借，赊是没处赊。不要说脸面是没有了，就是不要脸，向人家去要饭吃，恐怕也没有地方去要。这种生活压得周恩来喘不过气来。

这种令人窒息的生活过了一年多。周恩来后来还时常回忆起这段生活，不无感慨地说："这家真难当啊！"

然而，正是这种饱含艰辛的生活激发了他对封建世俗的憎恨，锻炼了他的意志和能力。革命胜利后，他作为国家总理的当家本领，或许在儿时的磨炼中已经萌芽。

（廖心文）

绚丽的樱花

田中首相送给中国人民的大山樱花年年岁岁在北京、淮安等地盛开，妩媚喜人的樱花传递着中日两国之间的友情。每当笔者看到绯红轻云般的樱花就想起架起中日两国友谊之桥的周恩来总理。

周恩来钟爱樱花。

1917年秋，19岁的周恩来从天津南开中学毕业后，东渡日本求学。根据中日两国政府协定，规定凡是中国自费留学生能考上日本指定的学校之一的，就由中国政府给予官费生待遇。东渡日本求学，是最好的出路。当时从中国到日本不需要签证，来往十分方便。

周恩来家境贫寒，在老师马千里、校董严修（范孙）等老师、亲友的帮助、支持下到了东京。1918年1月8日，他接到八弟的来信，得知八伯病逝的消息，他在日记中写道："我身在海外，猛然听到这个恶消息，那时候心中不知是痛，是悲，好像是已没了知觉一样。……天不谅人，叫我们这支四房头鳏寡孤独全都占全了，真真是可怜，可惨到了极点。"

他因经济窘迫，多次搬家。在东京美术学院学习的南开同学严智开（季冲，严修之子）与同学保田重右卫门同住在郊区日暮里灵梅寺院。季冲要归国，1918年2月1日，周恩来从神田区搬到日暮里灵梅寺院。这里寺院多，日本人死后葬在寺院里，所以墓地多，樱花树多。樱花树高大粗壮，树冠遮天蔽日。人少安静，风景宜人，周恩来一扫连日的烦恼，每天从樱花树下走过，去补习日文，去参加留学生新中学会的集会。樱花树陪伴他度过在日本的500个日日夜夜。

这年的春天，他看到樱花满树吐蕊，芳香四溢，淡红娇嫩地如云似海。他看到人像潮水一般涌到中野、上野观赏樱花，亲朋好友、男女老少在树下载歌载舞，尽情欢乐，如同过盛大的节日。他感到惊喜而欢快。但是，樱花的花期很短，一场春风或一场春雨袭来，盛开的樱花片片散落，轻轻飘扬，继而像鹅毛大雪舞泻而下，既像凯旋，又像视死如归，是那么壮观，那么豪迈。年轻的周恩来为之惊叹、为之折服。樱花落在地上、水面上，形成花的地毯。这时，樱花树的枝头吐出嫩绿的幼芽，生机勃勃。

日本人民喜爱纯洁、高雅的樱花，从樱花瞬即开放、瞬即散落，认识到人生的短促和视死如归的精神。在日本流传着这样一句名言："欲问大和魂，朝阳底下看山樱。"因而樱花是日本的国花。

日本人民对樱花的热爱深深感染了年轻的周恩来，震撼了他的心，1919年春，樱花盛开的季节，他决定回国前到京都观赏樱花。京都是日本的古都，四周是山，岚山、圆山和城中运河两岸都是樱花树。九天之内，周恩来两游岚山，四游圆山，从4月5日到9日，在短短的四天之内一连作了四首诗记述此事，可见他对樱花之喜爱。

他一次又一次冒雨到郊区的岚山，第二次终于看到樱花含苞待放，无限喜悦，写道：

　　雨潇潇，雾蒙浓；
　　一线阳光穿云出，愈见姣妍。

雨过天晴，樱花绽放，他不由地吟道：

　　万绿中拥出一丛樱，
　　淡红娇嫩，惹得人心醉。
　　自然的美，不假人工；
　　不受拘束。

当天夜间，游意未尽，随着赏花的人群，他又去近处的圆山。置身花的海洋、人的海洋，欢声笑语之中，写道：

　　满园樱花灿烂；
　　灯花四照；
　　人声嘈杂。

过了四日，他第四次游圆山，看到樱花已凋谢，游人稀少，无限惆怅而感慨：

满山满谷的"落英缤纷"；

　　树上只剩得青枝与绿叶，

　　更何处寻那"淡红娇嫩"的樱！

他联想到自己的身世，从花开花落的自然规律悟到人生的哲理。他从观花如潮到游人渐稀，不由地感叹：

　　我九天西京炎凉饱看，

　　想人世成败繁枯，都是客观现象，

　　何曾开芳草春花，自然的美，无碍的心。

他从小在封建的大家庭挣扎，深恶世态炎凉、虚伪，更加喜爱"自然的美，无碍的心"。他追求"自然的美，无碍的心"。他喜爱樱花"自然的美，不假人工；不受拘束"。由此发出：

　　想起那宗教、礼法、旧文艺……

　　粉饰的东西，

　　还在寻讲什么信仰、情感、美观……的制人学说。

他从1918年日本发生的米骚动已看到明治维新后的日本社会尖锐的阶级矛盾，他写道：

　　此刻岛民心理，仿佛从情景中呼出；

　　元老、军阀、资本家……

　　从此后"将何所搏？"

他写下这些诗句后，义无反顾回到中国，不久反帝的五四运动爆发，他投身于学生运动，并成为学生领袖，开始了同元老、军阀、官僚、资本家搏斗的事业，终其一生，始终不悔。

他仅在日本生活了一年半的时间，但是在这一年半的时间内，世界发生了剧烈的变化。俄国爆发了十月革命。1918年日本出兵西伯利亚干涉革命，为了筹办军粮，大量购买大米，引起国内粮价飞涨。人民爆发了席卷全国的米骚动。这些都给年轻的周恩来很大的教育。他在日本更多地了解到十月革命的情况，阅读了宣传马列主义的书籍。他喜爱樱花，当他回想起盛开的樱花，就想起当年追求真理的豪情：

　　人间的万象真理，愈求愈模糊；

　　——模糊中偶然见着一点光明，真愈觉姣妍。

他一直留恋樱花。

在中国，海棠花同樱花有许多相似之处，花开时都是"淡红娇嫩"，从花开到花落前后差不多都是十天左右的时间，而且都是先开花后生出嫩叶，海棠花的谢落也是那么豪迈，那么毫不犹豫，壮观、整齐地落下。1981年4月13日，中央文献研究室编辑出版了《周恩来选集》，邓颖超大姐请我们到西花厅做客，赏花。她望着院中盛开的海棠花，深情地说：恩来到西花厅看望一个病人，看中院内的四株海棠树，才决定搬到这里来的。

从1949年11月到1976年1月离开人世，他的家、办公地点一直在西花厅。每当周恩来观赏绽放的海棠花时，在缤纷落英的院子里散步时，是否又想起日本的樱花？又回到当年"模糊中偶然见着一点光明，真愈觉姣妍"的喜悦呢？

周恩来钟爱樱花。周恩来多次向来访的日本友人询问中野、上野樱花的长势。中日建交前后，日本友人也多次邀请他访日。由于病魔过早夺去了他的生命，而未能成行。这个意愿由夫人邓颖超大姐实现了。1979年樱花盛开的时节，邓大姐在京都岚山为周恩来诗碑剪彩时说："绚丽的鲜花，在自然法则的作用下，千树万树同时开放，又豪迈地无所保留地谢去，对年轻的周恩来追求人生真理给予很大的启示。"

周恩来钟爱樱花。

（李海文）

"我认的主义一定是不变了"

周恩来自己说过，他是个"多畏多虑"的人。这是与他的家庭环境分不开的。他从小在两个母亲的抚育下，养成好静、好思的习惯。母教过分仁慈和礼让影响了他的性格，减少了男子的野性，增加了女性的温柔。父亲为人老实、胆小怕事、能力较差，只能当个小职员，难以养家。他这一支在大家庭里无权、无势、受人歧视。生母能干、果断，也无回天之力。周恩来9岁时生母去世，第二年嗣母也去世，父亲在外做事，不能回家。他带着两个弟弟跟八伯、八伯母生活。封建的大家庭规矩非常多，没有钱吃饭也要应酬，否则就被人挑理，在大家庭难以生存。八伯是个残疾人，不能下地，八伯母是个女子，不能出门。应酬的事就落在十岁孩子的身上，他成为家中一个要紧的男子。既是弱支，又是孩子，办事更要处处小心，因而周恩来从小就多畏多虑，办事缜密、周到。这种思维方式，在确定信仰时就表现得很突出。他说"谈主义，我便心跳"，到欧洲后对一切主义采取"推求比较"的态度。1922年春周恩来说"我认清共产主义确实比你们晚，一来因为天性富于调和性，二来我求真的心又极盛，所以直迟到去年（指1921年）秋后才定妥我的目标。"

其实，周恩来在老一辈革命家中接触十月革命、马列主义是比较早的，因为十月革命的消息传入日本是比较早的。由于日本出兵远东，武力干涉俄国革命，国家为了筹集军粮，大量征购粮食，引起粮价暴涨，引发了米骚动。日军在俄国作战，俄国国内战争的消息在日本是个热点，新闻界对十月革命有较详细的报道。1918年4月23日，他在日记中写了八百字，详细记录了他从杂志《露西亚研究》中看到关于对俄国党派的介绍，记录了列宁，他写道："过激派的宗旨，最合劳农两派人的心理，所以势力一天比一天大。资产阶级制度，宗教的约束，全部打破了。世界实行社会主义的国家，恐怕要拿俄罗斯作头一个试验场了。"随着十月革命的影响，马列主义传入日本也较之中国为早。周恩来在日本时就读了幸德秋水的《社会主义神髓》、约翰·里德的《震撼世界的十天》、河上肇的《贫乏物语》等介绍十月革命和马列主义的书籍。

可是他为什么没有在日本确定信仰呢？

他家境贫寒，靠几个伯伯的帮助读完中学，到日本留学，是靠友人的资助。本想考上官费就可以解决学费和生活费用，他在南开中学是学英文，日文基础差，第一次考试没有录取。境况不好。

1918年1月8日接到家信，得知八叔父故去的消息，他猛然接到这个恶消息，心中不知是痛是悲，好像是已经没了知觉一样。他思念母亲，夜里读母亲的遗诗，眼泪忍不住要流下来。思念爷爷奶奶、爹娘（周恩来叫嗣父母为爹娘，叫亲生父母为干爹娘），听说他们的棺材暴露在外面，越想越难过，恨不能马上回国，为家里处置这些事情才好。思亲之情，长子的责任，再加上独处异国他乡，孤寂苦闷，初到日本时他以"无生主义"（佛教名词），来排解心中的苦闷。

但是，他毕竟是个有抱负的青年，是为寻求救国的道理到日本来学习。这时他重新看了从国内带来的《新青年》，茅塞顿开，他在日记中写道："第一，想要想比现在还新的思想；第二，做要做现在最新的事情；第三，学要学离现在最近的学问。思想要自由，做事要实在，学问要真切。""将从前一切事体都看成了不足重的事，不足取的事，心里头非常的快活。"他的精神为之一振。

他在天津读书时看到中国贫弱，认为要学习德意志，实行富国强兵的军国主义和"贤人政治"。到日本之后，事事都用求学的眼光看，留心日本人的一举一动，一切的行事，了解日本的国情，亲眼看到军国主义为何物，改变了这一想法。他在日本大量地读书、看报，关于十月革命、马列主义，介绍无政府主义、基尔特社会主义、新村主义，只要是新知识、新思想，他都看、他都学。

突然发生的一件事打断了他对新思想的探索。北洋政府和日本政府准备密签军事协定。事情泄露后，激起广大留日学生的愤恨，周恩来参加了留日学生的爱国团体新中学会，他把主要精力投入反对中日军事协定的斗争。现实的斗争转移了他的视线，使他对这个问题没有来得及进一步探讨。

虽然他在日本没有确定自己的信仰，但是由东渡前抱着向日本学习的态度，现在他已看到资本主义社会暴露出来的严重矛盾，对日本社会越来越失望而回到天津。

1922年周恩来向友人谈起自己的转变过程时说："思想颤动于狱中，京中的'全武行'与我以不少的启发。"和周恩来同是觉悟社社友的谌小岑回忆：1919年8月为了营救被捕的学生，天津学生到北京包围了总统府等地，遭到军、警的殴打，这就是"全武行"。第二批学生再次赶到北京，周恩来也参加了，经过斗争终于将两次被捕的同学营救出来。"思想颤动于狱中"是指1920年初，周恩来等21名战友被捕。在狱中他们一起讨论主义等问题，当时对青年影响大的一个是无政府主义，一个是马列主义，马骏介绍了无政府主义，周恩来介绍了马列主义。

一场激烈的群众斗争可以迅速地改变人的思想。

周恩来到欧洲后，先到英国，后到法国、德国，对这三国的工人运动、共产主义运动作了详细的考察，写了大量的报道，他为了进行社会调查到工厂做工，和勤工俭学的学生保持密切的联系，参加了他们的斗争。

当时第一次世界大战结束不久，映入眼帘的是："生产力之缺乏，经济界之恐慌，生活之窘困。"工人罢工此起彼伏，声势浩大；思想界异常活跃，各种不同的思想杂然纷陈，特别是马列主义与第二国际修正主义的斗争十分激烈，各国共产党纷纷与社会党分裂而独立；在斗争中无政府主义的势力渐渐削弱，而被共产主义所替代，这在法国更为突出。现实生活每日每时都影响着年轻的周恩来。

1921年3月，他在张申府、刘清扬的介绍下加入巴黎共产主义小组，这个小组是中国共产党八个发起组之一。他加入组织后，投身于共产主义运动，领导勤工俭学学生的拒款斗争、求生存斗争，和法国共产党的联系日益密切。这一切都加速了他对主义信仰的选择。经过反复"推求比较"，到1921年秋，他终于确定了自己的信仰。他说："我们当信共产主义的原理和阶级革命与无产阶级专政两大原则，而实行的手段则应因时制宜。"

1922年3月初，他来到德国，看到觉悟社社员李毅韬给刘清扬的来信，得知觉悟社社友黄爱在湖南领导工人运动惨遭军阀杀害，战友牺牲的消息使他的意志更加坚定，他在回信中写到："我认的主义一定是不变了，并且很坚定地要为它宣传奔走。"

他为了纪念死去的战友，写下了《生离死别》白话诗：

没有耕耘，

哪来收获？

没播革命的种子，

却盼共产花开！

梦想那赤色的旗儿飞扬，

却不用血来染他，

天下哪有这类便宜事？

不用希望人家了！

生死的路，

已放在各人前边，

飞向光明，

尽由着你！

举起那黑铁的锄儿，

开辟那未耕耘的土地；

种子撒在人间，

血儿滴在地上。

本是别离的，

以后更会永别！

死生参透了，

努力为生，

还要努力为死，

便永别了又算什么？

这首诗既是对战友的纪念，也是他的誓言。

（李海文）

选择小超做新娘

周恩来去世后,在他的灵堂前摆着一个素洁的花圈,白色的挽带上浓墨写着"小超哀献"。透过这含泪的墨迹,人们充分感受到这对恩爱夫妻之间多么难舍难分的深切感情。

周恩来与邓颖超共同生活了50年。在这50年中,他们饱尝过离别的担忧与思念,经历过白色恐怖与炮火硝烟。为探索中国革命与建设的道路,周恩来有过不可避免的失误,也受过不公正的待遇。但是,对他们两人来说,这始终是相爱、相敬、相助、相勉的50年。

周恩来常常为自己正确地选择了这样一位能够同生死、共患难的妻子而感到欣慰。因此,他也常常以此来教育晚辈们,告诉他们作为一个革命者究竟应该如何来选择终身的伴侣。

1956年,我们国家的社会主义建设正处于一个伟大的转变时期。外交、内政的担子双双落在周恩来的肩上。他的工作十分繁忙,甚至卫生间都成为他的第一办公室。可是,当他听说自己的侄女周秉德在婚姻的选择上遇到困难时,觉得再忙也要抽时间同孩子谈一谈,他认为这是做长辈的责任。

一天,周恩来处理完案头的工作,不顾身体的疲劳,把周秉德约到家里来。为了打消她的顾虑,周恩来首先亲切地对她说:"你的事情本来应该由你自己来决定,由你自己来选择。但是,伯伯我毕竟是过来人了,有些事情,应该讲给你听一听,或许对你在处理这个问题时能有所帮助。"一席温暖的话语,使两代人的距离靠得很近很近了。

周恩来第一次向晚辈们坦露了自己的"秘密"。

周恩来在青年时期就对婚姻和恋爱问题有着自己独到的见解。1918年旅日时期，他曾在日记本上记下了自己的看法："人生在世，恋爱是一种事，夫妻又是一种事，恋爱的范围广，夫妻的范围狭。恋爱是可以有夫妻这一义，而夫妻绝不一定是包括恋爱的。夫妻由恋爱中生出来的，是真夫妻。若随旁人的捉弄或是动于一时感情的，这个夫妻实在是没有什么大价值。"也许正是受这种思想的影响，他在旅日之前，没有接受南开校董严修家的亲事。那时，他对自己的好朋友张鸿诰说过："我是个穷学生，假如和严家结了亲，我的前途一定会受严家支配，因此辞却了。"也可能是这件事使他对婚姻问题做了一番认真的思考，得出了上面这段虽然不尽成熟、但颇富哲理的见解。

1920年底，周恩来赴法勤工俭学，在那里，他确立了共产主义信仰，参加了中国共产党。随着生活道路的选择和年龄的增长，周恩来对婚姻问题有了更深刻与明确的认识。

旅法期间，他曾同一位美丽的姑娘十分接近，这位姑娘在五四运动时期和他与邓颖超一起在天津是学生运动的领袖，活跃而有能力，又都是觉悟社的成员，彼此是好朋友。但是，同邓颖超相比，这个姑娘政治上比较软弱，到欧洲后脱离了革命。而邓颖超当时虽然年龄要小得多，但已显露出对革命执着追求的精神和相当强的工作能力。

回忆起这些往事，周恩来对他的侄女说："当我决定献身革命时，我就觉得作为革命的终身伴侣，她不合适，她不可能一辈子从事革命，她经受不了革命的艰难险阻和惊涛骇浪。这样，我就选择了你们的七妈（指邓颖超），接着和她通起信来，我们是在通信中确立关系的。"

一直在旁专心谛听的邓颖超这时把两手一张，诙谐地说："怪不得那会儿突然就接到你的信呢！"大家不禁笑出声来，周恩来的笑声格外爽朗。

后来，周秉德回忆起当时的情景时深有感触地说："关于我们的婚姻、恋爱问题，他们从不把意见强加于我们，而是进行启发和引导。"

周恩来的这次谈话，给周秉德留下了难忘的印象，最深切的一点就是，在选择人生伴侣上"革命需要志同道合的伴侣"。特别是当她遵循伯伯提出的原则美满地解决了婚姻问题之后，她更加体会到伯伯的话是一个革命者在个人生活问题上应该做出的正确选择。

（廖心文）

血染沙基

周恩来丰富多彩的一生中，经历过无数回出生入死的考验，第一回险情发生在大革命时期的广州。

1925年5月30日，在上海发生了震惊中外的五卅惨案。英帝国主义屠杀中国民众的血腥暴行激起了中华民族极大的愤慨，一场反对帝国主义的革命风暴席卷中国大地。

6月23日，广州群众和香港工人为支持上海人民的反帝斗争，在广州举行了声势浩大的反对英帝国主义的示威大会和游行。由黄埔军校的军人和学生组成的这支游行队伍的前列，走着一位英气勃勃的年轻军官，他就是周恩来。

周恩来是1924年秋天从欧洲回到祖国的。当时，第一次国共合作已经形成，广州成为南方革命的中心。周恩来乘船经香港到达广州后，党组织立即让他留在广州，肩负起中共广东区委委员长和黄埔军校政治部主任的双重责任。

第二年春天，他以黄埔军校政治部主任的身份参加了讨伐广东地方军阀陈炯明的第一次东征。就在东征节节胜利向前推进之时，盘踞在广州地区的滇军杨希闵、桂军刘震寰却叛变了革命。广东革命政府立即下令东征部队回师广州肃清叛军，保卫革命根据地。周恩来接到命令后，立即率部回师广州。途中，传来了"五卅"运动发生的消息。6月12日，回师部队抵达广州郊区龙眼洞，经过三天的战斗，在留守广州的铁甲车队的配合和广州工农群众的支持下，平息了这场叛乱。可以说，周恩来是带着满身的尘土硝烟投入这场反对帝国主义的斗争中的。

周恩来到达广州后，立即同中共广东区委取得联系，并与有关同志商量组织群众游行，声援上海工人的斗争，他还对游行的具体工作进行了周密的部署。

大游行前夕，国民党中央党部通知黄埔军校组织军人和学生参加群众游行。周恩来得到通知后，不仅从军队中抽出两个营，从学校中抽出一个营组成黄埔军校的游行队伍，并决定亲自率部参加，以鼓舞士气。这件事情后来被黄埔军校的校长蒋介石知道了，他对此非常不满。

6月23日上午8时，周恩来率黄埔军校的队伍聚集到东较场开大会。会后，游行队伍以工、农、商、学、兵的次序出发。据说，军队走在全队之后，就是表示军人是和平示威民众的坚强后盾。

游行队伍三人一排，周恩来和黄埔军校的官兵们手里拿着"打倒帝国主义""为死难同胞报仇"的小旗，高呼着口号向前行进。这支整齐、雄壮的队伍给走在前面的群众很大的鼓舞。

游行队伍走到沙基时，驻在河对面沙面租界的英军突然用步枪向毫无防备的游行群众射击，接着就以机枪扫射，停泊在白鹅潭上的外国军舰也开始炮击。手无寸铁的中国民众在全副武装的外国侵略者面前纷纷倒在血泊中。走在周恩来两侧同他并肩前进的两人都不幸被子弹打中而身亡了，鲜血溅到了周恩来的身上。

黄埔军校的士兵和学生们一面以人行道的石柱为依托进行还击，掩护群众撤退，一面监视着河对岸的情况。由于"事起仓猝，路狭人稠"，无法躲避，当场死亡的达50多人，受伤的100多人。仅黄埔军校的学生和士兵死难的就有23人，受伤的50多人。这就是历史上有名的"沙基惨案"。后来，周恩来不止一次向邓颖超谈起当年那惊心动魄的情景，以至邓颖超几十年后回忆起这件事时仍记忆犹新。她曾说："这是周恩来第一次遇到的险情。"

望着扑倒在血泊中的同胞，黄埔军校的学生士兵们不愿轻离沙基。下午4时左右，下起大雨来，沙面才停止了射击，各医院救伤队也纷纷赶来。

廖仲恺的夫人何香凝闻讯后立即赶到出事地点。她见到死伤者的惨况，不禁大哭失声。周恩来的眼泪早已被雨水冲刷干净了，民族仇恨深深地埋在他的心中。疯狂的屠杀，同胞的鲜血，使他对帝国主义的认识更加深刻，更加成熟了。

1926年7月1日，周恩来在黄埔军校第三期开学典礼上发表了抗议沙基惨案的演说。31日，他在省港罢工工人第六次代表大会上作政治报告，在报告中向广大工人明确指出:"现在中国工人、农民、士兵的生活都十分痛苦,这些痛苦是帝国主义给予我们的。解决这个问题的唯一方法就是要工农兵大众联合起来,打倒帝国主义。"

经过这次事件后,周恩来更将生死置之度外,他全身心地投入到反对帝国主义,反对国内反动派的斗争中去。

(廖心文)

贺龙元帅的引路人

1927年，继蒋介石发动四一二反革命政变后，7月15日，武汉政府也开始清共，轰轰烈烈的大革命失败了。白色恐怖笼罩着神州大地，局势异常严峻。

当时，叶挺领导的国民革命军第十一军二十四师、以原叶挺独立团为骨干扩编的第四军二十五师和贺龙领导的第二十军，在"东征讨蒋"的口号下，已移动到江西九江和九江、南昌之间。

为了挽救中国革命，中共中央毅然决定举行南昌起义。为此组成前敌委员会，由周恩来任书记。

为了部署南昌起义，7月27日，周恩来在陈赓、卢冬生护送下，从武汉秘密到达南昌。当天，周恩来在南昌城内的江西大旅社召开会议，正式成立了党的前敌委员会，负责统一指挥，并决定在30日晚举行起义。

7月28日傍晚，在周逸群陪同下，周恩来到南昌国民革命军第二十军指挥部看望贺龙军长。

当时贺龙还不是共产党员。他出身贫苦，20岁那年，两把菜刀闹革命，组织起一支农民武装，曾参加过讨伐袁世凯。1926年他担任国民革命军第九军第一师师长，参加北伐，深受共产党员周逸群的影响，是北伐军中著名的左派将领，支持工农运动。

1927年7月初，周恩来在武昌第一次见到贺龙。两人一见如故，谈笑风生。贺龙性情豪爽，对周恩来仰慕已久。他对周恩来说："只有共产党才能救中国，只有马列主义才是救国救民的真理。我听共产党的话，决心和蒋介石、汪精卫这帮王八蛋拼到底。"7月15日，汪精卫召开秘密会议，确定"分共"

计划。对此，贺龙大义凛然，拍案而起，怒斥汪精卫的"分共"阴谋，公开声明："谁分共，就同谁干！"

贺龙率部到九江后，拒绝上庐山和汪精卫一起开会，和共产党员叶挺到了南昌。

贺龙也深深懂得，居心叵测的汪精卫、蒋介石，是绝不会放过二十军的，早已盼望周恩来的到来。

周恩来受到贺龙热情接待。

周恩来分析了严峻的形势，指出只有坚持武装斗争才有出路，并和盘托出南昌起义的计划，诚恳地请贺龙担任起义军总指挥。

贺龙毫不迟疑地说："我完全听共产党的话，要我怎样干就怎样干。"

由于发生了一些变故，起义推延到8月1日举行。

8月1日凌晨，一声枪响划破了静寂的夜空，顿时南昌城内响起了激烈的枪炮声。起义军激战到清晨6时，全歼城内守敌。起义成功了，成立了革命委员会。

南昌起义胜利后，部队遵照中共中央决定，立即南下，准备占领广东，取得海口，以求得国际援助，俟机举行第二次北伐。

但是起义军踏上南征道路后，敌人围追堵截，加上天气酷热、山路崎岖，部队减员很大。大多数起义将士表现得很顽强。8月26日、30日，起义军经过两场恶战，终于占领了瑞金和会昌。随后，部队在会昌休整。

在瑞金，前敌委员会根据贺龙的一再要求，决定吸收他入党。由革命委员会主席谭平山和二十军政治部主任、周恩来的学生周逸群做他的入党介绍人。

周恩来亲自参加贺龙入党宣誓大会。仪式完毕，周恩来发表简短讲话。他说："贺龙是个好同志。组织上对贺龙是很了解的。他由一个贫苦农民经过斗争，变为国民革命军二十军的军长，多年来，积极追求真理，是经过考验的，是信得过的。"

随后，起义军顺汀江下韩江，南下占领汕头。但终因敌强我弱，寡不敌众，在揭阳北部的山湖地区一战，起义军失利。

周恩来和前委机关率部队撤退。在普宁县流沙，周恩来发着高烧，主持召开会议。

周恩来首先发言，分析了失败的原因，提出将部队撤到海陆丰，和彭湃领导的农民武装相结合，作长期革命斗争准备，贺龙、叶挺等有名望的同志迅速转移到上海。

待贺龙等人按照党的指示和周恩来的叮嘱，历尽艰辛，经香港辗转到达上海时，周恩来已先行抵达上海，任中央常委、中央组织局主任，负责处理中共中央日常工作。此时，周恩来已经把贺龙在武汉的家属接到上海。这使贺龙非常感动，深感党对他真是无微不至的关怀。

贺龙见到周恩来，百感交集，想到自己带的部队被敌人全打散了，只剩孤身一人，心情十分沉重。贺龙说："我实在不甘心，我要干到底。就让我回到湘西，我要卷土重来。"

周恩来既关切又温和地说："贺龙，你的头很值钱嘞，国民党可是悬赏十万大洋到处在捉你啊。"

贺龙紧紧地握着周恩来的手说："我是在党处于困难时参加革命的，不论在任何情况下，都跟着党走。"

周恩来亲切地说："你先住下，我们有责任保护你。至于你的工作，我已做了考虑，是不是借此机会先到苏联，学习学习军事。"

性格刚烈的贺龙，对南昌起义的失败并不甘心，觉得自己熟悉湘鄂西一带的情况，如果重回湘鄂西，在那里拉队伍，搞武装，建立红军，没有问题。

经过几天的考虑，并征得周逸群支持，贺龙把这个想法告诉了周恩来。南昌起义失败后，周恩来认真思索总结失败的教训。他认为贺龙这个提议很有见地，沉思了一会儿说："我同意你去湘鄂西。我所考虑的还是你的安全问题。现在情况这么复杂，敌人搜索得这么严，这一路上你如何走过去呢？"

周恩来考虑问题缜密周到。为了保证贺龙到湘鄂西后工作能顺利开展，他指定周逸群任湘鄂边前委书记与贺龙同行。为了确保贺龙的安全，周恩来还派忠诚可靠的卢冬生率七八个人组成一个小班子，护送他返回故乡。

临行前，周恩来请贺龙等吃了一顿便饭，为他饯行。周恩来一再叮嘱贺龙，路上千万注意安全，到了湘鄂西，要及时同中央保持联系。

贺龙化名王老板，与周逸群等十几个人，于1928年春回到湘鄂西，迅速地拉起一支队伍。之后不管境遇多么险恶，贺龙等始终牢记周恩来的叮咛，不断地派人或用书信保持与中共中央的联系。他们遵照中央的指示，学习红四军的经验，发动群众，坚持斗争，终于开创了湘鄂西革命根据地。

（刘春秀）

化险为夷

20世纪60年代初,在一次中央会议上,周恩来发言回顾了共产党成立以来所经历的种种艰难曲折,其中提到他赴莫斯科参加六大途中所遭遇的一次险情。不过,这次遇险与脱险的翔实情况他却没有更多的涉及。直到他去世多年后,才由当年唯一与他同行的邓颖超披露。当人们读到这个真实的故事时,都不能不为周恩来在险境中机智应付、化险为夷的本领所折服。

那是1928年夏天,中国共产党为总结大革命失败以来的经验教训,确定党在新形势下的路线、方针和政策,召开了第六次全国代表大会。由于国内白色恐怖十分严重,没有适当的地点和环境,会议选在莫斯科举行。但是,通向莫斯科的道路上也被敌人严加封锁,周恩来就是在这条路上经受了一次险情的考验。

周恩来是六大的正式代表,赴会之前在上海参加中共中央的领导工作。因为要筹备六大,他和邓颖超5月初就从上海动身了。当时,邓颖超是会议的列席代表。

周恩来是大革命时期的风云人物,因而认识他的人较多,为防备途中被人认出,他蓄起胡子。周恩来和邓颖超装扮成一对古董商夫妇,按组织上的安排先由上海乘日本轮船去大连,然后再由哈尔滨转赴莫斯科。当时做这样的路线安排是因为在华北、东北的奉系军阀和日军认为中国共产党失败了,对共产党的警觉有所放松,而把矛头集中到国民党方面。

船过青岛时,他们很想了解一下不久前发生的"济南惨案"的事态发展情况,就趁船靠岸短暂停留的机会进入市区吃了饭,顺便买了青岛出版的各种报纸带回船上。没有想到,他们的这一举动引起了日方侦探的注意。就在船刚刚靠近大连码头时,拥上几个日本驻大连水上警察厅的人,他们对周恩来进行了严格的盘查。

一个看上去像负责的人问道:"你们是做什么的?"

尽管周恩来的箱子里没有一件古玩,他还是沉着地回答:"是做古玩生意的。"

"你们是做古玩生意的,为什么要买那么多报纸呢?"那个人继续盘问。

周恩来不慌不忙地说:"在船上没有什么事情做,随便翻一翻。"

"你们打算到哪里去?做什么?"

周恩来告诉他们去东北看舅舅。当时周恩来的四伯、弟弟在吉林工作。所以周恩来没有说去哈尔滨,而告诉他们去吉林。

虽然周恩来对答如流,但对方依然没有解除怀疑,他们要周恩来同去一趟警察厅。

看到这些人要带周恩来走,在一旁一直沉默不语的邓颖超有些着急了。她生怕周恩来出现意外,执意要陪他一起去警察厅。周恩来见状大怒,说:"你不要去,你去干什么?"说完转过头去对刚才盘问他的那个人说:"请你们帮我找个旅馆,把我太太先送去住下。"

于是,周恩来与邓颖超分手了。邓颖超心情焦虑,对她刺激之深,以至50多年后,当她到大连休养,故地重游,仍十分清楚地回忆起自己当年焦灼的心情。她说:"我住进旅馆等候恩来同志回来,他是凶是吉,很难预测。当时,我的心情是着急、忧愁、不安,如坐针毡。不是度日如年,而是分秒如年了。不知如何是好,但我表面上还是沉着、镇定,装着泰然无事的样子。"

周恩来随那几个人到了日本驻大连水上警察厅。他们又对周恩来进行了详细的盘问,从出生年月到学历职业等。当问到他的舅舅姓什么叫什么名字时,周恩来回答:"周曼青,在省政府财政厅任科员。"

他们一听周恩来与舅舅的姓氏不一致,马上认为发现了破绽,立即追问:"你舅舅姓周,你为什么姓王?"周恩来说:"在中国,舅舅和叔叔是有区别的,姓氏是不一致的,不像外国人舅舅、叔叔都叫 uncle。"

对方又诈他说:"我看你不姓王,你姓周,你不是做古董生意的,你是当兵的。"

周恩来立刻把手伸过去,要他们仔细看:"你看我是当兵的吗?"

他们看看的确有点不像,就打开抽屉翻动一叠卡片,突然发问:"你就是周恩来。"据邓颖超后来分析,这些卡片可能是周恩来在黄埔军校时的档案卡。

周恩来丝毫没有惊慌,沉着地反问道:"你们有什么根据说我是周恩来?我姓王,我叫王某某。"

经过反复盘问,因证据不足,他们只好放了周恩来。但对周恩来的怀疑并未解除,于是派了侦探继续跟踪。

两个多小时后周恩来回到旅馆。他看到邓颖超时,仿佛什么事都没有发生过,只是悄悄地要她立即销毁接关系的所有证件。邓颖超马上进入卫生间,把证件撕毁投入马桶里。一切处理完毕后,夫妻二人说说笑笑地到楼下餐厅用餐去了。

当天下午,周恩来和邓颖超登上去长春的火车。他们座位对面就是两个受雇跟踪的日本侦探。一路上,周恩来与这两个人攀谈说笑,仿佛不知道他们的身份。到达长春车站后,那两个人掏出名片送给周恩来。按照日本的风俗,周恩来应该立即回名片,但是他口袋中没有名片。周恩来灵机一动,马上装出摸找的样子,并说口袋里没有,去箱子里找找。他们两人一看,只好说:"不必了。"就这样,"尾巴"被甩掉了。在革命战争年代,周恩来遇到了一次又一次险情,结果是一次又一次化险为夷。他靠的不仅仅是勇敢,还有超人的智慧。

到了长春后,周恩来立即刮掉胡子,换上长袍马褂和邓颖超转乘火车去了吉林。这一路还算平静,没有什么意外的情况。

在吉林车站,他们为了安全没有直接到伯父家,而是先找了旅馆住下。周恩来考虑了一番,马上写了一封信请旅馆的人送到伯父家。当时,他的小弟弟周同宇正好住在伯父家,一眼就认出了周恩来的笔迹。他立即赶到旅馆将周恩来夫妇接到伯父家中。邓颖超后来说这是她第一次做了周家的媳妇。

周恩来夫妇在伯父家休息了两天,对下一步的路程进行了周密的考虑。为了防止再生意外,周恩来决定和邓颖超分别赶往哈尔滨,周恩来先走,邓颖超随后由周同宇护送前往。

证件销毁了怎么接头呢?邓颖超到达哈尔滨后一连数天,天天去火车站等候熟人,因为按组织上既定的路线,分批赶往莫斯科的代表都是走这条路线,他们估计在车站一定会等到熟悉的代表。果然,等到了李立三。通过李立三等人与苏联朋友取得了联系。周恩来、邓颖超登上了北去莫斯科的列车,等待他们的是中国共产党历史上一次有重要意义的大会……

(廖心文)

豪　密

在第二次国内革命战争期间，白色恐怖下革命斗争环境极其严酷。蒋介石实行宁可错杀一千、也不放过一个共产党人的反动政策，调集重兵进攻各革命根据地，并严密封锁各交通要道，致使我许多地下机要交通人员被逮捕、被杀害，给党中央与各地的联系造成极大的困难。

为了确保党中央与全国各农村革命根据地的联系，1928年，中共中央决定由周恩来负责在上海筹建党的密码无线电报通信工作，学习密码编制方法和破译技术。

在周恩来的精心筹划下，1928年先派张沈川到国民党无线电学校学习报务技术，选派李强和方仲如、毛齐华等去莫斯科学习无线电机器的设计组装和无线电专业技术。李强学成回国后，党指定他和张沈川在上海办训练班，培训出了我党第一批报务人员，有曾三、伍云甫、王子纲、宋侃夫、涂作潮等。

在周恩来的具体指导下，1929年秋，党中央在上海建立了第一部地下无线电台。同年12月，党派李强和黄尚英去广东省委，在香港建立了另一部电台。1930年1月10日，在上海的党中央开始和广东省委通报，再由广东省委和江西中央苏区联系，将党中央的指示源源不断地转送苏区，增强了党中央和苏区的联系。

为了确保党的核心机密不致被敌人破译，1931年，周恩来废寝忘食、反复研究，亲自编制了一本密码。实践证明，用这套密码，既简便易行，又保得住机密。因周恩来化名伍豪，这个密码被称为豪密。这是我们党的第一本密码。

1931年3月，任弼时携带密码，从上海经香港到达江西瑞金中央苏区。但由于苏区中央局的机器功率太小，一直未联系上。同年5月，红军在第二次反

"围剿"战斗中，缴获了敌人一部功率为 100 瓦的电台，这为苏区中央局与在上海的党中央的联系创造了条件。

自从任弼时走后，相继发生了中央政治局候补委员、特科负责人顾顺章和党的总书记向忠发投敌叛变的事。靠陆路交通联络越来越困难。

1931 年 9 月 15 日深夜，经多方努力，苏区中央局和在上海的党中央终于正式通电了。第一份电报的内容是："弼时安全到达了。"这份电报是弼时同志亲自编的。在上海是周恩来、邓颖超译的。

1931 年 12 月，周恩来到达江西苏区，任苏区中央局书记。在此前后，周恩来在上海培养的机要人员邓颖超、陈琮英、刘少文、毛庭芳等也陆续派到江西苏区。在顾顺章叛变事件中为保卫党中央作出重要贡献的李克农和钱壮飞也来到江西苏区。

随着机要队伍的扩大，通信、机要、破译工作建制逐步完善。在 1931 年 6 月成立的军委司令部机要科的基础上，又成立了苏区中央局机要科。由中央局秘书长邓颖超兼管中央局机要科。同时军委成立二局，曾希圣、钱壮飞分别为二局正副局长，负责收听、破译国民党的情报。李克农任国家保卫局红军部部长，毛庭芳任总司令部前方机要科科长。

自从通信、机要、情报工作逐步健全后，中共中央的领导工作如虎添翼。不论是在硝烟弥漫的战场，还是在艰苦卓绝的长征路上，二局的破译工作在作战侦察中发挥了独特的作用，成绩卓著。毛泽东风趣地称赞二局工作好像是"走夜路的一盏灯笼"。

周恩来一向重视机要、通信、破译、情报工作。1946 年周恩来从南京率中共代表团返回延安，马上安排机要、通信工作。中央转战陕北期间，他亲自布置无线电台什么时间出来工作，什么时间隐蔽待命。

1947 年 3 月 20 日，周恩来从情报获悉，敌人有测向机可以侦察我军的电台位置，以此判断我军行动，立即同毛泽东下令，中央的电台停止工作 3 天。

3 月 24 日，周恩来亲自起草了中共中央军委致各野战军负责人电："蒋敌现有测量电台方向位置的设备"，"但对小电台因电波弱，不易辨别。因此，愿你们在作战前部署期间及作战中，均不用无线电传达或将司令部原属之大电台移开，改用小电台，转拍至大电台代转，以迷惑敌人"。其后，又指示各部队利用敌人迷信测向设备的心理，将计就计，调动敌人。

转战陕北期间，我党在山西临县三交镇地区设立后委，由跟随后委的电台负责和全国各解放区、地下党联系。而毛泽东、周恩来、任弼时代表中央一直在陕北坚持斗争。转战陕北时，虽然敌人费尽心机，但始终未侦察到毛、周、任（弼时）率领的中央纵队的确切位置。

周恩来对通信、机要工作和机要人员的思想、纪律、保密教育也很重视。

1947年7月下旬，兼任中央军委代总参谋长的周恩来，工作十分忙碌。但他还挤出时间，在陕北靖边县小河村，召集会议，请中央军委作战部副部长兼三局局长王诤和城工部、社会部、中央机要局负责通信工作的童小鹏、罗青长、李质忠，新华社的吴冷西、范长江参加，专门研究密码、电台的改进问题。转战到陕北米脂杨家沟时，又专门把中央机要局副局长李质忠找去，继续研究解决机要保密问题。周恩来说：密码是科学，对密码科学技术要加强研究。

周恩来还经常教导，机要工作不能有一点马虎，一字之差，就会人头滚滚；一秒钟不小心，就会出岔子。因此，我们不仅要"苟日新，日日新，又日新"，而且要"苟秒新，又秒新，秒秒新"。

中华人民共和国成立后，周恩来总理对机要保密工作作过大量的指示，并亲笔题词："精研业务，提高效率，反对浪费，严守纪律。"

直到1975年，周恩来病情已很沉重，住在医院里，仍然关心机要工作。周总理去世后，在他的枕头底下，还发现了在病床上他研究、改进密码工作的材料。

（刘春秀）

特科严惩叛徒

1929年8月24日，下午4时许，几辆红皮钢甲车在街上呼啸而去，尖厉的叫声使行人感到恐怖，胆小的人不由地转过身去，心里直打鼓：今天巡捕房又抓了什么人？

钢甲车尖厉的叫声惊动了共产党员陈赓，他马上找到特情关系杨先生，杨先生同巡捕房的关系密切，很快打听到消息。原来国民党上海市党部委员范争波接到叛徒白鑫告密说今天周恩来、彭湃等重要负责人到他家里开会，上海市党部与公共租界巡捕房政治部联系，到沪西区新路远里内抓到五个共产党员。陈赓知道这五个共产党员是中央政治局委员、中央农委书记兼江苏省委军委书记彭湃，中央政治局候补委员、中央常委、中央军事部部长杨殷，中央军委员兼江苏省委军委委员颜昌颐，中共江苏省委军委干部邢士贞，上海总工会纠察队副总指挥张际春。周恩来临时有事没有来，幸免于难。

中央看到陈赓的报告，当天下午发出白鑫叛变的警报。晚上周恩来主持召开了紧急会议，同特科负责人陈赓、但忠余等一起研究营救办法。按照惯例国民党要求巡捕房引渡，引渡后先关在市内的公安局，经法院审问后解押到郊区龙华的警备司令部看守所囚禁。只有当敌人将他们解押龙华的路上有机会武装劫救，但是要通知被捕的同志，只有麻烦杨先生。并且决定由陈赓负责侦察白鑫的行动，严惩叛徒。会后陈赓去找杨先生商议。

25日是星期日，临时法院不办公，26日法庭开审，公共租界法官和公安局早已串通一气，简单问了一下就马上宣布引渡，他们被押到小北门水仙庙侦缉队的拘留所。当晚即开庭审问，杨先生在审问时装得样子很凶，但是非常巧妙地把营救意图告诉给他们。

27日，周恩来得知28日清晨敌人将彭湃等五位同志押往龙华，马上下令特科所有会打枪的人一起出动，化装成拍电影外景的摄影队，埋伏在囚车经过的途中，武器装在一个皮箱里，由专人骑摩托车送到现场。一切经过周密布置，可是没有成功。

这天一大早在通往龙华的路上，一个摄影队在拍外景，旁边有小商贩、过路人，这都是特科同志化装的。但是送武器的人来晚了，武器到了现场不能使用，要用煤油洗去枪上的润滑油再加上枪油，费了一个多小时，耽误了时间。而且敌人警备森严，不能下手。但是这次行动轰动了上海，敌人十分震惊。

彭、杨、颜、邢、张等五同志一被捕就利用每时每刻向难友和士兵进行宣传，当他们谈到痛切处，士兵中竟有捶胸顿足落泪的，痛骂国民党军阀非杀尽不可，当他们说到激昂处，便齐声高唱《国际歌》和《少年先锋歌》，士兵和狱中的群众高呼口号响应之。他们一入龙华看守所就知必死无疑，他们给党组织写信，信中写道："冠生（周恩来的别名）暨家中老小：我们在此精神很好，兄弟们不要因为弟等牺牲而伤心，望保重身体为要。"在生死的关头他们牵挂的还是别人，还是同志。

30日，彭、杨、颜、邢等四同志惨遭敌人杀害，他们唱着《国际歌》，高呼口号走出狱门，从容就义。

周恩来得知此消息悲痛难已，他想起1924年9月自己从欧洲回到香港，一下船就受到彭湃的迎接。彭湃当时被称为"农运大王"。杨殷是工人领袖，省港大罢工的领导人之一。农民运动、工人运动是广东革命根据地的两大支柱，由于工农运动的支持，周恩来率兵参加的两次东征都取得胜利。大革命失败后，彭湃和周恩来一起领导南昌起义。兵败汕头，彭湃回到家乡海陆丰和杨殷、颜昌颐一起开辟海陆丰根据地，坚持武装斗争。1928年4月根据地失败，他们分别到上海在军委工作。颜昌颐身负重伤，被送到香港，找不到党组织，只好在难民收容所里栖身，他千方百计到上海，病情严重，头部肿大，头发脱落，面部赤红，骨瘦如柴，身无分文，天天在街上游荡，大约经过一个月的时间终于在街上碰上同志，接上关系。真是千里寻党。颜昌颐死里逃生，大病初愈，就到军委工作，刚刚工作不久。周恩来想起与这些同志一起工作的日日夜夜，当即起草了中共中央告人民书《以群众的革命斗争回答反革命的屠杀》，文中声讨了敌人杀害彭、杨等革命领袖的罪行，追述了他们的革命业绩。不久将彭的母亲、儿子接到上海,妥善安置。

彭湃等四同志的牺牲,激起了大家对叛徒白鑫的无比愤恨。

白鑫是黄埔第一期的学员,海陆丰根据地红军的团长,叛变前是中央军委秘书。因他有家属,便于掩护,军委时常在他家开会。大家忙于工作,没有注意到白鑫的变化,白鑫的老婆在一个月前离开上海,偷偷地到南京,和白鑫的哥哥联系,由其兄牵线,白鑫向国民党自首,企图将中央和江苏省军委负责同志一网打尽。国民党市党部答应事成后将白鑫夫妇送到国外。

为了惩治叛徒,陈赓搬到位于西藏路口和南京路口的新世界饭店。敌人知道共产党特科红队(又称打狗队)的厉害,放出烟雾弹,故意在报上公布已将白鑫送到南京,"听其带罪立功,以观后效。"经过侦察得知白鑫根本没有离开上海。白鑫行动诡秘,外出有保镖保护,红队几次都未得手。最后侦得白鑫搬到国民党上海党部情报处长范争波家里住,在霞飞路和合坊第4弄43号。陈赓在43号的斜对面三楼租了一间房子,居高临下,可以俯瞰43号的动静,另一个同志在里弄里又租了一间房子,严密监视叛徒。

白鑫深感自己处境危险,生命难保,他恳求主子批准,让他到意大利避风,行期定在11月11日。行前敌人戒备森严,在白住房的门口、里弄两个出入口都派了警卫,日夜巡逻。

陈赓很快得知这个情报。因为白鑫罪行累累,组织决定在这天将他处决。周恩来亲自到陈赓的住房观察现场,作了周密的安排。

11日下午,陈赓指挥邵达夫、但忠余等同志在43号周围的弄堂里面埋伏好。当白鑫从家门口出来向接他的汽车走去时,红队队员大喝一声:"不许动!"同时开了第一枪。因为送白鑫的人多,这一枪没有打中。白鑫拔腿就跑,但是哪有枪子快,第二枪就把他击毙。红队队员马上撤退,无一人伤亡,取得完全胜利。这件事轰动上海,第二天各大报详细报道,革命群众拍手称快,反动派、叛徒无不胆战心惊。

周恩来领导的特科对保卫党中央的安全作出了重大的贡献。

(李海文)

把毛泽东同志请回来

世人皆知，多年来毛泽东是中共中央、中华人民共和国主席，是周恩来的领导和上级，而许多人却不知道，周恩来曾是毛泽东的上级，当毛泽东所在的红四军发生纷争，毛泽东离开红军养病时，是周恩来决定把毛泽东请回来。他的话一言九鼎。

1928 年，在党的第六次代表大会上周恩来当选为中央政治局常委，任秘书长兼组织部长，分工负责军事工作，1929 年 8 月军事部长杨殷牺牲后，他兼任军事部长。由于政治局主席向忠发思想水平不高，工作能力不行，在相当一段时间内，周恩来是中共中央主要负责人，成为中共中央工作的实际主持者。

大革命失败后，全国各地举行暴动 200 多次，由于国民党反动派的残酷镇压，暴动纷纷失败，不少暴动的队伍转移到农村、山区，成立工农红军，建立了若干块根据地，毛泽东、朱德领导的红四军在井冈山创建了根据地，被称为朱毛红军。

周恩来对工农红军和根据地的建设工作一向很重视，这在当时是难能可贵，没有远见卓识是难以做到的。因为从马克思、恩格斯创立马克思主义起，就认为既然马克思主义是无产阶级的学说，共产党工作的重点就应在城市。第一次世界大战后，马列主义在亚洲被压迫民族国家传播，共产国际没有看到在这些以农民为主体的国家，武装斗争的参加者主要是农民，仍坚持马克思的观点而害怕农民斗争的规模超过城市工人斗争的规模。在中国共产党不少领导人不重视武装斗争，更不重视农村的武装割据。周恩来早在旅欧期间就认识到对武装斗争的认识是马列主义和修正主义的分水岭，回国后他投身黄埔军校，为共产党培养了第一批军事干部，在广州建立了共产党领导的第一支武装——铁甲车队，而后领导上海工人起义、南昌起义。南昌起义后率兵南下，兵败汕头，他本要率兵到海陆丰根据地，与那里的工农武装会合，无奈身患重病，昏迷不醒，在聂荣臻、叶挺的护送下到香港养病。病愈后，他到上海出席中共临时中央政治局扩大会议。这个会议在组织上采取惩办主义，对周恩来及南昌起义前敌委员会全体成员给予警告处分。革命的失败、党内的处分都没有使周恩来气馁，他派人给朱德送信要朱到井冈山和毛泽东会合。大部队在汕头失败后，朱德率部在赣、湘、粤一带游击。

贺龙、周逸群回湘鄂西，临行前周恩来与周逸群谈话，提出"依山建军，再向平原发展"的方针。他与各地领导人谈话，指导各地的暴动，总结经验，纠正了"左"倾盲动。1928年秋他从苏联回到国内后，听到朱毛领导的红军党支部建在连上十分高兴，因为大革命失败的原因之一就是共产党没有掌握住武装，在共产党员最多的叶挺独立团也只是支部建在团上。他起草中共中央致贺龙的信中专门介绍了红四军的这个经验。

1929年2月7日，为贯彻共产国际的指示，周恩来给朱毛写信，指示红军分散活动，要求朱毛到中央工作。这就是"二月来信"。周恩来起草这封信时，朱毛率红军正从井冈山突围，屡遭失利，处境十分困难。3月蒋介石和桂系军阀爆发内战，无力进攻红军，给各地的红军发展的机会。周恩来根据形势的变化改变了原来的看法，4月初他又一次致信朱毛，说如他俩不能来，中央希望前委派一得力同志与中央讨论问题。

这封信还未到红军，红四军内部却出了问题。红四军领导对建军原则、建军思想、根据地建设是有分歧的，在实际工作中也有一些意见，但是大家顾全大局，没有影响工作。2月中旬朱毛红军在大柏地打了一个大胜仗，之后到达闽西。不久中央为加强力量派了留苏学生刘安恭等人到红军工作。刘将苏联党内斗争那套做法搬来，将争论公开化。前委没有引导大家进行对外斗争，自己不拿办法，提出"大家努力来争论"。在这种情况下召开的红四军第七次代表大会经过民主选举，毛泽东落选，陈毅当选为前委书记。会后毛泽东离开红军，留在闽西养病并指导地方工作。

消息传到在上海的中央，周恩来十分慎重，他在政治局会上说：这是历史上很久以来意见不同的冲突，因他们工作很努力，故未大的爆发。等陈毅来后，再做答复，他提议将刘安恭调回中央（不久刘作战牺牲）。

8月下旬陈毅到达上海，住进公共租界四马路新苏旅馆，开始写报告，他一共写了7个报告。8月29日政治局听取了陈毅的汇报，决定由周恩来、李立三、陈毅组成委员会，起草一个决议，周恩来为召集人。周恩来经常到旅馆和陈毅长谈，一谈就是几个小时。他们在里间谈话，陈毅的哥哥在外间下棋掩护。周恩来对陈毅说，要把毛泽东同志请回来。他强调要巩固红四军的团结，维护朱毛的领导。

他讲这个话不仅是听了陈毅的汇报对红军的情况有了全面的了解，也是由于他了解陈毅、毛泽东、朱德。在欧洲他就认识陈毅、朱德，他还是朱德的入党介绍人，他们一起参加南昌起义。在广州他认识了毛泽东，蒋介石发动三二〇事件，他和毛泽东在李富春的家里商量对策，他们一致认为以叶挺独立团为主，联合国民党左派坚决反击，可以击退蒋介石的进攻。但是他们的意见没有被中央采纳。周恩来离开了黄埔军校和第一军，毛泽东离开了国民党中央宣传部到农民运动讲习所担任所长。毛泽东同意周恩来关于武装斗争的观点，请周恩来到农民运动讲习所讲《农民运动与军事运动》。在朱、毛、陈3人之中，朱德年龄最大，比周恩来大12岁，是忠厚的长者，从戎多年，当过滇军的高级将领，有丰富的作战经验，特别擅长山地战、游击战，他的这些经验对于初创的红军特别重要。毛泽东长周5岁，出身于农民，从1925年就开始领导农民运动，1927年春写的《湖南农民运动考察报告》气势磅礴，有高屋建瓴之势，鞭辟入里，深受瞿秋白的推崇。周恩来认为毛泽东政治上强，有领导农民运动的丰富经验。陈毅小周3岁，喜爱文学，为人正直、坦荡，但是在军事上、在政治上都不如前两位。所以有一个传说，周恩来一见陈毅就说，你能行吗？回去后赶快把毛泽东同志请回来。

在和陈毅的多次谈话中，他们不仅谈到许多具体问题，而更重要的是他们讨论了许多原则问题，经过讨论他们对农村武装斗争有了进一步的认识。后来陈毅将这两个月的谈话称为"训练班"。根据周恩来的多次谈话，陈毅起草了中共中央给红军第四军前委的指示信。这就是"九月来信"，现已收入《周恩来选集》（上）和《周恩来军事文选》第一卷。

指示信指出："先有农村红军，后有城市政权，这是中国革命的特征，这是中国经济基础的产物。如有人怀疑红军的存在，他就是不懂得中国革命的实际，就是一种取消观念。"这在党的文件中第一次将农村的红军提到如此的高度。

关于红军的根本任务，指示信规定："一、发动群众斗争，实行土地革命，建立苏维埃政权；二、实行游击战争，武装农民，并扩大本身组织；三、扩大游击区域及政治影响于全国。"

针对红四军各党部关于分兵与集中的争论，信中指出："分兵与集中只是某一个时期中的工作方式的利便问题，绝不能把红军四军分成几路各不相属的部队，这样就是分散而不是分兵，或者把红军四军分小，化成无数的游击队而不相联属。两者皆是取消观念。"信中批评急躁情绪，明确指出"预定一年内夺取江西全省政权的决定，也是错误的"。

这封信支持毛泽东的观点，指出："党的一切权力集中于前委指导机关，这是正确的，绝不能动摇。不能机械地引用'家长制'这个名词来削弱指导机关的权力，来作极端民主化的掩护。"

指示信提出"纠正一切不正确的倾向"，并具体提出不正确倾向的观念有："红军中右倾思想如取消观念、分家观念、离队观念与缩小团体倾向，极端民主化，红军脱离生产即不能存在等观念。"指出"凡红军一切行动务必要避免单纯的军事行动，要与群众斗争取得密切联系"。

指示信明确提出："前委应立即负责挽回上面的一些错误：第一，应该团结全体同志努力向敌人斗争，实现红军所负的任务；第二，前委要加强指导机关的威信，与一切非无产阶级意识作坚决的斗争；第三，前委应纠正朱、毛两同志的错误，要恢复朱、毛两同志在群众中的信仰；第四，朱、毛两同志仍留前委工作。经过前委会议，朱、毛两同志诚恳接受中央指示后，毛同志应仍为前委书记，并须使红军全体同志了解而接受。"

这封信在政治局讨论通过后，由陈毅带回苏区传达。10月20日陈毅回到前委见到朱德，马上在前委会议上做了传达。会后陈毅派人将中央的信送给毛泽东，并附上自己的信，请毛泽东回来工作。

毛泽东看到中央的来信，十分高兴。11月26日毛泽东到长汀和朱德、陈毅会合。28日他给中共中央写信：

中央：

我病已好，11月26日偕福建省委巡视员谢同志从蛟洋到达长汀，与四军会合，遵照中央指示，在前委工作。

四军党内的团结，在中央正确指导之下，完全不成问题。陈毅同志已到，中央的意思已完全达到。

毛泽东回到前委即着手筹备红四军第九次代表大会，12月28日、29日会议在上杭古田召开，会议讨论了中央的指示，通过了八个决议，后称为《古田会议决议》，这个文件是红军建设纲领性的文件，其中的第一部分《关于纠正党内的错误思想》已收入《毛泽东选集》。会议选举毛泽东为前委书记。

在周恩来的干预下，毛泽东又回到红四军的领导岗位，历史掀开新的一页。

（李海文）

遵义会议，支持毛泽东进入中央常委会

周恩来对农村包围城市道路的认识晚于毛泽东

邓小平指出："我们党的领导集体，是从遵义会议开始形成的，也就是毛刘周朱和任弼时同志，弼时同志去世后，又加了陈云同志。"①

为什么说党的领导集体是从遵义会议开始形成的呢？这是因为在遵义会议上毛泽东第一次被选为中共中央政治局常委，从此进入党的核心领导。而周恩来当时担任中共中央政治局常委、红军总政委、中革军委副主席、三人团成员之一，在党内地位举足轻重。他的发言对于确立毛泽东在中央的领导地位起了重要作用，由此对中国革命、对中华民族作出了重大贡献，充分地体现了一个革命家的品格、胸怀和素质。过去讲到十年内战时期，往往只讲周恩来的错误缺点，对他在确立毛泽东的领袖地位、开始形成以毛泽东为首党的领导集体的功劳很少提及，这是不全面、不公平的。事实上，周恩来在这个关系中国革命的安危、成败的问题上贡献是巨大的。

1931年1月，在六届四中全会上，王明在共产国际东方部部长米夫的支持下进入中央政治局。但是，仅过了几个月，1931年9月，王明离开白色恐怖严重的上海，到莫斯科共产国际工作，后来担任了共产国际书记处的书记。王明走之前，决定由博古负责在上海的党中央工作。博古是团中央的负责人，当时25岁，是个青年干部，对党忠诚、勇敢，但是经验不足，对军事斗争更没有经验。1933年9月李德进入中央苏区后，担任军事顾问，指挥中央苏区的红军。

---

① 《邓小平文选》第3卷，第309页，人民出版社1993年版。

为了加强苏区领导，1931年12月，中央常委、中共苏区中央局书记周恩来离开上海到了江西中央苏区，以指导全国苏区工作。中华苏维埃中央政府设在江西瑞金，毛泽东是苏维埃中央政府的主席。在苏区的两年内，周恩来经历了打赣州的失利，也经历了打漳州的胜利，他和朱德一起指挥了第四次反"围剿"，并取得大兵团伏击战的巨大胜利。

1933年初，中共中央迁到中央苏区，9月，共产国际军事顾问李德也到了中央苏区，他不满意周恩来、朱德的军事思想和指挥方式，将周、朱调回后方瑞金，由他直接指挥前线作战。

李德是德国共产党员，曾参加过第一次世界大战，1928年越狱后到苏联，但是他不懂得中国是和俄国、德国完全不同的国家。中国经济落后，工业不发达，苏区更是贫穷。受生产力发展水平和武器装备的限制，红军只能打运动战、游击战，没有实力打阵地战和敌人硬拼消耗。李德不了解情况却自以为是，狂妄自大，住在"独立房子"里，照着地图指挥作战，连一挺机枪放在什么地方都要干预，不给前线指挥官一点机动灵活的权力。他指挥红军以集中对集中，以堡垒对堡垒，短促突击，两个拳头打人，不以消灭敌人的有生力量为主，而是争一城一地的得失，打所谓"堂堂正正的阵地战"，结果苏区越打越缩小。1934年4月下旬，广昌失守，国民党军队逼进苏区腹地，红军不得不战略转移。7月，中央决定红七军团组织抗日先遣队到闽浙皖赣边界，但是时机过晚，没有能够调动敌人，部队在敌人的围攻下失败了，方志敏等领导人被俘。8月，中央又命令红六军团到湘西和贺龙的红二军团会师，为红军主力西进探路。到此只有一条路可走，就是主力红军做战略大转移。10月，红军被迫离开中央苏区，开始长征。为准备长征，书记处决定由博古、李德、周恩来组成三人团，博古、李德负责政治和军事，周恩来负责督促军事计划的实行。

周恩来对农村包围城市道路的认识，有一个曲折的过程。1933年中共中央迁到江西中央苏区后，他也有过"左"倾机会主义的错误。这次错误导致了中国共产党军事上的第二次失败，不得不撤出中央苏区，进行长征。

为什么中国共产党要经历如此曲折的路，要付出如此大的代价，要做出如此艰辛的努力。这不仅因为敌强我弱，而且还有一个理论认识问题，这就是马克思主义是产生在西方发达资本主义国家的。马克思主义认为工人阶级是资本主义的掘墓人，共产党是工人阶级先进分子的最高组织形式。既然工人阶级在城市，共产党闹革命只能在城市进行，否则无法依靠工人阶级。在俄国，是武装夺取城市，而后由城市到农村。而中国恰恰相反，中国是半封建、半殖民地国家，最广大的民众是农民。中国共产党革命先占领农村，在农村建立工农武装割据，走农村包围城市的道路。这条道路是与俄国革命完全不同的。要走这条路必须打破对俄国革命的迷信，对共产国际的迷信，发展马克思主义。当时中国共产党是共产国际的一个支部，共产国际实行集中领导，有严格的组织、纪律。受组织纪律的束缚，受当时认识水平的限制，要打破对共产国际的迷信不是那么容易的。要将马克思主义与中国革命实践相结合不是那么容易的，需要不断地探索。全党在经历失败与成功正反两方面的经验教训后才能取得统一的认识。这条道路是毛泽东开创并总结出来的。所以邓小平说："如果没有毛泽东同志的卓越领导，中国革命有极大的可能到现在还没有胜利，那样，中国各族人民就还处在帝国主义、封建主义、官僚资本主义的反动统治之下，我们党就还在黑暗中苦斗。"① 周恩来对此认识晚于毛泽东。

突破敌人第四道防线后，周恩来与李德发生激烈的争吵

红军过了两道封锁线后，1934年11月上旬，蒋介石从战场上发现转移的是红军主力一、三、五、八、九军团，而且察觉红军西进和红六军团会师的战略意图，于是在红军西进的必经之路——湘江布置了30万重兵，以逸待劳；同时在红军的必经之路湘贵边的洪江、芷江、松桃、铜仁、石阡一带集结了20万军队，设了四道防线。

红军在李德指挥下强渡湘江，损失惨重，从离开瑞金时的8.6万多人到此时锐减为3万人。这是大革命失败以来最大的损失。红军向何处去？李德一筹莫展，常常发脾气。博古见红军损失如此惨重，痛心疾首，唉声叹气。周恩来毅然挑起担子，苦撑着局面，决定后方机关进行缩编，将机关直属队的多余人员全部编到作战部队，立即检查、抛弃和销毁不必要的行李和设备，指挥部队轻装西行。

对于如何走出困境，中央内部发生激烈的争论。按照李德的意见，红军应

---

① 《邓小平文选》第2卷148页，人民出版社1994年版。

按原计划到湘鄂西去和二、六军团会合。他一意孤行，固执己见。

毛泽东对"左"的领导一直有意见，但是，当正确的意见不为大家所接受时，他耐心等待和说服，对于大多数人通过的决定，他思想上保留，组织上服从。长征以来，毛泽东和张闻天、王稼祥一起在中央纵队，一路上他一直做张、王的工作，首先做通张闻天的工作，而后做通王稼祥的工作，终于三人取得一致的看法。他们认为第五次反"围剿"的失败是由于军事领导上战略战术的错误造成的，目前红军已失去到湘西的先机，红军不能自投罗网，而应到敌人力量薄弱的贵州去。

在通道会议上，周恩来支持了毛泽东、张闻天、王稼祥的意见，表明他开始摆脱李德、博古的束缚。

但是，会后李德仍坚持自己的意见。部队一边西行，一边整编，将八军团编入五军团，将中央一、二纵队合编。12月17日进入黎平，如果按照李德的意见和二、六军团会师就要北上；如果按照毛、张、王的意见进入贵州，就要西进。在这个关键的时刻，周恩来主持了中共中央政治局会议，讨论红军的战略方针问题。经过讨论，周恩来决定采取毛泽东的意见。会议通过《中央政治局关于战略方针之决定》，决定西进到贵州"以遵义为中心之地区"，"力争避免大的战斗"，并决定到遵义后开会总结讨论第五次反"围剿"以来军事指挥的经验和教训。这就是著名的"黎平转兵"。

李德因病没有出席黎平会议，会后周恩来将会议决议给他看，两人用英文交谈。李德和周恩来发生激烈的争论，并因争论失败而大怒。周恩来对于李德如此霸道和固执己见也十分生气，拍了桌子，震倒了放在桌子上的小马灯。此后周恩来和李德的关系疏远。

遵义会议，毛泽东进入中央常委会，周恩来是受党内委托在指挥军事上下最后决心的负责者

红军到遵义后，就按预定计划召开中共中央政治局扩大会议，周恩来派人通知刘少奇等政治局成员参加会议。因为是讨论军事问题，各军团负责人也从前线赶来参加会议。

这个会议由党的书记博古主持，他首先作了主报告，将红军的军事失败归

于敌人力量强大，主要强调客观原因，没有检查自己的错误。他讲完话后，会场气氛紧张。

然后，周恩来作副报告。如果周恩来的发言也同博古一样的话，会议就要僵了，无法开下去。由于周恩来在黎平就对军事上的错误有了认识，所以他在这次发言中明确指出失利的主要原因是军事指挥上的错误，并且主动检查了自己的责任。这是周恩来一贯的作风，他从不推脱责任，特别是在有了错误的时候，在形势危急的关头。同时他又批评了李德、博古的错误，表示完全同意毛泽东、张闻天、王稼祥的意见。他的发言使会议出现了转机，博古也作了检查。

会议开了三天。会议认为，书记处、政治局对军委领导非常不够，书记处应负更多的责任；军事领导的错误应由李德、博古、周恩来三同志负责，而李、博应负更多的责任。会议最后作出下列决定：

第一，增选毛泽东为中央常委；

第二，指定洛甫（张闻天）起草决议，委托常委审查后，发到支部中去讨论；

第三，常委中再进行适当分工；

第四，取消三人团，撤销博古、李德对军事的领导。仍由最高军事首长朱德、周恩来为军事指挥者，而周是受党内委托在指挥军事上下最后决心的负责者。

会后，中央常委分工以毛泽东为周恩来在军事指挥上的帮助者。

2月初，周恩来一席肺腑之言，博古主动交权

遵义会议后，周恩来与博古有一次真诚谈话。因为当时战争非常激烈，所以遵义会议，只解决了军事问题，并没有解决政治问题，也没有解决组织问题。

遵义会议后，中央红军攻打土城失利，一渡赤水，折向云南扎西，中央领导住在"鸡鸣三省"的村子。在紧急战争的空隙间，1935年2月初，周恩来来到博古住处，和博古作了一次推心置腹的交谈。

周恩来说：你不懂军事，现在部队打仗，你发挥不了什么作用。我跟蒋介

石打过三次交道。三次都失败了。

第一次中山舰事件。当时以黄埔军校的学生为主成立了第一军,周恩来是第一军的党代表,蒋介石就是军长。结果,共产党从第一军中退出。

第二次,1927年3月21日,周恩来指挥上海第三次工人武装起义。工人起义前两次都失败了,派了周恩来去,第三次成功了。起义前,蒋介石的北伐军已经到了上海郊区,就是不进上海,等工人起义成功后,才进入上海市区。4月12日,蒋介石发动政变,屠杀共产党。

周恩来说,上海起义失败告诉了我们,中国革命要成功,没有一支强大的军队不行。

第三次,南昌起义。南昌起义集中了中国共产党最优秀的军事人才:叶挺、贺龙、刘伯承、聂荣臻、朱德、陈毅等。周恩来说,南昌起义失败,有一个深刻的教训,中国工农红军要取得胜利,非有一个比领导南昌起义的这些军事指挥官(包括我自己)更有才能的军事领导人来领导。我认为毛泽东是这样的人。我观察了这么多年,我们要打败蒋介石,我们党内就是毛泽东。你、我都不行。

周恩来说,八七会议后,全国各地的农民运动风起云涌,我在中央任组织部长,尽可能多地给苏区注入大量党的优秀干部。所以我对军队有很深的感情。这次会议上大家不愿意看到我离开军队。当然,我有自知之明,我不适合当统帅。历史注定要扶持一个真正的统帅上台,在不久的将来我肯定会让贤的。

周恩来的一番话使博古心服口服,主动交出中共中央权力,由张闻天接任总书记。1935年2月5日,中共中央政治局常委会决定张闻天代替博古在党内负总的责任,博古任总政治部代理主任。当时,红军处于几十万敌军围追堵截之中,命悬一线,政局错综复杂,如果中国共产党党内争论不休甚至出现分裂,后果不堪设想。由于周恩来的工作,博古主动交权。在战争的危急时刻,中共中央领导顺利交接,避免了一场危机。这就保证了中国共产党的胜利,保证了长征的胜利。周恩来、博古博大胸怀,不计个人得失,着眼革命大局,功不可没。这是中国共产党最高领导人第一次主动让权,为后世做出榜样,令人钦佩。

(李海文)

战胜死神

1935年7月28日,周恩来随红一方面军主力长征到达松潘毛儿盖。就要进入草地了,这将是最艰难的一段路程。

这时,周恩来病倒了。

长征以来,周恩来的工作格外忙,白天随部队紧张地行军,晚上要研究和制定红军第二天的行动方案,常常是彻夜不眠。特别是到两河口与红四方面军会师后,中央在"集中主力向北进攻"的战略方针上与张国焘的右倾逃跑路线展开了激烈的斗争,工作的过度操劳、生活的艰苦,使他在到达毛儿盖之前就病了,到达毛儿盖后,由于粮食缺乏,周恩来同战士们一起吃青稞和野菜,身体实在支持不住,终于病倒了。

一天,病中的周恩来听说卫生部休养连也到了毛儿盖,他非常高兴,很想见见随这支队伍一起行军的妻子邓颖超。在艰苦的战争年代,周恩来和邓颖超难得相聚在一起,红军长征出发后,他们就更少见面了。身边的同志看出了周恩来的心思,马上向休养连驻地跑去。

长征之前,邓颖超就患着严重的肺结核,因为得不到有效的治疗,以至发展到大吐血。长征开始时,她的体温刚刚恢复正常,勉强可以下地。为了减轻组织上的负担,周恩来和邓颖超商定,邓颖超留在江西根据地。但是中央没有同意他们的意见,而是把邓颖超编入非正规部队——卫生部休养连。这支队伍中有董必武、谢觉哉、徐特立、林伯渠等老同志,还有伤病员及女同志。

周恩来身边的同志到达休养连驻地时,邓颖超和休养连的同志们正在做通过草地的各项准备工作。这个同志对邓颖超说:"恩来同志很想见你,他正在发烧。"邓颖超一听,赶快放下手里的活儿,立刻赶去见周恩来。

周恩来躺在担架上，身上盖着厚厚的衣被。邓颖超看到周恩来瘦削的脸庞，难过得俯下身去轻轻地帮他披了披被子。因为天色不早了，他们只简单地交谈了几句，就匆匆分手了，周恩来被抬往红军总部，那里离邓颖超住的地方有四五里地。

夜幕垂下来，邓颖超靠在床上，辗转反侧，久久不能入睡。周恩来那瘦削的面庞，疲惫的目光不时浮现在她眼前。他究竟害的什么病？病情有多严重？还会不会发展？……思念与不安伴随她度过了漫漫长夜。

第二天天刚亮，邓颖超就骑马向总部奔去。

周恩来正在发高烧，处于昏迷状态。医生初步诊断为疟疾，这是长征路上的多发病。

邓颖超悄悄地走进房间，默默地坐在周恩来身旁。她不时地为他量体温，还用湿毛巾敷在他的额头上，想为他减轻一点儿高烧带来的痛苦。忽然，她看见周恩来的羊毛背心搭在床沿上，就顺手拿过来想看看上面有没有虱子。没想到还真有收获，她一口气抓了170多个虱子，用指甲一个一个地把它们挤死，两个指头都被血染红了。

一直到傍晚，周恩来仍旧昏迷不醒，邓颖超怀着忐忑不安的心情返回驻地。以后，她每天都去看望和照顾周恩来。

三四天之后，中央派了两位医生来为周恩来会诊。他们认真研究了周恩来的病情，根据高烧持续几天不退的情况判断，周恩来患的不是疟疾，但究竟是什么病一时还搞不清楚。

这时，总部要出发了，中央考虑到周恩来的健康，决定让邓颖超随总部一起行动，帮助照料周恩来。这样，周恩来和邓颖超又在一起了。晚上，周恩来睡在木板床上，邓颖超就在旁边的地上铺了稻草休息。

医生们继续观察周恩来的病情，经过触诊检查，结合化验及临床表现，确诊为"阿米巴痢疾"。为了使邓颖超有思想准备，医生们让她看了一些有关的书籍。根据医书记载，这种病死亡率极高，只有个别患者在化脓部位与肠接触的地方穿孔，脓液经肠子排出体外而得以生存。

当时，根本没有做穿刺和开刀手术的条件，于是，医生们决定除了让周恩来服用易米丁药之外，还采用了古老的"冰敷"疗法，也就是把冰放在病人的肝区上部，力图控制炎症不向上发展，而引导其向下排脓，以挽救周恩来的生命。

然而，冰需要到60里以外的高山上去背。战士们接受任务后，天没亮就出发了，直到深夜两三点钟才赶回来。由于路太远，他们背回来的冰已经化了一半，幸亏去的人多，冰还够用。医生们立刻把冰装在袋子里，放在周恩来的肝区上部，他依然昏迷不醒，守护在周恩来身边的邓颖超和同志们都在焦急地等待着。

过了六七个小时，周恩来终于慢慢地清醒过来，他不时地低声呻吟，说肚子疼。邓颖超和医生们小心翼翼地扶他起来解大便，排出的都是深色腥臭的脓状物。为了使脓液排净，医生们采取措施，用口服药停止肠蠕动并加强排便，他一连三天任何食物都未入口。

但是，随着脓液的排出，周恩来的体温逐渐下降到35℃。守在一旁的邓颖超按照医生的嘱咐每小时为他量一次体温，温度始终都这么低。医生没有告诉邓颖超，周恩来的体温实际上已接近"死人"的温度了。

直到第二天下午，周恩来的体温才慢慢上升，病情也开始好转。第三天，医生们再次检查他的患处，发现已接近正常，说明治疗是正确的，有效的。

昏迷好几天的周恩来终于醒过来了，当他发现邓颖超就在身边时，感到有些意外。他激动地紧紧握住她的手，问她是什么时候来的。

看到周恩来转危为安，邓颖超那颗一直悬着的心才放了下来，疲惫的脸上露出了笑容，同志们也深深地松了一口气。

在与死神的搏斗中，他胜利了。

（廖心文）

患难与共草地情

1935年8月上旬，中共中央决定，红一方面军和红四方面军混合编组，分左右两路军继续北上。毛泽东、周恩来一起率右路军从毛儿盖出发。周恩来兼任红一方面军司令员和政委。

刚刚战胜死神、身体十分虚弱的周恩来，要和同志们一起经过草地北上。草地，位于四川西北部，是一个人迹罕至的地方。远远望去，碧绿如茵，无边无垠；走到近前，草丛底部都是浅滩软泥。人走在上面，无处落脚，只能小心翼翼地踏着凸起的水草包向前行走，否则，一失脚便会陷进泥淖里，越陷越深，最终被大地所吞没。

草地的气候瞬息万变，刚才还是烈日晴空，转瞬就会乌云密布，过一会儿可能还会下起倾盆大雨。

通过草地一般需要7天时间，完全是风餐露宿，生活艰苦万分。许多红军战士就是在这种恶劣的自然环境下，加之劳累、寒冷和饥饿，在行军途中倒下来，和战友们永别了。许多当年从草地上走过来的同志回忆起草地时都说，这是红军长征途中最艰难的一段路程。

周恩来和邓颖超随红三军团一起过草地。当时，他的身体非常虚弱。红三军团军团长彭德怀、政委李富春、参谋长萧劲光都焦急万分。他们认为，周恩来这样的身体状况即使在平坦的路上行军都十分困难，要通过草地，更谈何容易啊！

究竟怎么办呢？几位首长聚在一起，商量着，苦苦地思索着。

突然，彭德怀猛击一下大腿，站了起来。从他嘴里坚定地吐出一个字来："抬！"

"抬?!"李富春、萧劲光惊讶地看着军团长,转而他们同样神情坚定地点点头,表示赞同。办法总算是定下来了。

然而,具体来做这件事又是多么困难啊。如果在平时,从连队里挑选几位年轻力壮的小伙子来抬担架并不算什么问题。但是,从长征以来,战士们身体都很虚弱,再往他们肩上加一副担架确实太沉重了。

彭德怀见他的提议得到同伴的支持,非常高兴,他对萧劲光说:"这件事由你来具体负责吧,立即组织担架队。"想了想,他又说:"实在不行的话,我们宁可把装备丢掉一些,也一定要把恩来同志抬出草地。"他那饱经风霜的脸上流露出对战友的缕缕深情。

后来,迫击炮连的战士被抽出来组成了担架队。为此,把一些带不走的炮都拆毁扔掉了。陈赓自告奋勇担任了担架队队长,兵站部部长兼政委杨立三也坚持要参加周恩来担架队。

路很难走,担架队的同志分成几个组轮流抬着周恩来。杨立三的肩膀磨破了,每走一步都钻心地痛。看着步履艰难的战友,周恩来心里十分难过,他几次挣扎着从担架上爬起来,翻到地上。同志们一次次又把他扶上担架。这一下一上包含了同志之间多少情多少爱啊!

周恩来对草地途中同志们给予他的友情和帮助始终不曾忘记。革命胜利后,杨立三、陈赓都先于他去世,周恩来万分悲痛。1954年,杨立三病故,周恩来无论如何要亲自为他抬棺送葬。1961年,陈赓去世,周恩来亲笔为他题写了三张"陈赓同志之骨灰"供雕刻在骨灰盒外罩上。他请邓颖超将这三张字条亲自送到陈赓家中,由陈赓夫人傅涯选用。傅涯后来回忆起这件事时还感动地说:"这三张题字体现了老一辈革命家情谊之深。"因此,她一直珍藏至今。

当时,邓颖超骑马跟在周恩来的担架后面,协助照顾周恩来。沼泽地确实难走,过草地的第一天,行至半途,邓颖超就从马上摔下来,掉进泥潭里。这时,周恩来的担架在前面已经走远了。她大声喊起来,却不敢乱动,因为越动就会陷得越深,搞不好,就要被散发着臭气的泥浆淹没。可是,前面的战士没有听到她的呼喊声。等了很久,邓颖超才被后面上来的同志从泥潭中救出来。天正下着雨,邓颖超满身泥水,全湿透了。

这天夜里,周恩来和担架队的同志宿在腊子塘。邓颖超追上队伍时已经是深夜了。她没有惊动任何人,随便摸到一个帐篷,就在门口和衣睡下了。

第二天，邓颖超病了，开始是拉肚子，后来发起烧来。医生说她患的是肠胃性感冒。

这时，周恩来的体温也上升了。医生们把仅有的一支针药给他注射了，他的热度很快退下来。而邓颖超因为无药医治，甚至连热水都喝不到一口，所以她连骑马的劲儿都没有了。警卫同志只好不时扶她到路边休息一会儿再继续赶路。

晚上宿营时，彭德怀赶来看望他们。他紧紧地握着邓颖超的手，嘱咐她要注意保护身体，这是邓颖超第一次见到彭德怀。

部队从毛儿盖出发，先后走过了七星桥、腊子塘、分水岭、后河、色既坝、小森林、班佑，最后终于到了巴西。整整七天七夜，红军走出了草地，走上了一条通向胜利的道路。纪念红军长征 50 周年前夕，邓颖超曾感慨地说："草地本没有路，然而，红军却走出了一条通向胜利的道路。这又一次证明，我们的队伍是无坚不摧的，任何艰难险阻都不能征服我们。"

当然，在踏出胜利之路的过程中，红军是付出了重大牺牲的。9 月 4 日，周恩来致电走在前面的红一军军长林彪、政委聂荣臻，"据三军收容及沿途掩埋死尸统计，一军掉队、落伍与牺牲的在四百以上"，要他们"特别注意改善给养，恢复体力"。

通过草地不久，周恩来的病减轻了，身体渐渐开始恢复。邓颖超的病也有好转，组织上决定她仍回休养连行动。

这对患难夫妻又分手了，什么时候再能相见？他们带着草地里沾上的泥浆，带着相互深情的祝愿，带着再一次重逢的渴望向各自的队伍走去……

（廖心文）

下寺湾会议，支持毛泽东担任中央常委和军委主席

由于周恩来十分尊重毛泽东的意见，所以从遵义会议起就在实际上确定了毛泽东的领导地位。但是，直到1935年10月红军到达陕北后，毛泽东才正式担任中央革命军事委员会主席，周恩来、彭德怀为副主席。从"实际上"确立毛泽东的领导核心地位，到毛泽东"名副其实"地担任领导核心职务，这中间还是有一个过程的，在这个过程中，周恩来也起了很大的作用。在此仅举一个例子。

红军二渡赤水、二进遵义后，1935年3月4日，中央军委主席朱德、副主席周恩来和王稼祥决定："于此次战役特设前敌司令部，委托朱德同志为前敌司令员，毛泽东同志为前敌政治委员。"这个规定只是针对这次战役，战役结束，任命也就结束了。所以3月10日中央在苟坝，对是不是进攻打鼓新场之敌发生分歧，毛泽东主张不打，但他是少数；而多数同志主张打。这时毛泽东提出他可担任这次战役的前敌司令部的政委，遭到书记张闻天（即洛甫）的否决。会后毛泽东还是不放心，就在晚上提着小马灯去找周恩来，劝周恩来暂时晚一点发布命令，再想一想。周恩来经过慎重考虑，接受了毛泽东的意见，于是第二天一早召开会议，把大家说服了。这时毛泽东提出建议：不能像过去那么多人指挥作战，建议成立一个几人小组指挥。红军第三次、第四次渡过赤水后，中央的同志认识到毛泽东的建议是正确的，在南下渡乌江之前，于3月下旬成立了新的三人团，团长是周恩来，团员是毛泽东、王稼祥。

在周恩来的支持和配合下，毛泽东的地位和作用日益突出。和红四方面军会师后，周恩来因过度劳累而病倒，经历九死一生才好转。在与张国焘分裂红军、分裂党的斗争中，毛泽东起到的决定性的作用，是其他人无法相比的。

1935年10月中旬红军到达陕北，终于有了落脚点。中央政治局召开了会议，出席的有洛甫、博古、毛泽东、周恩来、王稼祥五人。会议讨论了毛泽东提出的目前行动方针和作战方针，然后毛泽东提出建立西北苏区，领导全国革命，领导的名义问题、领导的成员由中央常委定。因为9月初张国焘分裂党和红军后，中央率红一、三军团北上到达甘肃的哈达铺，为了缩小目标，红一、三军团改称为陕甘支队。此时，明确中央领导机构的名称、人员组成十分重要。

随后，召开中共中央常委会，有洛甫、博古、周恩来、毛泽东参加，王稼祥、李富春、彭德怀列席。毛泽东提议常委内部分工，军事方面由毛泽东负责，苏维埃工作由博古负责，组织局的工作由周恩来负责。他另外提了一个方案：我做苏维埃的工作，恩来做军事工作，博古做组织局的工作。彭德怀赞同毛泽东的第二方案，同意周恩来做军事工作。周恩来没有同意彭德怀的意见，表示他可做军事后方工作，即组织局的工作。

11月3日，红军到了甘泉下寺湾，召开了中央政治局会议，参加会的有洛甫、博古、周恩来、毛泽东、王稼祥、李富春、彭德怀、凯丰、李德、刘少奇、林伯渠、罗迈（李维汉）等。洛甫报告提出：应公开中央直接领导，对外用西北中央局的名义，成立西北中央政府。常委内部分工，军事方面由毛泽东负责，组织局的工作由周恩来负责。王稼祥任政治部主任。他支持毛泽东提出的第一方案。

王稼祥说：我身体不好，需要休息。恩来过去做过军事工作，兴趣较大，红军工作还是很重要，前方可增加个把人，恩来同志可到前方去。在这次会议前召开的常委会，决定红军南下直罗镇消灭敌人，中央带中央机关到后方瓦窑堡，到前方就是指挥红军作战。王稼祥支持毛的第一方案，但是主张周也参与军事领导。

毛泽东马上采纳王稼祥的建议说：分工方面同意军委7至9人，主席由恩来负责，稼祥应继续干，副主席可由我负责，在后方做。

周恩来早有让贤之想，因而在博古之后发言说：分工上次已决定军事领导，现在不必更换。个人工作，愿做军事工作。在后方我可负担动员工作。不必变更军事上总的领导。支持了毛泽东的第一方案。他的言语恳切，一言九鼎。虽然毛泽东再一次发言说，军事领导，德怀、恩来，恩来为政委，应信任他们。但是洛甫最后宣布：常委会决议，军委主席毛泽东兼政委。大的战略问题，军委交中央提出讨论，至于战斗指挥问题，可由他们全权决定。恩来做组织局的工作是适当的，后方军事工作由组织局领导。

会议决定中央军委对外用西北革命军事委员会名义，采纳了周恩来的意见，毛泽东为主席，周恩来、彭德怀为副主席。至此毛泽东成为全党军事指挥的第一把手。而当时军事工作是全党的重心，这就为毛泽东后来成为全党的主席奠定了基础。

11月8日，毛泽东、周恩来、彭德怀签发西北革命军事委员会命令：本会设立后方办事处，以周恩来兼主任。

根据下寺湾的决定，周恩来和毛泽东、彭德怀南下，指挥直罗镇战役，11月24日经过激战，歼灭国民党军一〇九师全师和一〇六师一个团，俘敌5000人，粉碎了敌人对陕甘根据地的第三次"围剿"。毛泽东盛赞此次战役："给党中央把全国革命大本营放在西北的任务，举行了一个奠基礼。"

直罗镇战役后，周恩来于12月8日到达瓦窑堡，开始行使后方办事处主任之职，与陕甘根据地被错捕的刘志丹等同志谈话，分配工作。召集副总参谋长张云逸、中央供给部长叶季壮及陕甘晋军委供给部长白如冰开会，宣布：一、成立工农红军总供给部，叶季壮任部长，白如冰任副部长；二、清理陕甘晋供给部库存物资，优先补充红一军团；三、加强军需工厂的建设。这次会议解决了冬装问题，使部队安然过冬。

周恩来一生钟爱军事，对中共的军事工作多有建树。但是，他顾全大局，处处以党的利益为重。在一、四方面军会师后，为团结四方面军的同志，周恩来将红军总政委的职位让给张国焘担任。7月18日，中革军委主席朱德，副主席周恩来、张国焘、王稼祥发出通知："奉苏维埃中央政府命令：一、四方面军会合后一切军队均由中国工农红军总司令、总政委直接统率指挥。仍以中革军委主席朱德同志兼总司令，并任张国焘同志为总政治委员。"同时组织红一方面军司令部，周恩来任司令员兼政委。回到瓦窑堡后，任后方办事处主任。无论在什么岗位上，周恩来都是兢兢业业，认真负责，出色完成任务。

1935年12月17日—25日，周恩来在瓦窑堡出席中共中央政治局会议。会议讨论了形势及任务，通过《中央关于目前政治形势与党的任务决议》和《中央关于军事战略问题的决议》。会议决定建立最广泛的民族统一战线，规定党的策略路线是"发动、团结与组织全中国全民族一切革命力量去反对当前主要的敌人——日本帝国主义与卖国贼头子蒋介石";决定将苏维埃工农共和国改名为苏维埃人民共和国;确定国内战争同民族战争结合的方针,主张成立国防政府与抗日联军;决定红军东征山西,以便准备对日直接作战。会议批判了"左"倾机会主义在政治上的关门主义和军事思想方面的错误。

之后,中共中央设立东北军工作委员会,周恩来为书记,叶剑英为副书记。周恩来身体力行,为建立抗日民族统一战线而奔走,而努力,他是中共中央统一战线政策的制定者、领导组织者、身体力行实践者。

(李海文)

坐谈竟夜,快慰平生

1936年4月7日,天阴沉沉的,鹅毛大雪铺天盖地,不久又下起大雨。在雪雨交加中,有几个人骑着马急匆匆地从瓦窑堡向延安赶路。他们就是周恩来副主席和中央联络局局长李克农、译电员戴镜元及警卫员、向导,他们正在赶赴延安,去同西北"剿匪"总司令部副总司令张学良会谈。经过一天一夜的奔波,他们到达离延安20里地的川口。

9日,延安晴空万里,张学良带着从上海来的共产党员刘鼎,亲自驾飞机由洛川飞抵延安。张学良是东北军的首领,九一八事变中因执行蒋介石的不抵抗政策,受全国人民的指责,代蒋受过,1933年被迫放洋(即出国),内心十分苦闷。从欧洲回来后又奉蒋介石命令"围剿"红军,屡受挫折。国难家仇集于一身。现实使张学良认识到和红军打下去只会自取灭亡,收复东北更加无望,因而早在3月和红军就达成局部停战的协定。张学良一到延安,立即派人去接周恩来并要他们严守秘密,保证安全。

为了进一步达到停止内战、一致抗日的目的,中共中央派周恩来和张学良会谈。晚上11点左右,周恩来和李克农来到延安城内天主教堂的小楼上,见到了等候多时的张学良。

寒暄之后,李克农和东北军六十七军军长王以哲在外间,周恩来和张学良在里间,两两分别交谈。昨天还是交战双方的将帅,如今却为着团结抗日而促膝长谈。

周恩来首先说:"我是在东北长大的。"

张学良说:"我知道,听我的老师张伯苓讲过。"

周恩来从未听说张学良在南开读过书,很奇怪,便问:"何以说张伯苓是你的老师？"

张学良直率地说："我原来抽大烟，打吗啡，后来听了张伯苓的规劝，完全戒了，因此拜张伯苓为师。"又说："我和你是同师。"

张学良这么敢于作自我批评，使周恩来感到他是个痛快汉子，便由此入手继续谈下去。

张学良也敬佩周恩来的勇气，心想：周恩来真算大胆，敢只身与我会面，如果我把他扣下怎么办？因而也开诚相见。

两人长谈近五小时，气氛十分融洽，真是一见如故。

张学良认为国民党是不行了，国家统一要集权，他游历欧洲时和墨索里尼的女婿有交往，因而讲了一套法西斯可以救中国的道理。

周恩来剖析了法西斯的本质，说："法西斯是帝国主义的产物，把资产阶级一点儿形式上的民主都抛弃了。法西斯是反历史，反人民，反共的。它没有群众基础，要抗日，要收复东北，没有广泛的群众基础是不可能的。要动员民众，必须实行民主。中国走法西斯道路只能投降日本，处理中国问题理应联共。"

一席话打动了张将军的心。张学良默然良久，从此再不提及法西斯主义。

张学良完全同意中共"停止内战，一致抗日"的主张，同意中共所提议的组织国防政府与抗日联军，并表示愿意参与酝酿此事。他说："红军是真抗日，抗日与剿共不能并存。"他希望与周恩来商讨，解决联共抗日的几个大问题和难题。

毛泽东、周恩来率红一、三军团北上到达陕北后和刘志丹、徐海东领导的红十五军团会师。当时毛泽东率陕北的红军已东征山西，准备进入河北与日寇作战，并提出"红军和一切抗日军队集中华北"的口号。张学良对红军集中河北完全赞成，对在云贵、四川一带的红二、六军团（7月改为二方面军）、四方面军北上抗日也完全赞成。他说，来多少都欢迎，经过东北军防区，他可以让路。但是他认为红军东征不如北上更稳妥。他建议：红军北上最好取道宁夏、绥远，解决降日的德王，东向察哈尔。因为山西阎锡山部队防卫力强，蒋介石又调中央军和地方部队入援，红军孤立作战，恐难立足。而宁、绥人口多，粮食也多，可作红军后方；绥远邻近外蒙，便于取得苏联的援助。张学良热切希望红军早日与日军接火，这样，他就可以公开地与红军联合抗日。否则他只能悄悄地和红军联合。

张学良主张联蒋抗日，认为抗日力量越大越好，蒋介石是国内最大的实力派，如果抗日统一战线不包括他，他以中央政府名义反对，就不好办了。3月份，张学良同李克农会谈时就提出这个问题，但是因为中共中央在1935年12月的瓦窑堡会议上决定的政策是反蒋抗日，所以当时李克农就回避了。此时张学良又向周恩来提出了这个问题。

周恩来解释说，我党过去主张反蒋抗日，是因为蒋介石是大地主、大资产阶级的头子，视人民为死敌，其指导思想是"宁赠友邦，毋与家奴"，基本政策是"攘外必先安内"。现在愿意听听张学良的意见。

张学良说："蒋介石有民族情绪，据我回国后两年的观察，他可能抗日。"接着，张学良又逐一分析了南京方面各派系对日本的态度。最后说："蒋介石是在歧路上，他错在'安内攘外'。把这个错误扭过来就可以抗日。你们在外面逼，我在里面劝，内外夹攻，定能扭转过来。"又说："除非蒋介石投降日本，否则我不能反蒋。"

周恩来听后说："毛泽东也有这样的想法。这个问题很重要，我回去报告中央。"

其实，蒋介石政府已于1935年底决定秘密派人寻找共产党，准备同中共谈判。共产党员张子华等从上海到西安，在张学良的帮助下经延安东北军的防线，于1936年2月7日到达瓦窑堡，转达了这一消息。中共中央得到这个消息，十分重视，3月在山西前线召开政治局会议，听取张子华汇报。会议认为不排除蒋介石允许与共产党建立联系的可能，将蒋介石划为"民族改良派"之列，正在考虑联蒋抗日的问题。

张学良见周恩来没有批驳他，回答恳切，感到他的意见可能被接受，心情很愉快。联蒋抗日是张学良企求解决的最大问题，他企望抗日不反共，联共不反蒋。同时，张学良也对发动抗战能否取得胜利提出一些看法和疑问：战争爆发，日本将封锁中国海岸并扶持伪政权，中国如何取得外援？日本对已占领要地固守，如何办？日本内部能否起变化？

周恩来一一回答。首先指出，日本不可能将我国完全封锁，军援不仅可得之英美，也可以得之苏联。然后说：抗战必然持久，抗战持久可能引起日本内部变化。

张学良感到周恩来谈问题一针见血，虽在有些问题上批驳了自己，但说得入情入理，衷心佩服。

此外，决定双方各派代表赴苏。张学良表示，中共的代表可由他送到新疆，由新疆入苏。东北军的代表由欧洲去苏联。以后他派东北抗日将领、曾在苏联住过的李杜带着毛泽东的儿子毛岸英、毛岸青到法国巴黎。苏联人将毛泽东的儿子接到莫斯科，而没有同意张学良的代表进入苏联。

他们对停战、通商、合作等问题都达成了协议。

最后，张学良又提出他缺乏干部，希望中共支援。周恩来耐心地告诉他说："即使你有干部也要培养新干部。我们现在办红军大学，你可以办军官训练团。红大上面可以办抗日大学，军官训练团上面也可以办抗日大学。"张学良懂得了干部要靠自己逐渐培养。会谈后，他积极地办起王曲军官训练团、学兵队等，用以培养抗日干部。这对团结、改造东北军产生了深远的影响，同时也教育了张学良，使他看到了自己的力量。这是他以后敢于发动西安事变的一个重要因素。

10日凌晨，会谈结束。张学良拿出一本申报馆印刷的中国大地图送给周恩来，并说："让我们共同保卫中国。"张学良还赠送红军3万银圆，以后又补送20万法币。

在回瓦窑堡的路上，周恩来对李克农、刘鼎等说："谈得真好呀。想不到张学良是这样爽快的人，是这样有决心有志气的人。出乎意料，真是出乎意料！"他感到张学良是诚心诚意地交朋友。

4月22日周恩来亲笔给张学良写了一封信，开头写道："坐谈竟夜，快慰平生。归语诸同志并电前方，咸服先生肝胆照人，诚抗日大幸。"对张学良的评价甚高，对张学良的敬佩之情跃然纸上。

刘鼎带着这封信从瓦窑堡回到洛川，见到了张学良。张学良高兴地说："你不再是客人，而是我的助手。"又说："我对会谈很满意，比想象的好得多。我从未见过这样的人，周先生是这样的友好，说话有情有理，解决了我很多疑难。给我印象很深。"还说："我和蒋先生相处多年，但弄不清他打红军是否抗日。对共产党，我不仅知道他第一步是抗日，还知道他第二步是要建富强的中国……中国的事从此好办了。"

这次会谈使张学良坚定地走上了联共抗日的道路，并影响了他的一生。岁月荏苒，1990年，张学良获得一定的自由，他回答记者的提问，谈到对54年前延安会谈的周恩来的印象时说："他反应很快，了解事情也很深切，他不用什么啰嗦，说话一针见血，而且对事情看得很清，我们两个可以说一见如故。"张学良对周恩来的印象并没有因为岁月的流逝而发生变化。

  张学良所提的联蒋抗日的建议引起了中共中央的重视。不久，中共将逼蒋抗日的方针改为联蒋抗日。从此，周恩来和张学良成为知己。而后，他们又进行了第二次会谈，共商抗日救国的具体事宜。

（李海文）

智救廖承志

红军长征途中,张国焘分裂党、分裂红军,又大搞肃反,严重扩大化,使红四方面军的不少同志无辜牺牲,使革命遭到重大损失。廖承志、罗世文、朱光等也被张国焘监禁起来。

1936年11月,红四方面军同红二方面军进入甘肃、宁夏,到达黄河边。周恩来从党中央所在地保安赶赴前线迎接二、四方面军,一路上打听廖承志等人的消息,最后在宁夏同心城往甘肃预旺堡的路上,碰到被押解的廖承志。

廖承志是国民党左派廖仲恺的儿子,当年在黄埔军校周恩来任政治部主任,廖仲恺任国民党党代表,两人一起共事,合作很好。

廖承志虽然被监禁,但是他坚信自己没有问题。随着四方面军北上,他更加留意周恩来的消息,希望能碰到周副主席,因为他知道周副主席一定会搭救他。

他不由地回想起自己第一次见到周恩来的情景,1924年初秋的一天晚上,16岁的廖承志看见一个双眸炯炯、身穿白帆布西服的人走进他的家,同父亲廖仲恺低声交谈了很久。廖承志好奇地问父亲:"这人是谁?"廖仲恺说:"你还不认识他?"廖承志说:"不认识。"廖仲恺带着敬意告诉儿子:"他就是共产党的大将周恩来!"

廖承志忘不了1925年8月20日父亲遭国民党右派暗杀,当天周恩来就赶到医院探望,慰问母亲何香凝、姐姐廖梦醒和他。为了彻底追查幕后策划者,周恩来参加了"廖案检察委员会",和杨匏安一起积极认真地追查廖案凶手。周恩来还亲自审讯凶手,并写了一篇《勿忘党仇》的纪念文章,断定暗杀是一个"很大的黑幕阴谋"。

这次在路上见到周恩来，廖承志心情非常激动。自广州一别，他俩已经10年没有见过面。10年前廖承志还是个中学生，10年后廖承志已经是久经锻炼的老共产党员了。但此时却是个被张国焘"开除"了党籍的人！此时此刻、此情此景，使廖承志见到周恩来不知道怎么办好。廖承志心里想：是躲开还是不躲开呢？如果躲开，旁边还有人押着他，这不可能。如果直接和周恩来打招呼、说话，廖承志怕会给周恩来带来麻烦，他知道张国焘是个心狠手毒的家伙。

廖承志正在踌躇的时候，周恩来却走过来了，脸上没有任何表情，若无其事，也没有说话，但同廖承志紧紧地握了手。这无言之言胜过了任何言语，这无声之声胜过了任何声音，这无表情的表情深含着生死之情，这若无其事之事深藏着至要玄机。两双手紧紧相握的一刹那，心灵已经沟通，万语已经交流。

当天晚上，周恩来派通信员找廖承志到司令部去。廖承志一进屋，就看见张国焘也在那里，屋子里坐满了人。

张国焘明明知道周恩来认识廖承志，却阴阳怪气地问："你们早就认识吗？"

周恩来没有直接回答张国焘。却转而"厉声"地问廖承志：

"你认识错误了没有？"

"认识深刻不深刻？"

"改不改？"

廖承志一一作了回答。然后，周恩来留廖承志一同吃饭。

吃饭时，周恩来只和张国焘说话，再也不理会廖承志。吃过饭就叫廖承志回去。廖承志敬了一个礼转身走了。

将欲取之，必先予之。同阴险毒辣、军权在握的野心家张国焘处事、周旋，须先给他一定的满足，使其麻痹。这就是周恩来为什么要解救廖承志，却又要"厉声追究"廖承志的"错误"！如果周恩来不这样做，当天晚上廖承志的脑袋就可能搬家。

自从周恩来把廖承志叫去"追究"了一番以后，廖承志的待遇明显改善。不久，廖承志就被释放了，恢复了党籍。

（曹应旺）

"在政治上不要与南京对立"

1936年12月12日,中共中央所在地保安突然沸腾起来,人们走出窑洞,站在山坡上欢腾雀跃,高呼:"抓住蒋介石了!活捉蒋介石!"人们兴奋地呼喊、拥抱。

自1927年蒋介石发动四一二反革命政变以来杀了多少同志,杀了多少群众,这个仇恨不是哪一家、哪一个人的,这个仇恨是不共戴天的,是你死我活的。今天张学良、杨虎城两将军在西安扣住了蒋介石,人们怎么能不高兴,怎么能不欢呼?有的说枪毙蒋介石。"蒋该死"这回可该死了!有的说把蒋介石押到保安来,别让他跑了。有的说要公审蒋介石,揭露他卖国的罪行,教育全国人民。人们兴奋地议论着,但是大家心里都明白,如何处理蒋介石要听中央的。

原来是12日凌晨,军委机要科接连收到张学良从西安发来的电报,电报是这样写的:"吾等为中华民族及抗日前途利益计,不顾一切,今已将蒋等扣留,迫其释放爱国分子,改组联合政府。兄等有何高见,速复。"同时提出抗日救国的八项主张。

西安事变是张、杨独自发动的,共产党没有参与其事。事变的消息传到保安时,中央领导人感到既突然又欣喜。一致肯定西安事变,马上将消息通知各军团,令他们加紧准备,待命行动,并电告张学良拟派周恩来到西安协商大计。

13日中央政治局召开会议,毛泽东首先发言,他说:此事变是革命的,抗日的,没有任何帝国主义背景,从此完全打破了由蒋介石控制的局面。他分析事变的三种前途:一、日本在南京政府造成傀儡政府,积极向革命进攻;二、蒋的部下转到西安方面；三、日本操之过急，更要使中国革命起来。我们的政治口号是召集救国大会，其他口号都是附属的。他同时也认为蒋最近的立场是"中间的立场"，提出："我们暂不发表宣言，但在实际行动上应是积极的。"这种弯弓不发的做法，使中共保持政治上的主动。

因为周恩来马上要到西安去，他自然考虑得多些，所以他第二个发言。他分析了国内外各种势力可能对事变的反应，指出：日本可能在南京搞政变，在沿海地区增兵，这样就会加剧日本和英美的矛盾，英美将支持南京政府中的抗日派和中间派。为防止日本变南京为傀儡政府，他提出：我们在政治上不要与南京对立。要稳定及争取黄埔系、CC派、元老派、欧美派，推动他们赞成西安事变，团结抗日。具体地说，是要争取林森、宋子文、孔祥熙、孙科、冯玉祥，孤立何应钦。同时，深入发动群众运动，巩固地联合西北三方力量，把西安变成抗日的中心。在抗日援绥的口号下联合阎锡山，联合刘湘，这是我们的两翼，再进一步联合西南桂系，以造成对华东的包围。东南七省是南京的势力，这是我们要争取的对象。他一再强调我们在政治上不采取与南京政府对立的态度，以群众团体的名义欢迎各方代表来参加。

中央认为西安事变的意义第一是抗日，只有张国焘一人认为第一是反蒋，第二才是抗日。他说：内战是不可避免的，问题是规模的大小。因此要打倒南京政府，建立抗日政府。博古在发言中批驳了他的意见，会议没有赞同这种主张，而认为首要的任务是推动抗日运动。在军事上防御，在政治上进攻。

在张闻天发言之后，最后毛泽东作总结，他说：我们不是正面反蒋，而是具体地指出蒋的错误，不把反蒋与抗日对立起来。中央决定了不正面反对蒋介石，在政治上不与南京政府对立的原则，不把反蒋与抗日对立起来。这些原则就为解决西安事变找到了一个合理的"度"，这是会议最重要的成果。

事实上，西安事变只扣押了蒋介石及一些重要将领，他的军事力量照旧保存着，南京政府随时都可能进攻西安。西北三方在军事上处于劣势，没有足够的力量可以制止战争。一旦内战爆发，那与停止内战团结抗日的目标是背道而驰的。中央同意周恩来的意见，"在政治上不与南京对立"，于15日以红军将领名义致电国民党及南京政府呼吁和平解决。电文指出："绝不可负气横决，反而发动空前之内战。鹬蚌相争，渔人伺其侧，渔人今已高举其网矣。"渔人，就是指日本帝国主义。

15日清晨，马的嘶叫声划破了冬日的寂静，周恩来率罗瑞卿、许建国、张子华等17人告别了送行的人们，策马东行。

周恩来明白历史将翻开新的一页，这个事件是历史的转折的枢纽，西安之行关系重大。特别是保安地处偏僻，消息闭塞，中央不能全面细致地了解西安情况及国内外的反应，只能凭借对全国大局的了解和政治经验确定大的原则和方针。具体的事宜，包括对蒋介石的处置问题，以及各种在保安难以估计到的复杂问题的解决，都需要由他到西安后相机处理。中央等待他的报告以便做出最后的决定，发表宣言。

这次西安之行是共产党在十年内战后第一次公开走上政治舞台，周恩来从内心中感到兴奋。他想着到西安后会碰到的情况，张学良已是老朋友。杨虎城虽然没有谋面，他出身贫寒，1928年中央同意他入党的要求，只是中央的决定到日本支部时，他已回国。但是他同共产党的关系一直比较密切。这次我们在西安是客人，只能做朋友式的商量。

蒋介石的态度会是什么样子呢？在黄埔军校时他们常常一起吃早餐，两次东征并肩指挥。当时蒋貌似中间派，但是组织孙文学会反对共产党，1927年发动四一二反革命政变，他是一个诡计多端、老谋深算、难以对付的政治对手。四一二反革命政变后的第三天，从宋子文那里得知蒋要通缉周恩来，但是一直未能得手。今天蒋做了阶下囚，会做何感想，他会不会同意抗日？可能性如何？

可能性是存在的。蒋介石在国内代表江浙财团的利益，并得到英美的支持。华北事变后，日本独霸中国的企图日益明显，严重危害了蒋介石集团的利益，也加剧了日本同英美的矛盾，所以蒋介石已开始准备抗日。他在国际上与社会主义苏联复交，相应地在国内则着手与共产党建立秘密联系。1936年2月共产党员张子华将此信息带到中共中央所在地瓦窑堡，而后中共中央派张子华、潘汉年到南京等地进行了多次接触。中共中央根据情况变化将反蒋抗日的口号改为逼蒋抗日，并决定周恩来到西安和蒋介石会谈。但是蒋在处理完西南事件后要腾出手来全力进攻红军，鉴于蒋的变化周恩来没有成行。蒋逼张、杨进攻红军，直接导致了西安事变。现在他虽被扣留，但是他与日本的矛盾并没有改变。而国内反对内战的力量却在增大，而且公开化了，这就创造了停止内战一致抗日的有利条件。

蒋虽然被扣，但是他的军事力量没有受到损失，仍然存在，蒋被捉不同于俄国十月革命以后被擒的尼古拉，也不同于滑铁卢战役后被擒的拿破仑。这个军事力量由谁来掌握呢？这些人的态度如何呢？有没有发生内战的可能呢？从情报看，南京已调兵遣将，进攻西安。可能会出现更大的困难。

南京方面的反应会是什么样子呢，国民党内部历来派系林立，会对蒋是什么态度呢？对张、杨扣蒋是什么态度呢？这一切都是未知数。只有赶快赶到西安后一切才能见分晓，但是沟深路窄，天寒地冻，马蹄打滑，不能快走。走了两天，17日才到达延安，当天乘张学良的飞机到达西安。

蒋介石被扣后宋美龄焦虑不安，派南京政府的顾问端纳两次到西安，与张学良、蒋介石会晤。

周恩来到了西安，先到秘密电台涂作潮（又叫木匠）家里将留了七八年的胡子剪掉，然后到金家巷张公馆。

周恩来剪掉胡子，显得年轻英俊，张学良见了周恩来，惊喜地问："哎呀，你的美髯呢？"非常地惋惜。

周恩来席不暇暖，即与张学良会谈，张学良介绍了事变发生后六天来局势的变化及各方的反应。首先是西安告急，何应钦下令讨伐，由于十七路军师长冯钦哉叛变，潼关不攻自破，中央军直下华阴、渭南，并大肆轰炸西安。各地反应也不尽如人意：各实力派因不明真相或局势不明朗，多不表态，只有远在广西的桂系表示支持；山西阎锡山一反常态来电报诘问，使西安失去一方的屏障。实际上，各地实力派是主张和平解决的，但是西安和各地的联系受到阻力而不够通畅。

其次是南京的动向。南京政府内的斗争焦点是如何救蒋，而对西安提出的抗日问题并不关切。宋氏兄妹、孔祥熙在英美支持下，力主和平解决；何应钦打着救蒋的旗号，企图炸死蒋介石，取而代之，力主武力解决。

另外，经端纳的斡旋，蒋介石的态度已由强硬变得和缓，有答应抗日的意向。17日上午写了手令，要何应钦20日前停止讨伐，也就是只停战三天。这个意图很清楚，是以何的讨伐迫使张、杨尽早释放他，以张、杨的力量压何听从他的指挥。

局势比在保安时所估计的更为复杂。其中应付来自南京方面的日益严重的军事压力和明确对蒋介石的处置方案，是刻不容缓的。

在军事方面。为了稳定局势，周恩来与张学良当即商定：东北军、西北军集中于西安、潼关一线，红军南下延安、庆阳一带接替东北军，必要时侧击甘肃的胡宗南以及支援关中。红军加入由东北军、十七路军成立的抗日联军临时西北军事委员会。这样，不仅在政治上，而且在组织上形成了东北军、西北军、红军三位一体的局面，巩固了西安的地位。

对于蒋介石的处置，张发动事变时就讲得很清楚，只要蒋同意抗日，照样拥护他做领袖。现在事实上很明显：蒋介石是南京政府的当然领袖，只有他能制止何应钦的讨伐，也只有他能统率国民党内的抗日派、中间派，避免南京政府成为日本的傀儡。从全民族抗日图存的最高利益来看问题，共产党和蒋介石的矛盾是次要的。在蒋介石同意联共抗日的前提下释放他，对于推动抗日是有益的。因此，周恩来马上向张学良表明了共产党的态度：要保证蒋介石的安全。当然，在策略上可以声明如果南京挑起内战，则蒋的安全无望。这样，利用蒋、何的矛盾逼蒋抗日，借助蒋的地位压服南京实现和平。

周恩来连夜电告中央西安的详情并作了分析。中央在接到周恩来的报告的第二天，发表致国民党中央电，呼吁和平解决西安事变，提出召开抗日救国代表大会。19日，中共中央发表通电，进一步将救国会议改为和平会议，将会址由西安改为南京，承认南京在全国的领导地位，放弃了以西安为抗日中心的设想。21日，中共中央提出和南京谈判条件，批准了周恩来的方案。周恩来对于中共中央这一系列的重要决策起了关键性的作用。

西安各界对如何处置蒋介石，议论纷纷，莫衷一是。张、杨在发动事变时没有来得及充分地商定事变后的大政方针及具体步骤。杨虎城和东北军军官深知蒋为人睚眦必报，担心蒋回去后报复，要蒋做出书面保证，才可放他。周恩来于18日拜访杨虎城，向他说明国内形势，反对法西斯、抗日已是大势所趋，现在蒋是抗日则生，不抗日则死，只要西北三方联合，力量强大，他想报复也报复不了。

由于蒋是十年内战的罪魁祸首，西安的许多进步群众出于革命义愤，对放蒋十分不理解。周恩来广泛接触杨明轩、杜斌丞等各界人士，接见地下党负责人，传达中央和平解决的方针，布置群众工作。

共产党不计前嫌，以民族大义为重，以国家利益为重，使张学良、杨虎城折服，也推动了群众接受和平的方针。西安和平的方针有利于支持南京主和派的斗争，迫使何应钦同意派宋子文、宋美龄以国民党政府代表身份到西安谈判。

放蒋的方针确定了，如何促使蒋答应联共抗日呢？由于蒋介石被扣押后，孔祥熙已代理行政院长。经张学良与宋美龄协商，决定邀请宋子文来西安。17日晚，周恩来和张学良商定同宋谈判的五项条件。这五条和张、杨的八项主张基本相同，不同的是明确提出："宋子文负责成立南京过渡政府，肃清一切亲日派。"宋是著名的英美派，和蒋的关系非同一般，与蒋私交甚深，他是各方面都能接受的人物。西安提出由他组阁，成为促使蒋转变的契机。20日，宋以私人身份到了西安，知道这一提议，更加积极。22日，他又同宋美龄二到西安，开始和平谈判。周与宋美龄长谈，对蒋转变态度起了积极的作用。

23日和24日，周恩来、张学良、杨虎城和宋子文、宋美龄谈判。周恩来提出六条，双方都同意以此为谈判基础。谈判相当顺利，基本上按照周恩来的预料进展。共产党的和平诚意出乎蒋介石的意料，推动了他同意联共抗日的主张。蒋介石虽然不参加谈判，但以领袖人格担保实现诺言。24日晚，他当面向周恩来表示，同意两宋所答应的一切，并表示他回去后，周可以直接去谈判。这是张、杨兵谏迫使蒋介石正视历史发展的趋势，择善而从。

但是，双方在何时放蒋及撤军的问题上有分歧：西安主张南京方面先将军队撤出潼关以外，再放蒋；蒋、宋要求先放蒋，再撤军。周恩来认为，蒋"在走前还须有一政治文件表示"，不必匆忙放蒋。他对张学良说：蒋历来只许文人反对他，决不允许武人反对他，邓演达被暗杀就是明证。提醒张学良要警惕蒋介石的叵测之心。

张学良怕蒋出了闪失，于国家于民族不利，一时又难以说服部下，25日独自决定当日下午送蒋回南京。他以为，这样做既可以向天下人表明自己赤诚之心，又可挽回蒋的面子。蒋再放他回来，更可提高领袖威信。毫不顾及个人的安危和东北军的得失。坦荡之心，为世人钦佩。

这天下午，周恩来正在金家港东楼。有人报告蒋的住宅（高桂滋公馆）门前人来人往，不知是何缘由。不久又传来飞机的声音。这时，周恩来恍然大悟，连说："糟了，糟了，蒋介石走了。"连忙回去给中央写报告，不一会儿又得到报告，说张学良也走了，他亲自送蒋介石回南京。周恩来扼腕痛惜，但已不可追回。13年后，1949年春天，张治中到北平（北京）谈判，由于蒋介石作梗谈判破裂,张要回南京复命,周恩来劝他说:"西安事变时我们已经对不起一个姓张的朋友,今天再不能对不起你了。"由此可见周恩来对张学良的痛惜之情。

(李海文)

坚持和平，坚持谈判

张学良送蒋介石走后，许多人以为蒋必定会实现诺言，停止内战，实现抗日。但谁也没有想到，蒋介石回到南京，先发表对张、杨训话，说张、杨"勇于改过"是受他"精神之感召"。然后于1月4日，竟背信弃义地宣布扣押张学良，同时派重兵进攻西安，在摆好阵势后提出甲、乙两种解决方案。甲案：东北军驻甘肃，西北军守渭河以北，红军回陕北。乙案：东北军东移安徽、淮河流域，西北军驻甘肃，红军回陕北。本来蒋介石回到南京后，有三种选择：一是实现诺言，发动抗战，允许共产党合法公开，让张、杨继续指挥部队。但是他绝不允许有人用武力反对他，更不允许有人威胁他的领袖地位和威严，从他内心来讲，他从来也没有想这样做的。二是进攻西安，消灭西北三军，将中国再次推到内战的深渊。但是西安事变教训了他，他看到民心向背，知道这样做是行不通的，他也不敢冒天下之大不韪发动内战。于是，他采取了第三种折中的办法。既不放弃抗日的旗帜，又不马上发动抗战。把共产党赶回陕北，使东北军、西北军脱离张、杨。采取军事压迫、政治分化来达到上述目的。

在军事力量上，西安三方同南京相比处于劣势，如果打，只会断送已赢得的有利于团结抗日的和平局面。如果三方联合一致，严阵以待，蒋介石也不敢冒天下之大不韪发动内战。在政治上揭露蒋介石的背信弃义，坚持到2月15日就可以利用国民党五届三中全会，呼吁救张，推动抗日。这是比较好的对策，但是要实行这项对策就必须坚持三位一体。

1月4日，西安得知张被扣留，蒋军大兵压境，要求周恩来电告中共中央令红军驰援。周恩来全力支持杨虎城、王以哲指挥部队，连设7道防线。1月8日、1月9日红军赶到三原、耀县、咸阳一带。虽然红军只有3万人，但是英勇善战，威名远扬，极大地支持友军，稳定了关中的形势。蒋介石看到三位一体的力量，不敢轻举妄动。张学良欣慰地说：没有想到西安能坚持这么久，只要西安能坚持，我就有回去的可能。

但是，张学良走后，东北军、十七路军内部的状况日趋复杂。张学良是维持三位一体的核心人物。他被囚禁后，三位一体便出现裂痕。首先是东北军群龙无首，内部早已存在的两派逐渐变得互不相让，各行其是。以王以哲为首的高级将领力主和平解决。但是除王以哲等少数人外，东北军高级将领多认为共产党势孤力单，不愿联共，有的已投靠蒋介石。他们要求执行乙案，东北军移驻安徽，认为这样就可以就食于富饶地区，可以离开西北，离开红军。由于王以哲、杨虎城、周恩来一致坚持甲案，东北军仍留在西北，他们迫于形势，难以开口。

东北军青年军官多是团以下干部，或是张学良的幕僚，强烈要求抗日，思想激进；或是张、杨发动事变的骨干分子，赞成联共抗日。但是他们之中一小部分人认为无张他们难以提升，根本不考虑甲、乙两案，主张决一死战，希望以此救张回来。这些人的义愤容易得到广大官兵和社会的同情，到1月下旬，"主战"在西安占了上风。

杨虎城知道真打起来，只能速战速决，否则内部支持不住。张学良被扣以后，他对东北军不便过多干涉，非常希望张学良回来，一起支撑局面。他主张和平解决，但是又同情主战派救张回来的急切心情。

周恩来是张、杨请来的客人，不便干预友军的内部事务，更不能发号施令，只能做朋友式的劝告，引导方向，协调各方关系。周恩来两次致函蒋介石，要求他撤兵，放张学良回来或给他以公职，以缓和迫在眉睫的内战。在西安，他利用一切场合，和上层人士谈话，出席东北军、西北军会议，出席群众团体会议，指出打仗对救张不利，只要坚持三位一体，张学良终有一天能回来的，反复宣传要顾全大局，坚持执行甲案，和平解决。特别是做主战派的工作，舌焦唇敝，几经说服，几经变卦，这些人就是听不进去，只是要求红军帮助他们出兵，否则便要和共产党决裂。

周恩来的处境越来越困难，1月27日深夜，突然50余个东北军的年轻军官冲进金家巷的东楼，将周恩来、博古团团围住，气氛陡然紧张，他们气势汹汹地说，只要蒋介石不放张将军回来，就同南京决一死战，指责王以哲等高级将领主张和平解决是想取而代之。周恩来、博古厉声喝住他们，将他们的气焰打下去，然后耐心地分析政治、军事形势，一再说明：不能打仗，要从大局出发，力争和平解决。一讲再讲，一连讲了几个小时，他们才悻悻地走了。

2月2日上午，孙铭九、应德田、苗剑秋铤而走险，杀害了王以哲，同时拟定了黑名单，内有不少共产党员的名字。东北军内部的矛盾顿时成为对抗性的，在前线的师长刘多荃派兵向西安进发。西安谣传共产党是"二二事件"的指使者，甚至有人扬言要对共产党实行兵谏。西安的形势十分危急而混乱。

周恩来、杨虎城无论支持东北军的主战派或主和派，都会使东北的内乱演变成西安以至关中的自相残杀，中央军便会乘虚而入。万一他们扣押周恩来、杨虎城，用武力逼迫东北军、十七路军投降，西安事变的成果就会消失殆尽，共产党和张、杨所做的努力都将前功尽弃。

在这千钧一发之际，周恩来处变不惊，冒着生命危险赶到王以哲住宅。王身上连中数弹躺在血泊中，家里乱作一团。周恩来带李克农、刘鼎等料理后事，设灵堂，祭奠死者，安慰生者。消息传出后，对共产党的谣言不攻自破。随后，周恩来又赶到新城大楼和杨虎城商议善后。杨虎城派人到潼关和顾祝同谈判，争取和平解决，执行甲案。

周恩来派共产党员刘澜波至前线向刘多荃说明真相，陈述利害。杨虎城对处置凶手感到为难。周恩来为维护团结，挺身而出，冒着掩护凶手的嫌疑，2月4日将孙铭九、应德田、苗剑秋送往三原红军驻地。这一举措使对方失去了报复的对象，避免了大规模的自相残杀；使主战派失去首领，不能再有其他动作，保证了和平解决。

"二二事件"后，西安失去了与南京谈判的平等地位，4日刘多荃从前线自动后撤，中央军占领渭南，2月6日杨虎城离开西安避居三原。王以哲被害，东北军少了联共的有力人物，东北军多数高级将领要求执行乙案，东开安徽，并对西北军武装戒备。三位一体不复存在。周恩来和中共代表团迁出金家巷搬到七贤庄一号。

周恩来坚韧不拔，竭尽全力做友军的工作，建议取消同志会等进步组织，减少目标，保护左派，维护团结，尽可能减少损失，为抗日保存更多的力量。同时派李克农到潼关同国民党谈判。

"二二事件"后，局势动荡不安，前途难卜。中央十分关心周恩来等在西安工作同志们的安全,电告"紧急时立移三原"。周恩来以执行任务为名把博古、叶剑英、李克农、刘鼎等派往红军总部三原,而他自己坚守西安。

周恩来很清楚,环境越危险,局势越恶化,他越不能离开西安。他作为中共中央代表留在西安意义重大,他如果离开西安,正在组建的红军联络处就难以在西安存在,红军难以在关中立足,国共谈判也难以进行,蒋介石难免不再开始"剿共"。他留在西安,就是向全国人民宣布共产党、红军打不败、压不垮,蒋介石必须考虑到中国共产党和红军的力量及态度。他留在西安迎接顾祝同进城,就是表示共产党坚持和平、反对内战的决心和信心,表明和国民党合作的诚意。这种胆识和远见为全国人民所敬佩,也使国民党不敢轻视,从而保证了和平解决。2月8日,中央军和平进入西安,第二天顾祝同即和周恩来谈判。蒋介石又派张冲从南京赶来参加。随后,周恩来一到杭州、二上庐山、又到南京和蒋介石直接谈判,终于达成了国共合作抗日的协议。

西安事变的和平解决,是各种力量相互作用的结果,而中国共产党是各种力量中很重要的一支。当时革命的政治力量并不强大,但是,事变的解决同我党的主张是基本一致的。这除了张学良、杨虎城扣押蒋介石,力主和平解决外,中共代表周恩来在西安的活动,影响事变的进程,也是一个重要的原因。

(李海文)

劳山遇险

陕北的 4 月春寒料峭。

在微微的寒风中，绿芽悄悄地爬上大树的枝头。

1937 年的春天，中国的政治形势如这陕北的春天，虽然姗姗来迟，却已露出春的气息。

自从西安事变和平解决后，国共两党终于结束十年内战，在抗日民族统一战线的旗帜下握手言和。

4 月 25 日，一辆敞篷军用卡车载着欢声笑语从延安城南门开出。车厢里坐着 20 多名衣帽破旧，但却个个精神饱满的年轻战士。

在驾驶室里，司机老李旁坐着一位眉清目秀、英气勃勃的中年人。他那双大眼睛透出智慧的光芒，一看就是一位精明强干的人。他就是中国共产党极富传奇色彩的领导人——周恩来。

1937 年 2 月以来短短两个月的时间，周恩来作为中共中央的谈判代表已经是第三次离开延安赴国民党统治地区了。这次行动，周恩来肩负重要使命，他携带中共中央关于《御侮救亡，复兴中国的民族统一战线纲领草案》，准备先到西安，然后赴庐山见蒋介石。

当时，从延安到西安只有一条黄土公路，山路崎岖，坎坷不平，汽车走过之处掀起一股股黄尘。

望着窗外的黄土地，周恩来心潮滚滚……

一个月前，他在杭州谈判中和蒋介石达成协议，由中共方面起草一个两党合作共同纲领，作为永久合作的办法。这次见蒋介石关系十分重大，为争取中国共产党在政治舞台上的合法地位，需要把共同纲领确定下来。但是，要说服蒋介石不是一件容易的事情。肩上的担子有多重，周恩来心里十分清楚。

他微微闭上眼睛，看上去像是休息，实际上却在周密地考虑着谈判中可能出现的种种情况和应付的办法。

汽车在山间公路上急速地向前开着。车厢里的年轻人七嘴八舌地交谈着，他们之中许多人是第一次离开延安，走向外面的世界。他们异常欣喜和快乐，谁也没有想到，危险正悄悄地向他们袭来。

在延安城南50里外，有一座地势不高，但却沟壑纵横、杂草丛生的险要山岭——劳山，延安人历来把它看作南边的门户。劳山是从延安到西安的必经之路，土匪常常出没，政治情况一直比较复杂。

汽车沿着劳山北麓吃力地向上爬着，进入甘泉县境后，开始下坡。不久，汽车来到一个宽阔的山坳中。

突然，传来"啪"的一声响，引起车厢内战士的警觉。随即，山上枪声大作，夹杂着嘈杂的人喊声。司机老李加大油门，向坝梁冲去。但是迎面射来的子弹把卡车打坏，戛然而止。

周恩来一听枪声，猛然睁大眼睛，机敏地判断着这突如其来的袭击。他迅速跳下汽车，果断地发出命令："下车，散开，还击！"车厢内的人也一个个跳下车来，依靠地形、卡车做掩护，抗击敌人。

本来，周恩来这次外出，有两辆卡车同行，因为周恩来临时有事，那两辆卡车头一天先走了。考虑到沿途的政治情况比较复杂，有国民党顽固分子，还有土匪出没，因此，中央保卫局特意选派特务队副排长陈国桥率12名年轻战士组成一个精干的警卫班，保卫周恩来的安全。随行的还有红军干部张云逸、孔石泉、陈友才以及新闻记者吴涛等。

出发前，周恩来把随从副官陈友才找来对他说："小陈同志，我们这次出去的任务是什么知道吗？"

小陈点点头说："知道！"

周恩来又说："西安事变虽然和平解决了，但有些人是很不高兴的，他们千方百计要搞破坏，所以你们做保卫工作的一定要提高警惕，准备应付各种突然事变。"

小陈望着慈爱的首长，点点头坚定地说："是，周副主席，我明白了，请您放心。"周恩来满意地说："那好，立即把我的意思传达到警卫班去。"

陈友才遵照周恩来的命令向战士们介绍了西安的社会情况，并交代了在路上和到西安后的注意事项。

但是没有想到这么快就发生了险情。

这股敌人是活跃在这个地区的土匪，有100多人，头目叫李清伍，是河南人。两天前，他们接到安插在延安的坐探传来的情报，得知延安有一辆车要赴西安，因此，他们事先占据了有利地形，等着汽车从这里经过时打埋伏。这时，他们看到卡车被打坏，就从山上冲下来。由于警卫班只有短枪，百米以外难以造成杀伤，再加上力量悬殊，情势十分危急。

有着丰富战斗经验的周恩来很快镇定下来，一面环视周围的情况，一面指挥战士抵抗，使敌人不能一下子冲过来。战士们表现十分英勇，他们毫不畏惧，奋力抵抗，掩护首长寻机脱险。陈友才还没来得及下车就被子弹打中腿部，血从伤口涌出，流到地上，深深地渗入黄土地中。他不顾伤口疼痛，继续指挥同志们坚持战斗，坚决打击敌人，掩护周恩来撤退。

这时，周恩来对四周的地形已大体看清楚。敌人是从三面包围过来的，只有右侧没有枪声。肩负重要使命的周恩来当机立断，带领张云逸、孔石泉和记者吴涛迅速插向右侧的杂草丛林中，从山间小道向延安撤退。

负责警卫的同志大部分壮烈牺牲，倒在山坳中。

敌人渐渐地压过来，围向卡车，搜缴财物。但是，车上除了两个铁皮箱子，没有一件值钱的东西。在卡车附近，他们看见陈友才的遗体。陈友才因为经常跟着周恩来出入国民党军政要员的官邸，口袋里有周恩来的名片，穿的服装也是和周恩来一样的呢子制服，所以这些人误以为陈友才就是周恩来。这使土匪们顿时惶恐不安，提起箱子匆匆逃走。箱子里既不是金银，也不是烟土，而是一些书籍和文件。

劳山的情况很快传到延安，中共中央和地方立即组织营救，毛泽东命令部队无论如何要把周恩来救回来。营救部队出发后，毛泽东、朱德、张闻天以及城内的老百姓们聚集在南门外，焦急地期待着周恩来安全归来。

这时，周恩来等已转上回延安的公路，他脸色十分严峻，心里惦念着激战中的同志们，他们那么年轻，那么勇敢。特别是陈友才，昨天晚上还在向他汇报工作，现在他是活着，还是牺牲了呢？当周恩来一行走出丛林接近公路时，碰上陕北独立师三连的几个战士。周恩来命令他们迅速赶往出事地点，抢救伤员，警戒现场。

随后，周恩来向延安撤去。南门外，毛泽东等还在翘首以望。看到周恩来平安归来，大家的心才放下，毛泽东迎上去紧紧握住他的手，其他干部战士也向他围拢过来握手问候。

4月26日一早，劳山遇险的第二天，周恩来又启程了，他不顾个人安危，带着全党、全国人民、全民族的希望，乘坐国民党方面派来的飞机，向西安飞去……

后来，这股袭击周恩来的土匪被红军消灭。陈友才等人的遗体运回延安，就安葬在南门外宝塔山下。每当周恩来从外面回来，经过这里，都会停下来，向这几位掩护了自己的战士表达心中的哀思。

为纪念这次脱险，当年的红军机要科长、后来担任过周恩来总理办公室主任、中央统战部副部长的童小鹏为周恩来、张云逸、孔石泉合拍了一张照片。据说，周恩来非常珍爱这张照片，平时就揣在上衣口袋里，以寄托他对劳山遇险中献身的战士们的一片深情。

1973年，周恩来陪外宾访问延安，曾向地方同志询问陈友才等人的坟墓在什么地方，准备去祭扫。由于种种原因，这些同志的坟墓没有保存下来。周恩来十分惋惜，请地方同志好好找找，将他们请进烈士陵园，给他们立个碑，让后代永远铭记他们。

（廖心文）

狱中讲演

1937年8月18日,被关押在南京反省院的全体难友们在礼堂内集合坐好。这个礼堂是平时做纪念周的地方,但是今天并不是做纪念周的日子,站在一边的看守们也不像平素那样凶神恶煞。难友们都在猜测,不知会发生什么事。

不一会儿,廖院长等反省院的人员陪着两个人走进礼堂。这两个人身材伟岸、高大,一边走,一边亲切地和大家打招呼。在铁窗下生活了多年的人们,许久没有见到如此亲切、热情的笑脸。突然有几个人站起来喊:"周恩来!恩来!""啊,是伍豪(周恩来的化名)!是,是他!""老杨(叶剑英的化名)!"人们一开始不相信自己的眼睛,随之,欣喜若狂,热泪盈眶,一边鼓掌,一边高呼:乌啦!乌啦!掌声、欢呼声汇成暴风雨般的响声,震耳欲聋。欢乐的气氛充满了礼堂,连廖院长都受到感染。

周恩来、叶剑英登上讲台,压抑不住内心的喜悦,面带笑容,不断地向大家招手。掌声终于静下来了。周恩来环视着台下的同志,右边是几十个女同志,左边是几百个男同志。他们大都是在白区坚持地下斗争时被捕,少数是在红军作战中被俘的干部,都是优秀的共产党员,被捕后宁死不屈,受尽酷刑、折磨。时间长的已关了五六年,短的也有三四年。只因为不肯写自首书,刑满也不予释放,又转到反省院,名为反省、感化,实为继续监禁。

周恩来满怀深情、兴奋地说:"得到有机会和诸位见面,实在是件不容易的事,这不得不感激日本帝国主义的炮火,才使得我们有今天在这里见面的机会。"

周恩来想告诉大家党中央无时无刻不在关心落入敌手的战友们。西安事变时,他向蒋介石提出释放政治犯,西安事变后他一上杭州,二上庐山和蒋介石谈判，每次都要求释放被关押的共产党员，可是蒋介石一拖再拖。直到"八一三"日本进攻上海，蒋介石才决心抗战，请周恩来、叶剑英到南京出席国民政府军事委员会商议红军改编成八路军东渡黄河抗日的问题。这时才答应释放政治犯，才允许周恩来、叶剑英探监和被关押的政治犯见面。这个机会真是来之不易。

这些同志长期与世隔绝，他们对于联蒋抗日有思想准备吗？对党的抗日民族统一战线能理解吗？可是当着国民党官员的面讲话必须很策略，不能让他们挑出毛病来，又要让同志们听明白。

周恩来接着讲："我非常兴奋，的确也值得我们兴奋的，因为在西安事变之后，与蒋先生十年来的敌对，十年来的分手，今天又重新合作。"他要告诉大家为什么中国共产党要联蒋抗日，他说："我们眼看到日本帝国主义对中国的侵略是不会休止的，在亡国灭种的情况下，任何党派的主义和主张是没有实现的可能。"

全场报以热烈的掌声。从这热烈的掌声中，周恩来知道大家都听懂了。西安事变之后，蒋介石从西安回到南京，国民党到处谣传中共要投降。这个问题是同志们最关心的问题。周恩来的一句话使大家的疑虑顿解，茅塞顿开，大家知道共产党没有变，怎么能不鼓掌，不欢呼呢？！

"所以西安事变发生以后，不明白的人以为共产党一定要捣乱，一定要趁火打劫，以为蒋先生被困，共产党一定会杀死蒋先生以报十年来的仇恨，然而结果却出乎许多人意料之外……"

周恩来的话还未讲完，就被雷鸣般的掌声打断了。大家都明白了蒋介石能回南京并不是国民党所说的蒋训斥张学良、杨虎城的结果，而是共产党做了工作才放他回来的，是为了逼他抗日。

周恩来接着讲："中国现在的环境不是西班牙，也不能造成西班牙那样的内战。""中国共产党和红军不是报私仇的暴徒，不是趁火打劫的强盗，是中华民族最坚决最英勇的革命战士。"每句话都讲到大家的心田，引起一阵阵掌声。

周恩来进一步指出："我们曾经向蒋先生表示，同时在发表的宣言和通电里说明：我们有我们的政治纲领，我们有我们的思想，我们有我们的信仰，当然毫无问题的我们是信仰共产主义！"

全场欢腾雀跃，高呼："乌啦！""乌啦！"看守们面面相觑心怀不满，却不敢发作，因为连蒋委员长也认可共产党可以保持自己的信仰——共产主义，小小的反省院又能怎么样?!

"我们是从十年来断头流血中锻炼出来的！我们有最艰苦的战斗的历史，我们有最英勇的牺牲精神！我们是最有骨气的革命战士！决不会做没有骨气的汉奸。"讲到这里，他风趣地补充了一句："蒋委员长也决不会和没有骨气的人合作。"全场的政治犯会意地笑了，笑声融成一片。看守们也跟着笑了。

"我们并没有企图把一个被压迫的落后的民族立刻变成社会主义国家。必须经过一个能走得通的道路，这一条道路就是求中华民族的解放、民权的自由平等和民生的改善，也就是真正的革命的三民主义的道路。我相信经过这条道路一直向前走，中华民族的前途一定是伟大的光明灿烂的。"对于这些政治犯和看守都是同意的，但是各有各的理解。

最后他告诉大家恢复自由奔赴抗日前线只是时间迟早的问题，要大家"在未出去之前一定要学会一套本事。加紧准备能力出去打日本"。这是难友们最关心的问题，也是天天盼着的事。

叶剑英讲话时，周恩来走下台来，在每排凳子上坐一会儿，敏锐的目光扫着左右两边的同志，细细地端详着每个人。几年的监禁生活，使大家变得苍老、憔悴，难以辨认。他知道不少同志为了应付敌人隐名埋姓，他要抓紧时间，了解哪些同志落入魔掌，以便向国民党交涉。

讲演完毕，回到院长办公室，周恩来提出要求带走夏之栩、王根英、张琴秋三个女同志。廖院长派人将夏之栩、王根英叫到办公室。但他不肯放张琴秋，面有难色地说：张琴秋是西安顾祝同送来的（张琴秋是红四方面军西渡黄河后部队打散了而被俘的），你把她带走了，我无法向顾主任交代。周恩来在西安曾同顾祝同谈判过，因而说：由我向他交涉。无论怎样讲，廖院长也不肯让步。

站在一边的夏之栩见天色将晚，拉了拉周恩来的衣袖，悄悄说："熊天荆有病，住在病房。"

周恩来马上对廖院长说："那好，既然你不肯放张琴秋，那就以熊天荆代替。"廖院长答应了。

夏之栩、王根英、熊天荆当天就随周恩来、叶剑英离开了反省院。夏之栩、熊天荆留在南京八路军办事处工作，专门负责接待从狱中出来的同志，王根英回到延安,和丈夫陈赓团聚。

从此,反省院看管松了,白天敞开号子门,允许难友们串门谈话。但是在政治上并不放松,发三民主义讲义,说:连周先生都说三民主义好,要大家学。要大家在自首书上签字。难友们说:没有什么可自首的,把自首书三个字涂掉,写成抗日书。

不久,刑期较短的开始被释放,刑期长的就由八路军办事处写信指名要求释放。九月份、十月份政治犯都被营救出狱,在南京八路军办事处做短暂停留,随之奔赴延安、各抗日前线或上海、武汉等大后方,成为各级领导骨干,在工作岗位上发挥重要作用。

周恩来在狱中的讲演深深地印在他们的心中。

(李海文)

为党做"官"

每当人们回想起抗战初期的武汉,都难以忘记身着军装,担任国民政府军事委员会政治部副部长的周恩来。更难忘记他为争取中国共产党的一席合法地位做出的巨大努力。

1937年7月7日,卢沟桥的炮声拉开了全面抗日战争的序幕。民族矛盾的急剧上升,促使国共两党再度携手,共同抗日。9月22日,国民党中央通讯社播发了拖延已久的《中共中央为公布国共合作宣言》。第二天,蒋介石在庐山发表谈话,承认中国共产党在全国的合法地位。

但是,经过十年内战后的第二次国共合作的确与第一次不同了。它既无共同纲领的约束,也无一定组织形式的保障。蒋介石虽然口头上承认中共的合法地位,但内心却不肯放弃一党专政的思想,不肯承认共产党的平等地位,更不肯让共产党掌握任何实际权力。中国共产党要改变这种状况还需要通过艰难的谈判斗争。

中共中央经过慎重研究,决定把这副担子交给参加过第一次国共合作、富有谈判斗争经验的周恩来,由他来担任中共代表团首席代表,同蒋介石和国民政府进一步磋商两党关系问题。

这时候,由于南京失守,国民政府的首都已经从南京迁到了重庆,而部分党政机关的重要人物,包括蒋介石在内先到了武汉。因此,武汉一时成为全国的政治中心。

12月中旬,肩负重任的周恩来率中共代表团奔赴武汉。

一路上,周恩来思绪万千,对他来说,同蒋介石打交道已经不是第一次了……

十年前，第一次国共合作期间，周恩来在黄埔军校任政治部主任时曾与蒋介石共过事，当时蒋介石任黄埔军校校长。上海工人第三次武装起义后，任国民革命军总司令的蒋介石率北伐军进入上海之后，很快叛变革命，下令通缉起义的领导人中就有周恩来。一时间，上海处于白色恐怖之中。因此，周恩来秘密离开上海，第一次到了武汉。不久，第一次国共合作彻底破裂，周恩来告别武汉，踏上了南昌起义的道路。从此，他同蒋介石进行了十年的生死较量。对蒋介石顽固的反共本性、狡诈的伎俩周恩来领教得最早，了解得最多，感受也最深。因而，眼前这副担子究竟有多重周恩来心中最清楚。

12月21日，是周恩来从延安到达武汉的第四天，他同代表团的王明、博古等去会见蒋介石。寒暄之后，中共代表团直率地对蒋介石谈了这次来武汉的目的，周恩来向蒋介石具体说明了中共中央提出的关于建立国共两党关系委员会等建议，王明、博古分别就抗战形势、共产国际的提议及建立八路军办事处等问题提出了意见。显然，中共代表团是怀着诚意，有所准备而来的。这就使得内心对谈判抱着敷衍态度的蒋介石很尴尬，不得不连连点头，称赞中共代表团同志"所谈极好"，表示："照此做去，前途定见好转。"

为了推动蒋介石进一步考虑中共方面的意见，周恩来等又多次去见蒋介石，由于国民党方面毫无准备，总是拿不出任何方案，因此在一次会谈中，周恩来主动出击，向蒋介石提出了关于两党合作形式的三种设想供对方考虑。他说："第一，恢复（民国）十三年的形式，使国民党改为民族革命联盟，其他党也加入；第二，建立共同委员会，在中央各级共同讨论；第三，维持现状，遇事协商。"

对周恩来提出的前两种设想，国民党内基本持否定态度。他们认为，第一种方式如果实现，共产党就会像孙悟空一样钻进来，搞党中之党，这是绝对不允许的。第二种方式，结果只能是两党平分政权，而国民党资格老，掌握全国政权，共产党才成立17年，这也是不可取的。第三种方式，许多地方党部也是不赞成的。

蒋介石对前两种设想不同意，对第三种设想也不情愿赞同，但是周恩来的提议是积极的、带有建设性的，在政治上始终处于主动。而从抗战爆发以来，中国共产党的主张获得了国统区广大人民甚至国民党中一些爱国人士的同情，国民党如果完全置之不理，在政治上就会处于被动。因此，蒋介石反复权衡后，不仅勉强选择了周恩来所提的第三种设想，而且不得不做出一点改革的姿态，即采取局部合作的方式，在国民党政府的个别部门、个别组织内邀请共产党人参加工作。

1938年1月初，国民政府改组军事委员会，恢复了政治部。蒋介石任命陈诚为政治部部长，并要陈诚出面邀请有政治工作经验的周恩来任政治部副部长。与此同时，财政部长孔祥熙也要宋美龄转告周恩来，请他到财政部工作。

对蒋介石和国民党方面表面上的合作态度，周恩来与中共代表团认为应该采取赞助的立场，与国民党真诚合作，以求达到有利于争取坚决抗战的分子和削弱亲日派的力量。但是，由于中共中央早在1937年9月25日发布的《关于共产党参加政权问题的决定草案》中已经做了规定，中共党员一般不参加政府工作，因此，中共代表团暂时只能采取推托的态度。

面对新的情况，中共代表团立刻召开会议进行研究。他们详细分析了到达武汉后国共两党谈判出现的新的进展，认为应该采取灵活的策略，具体来说，对孔祥熙的邀请应该谢绝，因为财政部属于行政范围，孔祥熙又为主和者。而军事委员会及其各部同坚持抗战和挽救危局有直接关系，参加进去可以从内部直接推动国民党抗战。意见统一后，中共代表团立即给中共中央书记处发去电报，报告了这些情况，并且陈述了自己的意见，希望中央对这个问题重新考虑。

1月中旬，蒋介石又派人来催请周恩来走马上任，周恩来等经过慎重考虑后，于1月22日再次向中央发了电报，报告了情况，并明确提出意见。他们在电报中指出："政治部属军事系统，为推动政治工作，改造部队，坚持抗战，扩大共产党的影响，可以担任此职。如果屡推不干，蒋、陈会说我党无意相助，使反对合作者的意见得到加强。参加进去可以扩大我们党的影响，推动军队政治工作的改造。"电报还强调，"要有条件地参加进去。"

不久，周恩来利用回延安参加中央会议的机会，同中共中央其他负责同志一起又详细具体地研讨了这个问题，终于取得了思想认识上的统一。

3月6日，周恩来回到武汉，正式出任国民政府军事委员会政治部副部长。这一席位在国民党看来并不算什么要职，但是，对中国共产党来说，却是抗战期间争取到的国民党军政部门最重要的职务。这是周恩来抓住蒋介石"开门请客"的机会，灵活运用党的策略的结果，它为中国共产党公开活动，推动国民党发动全面的全民族的抗战创造了有利的条件。

（廖心文）

举荐郭沫若为第三厅厅长

第三厅是抗战初期国民政府军事委员会政治部的下设机构。当时，一共设了四个厅：第一厅负责军中党务，第二厅负责民众组织，第三厅负责宣传，第四厅负责总务。政治部副部长周恩来直接抓第三厅的工作。

对第三厅的组建，蒋介石是非常"热心"的。他亲自派人请在大革命失败后受他通缉而流亡日本的郭沫若回国任厅长，就是想借重郭沫若的影响来笼络思想文化界的人士。蒋介石没想到他自以为得意的布局却恰恰符合了中共中央和周恩来的需要，更没有想到第三厅成立后会在周恩来的手下发挥如此重要的作用。

其实，就在周恩来与中共中央酝酿是否接受蒋介石的邀请出任政治部副部长时，他就急切地盼望郭沫若归来。武汉的形势使他清楚地看到宣传组织群众工作的重要性，不论自己是否能够就任政治部副部长，应该力争把第三厅建成抗日民族统一战线的组织，发挥组织与宣传群众的战斗堡垒作用。要实现这个目的，选择第三厅厅长是十分重要的。周恩来认为郭沫若是最合适的人选。

郭沫若是著名的诗人、作家、历史学家，新文化运动的重要旗手，北伐战争期间又曾担任过国民革命军总政治部副主任，在社会上影响很大。十年前，周恩来在南昌起义军南下途中介绍郭沫若参加了中国共产党，后又批准他到日本学习与工作。现在出现了国共合作的抗战局面，蒋介石又解除了对他的通缉令，应该是郭沫若发挥作用的时候了。周恩来认为，凭着郭沫若在文化艺术界的声誉和威望，一定能够影响、团结一大批爱国知识分子用他们的笔来宣传抗日的主张，唤起全民族的抗战意识。

1938年初的一天，周恩来正在开会，忽然八路军办事处的一位同志推门进来，他轻轻地走到周恩来身边，低声对他说："郭沫若到了武汉，他刚刚来过电话，想见您。"

听到郭沫若的名字，周恩来眼中立刻闪出喜悦的亮光。他回答说："请告诉郭沫若，晚上到办事处来，我等他。"

晚饭后，周恩来、邓颖超、王明、博古、林伯渠、董必武聚在八路军办事处周恩来的卧室里，等候客人到来。1月的武汉天气是寒冷的，但是周恩来卧室中的气氛却十分的热烈。

不一会儿，郭沫若到了。周恩来大步迎上去，紧紧握住他的双手。郭沫若望着久别重逢的老战友眼睛湿润了，十年前分离的场面犹在眼前。他后来回忆起这一天的情景曾感慨地说："十年后又能在武汉重见的确是一个奇迹了。"

周恩来请大家坐下，互相问起别离后的工作与生活，回忆起第一次国共合作时期的武汉……再度重逢有叙不完的旧情，但是周恩来有更重要的事情要同郭沫若商量，因此话题很快转入政治部恢复后的工作问题。

周恩来问郭沫若是否愿做第三厅的厅长。郭沫若摇摇头，表示不愿在国民党支配下做事。他说："在国民党支配下做宣传工作，只能是替反动派卖膏药帮助欺骗，不如让我在更自由的地位说话更有效力。"他还表示不愿再以党外人士身份出来工作，要求公开自己共产党员的身份。

周恩来十分理解地说："你的意见是可以考虑的。但是，你还应该多听听朋友们的意见，可不要把宣传工作太看菲薄了。我倒宁肯做第三厅厅长，让你做副部长，不过他们是不肯答应的。老实说，有你做第三厅厅长，我才可考虑接受他们的副部长，不然那是毫无意义的。"关于是否公开身份的问题，周恩来劝慰他还是用党外人士的身份。

在周恩来和众多朋友的开导下，郭沫若感到再没二话好说了。但是，正当他考虑接受第三厅厅长的职务时，听说了政治部的有关人员安排，这使他的思想再度出现波动。当时，国民党安排贺衷寒为第一厅厅长，康泽为第二厅厅长，刘健群为第三厅副厅长。这几个人都是复兴社的干将，郭沫若不愿与他们共事。特别是参加了陈诚的一次谈话会后，使郭沫若下定决心，远避长沙，坚决不做第三厅厅长。

2月6日，陈诚本来是以请客吃饭为名邀请郭沫若去他那里的。到了那里，郭沫若才知道是召开第一次部务会议。他看到刘健群坐在那里，却没有请周恩来参加，心中已经不快，又接到以"一个主义、一个政府、一个领袖"为核心内容的《政治部组织大纲》就更恼火了。他毫不客气地表示："我事前并不知道今天这会是部务会议，而我竟冒昧地参加了。我还没有充当第三厅厅长的资格。"他说："我并不是以第三厅厅长的资格来说话，我是以朋友的资格来说话。希望大家认清楚这项工作的困难，改变一下门禁的森严。假使门关得太严，不仅外面的人才不能进去，连里面的人也都要从窗口跳出去了。任何人来做厅长都可以，但首先总要把这些原则弄好，不然，谁也不能希望工作会有成效。"

会后，郭沫若未当面向周恩来请示，也未向友人告别，收拾好行李就去了火车站。他没有想到，在火车站见到闻讯赶来为他送行的同志。他们带来了周恩来亲笔写的一张便条，里面毫无责备之言，而是劝他"去长沙休息一下也好，但不要太跑远了"。

这样，能否动员郭沫若出任第三厅厅长成为筹组第三厅的关键。为此，周恩来多次找陈诚交谈，为郭沫若重回武汉排除困难。另一方面，他又派人赴长沙当面开导郭沫若，要他认清三厅工作的重要性。

周恩来认为蒋介石表面支持第三厅，实际上是"给职不给权"，他不征求任何人的意见，安插刘建群到第三厅实际是想控制第三厅，因此，针锋相对，我们一定要抓住第三厅不放。周恩来对后来任第三厅主任秘书的中共党员阳翰笙说："对于三厅的作用，要有足够的估计，三厅是个权力机构，作用是很大的。老百姓要求改革政府组织，政权公开，国民党就是不让，我们如果有一个权力机构，哪怕是很小的机构，都可以利用它做很多事情。我们拿着第三厅这个招牌，可以用政府的名义，名正言顺地进行宣传。"所以一定要说服郭沫若做些准备。

这时，蒋介石再三请周恩来出任政治部副部长。2月17日，周恩来致信郭沫若："我已在原则上决定干，惟需将政治工作纲领起草好呈蒋批定后，始能就职，否则统一思想、言论、行动诸多解释，殊为不便。"希望郭沫若"也能采此立场"。他还写道："我在这两天将各事运用好后，再请你来就职，免使你来此重蹈难境。"字里行间充满了关切之情。

不久，听说刘建群因桃色事件离开武汉后，周恩来又立即致信郭沫若，说明同陈诚谈话中得知第三厅副厅长人选问题已出现转机，认为他可以回武汉任职,但嘱咐:"速将宣传纲领起草好,以便以此作第三厅工作方针。"

3月1日,郭沫若终于回到武汉,同陈诚达成就职的三项条件。

郭沫若回来,使筹组三厅的工作顺当了。周恩来常常和他及其他有关同志开会到深夜。在讨论中,大家对一些问题逐渐统一了认识。例如,对第三厅的性质认为不能由共产党包办代替,必须建成以共产党员为核心的动员各民主党派、人民团体和民主人士来参加的抗日民族统一战线的机构。对第三厅党组织的活动,周恩来做了重要指示,他指出:在国民党的军事机关中,党组织的活动方式也要适应这个特殊的环境。对第三厅的宣传方针,周恩来指出,既然与国民党有矛盾,那么他宣传他的那一套,我们宣传我们的十大纲领,对国民党的那一套,我们是"不管不理不睬"。周恩来对第三厅下属各处科的工作也做了周密的安排。

经过一个月的紧张工作,第三厅终于在4月1日正式成立了。它包括郭沫若、阳翰笙、田汉、胡愈之、杜国庠、张志让、洪深、董维建、冯乃超等众多知名人士,被称为"名流内阁"。并成立了十余支演剧队、宣传队活跃在各个战区。

此后,第三厅在周恩来的领导下,投入到抗日的洪流中,发挥了宣传、组织、发动群众的重大作用。

(廖心文)

请范长江组织"青记""国新社"

抗战爆发后，为了广泛开展抗日民族统一战线，团结活跃在各个战场上的爱国记者，周恩来请《大公报》记者、无党派人士范长江出面组织中国青年新闻记者学会（简称"青记"）。

范长江参加过八一南昌起义。在白色恐怖下，他是第一个敢于在国内报纸上报道工农红军二万五千里长征的人。早在 1934 年夏季，红军长征之前，范长江即根据收集的苏区和红军的出版物，做出判断：苏区的经济力量、人力动员已临枯竭，难以支持长期战争。红军要壮大成长，就要高举抗日的旗帜，而在南方，难以直接投入抗日的战场，势必进行战略转移，另行开辟根据地。将来一旦抗日战争全面爆发，中国的西北必将成为抗战的大后方。1935 年冬，中央红军刚刚到达陕北不久，范长江沿着红军长征的路线采访，写成了长篇通讯《中国的西北角》。他的报道使人们了解了红军和共产党，震动了全国！他在通讯报道中准确判断：红军战略转移的目的是北上抗日。红军也并非像国民党宣传的那样已损失殆尽，快要走上石达开的道路，毛主席和红军估计还有"万人"。

范长江准确的判断和惊人的才华，引起周恩来等中央领导的极大注意。因此，1937 年 2 月 4 日，范长江冲破重重阻力，从绥远前线赶到战云密布的西安，采访周恩来时，周恩来紧紧握着他的手，第一句话就是："你在红军长征路上写的文章，我们沿途都看到了。我们红军里面的人，对于你的名字都很熟悉。你和我们党和红军都没有关系，我们很惊异你对于我们行动的研究和分析。"

从周恩来身上，范长江看到了中华民族的希望，也意识到只有中国共产党的抗日民族统一战线政策，才能挽救中国的危亡。因此，抗战爆发后，他遵照中国共产党关于抗战、团结、进步的号召，舍生忘死地奔波在各抗日战场，用犀利的笔锋，讴歌前线将士抗敌守土的精神，揭露国民党将领私蓄武力、贻误战机的军阀作风，抨击政府官员惊惶失措的悲观情绪。

范长江的文章在广大读者中产生了很大的影响，在记者中有号召力。因而，周恩来请范长江出面组织"青记"，是顺理成章的。

范长江在周恩来领导下，在党组织支持下，经过数月的奔走，1938年3月30日，终于在武汉成立了中国青年新闻记者学会（简称"青记"）。

"青记"成立后，很快成为团结国统区新闻记者的中心，长城内外、大江南北，活跃在各个战区、各条战线的战地记者，多数都参加了"青记"。"青记"在短短的两年里，在全国各地建立分会达20多个，会员发展到2000多人。

1938年5月19日，日军占领徐州。正在徐州的范长江舍生忘死组织记者突围回到武汉。为欢迎大难不死的各报社记者，周恩来让《新华日报》社负责人在汉口普海春西菜社举行招待会。周恩来因事未能出席，特意给范长江写了一封热情洋溢的信表示慰问：

长江先生：

听到你饱载着前线上英勇的战息，并带着光荣的伤痕归来，不仅使人兴奋，而且使人感念。闻前线上归来的记者正在聚会，特驰函致慰问于你，并请代致敬意于风尘仆仆的诸位记者。专此，祝健康！

周恩来

五月二十六日

周恩来的关怀使范长江非常感激。在会上，范长江和劫后重逢的记者们感慨颇多。他们为前线因缺医少药英勇负伤的士兵不能及时治疗而痛心，为国民党军政界种种不利抗战的弊端而气愤。周恩来了解到这些情况后，特约范长江和《新华日报》采访主任陆诒到武汉八路军办事处详谈，诚恳地对他们说："你们深入前线，看到许多新情况和新问题，这是记者应尽的职责。这样很好。"并亲自安排范长江、陆诒向政治部部长陈诚、副部长黄琪翔汇报动员民众、军民关系、军政关系问题。

6月7日周恩来致函范长江：

长江兄：

昨午已与陈辞修部长约好，本星期四（九号）正午约津浦战场归来诸记者会餐，地点在中街新生活宿舍。届时当可静聆诸先生对于二期抗战的经验与教训的高论，希预告怀着满脑意见的诸记者能分类准备为好。

关于约请的名单，将由政治部函你代约，预计有二十人以上。专此，即致敬礼！

周恩来
六月七日

9日，范长江等记者汇报之后，6月11日周恩来致函范长江：

长江先生：

日前之会，辞修部长印象甚好，并于昨午在军委会会报中报告。何（应钦）、白（崇禧）两部长亟盼兄等速将日前所谈以书面见示，同时白（崇禧）副总长亦已电告德邻（李宗仁）司令长官，建议撤换总动员委员会之秘书长。弟连日因忙，所约谈话，俟稍缓数日，当定期候教也。专此，敬致民族解放之礼！

周恩来
六月十一日

事后，周恩来根据范长江等记者反映的问题，向陈诚提出了加强军队政治工作的具体建议。显然，周恩来这种精心安排，既是对范长江等记者的鼓励，也以此推动了国民政府抗日。

1938年8月，《大公报》总编辑张季鸾提出让范长江"放弃拥护中共的态度，应无条件地拥护蒋委员长"。范长江一气之下离开《大公报》。周恩来得到消息后批评他："这事你决定得太仓促了。因为占领《大公报》这个阵地也十分重要。"同时，让他参加筹建党的新闻组织国际新闻社（简称"国新社"），向国外发稿，将八路军、新四军、共产党的声音、消息传播到世界各地。

1938年10月30日，经周恩来、范长江、胡愈之等策划，以"青记"会员为骨干的"国新社"成立了。"国新社"与国民政府军委会国际宣传处达成协议：由国际宣传处每月提供几百元稿费，"国新社"定期向宣传处供稿，同时对外发稿。利用这种合同关系，"国新社"很快突破国民党中央社的垄断局面，打通了对外宣传渠道。"国新社"还克服经济拮据等困难，一年多时间内，就在全国（包括根据地）设立十多个办事处，向海外150多家报刊发稿。

周恩来非常关心"青记"和"国新社"的工作，经常找范长江等了解工作情况，并加以指导。1938年10月，日敌逼近武汉，中共中央代表团决定从武汉撤退到重庆，周恩来指示将"青记"总会的部分同志也撤往重庆和长沙。同年11月12日，长沙大火前夕，周恩来又及时通知范长江、陆诒撤离，才使他们幸免于难。

"国新社"迁往桂林后，抗日战争进入相持阶段。周恩来根据变化了的局势及时指示范长江：日军侵华总政策已变为对国民党实行诱降、对游击区实行扫荡，我们的宣传方针也应有所改变，要政治重于军事，加强宣传抗日。

1939年初，范长江在斗争中深深感到，"没有共产党的领导，仅靠个人孤军奋战，是不会有什么成就的"，产生了加入中国共产党的愿望。同年5月，他到重庆请示工作，当面向周恩来提出入党要求。周恩来马上表示愿意做他的入党介绍人，但要向延安请示。一星期后，周恩来高兴地通知范长江，延安已回电批准他加入中国共产党，并告诉他：在重庆归周恩来直接领导，在桂林归李克农直接领导。

由于周恩来的正确领导，范长江等同志的尽心竭力，以"青记"为基础的"国新社"办得生机勃勃。"青记"和"国新社"的成长壮大，引起国民党政府的惊恐和仇视。他们禁止国内报纸刊登"国新社"的通讯和专稿，继之秘密逮杀"国新社"的记者。1941年1月，皖南事变后，国民党下达了逮捕范长江的密令。周恩来获悉后，密电八路军桂林办事处负责人李克农，通知范长江立即前往香港，接受新的任务。

1941年除夕之夜，范长江到达香港。他遵照周恩来的指示，和廖承志、夏衍创办了《华商报》，同时遵照周恩来的指示，把"国新社"的干部转移到香港和南洋，为党保存了一批新闻骨干。

1988年，中国记协庆祝50周年之时，正式确定"青记"是中国记协的前身，并充分肯定"青记"和"国新社"在抗战中所作出的杰出贡献。许多当年"青记"的会员，现在已然两鬓斑白，追忆往昔，感慨万千，无不深深思念他们的引路人——周恩来。他们动情地说："周恩来对新闻事业的贡献，将永远铭记在我们心中。"

（刘春秀）

令冯玉祥敬重的朋友

抗日战争时期，周恩来与国民政府军事委员会副委员长冯玉祥过从甚密，在交往中逐渐加深了相互的了解。

冯玉祥将军出身贫苦农民，自幼从军，参加辛亥革命，发动首都革命，将清末皇帝溥仪驱走，接受孙中山的新三民主义，主张联苏联共。1926年获得苏联援助，在中国共产党帮助下，在绥远五原誓师后，率国民联军俗称西北军南下，同北伐军南北呼应。但是东出潼关到了河南之后，倒向蒋介石，并成为蒋介石和汪精卫之间的牵线人，策划清共、反共。所以大革命失败后，不少共产党人对他在关键时刻的表现是记在心中的。1928年蒋介石建立南京政府后，排除、消除异己，他长期坚持反蒋，主张抗日。1933年和共产党员吉鸿昌将军等一起在张家口组织察哈尔民众抗日同盟军，被人称为抗日将军。在冯玉祥的眼中，周恩来是一位"识大体、明大义，同时又很能忍耐"的人。他认为在大敌当前，民族矛盾极端尖锐的局势下，"为国相忍就是救国家"。虽然他与周恩来没有私情，但是，周恩来一直是他极为敬重的朋友。

1937年8月，国共合作大局已定，周恩来应国民政府军事委员会邀请飞南京参加国防会议，并就两党关系与蒋介石进一步谈判。冯玉祥听到消息后立即派人前往接待。周恩来在会议期间特意抽出时间拜访了冯玉祥，两人热烈商谈了合作抗日的问题，彼此有了初步了解。

年底，随着战局的推进，周恩来与冯玉祥先后到了武汉。周恩来作为中共代表团的首席代表已经有了公开活动的机会，他经常拜访国民党中的一些爱国将领，同他们交换对时局的看法，冯玉祥在武昌千家街福音堂的住所，也成为周恩来经常出入的地方。

1938年2月14日，周恩来和王明到福音堂看望冯玉祥。那天，他们两人都穿着八路军军服，这使身为军人的冯玉祥感觉特别亲切，忙请他们到会客室坐下。

当时，日寇主力已向徐州逼近，他们准备打通津浦路，然后准备夺取武汉。这引起国民党内消极悲观情绪滋生，军队中思想也极其混乱。因此，谈起抗战局势，冯玉祥甚为忧虑，向周恩来请教办法。

周恩来详细分析了抗战的形势后，坦率地谈了自己的见解，他说："今天，日寇对我国实行全面的进攻，我们争取抗战胜利的中心关键，在于使已发动的抗战发展为全面的全民族的抗战，只有这种全面的全民族的抗战，才能使抗战得到最后胜利。"他看了看冯玉祥接着说："不过，这需要国共两党真诚合作，共同努力。冯先生，您说对吗？"冯玉祥赞同地点点头。

周恩来继续阐述自己的意见："但是，目前最高当局却缺乏民众的意识，把抗战只看成是政府的事，处处害怕和限制人民参战，阻止军队与民众的结合，这种做法可能取得局部的胜利，然而却不能得到最后的胜利。"

冯玉祥问："周先生，您看抗战的前途如何呢？"

周恩来回答："由于当前抗战还存在弱点，在今后抗战的过程中可能会发生许多挫败，因此要看到这场战争是艰苦的持久战。"

随后，他又向冯玉祥详细说明了中国共产党提出的抗日救国十大纲领。

这次谈话给冯玉祥很大的启发。周恩来渊博的学识，出众的才能使冯玉祥深为佩服，自愧不如，因此，第二天，他就在会客室里写了八个大字"吃饭太多，读书太少"，表达了对周恩来的钦佩之情。

临行前，周恩来又与冯玉祥商量了筹建中华全国文艺界抗敌协会的事，想请正在冯玉祥门下做事的著名作家老舍出面主持，这些事情都得到了冯玉祥的热情支持。

此后，周恩来与冯玉祥的来往更为密切了。冯玉祥一有机会就请周恩来到家中做客，实际上是请他来谈谈时局。为了保证周恩来的安全，冯玉祥总是派自己的车去接他。

冯玉祥是主张团结抗战的，因此，周恩来的每一次谈话都对他很有启发，增加了许多新的认识。这样，他在视察阵地，督练新兵，上台讲演时就有了许多丰富、新颖的内容。

冯玉祥的态度也很受周恩来的重视。平时他工作忙，分不开身时，常常请邓颖超或武汉八路军办事处的同志去看望冯玉祥，加强对他和他的部下的统战工作。邓颖超、凯丰、李涛等同志都曾在冯玉祥为部下开办的学习班上讲过课。

有一天，邓颖超代表周恩来到福音堂看望冯玉祥和他的夫人李德全，正巧冯玉祥在会客。邓颖超在会客室等候时提笔写下了八个字："精诚团结，贯彻始终"。这八个字不仅反映了周恩来与冯玉祥之间真诚的合作关系，同时也表达了周恩来对冯玉祥的殷切期望。

正如周恩来所期望的，以后，冯玉祥一直为团结合作，坚持抗战而奔走。无论是在国民党顽固派掀起的反共高潮中，还是在抗战结束之初内战重起的紧急关头，冯玉祥都给了中国共产党真诚的帮助。1946年校场口事件后，冯玉祥的革命行动和言论惹怒了蒋介石，他不得不接受蒋介石给予的"赴美考察水利专使"的名义，远离亲人和祖国，去了美国，然而他的心却一直留在国内。当新中国即将成立召唤他回国时，他毅然拒绝了美国政府的引诱，投向祖国的怀抱。不幸的是他在回国途中因轮船起火而身亡。但是正如周恩来所说，他终于"从一个典型的旧军人转变为一个民主的军人"，经过曲折的道路，"最后走向了新民主主义的中国"。对冯玉祥的最终归宿，周恩来早有预示，1941年11月14日冯玉祥60寿辰时，周恩来给他送去了亲笔写的祝词，这是一份相知甚深的人才能写出的祝词：

焕章先生六十岁，中华民国三十年。单就这三十年说，先生的丰功伟业，已举世闻名。自滦州起义起，中经反对帝制，讨伐张勋，推翻贿选，首都革命，五原誓师，参加北伐，直至张垣抗战，坚持御侮，处处表现出先生的革命精神。其中尤以杀李彦青，赶走溥仪，骂汪精卫，反对投降，呼吁团结，致力联苏，更为人所不敢为，说人所不敢说。这正是先生的伟大处，也正是先生的成功处。

先生善练兵，至今谈兵的人多推崇先生。五原誓师后，又加以政治训练，西北军遂成为当时之雄。先生好读书，不仅泰山隐居时如此，即在治军作战之时，亦多手不释卷，在现在，更是好学不倦，永值得我们效法。丘八诗体，为先生所倡，兴会所至，嬉笑怒骂，都成文章。先生长于演说，凡集会，有先生到，必满座，有先生讲话，没有不终场而去的。对朋友对同事，尤其对领袖，先生肯作诤言，这是人所难能的。先生生活，一向习于勤俭朴素，有人以为过，我以为果能人人如此，官场中何至如今日之奢靡不振！先生最喜接近大兵和老百姓，故能深知士兵生活、民间疾苦，也最懂得军民合作之利，这是今日抗战所必须。先生在不得志时，从未灰过心，丧过志。在困难时，也从未失去过前途。所以先生能始终献身于民族国家事业，奋斗不懈，屹然成为抗战的中流砥柱。

先生的德功，决不仅此。我祗（只）就现时所感到的写出。先生今届六十，犹自称小伙子，而先生的体魄，亦实称得起老少年。国家今日，尚需要先生宏济艰难，为民请命，为国效劳，以先生的革命精神，定能成此伟大事业，不负天下之望。趁此良机，谨祝先生坚持抗战成功，前途进步无量！

祝词对冯玉祥做了全面、中肯的评价，表达了周恩来对他的真诚祝愿，鼓舞了冯玉祥对此后生活道路的正确选择。

冯玉祥是在同周恩来的交往中认识了共产党，并同旧的过去划清界线的，因此，他的转变是同周恩来分不开的。正如一位长期伴随在冯玉祥身边的秘书所说："冯玉祥不是一个完人，但他后半生在与周恩来同志的交往中，得到帮助和鼓舞，使他成为一个民族英雄，人民的英雄。这充分体现了周恩来同志在执行我党统一战线的政策中，取得的巨大成功。"

（廖心文）

革命需有后来人

1938年3月，正在武汉忙于团结各界人士抗敌御侮的周恩来，忽然收到安徽寿县曹家岗寄来的一封信，打开一看是曹云屏让人代写的。

信中诉说：他父亲曹渊牺牲后，他母亲带着他在家乡，断断续续读完小学。抗战爆发后，国民党残酷压榨，他母子生活更加贫苦无依，度日艰难，求学无望，盼望着党能解救他们。

读罢曹云屏的来信，周恩来心如潮涌。他的思绪又飞回到轰轰烈烈的大革命时期，眼前又闪现出曹渊那英武的身影。曹渊是黄埔第一期的学员，1924年加入中国共产党。毕业后担任军校教导团连长、第一军第九团营长，一直在周恩来领导下。他参加两次东征，带领部队英勇作战，表现出众。1926年3月蒋介石发动反共的中山舰事件，我党决定将干部从第一军撤出。5月1日周恩来带着曹渊从汕头赶回广州，为北伐先遣队叶挺独立团送行，同时将曹渊留在独立团担任第一营营长。独立团进入湖南后，英勇作战，长驱直入，很快攻到武昌城下。武昌城墙高而坚固，北伐军没有重炮在城垣打开缺口，没有极大的牺牲精神难以攻城。曹渊力争第一营为攻城奋勇队，亲任队长，身先士卒，率先爬城。临行前他给叶挺写了一个条子"现状至危，但革命军有进无退。我誓必率我可爱同志达成竖青天白日旗于城上之任务……"条子还未写完，云梯已在他身边搭起。他签了字，交给勤务兵送到团部，跃身登梯。刚攀登几步，身上连中数弹。他强忍疼痛登到梯顶，抓住城垣，高呼"革命万岁"，鼓励士兵们从他的肩上踩过去。在猛烈的机枪声中，曹渊翻身坠落，壮烈牺牲。这一幕幕悲壮的场景又再现在周恩来的脑海中。他一直惦记着先烈们的遗属，无奈严重的白色恐怖、残酷的战争、千山万水的隔阻，这个愿望难以实现。现在他看到曹渊儿子的来信，知道烈士的后代已长大成人，革命又有后来人，十分兴奋，欣然挥毫。

云屏贤弟：

来函收阅。令尊曹渊同志为谋国家之独立、人民之解放而英勇地牺牲了。这是非常光荣的。我全党同志对曹渊同志这种英勇牺牲精神，表示无限的敬意。

此次接读来函，知云屏弟在家中以家境贫苦虽无法升学，而求深造之心甚切，足证曹渊同志有其子也。如弟能离开家庭则望来汉口，以便转往陕北延安抗大或陕公受训，并付来洋贰拾元，藉作来汉路费。

此致

近好！

周恩来

三月十九日

如来汉，望到日租界中街八十九号大石洋行，找办事处可也。

云屏母子收到周恩来的信，热泪盈眶。曹云屏的母亲、祖父和寿县党组织商议，决定曹云屏按照周恩来的指示赴延安学习，考虑到他只有14岁，年幼从未出过远门，让堂兄曹云青和他作伴。兄弟俩长途跋涉月余到了武汉，终于在办事处见到了周伯伯。周恩来平易近人的态度，和蔼可亲的话语，刹时驱散了两个农村孩子的拘束、疑惧。

两天后，周恩来又把他们叫去，拿出两个八路军臂章，帮他们别在衣袖上，微笑着说："送你们到延安去，到毛主席那里去，高兴吗？"他还再三叮嘱他们："到了延安，不要怕陌生，党会照顾你们，同志们会照顾你们。去了延安，要努力学习，走革命的路，继承革命先烈未竟的事业。"

曹云屏兄弟依依不舍地告别了周恩来，5月到达延安，入陕北公学学习。

周恩来一直关心着曹云屏兄弟，1938年秋他为参加六届六中全会回延安，在百忙中，派人将他俩接来，详细询问他们的学习和生活情况，还问他们有没有给家人写信，见他们穿得单薄，又派卫士给他们送去60元边币，让他们每人做一件棉大衣。

1939年，抗战进入最艰苦的阶段。汪精卫叛变投敌，蒋介石日益反共，不断制造摩擦。延安中学的同学们对抗日前途议论纷纷,曹云屏兄弟为了搞清楚问题,提笔给周恩来写了一封信请教。

1939年夏,周恩来从重庆回到延安,7月10日骑马到中央党校作报告,途中坠马受伤,造成右臂粉碎性骨折,无法写字。为了不使孩子们失望,为了培育烈士遗孤,周恩来在赴苏治病的前夕用左手给曹氏兄弟写了一封回信。

云青云屏同志:

你们的信都收到了。得悉你们学习紧张,生产努力,欣慰非常。我因坠马伤臂,不便作书,你们提的问题恕我不能答复了。现在我要出外就医,日内就动身。希望你们更加努力学习,并祝你们进步!

周恩来

八月二十三

为了帮助云屏、云青认清革命形势和坚定抗战必胜的信心,周恩来特地为他们订购了延安出版的《解放》杂志,让他们认真阅读、学习。

曹云屏兄弟得知周伯伯是在右臂受伤的情况下写这封信的,深为不安,更加发奋学习,努力生产。

6年过去了,日本帝国主义投降前夕,曹云屏学成毕业,他想回家乡华中去工作,征求周伯伯的意见。周恩来耐心地对他说:"干革命,为什么一定要回家乡去呢?你要争取到革命最需要的地方去,到基层去,到连队去。"

他遵照周恩来的嘱咐,愉快地到地方基层工作,在革命战争的锻炼中成长为一名革命干部。

(刘春秀)

出使共产国际

1939年8月27日的延安,天高气爽,蒋介石的专机凌空而起向西飞去。机舱里坐着周恩来、邓颖超夫妇及李德等人。周恩来的右臂弯曲着用绷带吊在胸前,他是在一个月前摔伤的。那天,他策马前去中央党校作报告,江青闹着要跟着去听,只好同行。爱出风头的江青猛地打马,从后面冲过来,使周恩来的坐骑受惊,可巧马肚带又没有系紧,将周恩来摔下来。周恩来急中生智,急忙用右手护着头,胳膊肘着地,造成肘部粉碎性骨折。当时延安医疗条件差,过了一个月,才知道周恩来的右臂已造成固定的向肩方向弯曲而不能伸展了,有残疾之虞,因而决定到苏联治疗。因为周恩来是国民政府军事委员会政治部副部长,蒋介石得知后派飞机送周恩来到新疆,由新疆乘苏联的飞机到莫斯科。

一到莫斯科,共产国际就安排周恩来住进皇宫医院(即克里姆林宫医院),组织专家多次会诊,最后提出两个治疗方案:第一把肘部拆开,另行接骨。这样胳膊可以运用自如,但有不成功的风险,而且治疗时间长;第二不开刀,采用按摩等治疗方法,所需时间短,但是胳膊只能活动到一定的角度。医生请周恩来定夺。

周恩来说:"国内工作很忙,不允许我长期在国外治病,就选择后一种方案吧。"

采用第二种方案治疗是很痛苦的。首先打麻药,然后硬把胳膊拧到一定的角度,固定起来。麻药的效力消失后,疼得他豆大的汗珠直往下滚,不由得喊叫起来,急得邓大姐团团转。然后是按摩,使萎缩的肌肉恢复生机,这更使他疼痛难忍。按摩师是位老太太,对翻译师哲说:"不受这个痛苦就要前功尽弃,一定要经受这个痛苦，将来才有希望使手臂活动，可以自己吃饭、梳头。"

周恩来到苏联不仅仅是治病，还肩负重任，因而在住院期间就不顾疼痛开始工作，着手起草给共产国际的报告《中国问题备忘录》。师哲劝他："你是来治病的，还是先把病治好为宜。"他却说："我这是外伤，不影响我的思考和工作。"就这样，他在医院里写了5万字的报告，他一边写，师哲一边译成俄文。译稿交给季米特洛夫的政治秘书波诺马廖夫（后任苏共政治局候补委员）压缩成20页，再由季米特洛夫将打印稿送斯大林及国际执委看，后在《共产国际》杂志上发表。翻译工作一直持续到周恩来出院之后。

经过两个多月的治疗，周恩来的肘部可以上下活动15度，吃饭、梳头自如。但是他的右臂总是弯曲着，留下了终身的残疾。

出院后，周恩来的工作更忙了。

最重要的活动是向共产国际执委会汇报中国问题。首先根据备忘录做了一次口头汇报，一连讲了两天，每次都是四五个小时以上，比他的书面报告更详尽。

执委会对中国情况不甚了解，他们最担心的是中国统一战线能否坚持下去，是否会发生内战或分裂，也就是中国抗战能不能坚持下去，中国人民能否战胜日本帝国主义，因为这关系到世界反法西斯战争的前途。当时德国已占领波兰，第二次世界大战已爆发，德国随时都可以东进侵犯苏联，如果中国不能坚持抗日，日本西进苏联，苏联腹背受敌，后果不堪设想。

周恩来在报告中引用了大量数字，分析了抗战以来战局变化情况，中日双方的优劣、强弱，讲述了在共产党的领导下，八路军、新四军及中国人民英勇战斗的事迹。他特别指出"中共中央从来没有像今天在毛泽东同志领导之下这样统一"。介绍了中国抗日统一战线的形成过程及其特点。结论是肯定的，中国人民一定能够战胜日本帝国主义。

大家听了以后都很兴奋，可是外国同志对报告中所涉及的人名、地点，如胡宗南、晋察冀等都搞不清也记不住。散会时，有人风趣地说："恩来同志辛苦了，你讲的我们全知道了，但又全不明白。"西班牙的一位同志说："周恩来的报告使他更加相信，各国的事情只有各国人民自己才能办好。"

共产国际和斯大林很重视周恩来的报告，经过20多天的考虑后才作出《共产国际执委会主席团关于中共代表报告的决议》。2月末，季米特洛夫将这个决议交给周恩来时,解释说:"报告及主席团的讨论斯大林都看了。本来斯大林很想见你一次,但是考虑苏联和国民党政府不仅恢复了外交关系,而且来往密切,就不见了,希望你谅解。这个决议是在斯大林主持下讨论起草的,字斟句酌,反复推敲,慎之又慎,因为既想把共产国际的立场、观点、愿望讲清,又不能束缚中共的手脚,或伤害中共的积极性和创造精神,先请中共代表团研究一下,有问题或意见请提出来,我们再行商量。总之,我们共同努力,把这一任务完成好。"

《决议》不长,中心内容是希望中华民族团结起来,一致对外,坚持抗战,战胜日本帝国主义,解放全中国。师哲口译,周恩来亲自笔记,修改后抄整齐,周恩来将文件装在身上亲自携带回国,交给中央。1945年毛泽东在中共第七次代表大会的报告指出这次大会是"团结的大会,胜利的大会",就是运用和引申了这个文件的精神。

季米特洛夫还单独同周恩来谈话,一次问道:"王明回国后,表现如何,他同毛泽东合作得好吗?"

周恩来回答:"王明表现不够好,甚至有一个时期,他跑到武汉,企图另外组织自己的班子。"

季米特洛夫立即说:"王明回国前,我们再三告诫他,不要以为自己是国际执行委员,又是书记之一,就可以翘尾巴,把自己凌驾于中央、毛泽东之上。要知道,毛泽东是在人民群众中,在实际斗争中成长起来的,所以毛泽东才是中国人民、中国革命和党的真正领袖,而不是别人,希望他回国后放下架子,服从党的统一领导。我和斯大林都曾这样告诫过他,可是他竟然不听,将我们的忠告当做耳旁风,令人失望。"季米特洛夫讲到这里不禁苦笑一下。

在此期间,周恩来出席了共产国际监察委员会审查李德问题的会议。李德是德国人,20世纪30年代被派到中央苏区的共产国际代表。由于他的指挥导致第五次反"围剿"失败,中央红军不得不长征。这次审查是根据中国共产党的意见进行的,正在苏联学习的刘亚楼等人到场作证。审查结果是:李德有错误,由于他不了解中国情况出了一些错误的主意。但是,李德无权对中国共产党的事务作出决定,他的错误意见被采纳,这个责任应由中共中央负责,所以免于处分。后来共产国际分配他到苏联外文出版社工作。

周恩来广泛地和国际执委、领导接触、交谈。双方交换了各自的情况和观点,加强了彼此的联系和了解,建立了友谊。

共产国际的工作人员非常尊重、热爱周恩来,很想见到他。不少人对师哲说:"周恩来来之前,一定告诉我们。"当他们看到周恩来标准的身材、潇洒的风度、稳重的举止时,都情不自禁地说:"真漂亮,真是个美男子!"

周恩来抽暇看望了在苏联休养、学习的干部,帮助他们解决问题。

1940年3月周恩来夫妇和任弼时夫妇等人一起离开莫斯科,返回延安。从此,中国共产党再也未向共产国际派过代表。

(李海文)

雾重庆的曙光

1940年初夏，周恩来回到阔别一年之久的重庆，从郭沫若、阳翰笙处了解到在他赴苏联治病期间，国民党一直按其1939年初五中全会确定的《防制异党活动办法》，限制三厅活动，威逼迫害三厅人员。他们曾三次胁迫三厅人员集体加入国民党，遭郭沫若厅长严词拒绝。同时又将黑手伸向抗敌演剧队，逮捕、杀戮甚至活埋抗敌演剧队队员。

面对三厅日益困难的处境和国民党顽固派制造磨擦愈甚的恶劣环境，周恩来指出：目前投降与分裂的危险是空前的，困难也是空前的，政治形势有比以前更坏的可能。这就要求我们要很好地利用三厅这块阵地，坚决执行中共中央的指示方针和斗争策略，发展进步势力，争取中间势力，孤立与分化顽固势力。我们的方针还是争取好转，但又不放松警惕，要沉着应付，静观其变。

事态的发展果然不出周恩来所料，同年9月，国民政府以改组政治部为名，撤销了三厅。郭沫若也卸去三厅厅长的职务。三厅是七七抗战爆发后国共两党合作的产物，撤销三厅就意味着使我党在国民党统治区内失去了一个合法的公开的阵地。

周恩来一方面嘱郭沫若、阳翰笙要冷静，要沉住气，同时，他立即去找改组后的政治部部长张治中交涉。他说："第三厅这批人大都是在社会上很有名望的文化人。他们是为抗战而来的，而你们现在搞到他们头上来了。好！你们不要，我们要！现在我们准备请他们到延安去。请你借几辆卡车给我，我把他们送走！"

从周恩来异常严厉的口气中，张治中感到事情严重，忙说："等报告蒋委员长后再说。"

几天后，蒋介石突然召见郭沫若、阳翰笙、冯乃超、杜国庠、田汉等原三厅的主要负责人，对他们说：现在正是国家用人之际，你们不能离开。我们想另外成立一个部门，还是由第三厅的人参加，仍然请郭先生主持。接着，蒋介石的机要秘书李维果对他们说："委员长的意思，部里成立一个文化工作委员会，委员会的宗旨是对文化工作进行研究，现在研究工作也很重要，仍然请郭先生主持，请诸公参加，这样也就是离厅不离部嘛！"

对此，阳翰笙等非常气愤，向周恩来汇报时说："蒋介石分明要把我们圈起来，怕我们去延安，你看怎么办？"

他没有想到周恩来却说："就答应他吧！他画圈圈，我们可以跳出圈圈来干嘛！挂个招牌有好处，我们更可以同他进行有理、有利、有节的斗争，开展我们的工作。"稍停，他又劝导阳翰笙等："我们处在无权无势时，还能在地下干，现在有一个地盘给我们站住脚，难道还怕干不成事吗？"

1940年10月1日，文化工作委员会成立了。主任委员由郭沫若担任。副主任委员是阳翰笙、谢仁剑。专任委员有茅盾、杜国庠、田汉、洪深、翦伯赞、胡风等10人。兼任委员有老舍、陶行知、侯外庐、王昆仑等10人。他们或从事文艺创作，或者著书立说，或者讲学论争，在文化运动中发挥了很大作用。周恩来时常出席文委会举办的文艺演讲会、联欢会。结果文化工作委员会团结的各方面人比三厅更广泛，影响也很大，其中尤以话剧运动最为出色，被称为中国现代文艺史上的一朵奇葩。

1941年1月，皖南事变发生后，白色恐怖笼罩重庆，许多爱国青年惨遭杀害，大批抗日人士被捕，一切进步活动都被禁止了。由于环境极端险恶，许多进步文化人士被迫离去。著名戏剧家洪深一家服毒自杀，洪深在遗书中写道："一切都无办法，政治、事业、家庭、经济如此艰难，不如归去。"这件事对社会震动很大。

为了打破这种万马齐喑的沉闷局面，冲破敌人在政治上和文化上的禁锢，周恩来选择了有广泛群众基础的话剧，作为突破口。他在南方局文化组的一次会议上提出："重庆这个'死城'把人民压得喘不过气来，我们必须想个办法予以冲破，而曾在重庆文艺界的朋友也静极思动。在各种文艺形式中，话剧比较容易结合现实斗争，能直接和群众交流，观众又多是年轻人，影响大，就首先从话剧做起吧。"

为了掀起话剧运动的高潮，周恩来责成阳翰笙邀请各方面人士组织筹备庆祝新文化运动主将郭沫若创作二十五周年和五十寿辰的活动。

配合这次纪念活动，重庆文艺界演出了两台话剧，作为献礼，并以此为契机，揭开重庆话剧运动高潮的序幕。

这两台话剧是阳翰笙的《天国春秋》和郭沫若的《棠棣之花》。《天国春秋》以韦昌辉挑起太平天国内讧的事实，借古讽今，鞭挞国民党顽固派同室操戈、破坏抗战的罪恶行径。《棠棣之花》则着重表现聂莹、聂政姐弟不畏强暴、壮烈牺牲的英勇精神。

这两部戏，都是在周恩来关怀下推出的。早在皖南事变刚发生后，周恩来担心阳翰笙发生意外，让他"暂时退避一下，到乡下去写作，以避开敌人的刀锋"。这无疑给阳提供了充裕的写作时间和接触底层劳动人民的机会，拓宽了他的创作源泉。对郭沫若创作的《棠棣之花》，周恩来前后共看了7遍，还亲自为《新华日报》开辟的《棠棣之花剧评》题写了刊头。

这两部戏上演后，引起观众强烈的共鸣。特别是《天国春秋》剧中人洪宣娇说的"大敌当前，我们不能自相残杀"，抒发了久已郁积在人们心头的怨愤，每次演到这里，观众席上总是爆发出暴风雨般的掌声。

以上两剧的演出，初步打破了山城重庆的沉闷局面。然而，将话剧运动推向高潮的还是1942年初上演的郭沫若的历史剧《屈原》。

周恩来对《屈原》一剧，倾注了大量的心血。听到郭沫若在写作《屈原》，就到郭沫若家里，同他探讨剧本的创作。他对郭沫若说："屈原在当时受迫害，才忧愁幽思而作《离骚》。现在我们也受迫害，这个题材选得好！"在周恩来的鼓励下，郭沫若只用了10天时间，就把剧本写出来了。

剧本写出后，周恩来反复阅读，并同专家们一起研讨。他明确指出："这个戏无论在政治上和艺术上都是很好的作品。"指示文艺界党组织：要动员和选择最好的演员参加这次演出，要尽一切努力演好这个戏。所以《屈原》演出的阵容很强大，金山饰屈原，张瑞芳饰婵娟，白杨饰南后。导演由陈鲤庭担任。排演时，周恩来亲自到剧场去看了几次，还把主要演员金山、张瑞芳接到红岩，让他们念《雷电颂》：

鼓动吧，风！

咆哮吧，雷！

闪耀吧，电！

将一切沉睡在黑暗怀抱里的东西，

毁灭，毁灭，毁灭呀！

金山浑厚的声音在红岩的楼道上回荡，楼道内、楼梯上挤满了"八办"（八路军办事处）的工作人员。周恩来不仅要听专家的意见，也要听听这些工作人员的意见，曾组织八路军办事人员对《屈原》剧本进行讨论。

周恩来非常欣赏《雷电颂》这段台词，反复听金山念了几遍后说："注意台词的音节和艺术效果固然重要，但尤其重要的是充分理解郭老的思想感情。屈原并没有写过这样的诗词，也不可能写得出来。这是郭老借着屈原的口说出自己心中的怨恨。要正确表达郭老的思想，郭老这是说给国民党顽固派听的，也是广大人民的心声。可以预计在剧场中，一定会引起观众极大的共鸣！"

果然，不出周恩来所料，《屈原》一上演，轰动山城，不少青年人步行百里，冒着寒冷的夜风排队买票，场场爆满。每次演出台上台下融为一体。从皖南事变以来郁积在人们胸中的愤恨得以倾诉，人们看到了希望和曙光。

在国民党的陪都——重庆，共产党支持的演出获得如此的成功，这真是奇迹！

（刘春秀）

西安赴宴

皖南事变后，国民党严密监视设在重庆红岩的八路军办事处和曾家岩的周公馆，限制周恩来的行动，不准周恩来出重庆市区，更不准离开重庆回延安。

1943年5月23日，为了适应反法西斯战争发展的需要，便于各国共产党根据本国情况独立处理问题，共产国际执委会发布《解散共产国际的决议》，中国共产党是共产国际的一个支部，国民党将此事看作千载难逢的机会，叫嚷既然共产国际解散了，中共也应该解散，并阴谋发动第三次反共高潮。

中共中央利用这个机会，提出"共产国际解散，党中央将讨论中国的政策，请周恩来即回延安"。蒋介石欣然同意。

重庆和延安的陆路交通断了三年，国民党又准备发动第三次反共高潮，今后国共关系前途未卜。周恩来决定将老弱病残和不必要留的干部，凡能带走的人都带回延安，只留下董必武、刘少文等少数干部坚守重庆，领导中共南方局的工作。留下的人做好坐牢的准备，走的人做了周密的安排，以防中途掉队或被扣。

6月7日，周恩来会见蒋介石，说："我要走了，请你写几个字，我带回去。"蒋介石用铅笔写了一封信。

6月28日，周恩来、邓颖超、方方、孔原等率100多人，乘坐5辆大卡车，浩浩荡荡地出发了。由于下雨，路面泥泞和车辆损坏，特别是沿途屡遭盘查。车队走走停停，7月8日才到宝鸡。因为西安八路军办事处住不下这么多人，大队伍暂留宝鸡。周恩来、邓颖超等3人乘火车于9日到达西安。到西安的目的有两个，一是安排车队通过西安，平安回到延安。更重要的是中共中央指示周恩来向胡宗南交涉制止其向边区的军事进攻。

当时，第八战区副司令长官胡宗南奉蒋介石的命令，秘密部署部队准备闪击延安，妄图一举攻占陕甘宁边区。预定进攻的日期是7月9日，胡宗南的侍从副官、机要秘书熊向晖是秘密共产党员，将此情况密报延安，因而7月4日朱德致电胡宗南点破他的进攻部署。胡见事机败露，不得不于8日下令鸣金息鼓。这个情况，当时中共中央、周恩来并不清楚。而且胡宗南不甘心，决定给周一个下马威，以解心头之恨。

9日，周、邓到达西安，一下火车，特务、警察就围上去，叫嚷着要进行检查。

周恩来正颜厉色地说：我是中共代表周恩来。

特务故作不信，仍坚持要检查。

周恩来发脾气了："你们不相信?! 这是蒋委员长给我们的信！"说着就从口袋里将蒋的信摔出去。

特务慌了神，赶忙弯腰拾起信，连连道歉。

这一关闯过去了。刚到七贤庄又接到胡宗南宴请周恩来、邓颖超的邀请信。这明明是鸿门宴。周、邓商定，周恩来只身赴宴，邓称病不去。一旦周被捕，由邓向中央报告并出面交涉营救。

胡宗南怕周不来，派熊向晖坐他的专车到七贤庄接周恩来，熊向晖利用此机会用英语告诉周："请小心，提防被灌醉。"周不露声色，紧紧地握了一下熊的手。

到了小雁塔荐福寺，果然场面不凡。胡宗南在院内恭候多时，趋步上前，亲迎周恩来下车，称周恩来为先生（胡是黄埔第一期学员）。

走进宴会厅，30多位将军和夫人起立行注目礼。这些将军都是黄埔六期以上将级军官，个个能言善辩暗藏杀机。周恩来环视一周，他不仅认识一些人而且还记得他们在学校的表现。他胸有成竹，态度自若，和胡交谈。

胡的政治部主任率先敬酒，说："在座的黄埔同志先敬周先生三杯酒，欢迎周先生光临。请周先生和我们一起祝领导全国抗战的蒋委员长身体健康，请干第一杯。"

周恩来不慌不忙起立举起酒杯，面带微笑，说："为了表示国共合作共同抗日的诚意，我作为中国共产党党员，愿意为蒋委员长的健康干杯。各位都是国民党党员，也请各位为毛泽东主席的健康干杯！"

一语惊四座，大家都怔住了，全场鸦雀无声。周恩来仍微笑着："看来各位有为难之处，我不强人所难，这杯敬酒免了罢。"说着放下酒杯，转身同胡谈论局势问题。

过了片刻，十几位夫人举杯走向前，说："为了发扬黄埔精神，我们每人向周先生敬一杯。"

周幽默地问："我倡导的黄埔精神是什么？谁答得对，我就同谁干杯。"

顿时，这些漂亮的夫人瞠目结舌。胡宗南打圆场："今天只叙友情，不谈政治。"

周和她们寒暄，几句话讲得他们笑逐颜开，欢喜而归。

隔了一会儿，十几位将军列队成行向周敬酒："当年我们在黄埔军校学习，周先生是政治部主任。我们每人向老师敬一杯。"

周泰然自若地说："刚才胡副长官讲，今天不谈政治。这位将军提到我当过黄埔军校政治部主任。政治部主任不能不谈政治。"说到这，他问胡："这杯酒该不该喝？"

胡心中十分气恼，一时又找不出合适的话对答，只好说："他们没有政治头脑，酒该他们喝。"将军们遵令干杯，周恩来彬彬有礼，和他们一一握手。

将军们面带笑容回到座位，其实，个个心急如火，宴会的时间已过了一半，胡副长官布置的任务还未完成，绞尽脑汁想着祝酒词。一批夫人交头耳语后起身祝酒，其中一位看着稿子说："我们敬周夫人一杯酒，祝她康复，回延安一路顺风。请周先生代她分别和我们干一杯。"

不料，周恩来神色严肃，说："这位夫人提到延安。前几年延安人民连小米都吃不上，经过自力更生，发展生产，日子比过去好，仍然很艰难。让邓颖超喝这样好的酒，她会感到于心不安。请各位喝酒，我代她喝茶。"他举起茶杯和他们一一碰杯，一饮而尽。

周恩来不瘟不火，不卑不亢，巧与周旋，举止符合身份，礼节符合常规，宴会的气氛一直友好。酒会结束时，周举杯致词："感谢胡副长官盛情款待。胡副长官告诉我，他没有进攻陕甘宁边区的意图，他指挥的部队不会采取这样的行动。我向大家敬一杯酒，希望我们一起努力，坚持抗战，坚持团结，坚持进步，打败日本侵略者，收复被日寇侵占的中国山河土地，彻底实现孙中山先生的三民主义，把我们的祖国建设成独立、自由、幸福的强大国家！"说完他一饮而尽，起身告辞。

胡宗南面带笑容，客客气气地送周恩来上了汽车，派熊向晖代表他送周回七贤庄。汽车开动了，胡注目敬礼。汽车开出大门，胡仍呆呆地站在院子里。他在想什么？是气恼，还是敬佩，还是……

（李海文）

当干部犯了错误的时候

金无足赤,人无完人。任何一个人,在其漫长的一生中,都难免有做错事、说错话的时候。问题是当人们已经犯了错误时,究竟应采取什么态度对待他们。毛泽东、周恩来、董必武等老一辈无产阶级革命家,对犯错误的同志总是满腔热情地加以帮助引导。周恩来等几位前辈对王梓木同志不慎出现闪失后所采取的做法,为全党同志树立了榜样。

王梓木,曾用名王铎、王世平,原籍河北迁安县人,后到黑龙江木兰县安家落户。1925年10月加入中国共产党。1927年春夏间到1937年10月,先后被党组织派到西安、河南、湖北、北平、山东、安徽、河北、天津等地,在国民党军队中做统战工作。1930年7月1日,他在豫东反蒋战斗中受重伤,治疗时被截去左腿。1937年10月到延安后在抗大任军事教官。1938年1月,周恩来将其调往武汉八路军办事处,继续做统战工作。1939年2月至1945年2月,他随周恩来到重庆中共代表团工作,任南方局军事组组长、支部书记、十八集团军高级参谋。

这样一个对革命作出过很多贡献的同志,在整风学习中,竟因想不通,感到委屈,一时冲动,于1944年2月擅自搬离中共代表团红岩办事处,犯了违反组织原则的严重错误。

事情发生时,恰逢周恩来不在重庆。6个月前,他已回到延安。主持南方局工作的董必武,凭着多年的对敌斗争经验,意识到问题的严重性。当时中共代表团日日夜夜处于国民党特务的严密包围监视之下,一旦他们得知王梓木这样一位共产党的高级干部出走,便会借此大做文章,从而给党的事业造成不可弥补的损失;同时王梓木也可能遭遇凶险或从此脱离革命队伍而抱恨终生。人民群众一直把中共代表团驻地看作是国统区的小解放区，把周恩来喻为雾重庆的一盏明灯。必须立即采取措施，挽回损失，也挽救王梓木。于是，董必武派出办事处处长钱之光和陈家康去说服、规劝王梓木尽快回来，同时将此事报告了在延安的周恩来和毛泽东。

钱之光、陈家康和地下党的有关同志与王梓木推心置腹地谈话，言明其处境十分险恶，帮助他认识错误。王梓木幡然醒悟，认识到自己一时不慎，险些给党和革命事业造成损失，十分痛心，彻夜未眠，次日一大早便返回了办事处。

王梓木回办事处后，董老和南方局的同志们如释重负，非常高兴。王梓木毕竟是受党培养多年的老同志，随即检查了自己的过失。组织上对他是宽宏大量的，只让他自己深刻检查认识错误，没作任何处分，并照常让他分管新华社编辑部的工作。但是，国民党特务获悉此事后还是大肆造谣诬蔑。董必武花费了很多时间和精力以辟谣言。王梓木也因此背上了沉重的思想包袱。

就在此事发生前后，王梓木的妻子和他离异了。家庭的变故，自己的挫折，使王情绪低落，非常苦闷。董老多次和他促膝谈心。林伯渠和王若飞在赴重庆同国民党谈判期间，也抽时间多次找王谈话，让他放下包袱，轻装前进。

此时，正在延安参加整风的周恩来在自己处境困难时，依然惦念着南方局的工作和南方局的同志，也惦念着王梓木同志。1944年11月10日，周恩来从延安赴重庆同国民党谈判，因忙于起草同国民党政府的谈判方案，未来得及同王梓木深谈，便专门给王梓木写了下面的一封信。

梓木同志：

你给我的信读完，但反省笔记还没来得及看，我打算全部看完后再与你作长谈，以便互相切磋，能够帮助你解决久悬而未决的问题，我想你一定会很满意的。专告，即致敬礼！

周恩来
十一月二十四日

王梓木一遍又一遍地看了周恩来的信，异常感动。他原想，自己犯了那么大的错误，周副主席肯定会狠狠批评的，没想到周副主席没有丝毫指责、批评，还提出日后再作"长谈"，"以便互相切磋"。

不久，组织上决定调王梓木回延安任八路军总司令部高级参谋。由于交通工具缺乏，王梓木一时不能赴延。为使王不至着急，1945年1月8日，周恩来从延安给王梓木写了一封信。信中写道："梓木同志，卡车回延，飞机来往，一时尚有所待，望你好生等候，多多读书，多多研究，不久总能见面也。"

1945年1月24日，周恩来又飞重庆，同国民党商谈召开党派会议、成立联合政府等事宜。在此期间，他曾多次与王梓木交谈。周恩来开导王，要培养受气不叫、受苦不说的品质，要学习旧戏《搜孤救孤》中公孙杵臼的舍己救人、长期坚定苦干、冒险犯难的精神，真金不怕火炼，不怕党的审查才是好党员。在周恩来的开导和教诲下，王梓木逐渐放下了包袱，精神振作起来。

1945年2月13日，当我党提出的成立联合政府、召开党派会议的主张遭蒋介石拒绝后，周恩来于2月14日愤然离渝。王梓木也随同周恩来一同返延。王梓木不久写了《回延安》一诗，表达自己的欢欣心情，也表达了对周恩来的爱戴：

回延安

一九四五年二月随周副主席回延安

其一

七飞秦岭众心欢，一片白云吞半山。

万里征空谁为主？前人未见此奇观！

其二

飞抵延安记犹真，万家烟火入新春。

逢人笑问周公好，两地心安接送人。

王梓木回延安后，写信将自己的情况向毛泽东做了汇报。接到王梓木来信后，毛泽东于3月2日即复信：

梓木同志：

来信看到了。欢迎你回来。你过去做了许多有益于党与人民的工作，今后望你继续做下去。一时的错误你已改正了，了解了，也就过去了，不要时时记在心里。也许你经过这个挫折会要大进一步的，那末，错误也就转变为有益了。

同志的敬礼！

毛泽东

三月二日

毛泽东的宽宏大度、鼓励启发，周恩来、董必武等的苦口婆心的教导，给王梓木以改正错误、继续前进的力量。

1945年九、十月间，王梓木在自传中检查自己的错误"是个人非无产阶级的品质造成（的）一种个人历史上椎心泣血的污点"。并总结出"狭隘不能容人，急躁不能处人；繁琐满于现状，失去积极创造；过于呆板，失去机动"等经验教训。他表示力争"用奥斯特洛夫斯基的精神来工作来学习"，"成为一个好党员，个人应该对党用尽这把残余骨头，为共产主义事业奋斗到底"。

这之后，王梓木又在革命道路上奋斗了20多年，并担任了嫩江省政府副主席、黑龙江省政府副主席、鞍山市副市长、辽宁省副省长等领导职务。他团结同志，努力学习，勤奋工作，经常以自己犯错误的教训警示后人，显示了一个共产党人的高尚品格。

周恩来、毛泽东对王梓木犯错误后的处理，给人们树立了一个范例。

（刘春秀）

李少石遇难之后

1945年10月8日，曾家岩周公馆洋溢着欢乐的气氛。

前天，从山西传来了胜利的消息，刘（伯承）、邓（小平）大军在上党地区歼灭了来犯的阎锡山部队，消灭6个师和省防军的一部。阎军向长治西逃跑，我军乘胜追击，更大的胜利就在眼前。消息很快传遍重庆，震动朝野，破坏和平谈判的主战派气急败坏，又叫又跳。渴望和平的人民拍手称快。曾家岩的共产党员们更是高兴，欣喜若狂，因为他们知道40天艰苦谈判一定会有转机。

果然不出所料，今天，周恩来、王若飞和国民党的代表张治中、王世杰、邵力子的会谈十分顺利，双方就周恩来起草的《政府与中共代表会谈纪要》交换了看法，大家取得一致意见，决定10日在桂园举行签字仪式，签订《双十协定》。签字后的第二天即11日，毛泽东飞返延安。

真是三喜临门。

毛泽东于8月28日在美国特使赫尔利的陪同下到重庆谈判，美国、苏联双方为毛泽东的安全做出保证。但是共产党人与蒋介石打交道多年，深知他的为人之奸诈，历来无信誉可讲，对毛泽东的安全十分不放心。历史学家范文澜深夜敲毛泽东的房门，劝他不要去重庆，以防中蒋介石的奸计。毛泽东到重庆之前，周恩来致电南方局，要他们做好充分准备，保证毛泽东的绝对安全。毛泽东到重庆后，周恩来更是处处注意，一同外出时，常常守护在侧。谈判陷于僵局时，大家做了最坏的准备，担忧蒋介石扣留毛泽东。因为在抗日战争时期，蒋介石就扣留周恩来，不让他回延安，不让他离开重庆。所以周恩来在起草《会谈协定》时，专门有一条就是关于毛泽东回延安的问题。现在胜利在望，不但签订协定，而且毛泽东很快平安回到延安。大家怎能不高兴，大家怎能不欢欣鼓舞。

曾家岩的欢乐气氛感染了每一个人，毛泽东的老朋友柳亚子到这里来看望大家，听到这三个好消息，不由诗兴大发，同诗友李少石谈诗作词。李少石是第十八集团军（即八路军）驻重庆办事处的秘书，他是廖仲恺的女婿。柳亚子见大家十分忙碌，4点半后起身告辞。李少石送他回家，两人在车上继续谈着。

临行时，周恩来的副官龙飞虎叮嘱司机，5点半一定要赶回来，因为晚上张治中开鸡尾酒会欢送毛泽东回延安，要用车。司机十分着急，将车开得飞快，很快就到了柳亚子住的中央大学。谁也没有想到在从沙坪坝回来的路上，经过红岩嘴下土湾时突然从车后射来一颗子弹，将李少石胸部击伤。司机见状，十分紧张，不敢停车，一直开到城内市民医院外科门诊部，将李少石抱到外科手术室抢救。随后到民生路的《新华日报》营业部门市部，在门口看见交通员刘业富，急忙对他说："李少石同志遭暗杀，已送市民医院，你们赶快派人照顾，你跟我到曾家岩。"刘业富大吃一惊，马上进门市部报告，然后坐车到曾家岩。司机将车开进车库，把钥匙交给刘业富。由于他是刚到办事处不久的新人，十分害怕，借口有病就走了。

管佑民和营业部图书科主任徐君曼听到这个消息，不啻晴天霹雳。他们告诉营业部的同志，就往医院跑去。当他们跑到医院，见李少石躺在小手术台上，轻轻地"嗯"了一声。医生一面打强心针，一面检查，并准备输血，但是这时李少石已抽不出血了，他已停止呼吸。闻讯赶来的同志无不万分悲痛，失声痛哭，泪如雨下。徐君曼强忍着悲痛说："大家冷静一下，我们要赶快安排后事。"这时已是7点45分。

张治中在军事委员会举行的鸡尾酒会顺利进行，气氛隆重而热烈。酒会后，还有晚会。毛泽东、周恩来正在礼堂看戏，突然龙飞虎急步进来，俯在周恩来的耳边说："李少石被暗杀！"周恩来听了心中一震，但是他不动声色，转身对毛泽东轻声说："有点事，我出去一趟。"他马上把国民党的宪兵司令张镇找来，一起赶到医院。

周恩来和张镇赶到医院时已是8点50分。手术室里站满了办事处、报社的同志、亲友，大家一见敬爱的周恩来同志在这样严重的时刻出现了，停止了哭泣，因为大家都知道，有天大的困难，只要周恩来在，一切问题都会迎刃而解。

周恩来心情很沉重、很悲愤，他看望了李少石的遗体，询问了抢救过程，愤怒地说："少石同志，你是代替我遭遇了这场不幸！你是个好同志，好党员！……在 20 年前你的岳父（廖仲恺）遭到暗杀，我也是在这个时候赶到的，没有想到你又遭到同样的毒手！"然后他转身对张镇厉声说道："这是你们干的好事！"

张镇立正，向周恩来敬了一个军礼，回答："是！我未尽职，我马上查！"

记者们闻讯赶来，无不为之震惊，做各种各样的猜测。甚至有人猜测这个事件会影响国共协定的签订。

周恩来赶回军事委员会礼堂，他更担心的是毛泽东的安全。这时司机已不知去向，这是不是国民党蓄谋制造的事端？在这件暗杀之后有没有更大的阴谋？怎样才能保证毛泽东的安全万无一失呢？只有坐张镇的车，由张镇亲自护送毛泽东回红岩，因为特务是不敢在宪兵司令头上动手的。周恩来一提出，张镇满口答应。张镇亲自送毛泽东回到红岩，保证了毛泽东的安全。但是国民党会不会在飞机上做文章？周恩来知道协定签字后张治中要到新疆工作，于是又向张治中提出请他先送毛泽东回延安而后再去新疆。张治中是国民党内的主和派，这个忙是愿意帮的，也欣然同意。

同时，周恩来决定第二天（9 日）于《新华日报》发表李少石被暗杀的消息。将李牺牲的消息公布于众，以防止国民党有更大的破坏。

张镇知道此事非同小可，马上派人调查。周恩来也派人到肇事地点详细探查，并向有关人员一一询查。两边的调查结果完全一样，结果出乎大家所料，不是国民党特务所为，枪是国民党的士兵开的，但是责任在司机的身上。那天，天色较暗，车速又快，下土湾路边有 30 多个国民党的新兵正在休息，其中一等兵吴惠堂在路边小便来不及躲避，被车撞倒，头受重伤，伤势危险。司机没有停车。国民党的班长见状，举枪向汽车射击，子弹从车后工具箱射入，由李少石的左侧肩胛骨击中了肺部。国民党将受伤的士兵也送到市民医院，故意不给他治疗，以表示对他的惩罚，同时做给大家看。

10 日上午，协定如期在桂园签字。10 日下午经医生和法医解剖后，李少石入殓，灵柩移到医院门外的太平间内，棺上摆满了鲜花。门外的台阶上摆了中国共产党中央委员会、毛泽东、周恩来等送的十几个花圈。从清晨起悼念的人络绎不绝，宋庆龄、郭沫若、冯玉祥的夫人李德全、马寅初等等知名人士亲来吊唁。

周恩来历来光明磊落，李少石被杀事件突发，而且发生在协定签字和毛泽东回延安的前夕，因此作为重大的政治事件来对待。10 日事情已查清，他马上起草了一个谈话，以十八集团军驻渝办事处处长钱之光的名义发表在 11 日的《新华日报》上，谈话指出："这是一个非常悲痛的偶然事件。感谢宪警治安机关、医院、法院的努力及各方人士的关心。"并说被撞的士兵仍未脱离危险，"对于他，愿意负担他的药费医疗费，如万一不幸因伤逝世，愿意负责予以殓葬抚恤。"

11 日周恩来到飞机场送走毛泽东，下午出席李少石的安葬会，然后专程到医院，亲自看望受伤的国民党的士兵吴惠堂。他带去食物和鲜花，要吴安心养病，并对医院说：好好医治他的伤，一切费用由我们承担。

共产党光明磊落的精神感动了大家，为世人传颂。

（李海文）

"这条河，是难不住我的"

1946年5月6日晨，武汉市上空阴霾密布，黑云压城，万籁无声，大地一片寂静。就在这风雨前的宁静时刻，一支由四辆吉普车和两辆卡车组成的车队匆匆离开武汉市区，往正北方向一百多公里的宣化店驶去。坐在车上的是中国共产党代表周恩来、美方代表白鲁德、国民党方面徐永昌的代表王天鸣，以及军调处第九执行小组成员和汉口各报记者。这并不是一次普通的旅行。虽然五月的江南早已是莺飞草长、鸟语花香，但他们并非要去那春光融融的山野中赏花踏青。此行的目的是去宣化店调查国民党当局企图围歼我中原解放军的违约行径，并制止这一重大的流血阴谋。

这次视察能够成行是周恩来与美蒋代表进行激烈斗争和交涉的结果。

宣化店是大别山区的一个小集镇，我中原军区司令部就设在这里。中原自古就是兵家必争之地，也是国民党反动派的咽喉要地。而我中原解放区则是插在敌人喉咙上的一把尖刀。蒋介石视之为心腹之患。他利用停战谈判，纠集了30多万军队，把我中原部队围困在东西100公里左右、南北20多公里的狭小地带，不断围攻，妄图一口吞掉。

周恩来一直焦灼地关注着中原解放区部队的严重处境。5月1日，他得悉国民党当局已秘密下令"围歼"中原部队的准确情报后，于当晚找国民党代表徐永昌会谈。5月3日，周恩来率中共代表团由战时陪都重庆抵达首都南京。他举行记者招待会揭露国民党准备向中原部队全面进攻的阴谋。4日，周即驱车前往宁海路5号马歇尔公馆。在豪华、考究的客厅里，周恩来单刀直入，提醒马歇尔，蒋军进袭我中原解放区，妄图让皖南事变重演。他坚持必须由三人小组最高层的军调人员亲赴中原视察，否则，内战一触即发。在铁的事实面前，马歇尔无话可说，被迫同意派人前往武汉和宣化店视察。这才有三人小组的宣化店之行。

车队离开市区后，不得不翻山越岭，沿着蜿蜒曲折、坑坑洼洼的土公路向北行驶。走不多远，密集的雨点漫天飘洒下来，倏忽之间，周恩来的衣服已湿漉漉了。车队赶到黄陂县姚家集十棵松的滠口时，被波涛翻滚的滠水挡住了去路。

这一带是丘陵地区，阵雨过后，山洪汹涌而下，直向低洼处汇集，河水顿时暴涨，原先狭窄的河道一下子变成一条100多米宽的莽莽大河。由于水势凶猛，汽车无法过河，而天又渐渐黑了，周恩来跟美蒋代表磋商后，决定当晚在附近的村里留宿，待水退后起程。

6万中原健儿的安危时刻牵动着周恩来的心。在老乡家吃了一顿菜粥后，周恩来就匆匆来到河边，察看水情，选择过河地点。附近的农民听说"谈判代表"要到宣化店去制止内战，纷纷围着周恩来，七嘴八舌地出主意。

"河水明天早晨能退下去吗？"周恩来问老乡们。

"看来一下子还退不下去。"老乡们争着说，"等等吧，水退了再过河！"

"不行啊！"周恩来说，"我们有急事，要赶快去宣化店，大家看有没有办法帮我们过河？"

一位老大爷说："人嘛，过得去；汽车，过不去。"

"要是多找些人，把车抬过去行不行呢？"周恩来又问。

老大爷围着汽车转了转，点着头说："车子倒是不大，可以试试看！"

大家你一言我一语出了不少主意，不少人自告奋勇，答应明天一定来抬车。

第二天黎明，天气晴朗，村头上已经聚集了许多人，小伙子们有的光着脚、挽着裤腿，正在议论抬车过河的事情。有的则自动下河探水，终于找到一处河面宽而河道浅的渡河地点，但河水仍有半人深，水流很急。周恩来的随行人员毫不犹豫地赤脚走进冰凉的河水里。但美蒋代表坐在吉普车里不肯下来。赤脚蹚水过河，这是他们做梦都不曾想过的事情。民工们只好连人带车将国民党代表抬过河去，而美方代表白鲁德则由一位民工背了过去。当农民争着背周恩来时，他动情地说：为争取和平，你们给予我们很大的支持，我感谢你们。二万五千里长征，跋山涉水，是我们共产党的本领，这条河，是难不住我的。

说着，脱下鞋袜和长裤，向河边走去。5月的清晨，鄂北山区阵阵凉意，人下到齐腰的深水里，顿觉寒气砭人，周恩来同志由随从警卫伴着，深一脚浅一脚地向对岸横涉。周恩来步步稳实，不时发出豁达、爽朗的笑声。周恩来的举动完全出乎美方代表白鲁德的意料，他立即拿起相机摄下了这一珍贵的历史镜头。

　　一滴水可以折射太阳的光辉，平凡小事同样能体现伟人的风范。正是这些点滴小事反映出了以周恩来同志为代表的老一辈共产党人的高尚情操，不仅赢得中国人民的拥护，甚至使政治对手也不得不钦佩和折服。白鲁德一直珍藏着这张照片。20世纪80年代，当年周恩来的英文翻译章文晋派往美国担任大使，白鲁德将照片交给章大使带回国。当人们看到这张照片，就想起周恩来的话："这条河，是难不住我的。"

（易飞先）

与马歇尔谈判中"讨论"与"实行"之争

1946年6月,国民党军队进攻中原解放区,全国内战爆发。但是周恩来率中共代表团仍留在南京,为挽救时局而奔走。

9月4日,国民党公开宣布要进攻解放区最大城市张家口。10日,蒋介石手令北平行辕及第十一、十二战区部署对张家口的进攻。

但中国共产党并未放弃争取和平的努力。为了挽救危局,周恩来于11日、12日、13日连续找马歇尔、司徒雷登会谈,建议重新召开休会已近三个月的军事三人小组会议,讨论停战问题。14日,周恩来再次找司徒雷登会谈,要求早日发布停战命令。但美蒋对中共代表周恩来的意见置若罔闻,拖延和破坏谈判。显然,继续商谈不可能取得积极成果。于是,周恩来愤然暂时离开南京,于16日乘飞机去上海暂住,以此让全世界人民知道:和谈已处于危急关头。不让国民党制造一种假象,仿佛谈判还在继续,谈判仍有希望。

但国民党内战方针已定,在政治上由马歇尔与周恩来虚与周旋。19日,马歇尔答复周恩来说:国民党方面拒绝召开军事三人小组会议,而提出要召开非正式五人小组会议讨论政府改组问题。这实际就是拒绝停止向张家口进攻。在军事上,它决心不顾国内外舆论,在内战的道路上走下去。9月29日,国民党军队在平绥路上的康庄和青龙桥之间的岔道一带,分三路向我解放区在关内最大城市张家口发起攻击,国民党反动派终于冒天下之大不韪,决心扩大全面内战。

对于国民党的无耻行径,周恩来十分气愤。他于第二天和董必武以中共代表团名义致函蒋介石,受命提出最严重的警告。10月1日下午,周恩来又在上海周公馆举行记者招待会,揭露国民党破坏停战的罪恶行径,并再次对蒋介石国民党提出严正警告。

在中共强大的政治攻势和全国舆论的压力下，蒋介石被迫于 10 月 2 日发表谈话，表示准备停战，但又提出两项无理要求作为停战条件：（一）中共和民盟在国府委员中只能占 13 席；（二）要迅速规定中共 18 个师的驻地，限期进入。这等于是向中共下了哀的美敦书。

城府颇深的美国特使马歇尔这回却沉不住气了。10 月 6 日，他迫不及待地以司徒雷登的名义给中共寄备忘录，要求休战 10 天以"实行（carryout）10 月 2 日蒋委员长所提二项建议"，企图助蒋压服中共。而他在公开发表这项备忘录时，却又将"实行"改为"讨论"（discuss），以示其"公正"和"大度"，企图使中共得不到舆论的支持，处于极为尴尬的地位。

对于蒋介石的无理要求和马歇尔的两面派手法，周恩来十分气愤。10 月 8 日，他派董必武和王炳南通知马歇尔，表示不能接受休战 10 天来"实行"蒋介石的无理要求。

马歇尔一听恼羞成怒，气得双手发抖。他咆哮着说："我不晓得你们要干什么？我好容易为你们要求到 10 天的休战，好来进行谈判，而你们竟然加以拒绝！我不晓得你们要干什么！"他还觉得自己很委屈，是中共代表不能领会他的一片"好心"。

没有达到目的，马歇尔很不甘心。第二天早上，他自己开着小汽车在马路上转来转去，不知如何是好。徘徊犹豫一阵后，就把汽车开到飞机场搭平日死活不肯坐的小飞机到上海。中午，他借吉伦中将的寓所宴请周恩来，还想软化周恩来。

但周恩来一进来就质问马歇尔："在同一句话里，为什么你给司徒（雷登）转我的备忘中所用的字是 to carryout（实行），而你对外发表的公报却用的是 to discuss（讨论）？"

马歇尔狡辩道："这两个字的意义是一样的。"

周恩来厉声说："任何一个懂英文的人，谁能说这两个字是一样的呢？"说完两人吵了起来，不欢而散。

在美国的支持下，蒋介石于 10 月 11 日攻占张家口。国民党反动派气焰陡增，于 11 月 15 日召开一党包办的"国大"，和谈的大门被美蒋彻底关上。第二天，周恩来在梅园新村举行告别性的记者招待会，他愤怒地指出，一党"国大"最后破坏了政协以来的一切决议及停战协定与整军方案,隔断了和平商谈的道路。同时他庄严地向全世界宣布:"南京,我们是一定要回来的!"

1946年11月19日,周恩来率代表团工作人员返回延安,协助毛主席指挥全国解放战争,从唇枪舌剑的谈判桌旁走上了埋葬蒋家王朝的广阔战场。

(易飞先)

主动撤离延安，转战陕北，指挥全国战局

1947年2月底，刚刚过了春节，周恩来得到情报，蒋介石在南京召见胡宗南，命令胡宗南率34个旅25万大军进攻延安。从几个方面来的信息印证这个情报十分准确。1946年6月国民党发动全面内战，但是，进攻能力很快枯竭。11月胡宗南曾向蒋介石建议使用突袭方法，占领延安，当时蒋介石没有采纳。现在蒋介石认为时机已到，命令进攻延安的同时，关闭和谈大门，27、28日下令军警包围中共驻南京、重庆、上海的办事处，限定3月5日前全部撤离，并封闭了在重庆的《新华日报》。

周恩来和毛泽东商议，认为蒋介石这个举动表明国民党统治的危机已异常深刻，被迫由全面进攻转为重点进攻。蒋介石进攻延安和陕甘宁边区，不仅想先解决西北问题，割断我党右臂，并且想驱我中央和人民解放军总部出西北过黄河，然后调动兵力进攻华北，达到各个击破的目的。但是我在西北的野战军仅有2.6万人，只是敌人的1/10。为了有效地打击敌人，中共中央决定主动放弃延安，紧急疏散群众、干部。周恩来和邓颖超搬到后沟住。

3月11日美军联络组离开延安7个小时后，国民党飞机开始轰炸延安，整整炸了6天。因为机关、老乡早已撤走，敌人只在河滩炸死了老乡的一头猪。同时敌人发动进攻，我军开始延安保卫战。

13日邓颖超带着中央领导同志的家属走了，准备东渡黄河先到山西三交然后向河北方向撤。这时周恩来从后沟搬到王家坪和毛泽东住在一起。周恩来住在桃园防空洞的南面一间很小的房间，毛泽东住在北面。

戎马生涯，周恩来的行装十分简单：一个马褡子，里面装着一套被褥、一条毯子、一条床单、两套衣服、两双鞋。警卫员为他背了一个皮包，皮包里放

着放大镜、红蓝铅笔、铅笔刀和几份地图。还背一个绿色的帆布兜，里面放着滴鼻子的药，药棉花捻。周恩来的鼻子爱流血，有时开会，说着说着话就流血了，警卫员赶快用棉花捻蘸上药送过去止血。

3月18日，毛泽东、周恩来决定撤出延安。这天非常紧张。敌人飞机已经停止轰炸，可是从半夜就听到隆隆的炮声，听声音离延安只有二三十里路。早上炮声越来越近了，江青催主席赶快上路。毛泽东胸有成竹，早已准备了两手。如果敌人占领宝塔山，就坐汽车从飞机场那条路走。如果敌人占领南山，封锁公路，就骑马从王家坪后面的山沟里撤出去。马就在山沟里拴着，白天都备好了鞍，行李都搬好，随时都可以走。

早上八九点钟，毛泽东、江青吃了早饭，坐在会议室里的一张长的会议桌旁，一人坐一头。周恩来仍在安睡。

江青要毛泽东上午就离开延安。毛泽东说："我不能走，敌人还远嘛！他是两条腿，我也是两条腿，等他到延安，我见到他，再走也不晚。"毛泽东是在等王震。王震带着部队从晋西南星夜兼程赶回陕甘宁边区。王震先行赶到黄河边。毛泽东已派吉普车去黄河边接他。

江青沉不住气，说："王震的部队根本赶不到延安，你等他等不到！"一再要求毛泽东赶快走，说，"敌人已快到延安了，你听见了没有？这炮打得越来越近了。"

毛泽东是稳坐钓鱼台，说："我不管它，走不走等王震来了再说。"

江青发火了，把手里的杯子往地上一摔，歇斯底里大喊大叫："你走不走?！你不怕死，我怕死！我还要我的后代！"

毛泽东也把喝茶的杯子摔在地上，厉声喝道："你走！你走你的！"说着搬起椅子要打江青，江青吓得嗷嗷乱叫，围着桌子跑。

警卫员在外面听见了，赶快把周恩来叫起来。周恩来推开门，平静地说："你们俩干什么？"

毛泽东把椅子放在地上，顺势坐在椅子上一声不吭。江青坐在凳子上又哭又闹，撒泼耍赖。一会儿没趣地回到房子里生闷气。

一直等到晚上，王震终于来了。他风尘仆仆，坐下吃饭。毛泽东、周恩来、陆定一等人围在饭桌旁开了一个会，决定马上撤出延安。

当天晚上，毛泽东、周恩来等分坐三辆吉普车从容出发，但是没有远走，只走了几十里，就住下了，为的是观察敌人的动静。这个地方是叫刘家渠的小山村。

胡宗南占领延安空城后，因找不到我军主力，不敢轻举妄动。毛泽东、周恩来从容转移，经徐家沟到王家沟和朱总司令、刘少奇、任弼时会合。

3月25日前线传来捷报，在青化砭消灭胡宗南一个旅部一个团，首战告捷，极大地鼓舞人心。

3月底中央转移到清涧枣林沟，毛泽东、刘少奇、周恩来、朱德、任弼时五大书记和西北野战兵团司令员兼政委彭德怀一起开会，讨论中央留在陕北还是撤出的问题。会议从下午三四点开始一直开到第二天天亮。

毛泽东认为陕北地形险要，群众条件好，回旋地区大，安全方面完全有保障。青化砭一战更加坚定了他的信心。他认为中央留在陕北可以牵制敌人的战略预备队，减轻全国各个战场的压力，坚持留在陕北。

彭德怀坚决主张中央撤出陕北，发了脾气："你们这些人留在陕北没有多大用处，统统走，你们到河那边去，腾出地方，我来打仗。你们留在陕北还要保护你们，增加部队的负担。到山西去，安全、生活条件好，一样指挥全国打仗。"

刘少奇也是这个观点，他提出两个方案，一个是离开陕北到晋西北去，再一个是干脆到河北去。

吵了半天，毛泽东就是坚决不走。朱德开始说为了安全，可以过河，后来他支持毛泽东的意见。弼时最后才发言也同意毛泽东的意见。

周恩来给刘少奇、彭德怀做了不少工作，他是坚决支持毛泽东的。因为在王家坪时毛泽东、周恩来就已商量好留在陕北。

会议确定恩来、弼时和毛泽东留在陕北，行使中央、中央军委权力指挥全国战争。朱总司令和刘少奇到河北平山领导土改工作。在山西临县三交镇成立后方委员会，由叶剑英副总参谋长挂帅，还有杨尚昆、邓颖超、李维汉。会议决定周恩来立即到三交镇传达中央精神，组建后委。当时从延安撤出来的中央机关集中在三交镇一带，等候中央的安排，有的已出发向河北走了。

周恩来带了两个警卫员王还寿、关元太先离开枣林沟，日夜兼程赶赴三交镇。

他一到三交镇就召开会议布置成立后委，决定在三交镇的中央机关一部分回陕北，一部分随刘少奇、朱德到河北太行山，一部分留原地不动，组成后委。

邓颖超住在离三交镇六七里的一个小山村，散会后，她说："恩来忙，不打扰他。"要回小山村去。社会部部长李克农坚决不同意，对邓颖超的警卫员说："你牵着马回去。"这样，邓颖超才在三交镇住了几夜。

周恩来每天日程都安排得满满的，开会，找干部谈话，决定哪些机关、干部到河北平山，哪些留下，哪些回陕北。一天不知讲多少话，嗓子都讲哑了。一切安排就绪后，又马不停蹄地赶回陕北。

他带着两个警卫员一行三人，过了黄河走到绥德的东山上，居高临下观察敌情，计算敌人北进的速度。他说："估计敌人没有占领绥德，休息一会儿。"警卫员王还寿不放心，要先下山侦察。周恩来不同意，见说不动他就半开玩笑地说："我是首长，你是首长？"这样警卫员才不再坚持。大家休息后一起下山。

在三交镇时，贺龙见到周恩来的警卫员王还寿，询问中央首长健康、安全情况及撤出的路线，等等，王还寿一一汇报。

贺龙问："你们这次跟着几个人？"

小王答："两个人。"

"哎呀，人太少了。"

小王说："周副主席说了，过了黄河是安全地带，没有事。前方正打仗，不准多带人。"

贺龙又问："你带的是什么武器？"

小王如实答道："每人带了两支枪，一支左轮、一支快慢机。"

贺龙关切地说："都是短程武器不行，火力太弱，回去路上万一碰上敌人怎么办？带一个远射程武器。"让警卫员挑了一支美式卡宾枪，又送给五六百发子弹。警卫员认为是贺龙司令给的，时间又紧，就没有向周恩来汇报。

回来的路上周恩来发现多了一支美式卡宾，没有说什么。三人在路上开开玩笑，讲讲故事，轻松愉快。在绥德东山上休息时他故意问警卫员背的是什么枪，射程多远，性能怎么样，会不会保养。下了山大家骑上马，他严肃地说："换好枪、要手表、要马、要这个要那个，这是旧军队的作风。"说得警卫员不好意思地低下了头，承认没有请示是不对的。

周恩来领着他们从敌人中间插过去，在石湾镇的南边碰到来接应的同志，一起回到青阳岔（现属靖边县），和毛泽东、任弼时会合。

在转战陕北的一年零五天内，行程两千余里，战斗之频繁，生活之艰苦，仅次于长征。毛泽东、周恩来、任弼时率前委不仅拖住了国民党的战略预备队，而且指挥西北、乃至全国的战争，真是运筹于帷幄之中，决胜于千里之外。

因为总参谋长彭德怀在前线指挥西北野战军作战，周恩来实际负总参谋长的责任（当年8月正式任命周为总参谋长），成为毛泽东的第一军事助手。他们每天通过电台和各地联系，共同商议起草电文，指挥全国战争。同时周恩来领导蒋管区地下党的工作，领导在蒋管区开展的大规模学生运动、工人运动。这些运动成为解放战争的第二条战线，有利地加速了全国解放战争的胜利。

（李海文）

牵着胡宗南的鼻子

为了保守秘密,从延安撤退后,中央领导同志改用化名。毛泽东叫李德胜,周恩来叫胡必成,任弼时叫史林,陆定一叫郑位。中共中央机关代号为三支队。周恩来回到陕北后,机关转移到王家湾。王家湾是个小山村,没有多少人家,窑洞少。毛泽东、周恩来、任弼时就住在一明两暗的二间半窑洞里。毛泽东和江青住在里间,周恩来、陆定一和后赶来的胡乔木住在外间,任弼时因为爱打鼾自己住在那个半间。他们在这两间半窑洞里住了50多天。真可谓是世界上最小的指挥部,却指挥最大的战争。

这时全国战事紧张,工作繁忙,中央和全国各个战场、每个部队,每半天联系一次,遇到紧急情况,每两个小时联系一次。

由于胡宗南的封锁,烧杀抢掠,生活困难,卫士们每天骑马出去到敌人未占领过的地方,跑上半天,才能买到南瓜、小白菜。有时用旧衣服换鸡和鸡蛋。如果买不到东西,空手而归,毛泽东、周恩来就和大家一样啃咸菜头。

虽然生活艰苦,周恩来身体消瘦,但是正值年富力强,精力充沛,与毛泽东配合默契,加上各地捷报频传,更是精神愉快、振奋。

中央留在陕北是要将蒋介石的总预备队胡宗南部拖在陕北,消灭在陕北,支持各个解放区的反攻。陕北群众基础好,山地回旋余地大,情报准,情况明,毛泽东、周恩来用兵如神,撤离延安仅一个多月就连着打了三个胜仗,消灭敌人一个旅、一个旅部和一个团,活捉三个旅长。胡宗南是骑在老虎背上,进退两难。他一方面谎报军情,说贺龙、江青已被俘。这个消息在报上公布后,惊动了斯大林,莫斯科来电询问。另一方面就想龟缩在延安以保存实力。

当时敌强我弱,我们的作战原则是调动敌人,将其胖的拖瘦,瘦的拖垮,在运动中歼灭敌人，如果敌人固守延安，我们将难以消灭它。为了调动敌人，5月10日周恩来特地从王家湾到真武洞（安塞），14日出席三战三捷的祝捷大会。

大会是在真武洞的河滩上举行的，当周恩来一出现，到会的指战员和群众十分惊喜而兴奋。自从延安保卫战以来，这几个月他们一直没有听到中央的消息，今天看到周恩来副主席分外高兴，掌声雷动。周恩来笑着向大家挥手，他说："我代表中共中央向全体军民祝贺，然后宣布：党中央、毛主席从撤出延安后一直在陕北，与边区军民共同奋斗。"他的话音刚落，军民一片欢呼声，经久不息。这个消息不胫而走，传遍陕北，传遍全国。极大地鼓舞了解放区正在浴血奋战的军民，给敌人当头一棒。胡宗南为寻找中央及西北野战军的主力，只好按照中共中央的指挥行动。

5月16日，周恩来启程返回王家湾，路过第一纵队的司令部，受到纵队司令员张宗逊、副司令员贺炳炎的迎接。

在纵队司令部，周恩来同蟠龙战役被俘的国民党旅长李昆岗谈了一次话。这个人是胡宗南的"四大金刚"之一，仇恨共产党，虽然吃了败仗，当了阶下囚，但是不服输，态度傲慢。周恩来给他算了一笔账，从内战开始，蒋介石在各个战场打了多少败仗，损失了多少兵员。共产党由劣势转为优势，取得了多少胜利和发展。并严肃地指出："蒋家王朝必败，共产党必胜！你不相信就走着瞧，历史自会做出结论。"无情的事实使李昆岗哑口无言，耷拉下了脑袋。

祝捷大会后，胡宗南部向西寻找我中央和我主力。中央有计划地撤出王家湾。

临出发时，周恩来一孔窑洞一孔窑洞亲自做了检查，炕上炕下检查一遍。他历来是这样，每次撤退都走在最后。

王家湾的老乡向东撤退，毛泽东派人追回来。老乡随三支队一起向西走。部队刚上路，就下起大雨，雷声滚滚，雨脚如麻，毛泽东、周恩来一直未穿雨衣。山陡路滑，牵马的同志拉着前面的马尾巴，才能摸着道走。首长拉着马尾巴，警卫员一边一个扶着，一夜才走了二三十里路。

走到山顶，雨停了，满山遍野是敌人点的一堆一堆的篝火，马嘶人喊，离三支队很近，情况险恶。部队实行严格的灯火管制，划个火柴也不行。同志们浑身上下淋得精湿，背包淋湿后，死沉死沉的，又困又累，夜风一吹，冻得人直打哆嗦，一个女同志钻到骡子肚子下取暖。有的实在耐不住了，倒在泥地里就睡着了。毛泽东见到这种情景，不穿雨衣，不戴草帽，拄个棍子，站起来就走。榜样的力量是无声的命令，同志们揉揉眼睛，从泥地里爬起来跟上，部队又出发了。

经小河一带，到了天赐湾，在此住了几天。天赐湾靠近沙漠，全是光秃秃的荒山，只有几户人家，生活十分困难，连吃水都要到很远的沟里去挑，还是浑水，倒在缸里沉淀后才能吃。毛泽东、周恩来等首长挤在一间小窑洞里住，其他人就住在院子里。新中国成立后张清化因事到周恩来总理那里，周恩来总理说：你还记得天赐湾吗？可见天赐湾给周恩来留下的印象之深。

敌人撤退后，中央又回到了小河（现属靖边县）。7月下旬召开小河会议。彭德怀、贺龙、陈赓等参加。没有会议室，警卫员砍些杨柳树枝，在院子里搭了一个凉棚，小河会议是在凉棚下开的。周恩来在会上总结了一年的战绩。会议认为五年解放全中国，看这一年的成绩是有可能的。

为了支援刘邓、陈谢、陈粟三支大军南下，调动胡宗南主力刘戡部北上，8月1日毛泽东、周恩来率中央机关，向东、向北转移，到佳县和西北野战军会合。为了牵住敌人，他们和后面的敌人只相距一天的路程，就是几十里山路。他们几百人拖住敌人两个军，估计敌人要走十几天，中央命令彭德怀利用这段时间打榆林而后南下消灭胡宗南。

这一路上，粮食虽然保证供应，但是来不及加工，都是整麦子、整黑豆、整高粱。由于没有工具无法加工，只好煮着吃。高粱涩得很，麦子像牛皮筋，咬不动，嚼不烂。毛泽东、周恩来和大家同甘共苦。

中央机关到神泉堡附近的曹庄休息时，周恩来坐在一块大石头上看电报。休息结束，他站起来走路一拐一拐的。警卫员赶快扶着他坐下，叫他把脚伸出来一看，鞋底磨了一个洞，袜子也磨破了，脚后跟皮磨红了，快出血了。警卫员说赶快换鞋，要到马褡子里拿鞋。周恩来执意不肯，说部队已出发了，耽误时间，影响队伍的行动不好，无论如何不肯换。让他骑马也不肯。毛泽东听到他俩争执，知道原委后，派警卫排的同志拿一副担架过来。警卫排准备了两副担架，可是一直没有用过。周恩来连马都不肯骑，他怎么会坐担架呢？一直坚持走了二三十里地，直到目的地才换上鞋。

8月中旬，沙家店战役打响，敌钟松整编三十六师，和刘戡部敌人从榆林、绥德两路夹攻。敌人离中央机关很近，枪声、炮声都听得到，中央机关处境很危险，前有佳芦河，回旋余地很小，这时任弼时同志积极主张毛泽东暂过黄河，他比较急躁，和毛泽东争吵起来。

毛泽东说，你的主意是蒋介石要的嘛，蒋介石就希望我们过河，我们只要一过河，中央留在陕北就成了吹牛皮。

在毛泽东的坚持下，中央没有东渡黄河，而是继续向北走。

警卫连在佳芦河上搭了浮桥，先让首长过河，而后把牲口、驮骡拉过河。因为发大水，牲口还未过完，桥就塌了，情况十分危急。

由于中央机关牵制了大量的敌军，保证了西北野战军在沙家店消灭敌人钟松整编三十六师。这一仗结束了国民党对陕北的重点进攻，西北形势根本好转。8月21日，毛泽东、周恩来到西北野战军前总驻地祝贺沙家店战役的胜利。

随后毛泽东、周恩来北上到米脂杨家沟。在这里中共中央召开十二月会议，布置了全国反攻。1948年3月，毛泽东、周恩来、任弼时率中央机关从容东渡黄河，到河北西柏坡和刘少奇、朱德领导的中央工作委员会会合。

（李海文）

定都北京，进京"赶考"

在太行山东麓、滹沱河北岸有一个普通的小山村，这就是因中共中央和中央军委在这里领导了中国人民解放战争的战略大决战而举世闻名的西柏坡。1949年1月31日晚，夜深人静，一户农家小院的东厢房仍亮着灯光。白天，周恩来接待米高扬后，仍未休息，他在马灯下，摇起电话，给住在李家庄的中共中央统战部秘书长齐燕铭打电话，要他同秘书处长周子健、交际处长申伯纯马上来接受新任务。

在西柏坡，周恩来协助毛泽东指挥辽沈、淮海、平津三个大战役，以雷霆万钧之力、摧枯拉朽之势，歼灭了国民党军队173个师、154万多人，基本消灭了国民党在长江以北的军事力量，国民党的作战部队仅剩下146万，而且分布在从新疆到台湾的广大地区。1月21日蒋介石被迫在南京宣布"引退"，而后回到老家奉化，其职务由李宗仁代理。次日李宗仁发表声明，表示愿意按中共所提条件进行谈判。

22年的浴血奋战，无数先烈的流血牺牲，使新民主主义革命在全国的胜利指日可待，党中央即将由乡村进入城市，准备建都，成立新中国。周恩来怎能安歇，他要处理一件又一件的工作，每件工作又都涉及建国的大事。

当齐燕铭、周子健、申伯纯摸黑上路，冒着凛冽的寒风，急匆匆地赶到西柏坡时，已经是2月1日凌晨1点多钟了。这时，周恩来仍在灯下聚精会神地工作着。周恩来同他们寒暄了几句，并招呼警卫员端来暖身的热茶后，开门见山地说："北平军事管制委员会主任叶剑英同志打来电报，说人民解放军已经进入北平城内接管，2月3日准备举行盛大的入城仪式。请你们带领住在李家庄的周建人、胡愈之、韩兆鹗、何惧、符定一等近百名民主人士连夜出发，一定要在 2 月 3 日清晨到达北平，出席入城仪式。现在时间十分急迫，我已布置杨尚昆、金城准备了几辆大卡车，但是没有车篷。现在天寒地冻、滴水成冰的路中，一定注意不能把人冻坏了。这是首要任务。"

周恩来用那双炯炯有神的眼睛扫视了大家，然后又说："你们到北平的任务，再就是在华北局和北平军事管制委员会的协助下接收以下一些地方，一是接管中南海，成立中南海办事处，负责中南海的房屋管理和卫生工作；二是接管香山，它将作为党中央驻地；三是接管北京饭店、六国饭店、德国饭店等大饭店，为接待各地民主人士云集北平作准备。马上要筹备新的政治协商会议了。"

齐燕铭等 3 人听后十分兴奋，马上连夜赶回李家庄。

待他们走后，周恩来又起草致叶剑英的电文，详告了齐燕铭等赶赴北平的任务，介绍了随同前往的民主人士的情况。

2 月 3 日早晨四五点钟，齐燕铭一行如期抵达北平，在叶剑英安排下，参加了当天的人民解放军入城式。这一天，林彪、罗荣桓、聂荣臻、叶剑英等领导人和从各解放区汇集到北平的民主人士、各界代表数百人在前门箭楼上检阅了入城部队。部队从永定门进城，到箭楼后分两路行进。北平市民夹道欢迎，检阅时间长达 5 个小时，显示了人民解放军的军威，也表明中国共产党受到广大群众的热切拥护，得到各界著名人士的支持。

人民解放军进驻北平城后不久，2 月 14 日，周恩来起草了中共中央致东北局、华北局及平津两市委电，告之：林伯渠代表中共中央即将前往沈阳迎接在东北的民主人士到北平。原到华北的民主人士多数已去北平，现将在东北的民主人士接去，是为了能够集中起来"协商大计，准备新政协筹备会的成立"。在电文中，周恩来强调：在各方民主人士汇集北平之后，应召开一次欢迎大会，地点最好在中南海。

2 月 26 日，中国人民解放军平津前线司令部、北平市军管会、中共北平市委、北平市人民政府在中南海怀仁堂举行盛大欢迎会，热烈欢迎从东北、天津、李家庄等地到达北平以及原在北平的各民主党派和无党派民主人士。与会宾主济济一堂，共 400 余人。欢迎会由叶剑英主持，林彪、彭真代表中共中央致词，欢迎这些从全国各地来到北平的民主人士。

3 月中央在西柏坡召开七届二中全会，13 日，毛泽东在会上作总结时指出：召集政治协商会议和成立民主联合政府的一切条件，均已成熟。我们希望 4 月或 5 月占领南京，然后在北平召集政治协商会议，成立联合政府，并定都北平。新中国中央人民政府的主要人员配备，现在尚不能确定，还需要同民主人士商量，但"周恩来是一定要参加的，其性质是内阁总理"。全会批准了 1948 年 11 月 25 日中共中央代表同在东北解放区的民主人士达成的召开新政协和成立民主联合政府的建议。

3 月 23 日，七届二中全会新闻公报由新华社向全国发表。这天上午，小小山村西柏坡村里村外，大路旁和谷场上都停满了汽车，挤满了人群，呈现出一派人欢车鸣的沸腾景象。随后，毛泽东、朱德、刘少奇、周恩来、任弼时 5 位中共中央书记处书记，率领最高统帅部（中共中央和中央军委机关）离开中国共产党最后一个农村指挥部——西柏坡，向六朝古都北平进发。

临行时，激动和兴奋之情溢于言表的毛泽东、周恩来在大声地谈笑着。周恩来问毛泽东："没休息好吧？""多休息一会儿好，长途行军坐车也是很累的。"

毛泽东既幽默风趣又意味深长地说："今天是进京的日子，不睡觉也很高兴啊。今天是进京'赶考'嘛，进京'赶考'去，精神不好怎么行呀？"

周恩来会意地点了点头，说："我们应当都能考试及格，不要退回来。"毛泽东接过话茬，笑着说："退回来就失败了。我们决不当李自成，我们都希望考个好成绩。"

由 11 辆吉普车和 12 辆卡车组成的车队，沿太行山东麓起伏的丘陵地带浩浩荡荡地出发了。

这时，西柏坡村和从周围村庄赶来的乡亲们，扶老携幼，拥到路旁，挥泪送别"人民的大救星"毛泽东和他的战友们。

24 日晚，在河北涿县，毛泽东、朱德、刘少奇、周恩来、任弼时同专程由北平赶来迎接的北平市市长兼北平军管会主任叶剑英、中央军委铁道部部长滕代远商议了 25 日的日程安排。周恩来说：到北平住下后，要在西苑机场举行入城式。先检阅部队，然后同各界代表见面，特别是同张澜、李济深、沈钧儒、陈叔通、郭沫若、黄炎培、柳亚子、茅盾等知名党外人士见面。这些人过去和我们合作共事，今天胜利了，他们更高兴了，他们急于想见到我们。他们也在考虑今后怎么办，成立新政府后，他们能安排什么工作等等。关于党外民主人士的安排问题，我们到达北平后，还要召开各种会议征求意见，进行协商。

毛泽东说：我赞成恩来的意见。对作过贡献的民主人士和各民主党派领导人，应该在政府里安排适当的职务。

25日晨6时，毛泽东、朱德、刘少奇、周恩来、任弼时一行乘火车抵达北平清华园火车站。自此，最高统帅部从农村转移到城市。

在清华园，毛泽东等同迎候在车站的林彪、罗荣桓、叶剑英、聂荣臻、李克农等见面，随后乘车到颐和园休息。

周恩来不顾长途行军的疲劳，稍事休息，就同叶剑英到西苑机场检查入城式的准备情况。西苑，前清时为皇家狩猎场，后来成为养鹿场，因地势平坦开阔，中华民国成立后改建为飞机场。

下午4点半，毛泽东、朱德、刘少奇、周恩来、任弼时、林伯渠等乘车从颐和园出发，5时来到西苑机场。此时，军乐声、欢呼声响彻天空，经久不息。叶剑英、聂荣臻陪同毛泽东、朱德、刘少奇、周恩来、任弼时分乘敞篷吉普车，检阅威武雄壮的中国人民解放军。接受检阅的部队是清一色美式武器装备起来的一个炮兵师、一个装甲坦克师、一个骑兵师，共3万人。

吉普车在一个个方阵前慢慢通过。每经过一个方阵，毛泽东都用他那高亢的湖南嗓音向受检阅的部队官兵问好，指战员则报以雷鸣般的回答："打过长江去，解放全中国！"

阅兵完毕，毛泽东等接见了北平市工人、农民、青年、妇女等各界代表。随后，他们又来到160多位民主党派领导人和无党派民主人士的欢迎行列，热烈地同张澜、沈钧儒、郭沫若、李济深、陈叔通、黄炎培、马叙伦等一一握手，互致问候。毛泽东还用双手长时间地握着对和平解放北平立有最大功劳的傅作义将军的右手，对他顺乎历史潮流的正义行动表示热烈的欢迎，并同他一起合影留念。

谈话持续了半个多小时。春日昼短，天色很快就黑了下来。周恩来看了看天色，又望了望手表，高声说道："朋友们、先生们，谢谢大家来到这里欢迎毛主席、党中央和人民解放军总部进驻北平。天色晚了，诸位先生早些回去休息吧，以后有机会再谈，以后见面的机会多得很。"

处于高度兴奋中的各界群众和民主人士都很体谅领袖们旅途的疲劳，依依不舍地挥手辞别。

随后，毛泽东、朱德、刘少奇、周恩来、任弼时驱车前往位于北平城西北部、群山环绕、景色秀丽的香山。自此开始，香山成为最高统帅部——中共中央和中央军委转移到北平时最早居住和办公的地方。中共中央在这里完成了指挥人民解放军向全国进军、解放全中国和筹建新中国的历史任务。

（熊华源）

共商建国事

宋庆龄是伟大的中国民主革命先行者孙中山的夫人。孙中山先生逝世后，宋庆龄不畏威胁、不为利诱，一直坚持孙中山倡导的联俄、联共、扶助农工三大政策，献身于中国人民民主革命事业。

1949年初，在人民解放战争的猛烈打击下，国民党政权摇摇欲坠，即将崩溃。在国民党统治中心南京和中国最大工商城市上海快要解放之际，国民党反动派阴谋策划劫持宋庆龄。这样，宋庆龄的处境十分危险，她不得不经常秘密地变更住地。

毛泽东、周恩来非常关心宋庆龄在上海的安危，于1月19日联名致电宋庆龄，邀请她北上华北解放区，参加将要召开的政治协商会议，共商建设新中国的大计。电文说：

庆龄先生：

中国革命胜利的形势已使反动派濒临死亡的末日，沪上环境如何，至所系念。新的政治协商会议将在华北召开，中国人民革命历尽艰辛，中山先生遗志迄今始告实现，至祈先生命驾北来，参加此一人民历史伟大的事业，并对于如何建设新中国予以指导。

至于如何由沪北上，已告（廖）梦醒与（潘）汉年、（金）仲华切商，总期以安全为第一。谨电致意，伫盼回音。

毛泽东　周恩来　子皓

为了不使消息泄漏，确保宋庆龄在上海以及她在北上时的安全，周恩来在审阅批发这封电报时，在一旁加写了中共中央致当时中共驻香港负责人方方、潘汉年和上海地下党的负责人刘晓的指示电。

指示电说:"兹发去毛周致宋电,望由梦醒译成英文并附信,派孙夫人最信任而又最可靠的人(金仲华)送去,并当面致意。万一金不能去,可否调现在与孙夫人联络的人来港面商。""如你们认为危险,则可放弃此种办法。总之,第一必须秘密,而且不能冒失。第二必须孙夫人完全同意,不能稍涉勉强。如有危险,宁可不动。"

周恩来的缜密考虑,充分体现了中共中央对宋庆龄北上时的安全问题的极端重视。由于恶劣环境的限制,加之宋庆龄身体有病等原因,地下党组织护送宋庆龄的北上计划没能得以执行。

5月27日,宋庆龄盼望已久的大喜日子终于来临了,上海解放了!

在上海解放的第二天,宋庆龄紧紧拉着前去祝贺和畅谈解放之喜的史良的手,兴奋地说:"我们现在解放了!"接着说,"共产党取得胜利,是必然的,因为它代表人民,爱护人民,为人民谋福利。"

6月15日,新政治协商会议筹备会成立,在新政治协商会议即将召开之际,为迎接宋庆龄北上,中共中央特派邓颖超携带毛泽东、周恩来的两封亲笔邀请信,专程赴上海拜会宋庆龄。周恩来在信中写道:

庆龄先生:

　　沪滨告别,瞬近三年,每当蒋贼肆虐之际,辄以先生安全为念。今幸解放迅速,先生从此永脱险境,诚人民之大喜,私心亦为之大慰。现全国胜利在即,新中国建设有待于先生指教者正多,敢借颖超专诚迎迓之便,谨陈渴望先生北上之情。敬希早日命驾,实为至幸。

　　专上。敬颂

　　大安!

周恩来
一九四九年六月二十一日

周恩来在信封上写下这样几个字:"面陈孙夫人大启　周缄"。

邓颖超在廖梦醒的陪同下,于6月25日到达上海。

当晚,宋庆龄就在寓所会见了邓颖超和廖梦醒。当宋庆龄看到毛泽东、周恩来分别写给她的情真意切、寄予厚望的信时,心情十分激动。但她没有马上答应北上。

27日,廖梦醒受邓颖超之托再次去看望宋庆龄,当谈到请她北上之事时,宋庆龄十分伤感地说："北平是我最伤心之地，我怕到那里去。"宋庆龄曾两次去过北平。一次是1924年底，她随孙中山到北平同冯玉祥等商谈中国统一和建设问题，孙中山不幸于1925年3月12日在北平（时称北京）逝世；又一次是1929年5月到北平参加孙中山灵柩南移南京的活动。这两次在北平，宋庆龄都是在"哭泣甚哀"的悲痛日子中度过的。

廖梦醒接过话题，亲切地对她说："北平将成为新中国的首都。邓大姐是毛主席派来的，她是代表周恩来特来接你的。"此时此刻，宋庆龄心潮起伏，矛盾的心理状态使她陷入了久久的沉思之中。

弄清宋庆龄对北上问题的迟疑原因后，邓颖超又多次登门拜访同宋庆龄交谈，终于使她丢掉了长留心中的悲伤，欣然同意北上参加中国人民的历史盛会——中国人民政治协商会议。这以后，她开始积极准备北上事宜。

这个令人愉快的消息传到北平后，7月1日，周恩来起草了中共中央致上海市委并转邓颖超电，对宋庆龄北上作了周密的安排。他写道：由于宋庆龄病体难支，所以在她北上时，上海市委应"嘱上海铁路管理局备头等卧车直开南京，然后再换卧车，由浦口直开北平"。"大约三天可达（淮河铁桥已直通）"。同时，他提醒上海市委要注意挂上餐车，供宋庆龄沿途使用。

考虑到新政协会议即将召开，8月上旬周恩来再次致电邓颖超，告以新政协9月开会，孙夫人以8月下旬或9月5日前来平为好，并请她9月下旬在平参加中苏友好协会筹备会议。

根据周恩来的意见，8月26日，宋庆龄在邓颖超、廖梦醒的陪同下，踏上了北上的路程。28日，宋庆龄安全抵达秋高气爽、风和日丽的北平。火车站上，一片笑语欢声，喜气洋洋。毛泽东、朱德、周恩来、董必武、林伯渠、李济深、何香凝、沈钧儒、郭沫若、柳亚子、廖承志等50余位中共中央领导人和各民主党派著名人士都在车站迎候，形成盛大而隆重的场面，使宋庆龄感到无比的欢快与兴奋。她真切地感受到建设新中国的光荣而艰巨的任务正等候她去参与、去奋斗。

（熊华源）

我们是同行

周恩来与梅兰芳相识于1917年，再度重逢已是中华人民共和国成立前夕。虽然他们一个是著称于世的革命家，一个是遐迩闻名的京剧艺术大师，但彼此互相关心、爱护、尊重的往事，却如春兰秋菊，馨香沁人，永无绝期。

1914年，周恩来是天津南开学校的学生。因校长张伯苓提倡新剧，周恩来入学不久就参加了南开新剧团，参加编写并演出了不少新剧。其中尤以《一元钱》影响最大。在剧中，周恩来男扮女装，成功地塑造了一个深明大义、肯于助人、不嫌贫爱富的可爱的女子形象，受到好评，在天津引起轰动。

1916年、1917年，周恩来随《一元钱》剧组到京观摩、学习。1918年周恩来到日本学习，《一元钱》剧组应邀到京演出。京剧大师梅兰芳闻讯赶来看了演出，并和参加演出的南开同学座谈，给梅兰芳留下了难忘的印象。

1931年，日本帝国主义进犯我国后，梅兰芳举家迁往上海。抗日战争时期，他又避居香港，息影舞台，鬻画为生。1944年，他在自己命名的"梅花诗屋"内曾写下"岂不罹霜雪，松柏有本性"的佳句，以松柏自励，蓄须明志，拒绝为敌伪演出，表现了崇高的民族气节。

对于这样一位杰出的爱国艺术大师，周恩来十分尊重和关怀。1949年，上海解放前夕，在国民党猖狂地胁迫知识分子和文艺人才南逃时，上海地下党根据中共中央和周恩来的指示，派熊佛西同志到马思南路梅兰芳家，与其长谈，希望他留在沪滨，一齐迎接黎明的到来。熊佛西的来访给梅兰芳带来光明和希望。这正是梅兰芳十多年来所企盼的。

梅兰芳的愿望终于实现了！1949年6月，在北京第一次全国文代会上，他又见到了周恩来。会议期间，周恩来还抽出时间与梅兰芳进行了亲切交谈。谈话中，彼此忆起 30 多年前在北京演出、座谈的情景，周恩来笑着对梅兰芳说："虽然那是青年时代的事，但可以说我们是同行。"梅兰芳听了非常感动。

会后，梅兰芳是回上海，还是留在北平，周恩来经过反复考虑决定请他留在北平。周恩来用心良苦，北平不仅是新中国的首都，政治、文化中心，梅兰芳留下可以更好地发挥作用，而且也可以用梅先生的影响组织、扩大京剧队伍，更有利于发展、振兴京剧。不久流落在香港的马连良、张君秋回到大陆。

1951 年 4 月，周恩来亲自批准梅兰芳担任中国戏曲研究院院长。中国戏曲研究院成立的时候，毛泽东题了"百花齐放，推陈出新" 8 个大字。这一切都促使着梅兰芳为新生的中国贡献力量。

然而，决心和现实之间毕竟差距甚大。最突出的一个问题就是梅兰芳负担过重。一大家子人需他抚养，梅剧团的同仁需他接济，不少落魄艺人需要他帮助渡过难关。

正当梅兰芳忧心忡忡之时，周恩来及时做出指示：让梅兰芳保留私营的剧团，并经常在全国各地演出，这样一方面可满足人民欣赏梅派艺术的愿望，同时也解决了剧团演员的生活困难。周恩来的这一指示，即使在公私合营的社会主义高潮中也没有动摇。为了保证梅兰芳有足够的演出时间，周恩来还规定：由梅兰芳担任院长的中国京剧院和中国戏曲研究院的两院党委，逢大事才征求梅兰芳的意见，一般日常事务自行处理，不必分散梅的精力。正由于周恩来的关怀才使梅兰芳免于陷入繁杂的行政事务，而有充裕的时间潜心研究，精雕细琢京剧艺术，创造出一系列光彩照人的艺术形象，极大地丰富了中国戏曲艺术宝库。在长期的演出实践中，梅兰芳还带出了一批中青年演员，为振兴京剧艺术作出了卓越的贡献。

在周恩来的亲切关怀下，梅兰芳率剧团不只演遍了半个中国，还曾到朝鲜慰问中国人民志愿军与朝鲜人民军，到苏联、日本等国献艺。1952 年到 1953 年岁尾年初，他还参加了在维也纳召开的世界人民和平大会。国内外人民盛赞他精湛超群的技艺，党和政府给了他很高的荣誉。

在荣誉和掌声面前，梅兰芳并没有陶醉，而是向自己提出了更高的要求：积极努力为人民服务，争取早日加入中国共产党。这一愿望，在曾是他的弟子、"四大名旦"中最年轻的程砚秋入党后，显得尤其迫切。梅兰芳耳边常常回荡着周恩来在一位老同志入党时的即席讲话："像梅兰芳、程砚秋也可以入党嘛!"程砚秋 1957 年 11 月 13 日入党后,梅兰芳迫切地向京剧院党委和戏曲研究院党委表示了自己要求加入中国共产党的心愿。他说:"像这样一个从古未有的伟大的中国共产党,我早就想当上一个非常光荣的党员。"党组织肯定了他待人和蔼谦虚,为人正直淳朴、作风正派、乐于助人等高尚美德,热情鼓励他创造条件,争取早日入党。

梅兰芳也想过,找周恩来做自己的入党介绍人,但又不忍心去打扰他。周恩来却好像猜透了他的心思,在一次邀请他到中南海清唱后,给梅兰芳写下了以下题词:"重视与改进,团结与教育,二者均不可缺一。"梅兰芳反复揣摩周恩来题词,终于悟出了个中含义。"团结与教育",显然是指围绕在自己身边的剧组成员的。他们多年来无私地把自己的一切奉献给京剧艺术事业,但身上又不可避免地沾染着旧社会的不良作风,只有很好地加以引导,才能成为社会主义的文艺战士。"重视与改进",是周恩来总理给自己提出的更高要求,他希望自己在继承前人的基础上,勇于改革,锐意创新。

伴随着鲜花和掌声,1959 年 7 月 1 日,梅兰芳经马少波、晏甬介绍光荣地加入了中国共产党。

梅兰芳加入中国共产党后,党给了他更重的担子。1960 年 4 月 15 日,文化部任命他为梅兰芳京剧团团长。1961 年 7 月 9 日,周恩来任命他为中国戏曲学院院长。此外,他还兼任中国文学艺术界联合会副主席和中国戏剧家协会副主席。

加入中国共产党后,一向自制力很强的梅兰芳对自己的要求更加严格了。他决心像毛泽东所说的那样:尽最大努力,完全彻底为人民服务。

1961 年 7 月下旬,梅兰芳正准备率团赴新疆,却因突发心绞痛住进医院。

得知梅兰芳大师住院的消息,正在北戴河的周恩来,于 8 月 5 日专程赶回北京,到医院探望梅兰芳。见总理来看自己,梅兰芳执意要坐起来。周恩来急步上前示意让他躺下。梅兰芳说:"放着许多工作却躺在医院里,真叫人着急。"他还告诉总理:"本来下月梅剧团准备到新疆为边地同胞演出,看来去不成了,真遗憾。"总理忙说:"等你病好了,愿意到哪里就到哪里,国内国外都可以去。"临行,周总理边叮嘱医生精心护理梅院长,边说:"希望你安心静养,等我从北戴河开完会回来,再来看你。"望着总理的背影,梅兰芳的眼睛湿润了。他对陪伴在身边的夫人福芝芳说:"毛主席的恩情,周总理的关怀,我永远记在心上。"

周恩来盼望梅兰芳转危为安。梅兰芳在病床上也天天在筹划着病愈后所做的工作，但是，8月8日清晨5时，他的心脏却突然停止了跳动。

惊悉梅兰芳辞世，周恩来深为中国乃至世界艺坛失去一位杰出的艺术大师而惋惜。他立即组成以他为首的61人为梅兰芳治丧委员会，公祭和安葬梅兰芳，并指示要建立梅兰芳纪念馆，还让文化部和中国戏剧家协会安排了出版《梅兰芳文集》、录制梅兰芳传记电影、梅兰芳唱片集等十项活动，以纪念对京剧艺术的发展起着承前启后、继往开来伟大作用的著名艺术大师梅兰芳的不朽功绩。

古人云：一死一生，乃知交情。周恩来对梅兰芳的追忆和悼念，倘梅兰芳在天有知，也会为之感动。

（刘春秀）

筹建新中国首届"内阁"

1949年10月1日下午3时许,毛泽东在天安门城楼庄严宣布:"中华人民共和国中央人民政府今天成立了!"

顷刻之间,在天安门广场人头攒动、红旗飘舞的海洋中,爆发出长久的雷鸣般的欢呼声。随后,林伯渠秘书长宣布:"请毛主席升国旗。"毛泽东启动电钮,电流从天安门城楼通往广场中心,新中国第一面鲜艳的国旗迎着高悬蓝天的红日徐徐升起,并定格在22米高的白色旗杆上。

这一天,中央人民政府委员会第一次会议任命周恩来为中央人民政府政务院总理。这项任命,反映了中国共产党全党同志、各民主党派人士和人民团体负责人对周恩来的高度信任和支持。1948年春,中共华北局第二书记薄一波向中央工作委员会负责人刘少奇、朱德等汇报工作,提出了应该赶快抓经济工作的建议。但是怎么个抓法,还没来得及作深入的研究。这时,朱德说:"快啦!咱们的周恩来同志快来了。他是个管家的,管这一个家。他会把这个事情办好。"并且强调说:"他这个人,历来是管家的,是个好管家。"

开国大典后,周恩来便集中主要精力筹建新中国首届"内阁"——中央人民政府政务院。

政务院及其下属机构所需要的为数众多的工作人员从哪里来?这是毛泽东、周恩来等中共中央领导人在筹建政务院时首先碰到的一个大问题。经过毛泽东、周恩来等的反复考虑和研究,最后一致商定,首先将华北人民政府撤销,把这个班底拿过来作为政务院的基础,并参照华北人民政府的经验组织政务院;然后再陆续从其他几个大行政区抽调一部分人特别是负责人,来充实和加强政务院。

对民主人士的安排，是周恩来筹建政务院时非常重视的一个问题。他认为，民主党派在争取中国人民解放事业的斗争中，作出过重要贡献，因此各民主党派的主要人物都应该有所安排。

但是，怎样平衡却是一件极为复杂的事情。由于周恩来在国民党统治区工作的时间比较长，对各党派民主人士的情况比较熟悉，并同他们有密切的交往，因此民主人士的任职名单，大多数是由他提出的，并且做了大量的平衡与协调工作。

周恩来劝说德高望重的黄炎培担任公职，就是一例。

中国民主建国会常务委员会召集人黄炎培在旧中国曾多次拒绝旧政府的高官厚禄。对此，有人说他是故鸣清高，也有人说他茹素皈依，有出世思想。1949年3月，他来到解放后的北平也无意做官。一次，在中南海怀仁堂的晚会上，毛泽东问他："北洋军阀两次请你当教育总长，你为什么不去？"黄炎培回答说："我的信念是：看不清真理所在，是绝不盲目服从的。"

鉴于这一情况，10月11日晚，周恩来到黄炎培家，诚恳地提出请他担任政府公职。黄炎培仍抱定初衷，他说："1946年我才68岁，已觉得年纪老了，做不动官了。如今72岁了，还能做官吗？"

周恩来回答说："这不同于在旧社会做官。现在是人民的政府，不是做官，是做事，是为人民服务。在政治协商会议上，由各党派斟酌制定了《共同纲领》，就是为人民服务的'剧本'。我们自己写了'剧本'，自己怎能不上台唱呢？"

经过周恩来两个多小时的恳谈，黄炎培被说服了。但是，他表示还须考虑考虑，等他第二天回话。这天夜里，黄炎培辗转反侧，心潮起伏，久久不能入睡。

12日早晨，黄炎培广泛征求了江问渔、杨卫玉和孙起孟等一些好友的意见，他们一致认为他应该接受在政务院的职位。

这天晚上，周恩来再次登门听取黄炎培的答复。这时，黄炎培高高兴兴地向周恩来表示，他愿意出任政务院副总理兼轻工业部部长。

无独有偶。在旧中国也曾拒绝过反动政府高官厚禄的耿介之士——著名的林学家梁希，在10月里也欣然受命担任林垦部部长。

又如，周恩来提议李书城担任农业部部长。有人为此感到大惑不解，提出为什么要委任一位大家都不甚了解的人来担此大任呢？

周恩来解释说："他是同盟会的早期会员之一，辛亥革命首义后在武汉当过黄兴的参谋长，继之投入了讨袁护国战争和护法战争，在旧民主主义革命斗争中起过重要的作用；同时，我党的一大就是在他家召开的，他的弟弟李汉俊过去对我们党也有过贡献；在中国人民的解放事业中，他也做过有益的工作。这样安排，体现了照顾民主人士的各个方面。"

为此，周恩来派薄一波去找李书城谈话，并对薄说："他有这么一个历史，要照顾这个历史，你去跟他谈谈，说要提他为农业部部长。"李书城就是在这种情况下出任新中国第一任农业部部长的。

再如，周恩来还动员创作了《子夜》《蚀》和《林家铺子》等大量优秀文学作品而闻名全国的作家茅盾（沈雁冰）出任文化部部长，但他却婉言推辞，说他不会做官，打算继续自己的创作生涯。最后，经过周恩来的苦言相劝和毛泽东的诚意谈话，茅盾愉快地接受了文化部部长的任职，并且一直干了15年才卸任。

由于周恩来深谋远虑，费尽心思，所以在他的综合平衡下，各民主党派主要负责人或社会贤达、知名人士差不多都被安排进了政务院及其下属机构。

10月19日下午，毛泽东主持的中央人民政府委员会会议正式通过了政务院副总理以及下属委、部、会、院、署、行主要负责人的任命。在这项任命中，各党派民主人士和无党派民主人士占了相当大的比重：4个副总理中，民主党派和无党派人士2人；21名政务院领导成员中，民主党派和无党派人士11人；政务院下属34个机构的109个正副职位中，民主党派和无党派人士49个。其中15个是正职（郭沫若担任两个正职），他们是：

文化教育委员会主任、科学院院长　郭沫若

人民监察委员会主任　谭平山

轻工业部部长　黄炎培

邮电部部长　朱学范

交通部部长　章伯钧

农业部部长　李书城

林垦部部长　梁　希

水利部部长　傅作义

文化部部长　沈雁冰

教育部部长　马叙伦

卫生部部长　李德全

司法部部长　史　良

华侨事务委员会主任　何香凝

出版总署署长　胡愈之

对于以上安排，许多民主人士非常感动，称赞道："周总理不愧为'周'（指考虑问题周到、完备）总理啊！"

新中国首届"内阁"——政务院的人事安排就绪后，1949年10月21日，周恩来召集第一次政务（扩大）会议，宣告政务院成立，政务院总理、副总理、政务委员以及下属34个机构的负责人正式就职。

政务院成立后，新政府各部门的工作迅速走上正轨，适应了"恢复生产，建设新中国"的需要，经过短短的3年时间就胜利地完成了恢复国民经济的历史任务。

（熊华源）

四商建立解放军最高学府

在22年的武装斗争中,中国人民解放军从无到有,从小到大,从单一兵种发展为包括炮兵、装甲兵、铁道兵、工程兵、海军、空军等诸军兵种,每一个发展都倾注着周恩来的心血。1950年在组建海军、炮兵、装甲兵等军兵种领导机构时,周恩来考虑为了解决教育和训练全军干部特别是高级干部,掌握现代军事科学技术,学会诸军兵种协同作战的问题,应该创办解放军各类军事院校。

1950年7月,周恩来以中央军委副主席的身份,主持召开中央军委会议,朱德总司令、聂荣臻代总参谋长等出席了这次会议。会议商定:各军兵种都要着手建立自己的专业院校。全军首先创办一所教育和训练中高级干部的最高学府——陆军大学。

创办陆军大学的决定,越过巴山蜀水,转瞬间传到了远在山城重庆的中共中央西南局第二书记、西南军政委员会主席、第二野战军司令员刘伯承耳中。这位早年的苏联最高军事学府优等生,一向注重并长于军事理论研究,刘伯承为中央军委及时地作出这一正确决策,感到由衷的高兴。经过几番思考后,他致信党中央,请求辞去现职,去参与筹建陆军大学的工作。在信中,年已58岁的他恳陈肺腑之言,请求说:"战争已经结束了,我年龄这么大了,还是让我去办学校吧!"

不久,党中央批准了他的请求,决定派遣这位身经百战、威震中外、德高望重的著名军事家去办陆军大学。10月27日,刘伯承领命来到北京。这天正值中央书记处书记任弼时不幸因病逝世。

周恩来结束了任弼时的治丧活动后,便邀请刘伯承和华东军政大学副校长

（曾任第三野战军八兵团司令）陈士榘等陆军大学筹委会的成员，到中南海西花厅商谈学校的筹建问题。

11月初的一天早晨，刘伯承等来到西花厅。这时工作到凌晨才睡觉的周恩来刚刚起床。

周恩来见刘伯承来了，微笑着朝他大步走去，拉着他的手说："刘老，你来了！我起来晚了。"周恩来和刘伯承相识于1927年八一南昌起义之时。从此，他俩在血雨腥风的战争岁月里结下了深情厚谊。周恩来很敬重这位比他大6岁的兄长。两人见面时，他总是亲切地称呼刘伯承为"刘老"。

"总理，你多睡一会儿吧。听说你每天早晨四五点钟才休息。"刘伯承歉意地说。

周恩来回答说："不要紧，我习惯了。"

周恩来吃完早饭，大家入座，座谈开始了。

刘伯承说道："总理，我接到毛主席的电报就来了。"

"你这个人组织性纪律性是非常强的，只要中央有命令，你就来。"周恩来满意地说。

刘伯承又说："我来是来了，就是怕搞不好。"

周恩来爽朗地一笑说："你搞得好，搞得好。你有几个特长：一有学问，二又非常严格。严师必出高徒嘛！"

随后，周恩来向刘伯承等人提出了陆军大学临时党委的组成方案，并同他们详细研究了学校的组织机构和有关领导干部的人选问题。

没过几天，周恩来又约刘伯承等人谈话。

首先，周恩来传达了毛泽东关于办好陆军大学的指示，并告诉说，为了办好陆军大学，毛主席已经为学校聘请了一批苏联顾问，不久将来学校帮助工作。

鉴于在中央苏区时，共产国际派来的军事顾问李德，以太上皇自居，专横跋扈，结果给中国革命造成了巨大损失的教训，刘伯承坦诚地说："总理，我考虑了很长时间，叫顾问不如叫专家好。顾问，顾问，就是要顾我们的问。可是，叫专家就超脱了。他当他的专家，我们干我们的工作。我请你，你就讲；我不请你，你就不要顾我的问嘛！"

"对，对，叫专家好。"周恩来采纳了刘伯承的这个意见。

以后，政务院专门为此发出通知，规定除过去按顾问名义聘请来中国的苏联专家仍称顾问外，以后新聘者和过去未按顾问名义所聘的苏联方面的人员，一律称呼专家。

接着，周恩来同刘伯承等磋商研究了陆军大学的正式校名、校址、干部人选等问题。综合刘伯承等的建议和意见，周恩来最后确定：（一）为了便于学校今后增设海军系和空军系，将原拟陆军大学校名正式定名为军事学院；（二）校址暂设南京华东军政大学所在地，待条件成熟后再迁北京；（三）以华北、华东军政大学一部分干部作基础，依靠华东军区组织军事学院各级机构。

两三天后，周恩来第三次邀请刘伯承等继续商谈军事学院的建校问题。

周恩来同他们一道研究了学校的教学方针，酝酿了军事、政治和文化教育课的具体内容，议论并决定了教员的来源。在谈到教学方针时，周恩来认为，"就是要在人民军队现有的军事素质的基础上，熟悉并能指挥各技术兵种和陆军步兵的协同动作，同时熟悉参谋勤务和通信联络，以适应现代化战争的要求。"在磋商到军队文化课教学问题时，周恩来指出："由于历史的原因，军队学员的文化水准低，但只有具备了相当的文化、科学知识，才能掌握现代军事科学技术。因此，一定要搞好文化、科学知识的教学。"

在研究到教员的来源问题时，刘伯承反映说："现在选调合适的教员非常困难，但现在却有一些起义、解放过来的国民党军官可资利用。他们中有黄埔军校毕业生，还有国民党陆军大学的教官，都有相当的文化水平，旧的军事学术也懂得一些，可以当教员。"

周恩来接过话茬，说："行啊，可以让这些人当教员，团结、教育他们为新中国的国防建设事业服务。以后，再陆续从学校每期毕业生中选留一些任教，逐步改变这种状况。"他还对大家说："搞现代化的军事建设，搞现代化的军事学院，我们都没有经验。要认真研究现代战争的特点，把人民军队丰富的作战、建军经验加以总结提高。同时需要不断地学习外国的先进经验，学习外国现代军事科学。"他强调说："要努力把这两方面的知识传授给全军中、高级干部。"

最后，周恩来提议由刘伯承召集筹委会成员根据这3次会议商谈的精神，尽快地写出一个办校的综合意见来。书面意见写出后，再开一次会议讨论定案，然后报中央军委批准。

1950年11月13日晚，周恩来在中南海西花厅召开有总参谋部、总政治部、军训部和军事学院筹委会负责人参加的会议，讨论由刘伯承、陈士榘联名提出的《关于创办军事学院的意见》（以下简称《意见》）。朱德、刘伯承、聂荣臻、萧克、陈士榘、萧华和徐立清等出席了会议。在周恩来主持下，与会者对《意见》进行了逐条讨论，并对《意见》的部分条款进行了补充和修改。

这天深夜，中国人民解放军最高学府的建设蓝图——《关于创办军事学院的意见》正式形成。

11月16日，周恩来致信毛泽东、朱德，汇报了13日会议座谈修改《关于创办军事学院的意见》的情况，建议予以批准，并说明学院筹建基金100亿元（指旧币，等于100万元新币）现已拨付50亿元。当天，毛泽东、朱德便批准了这个《意见》。

1951年1月15日，中国人民解放军军事学院在南京宣告成立！刘伯承任院长兼政治委员。这以后，军事学院为人民解放军培养了一批又一批高级军事指挥员，推动了人民解放军的正规化、现代化和革命化建设。

（熊华源）

在毛岸英牺牲的前后

1950年10月19日，在北国深秋夜色的掩护下，中国人民志愿军在彭德怀司令员兼政治委员的率领下，兵分三路，秘密渡过中朝分界河——鸭绿江，开始了伟大的抗美援朝战争。志愿军司令部进驻朝鲜平安北道北镇附近的大榆洞。毛泽东的长子毛岸英就在志愿军司令部工作，担任俄文翻译和机要秘书。

志愿军入朝时，麦克阿瑟率领的以美军为主的"联合国军"，已经北进到离我国边境不远的熙川、咸兴等地，情况万分紧急。彭德怀立即组织了第一次战役，给不可一世、骄横嚣张、分兵冒进的"联合国军"迎头痛击，重创敌军3个师，歼敌1.5万余人。"联合国军"在遭到沉重打击后，并不甘心，利用制空权，随即出动大批飞机持续轰炸朝鲜北部的交通运输线和军事集结地区，妄图扼杀志愿军作战力量。

这样，设在前线的志愿军首脑机关随时都处在敌机狂轰滥炸的威胁之中。而志愿军在装备上处于劣势，防空设施很少，正在组建空军，所以敌人掌握了制空权。彭德怀为了激励全军将士，有意不准志司修更多的防空设施。

11月21日，在中央军委会议上，周恩来得知志愿军首脑机关不太重视自身安全，缺乏足够的防空洞。这个问题，立刻引起了周恩来的高度警觉。他当即为中共中央起草了给志愿军司令部党委的指示电。

志司党委会：

据从志司归来的同志面报，志司所在地尚无足够的防空洞，该地又为著名金矿，志司即在街上房屋中办公，而志司负责同志即在飞机来时亦常不进防空洞，且志司附近又集中有四部电台，驻扎已近一月……更易暴露。故为保证志司指挥机关及其领导同志的安全，中央责成志司党委应成立决议，规定志司驻地应经常变动，电台应分散安置，防空洞必须按标准挖好，并布置地下办公室。凡遇敌机来袭，负责同志必须进入地下室，任何同志不应违背。

中央
11月21日

拟成这封电报后，周恩来将它送给毛泽东、刘少奇、朱德、陈云和代总参谋长聂荣臻审阅，征得他们同意后，于21日21时10分发往志愿军司令部。

不幸的事情终于发生。这封电报发出没几天，周恩来接到了志愿军司令部致中央军委的一封令人震惊的电报。电文说：

我们今日（25日）7时已进入防空洞，毛岸英同3个参谋在房子内，11时敌机4架经过时他们4人已出来，敌机过后他们4人返回房子内，忽又来敌机4架投下近百枚燃烧弹，命中房子。当时有2名参谋跑出，毛岸英及高瑞欣未及跑出被烧死，其他无损失。

志司
25日16时

26日凌晨，操劳一夜还未睡觉的周恩来，看着这封电报，心被震惊了，手颤抖了。年轻英俊、生龙活虎的毛岸英的身影浮现在他的眼前，他想到了许多：毛主席已经有5位亲人为革命捐躯，他们是毛主席的妻子杨开慧，弟弟毛泽民、毛泽覃和妹妹毛泽建、侄子毛楚雄，而现在敌人的燃烧弹又吞噬了毛岸英的年轻生命。这是主席最喜爱的长子啊！毛岸英的牺牲对主席的心灵该有多大的刺激啊！周恩来热泪夺眶而出。

周恩来随即将电报送刘少奇阅。考虑到正在病中的毛泽东还通宵达旦地精心筹划、指挥刚刚揭开战幕的第二次战役，他俩决定暂时不将此事告诉毛泽东。等到毛泽东的病痊愈后，1951年1月2日，周恩来才写信把毛岸英牺牲一事告诉了他，并随信附去了志司11月25日的来电。周恩来的信是这样写的：

主席、江青同志：

毛岸英同志的牺牲是光荣的。当时我因你们都在感冒中，未将此电送阅，但已送少奇同志阅过。在此事发生前后，我曾连电志司党委及彭，请他们严重注意指挥机关安全问题，前线回来的人亦常提及此事。高瑞欣亦是一个很好的机要参谋。胜利之后，当在大榆洞及其他许多战场多立些纪念中国人民志愿军的烈士墓碑。

毛泽东收到周恩来的信后，久久地沉浸在老年丧子的巨大悲痛之中。以后，彭德怀回国述职时，向毛泽东进一步报告了毛岸英牺牲的详情，并提议不要将遗骨运回祖国埋葬。毛泽东听后，深情地说道："岸英是志愿军的一名普通战士。至于岸英的遗体没有运回国内，埋在朝鲜的国土上，体现了我们与朝鲜军民同甘苦、共患难的革命精神，也说明我们中朝两国人民的友谊是用烈士的鲜血凝成的。你们做得对，做得好。"

朝鲜停战以后，中朝军民为两国人民共同利益献身的毛岸英和其他志愿军烈士修建了陵园，烈士们的墓前竖起了一座又一座的花岗岩纪念碑。1958年2月，为安排志愿军撤回国，周恩来专程到朝鲜进行国事访问。17日，他特地来到平安南道桧仓郡志愿军烈士陵园扫墓，在毛岸英和其他烈士的墓前，送上了由洁白花朵和松枝扎成的花圈，表示对烈士的深切怀念。

（熊华源）

冲破封锁　推开国门

新中国成立之时，战争还没有结束。蒋介石撤退时在每一港口均有计划地将船舶炸沉或劫走，华北全部航海船只均被劫空，上海 90 万吨位只留下可航行的 14.5 千吨位。同时封锁各个海口，在海上设兵舰巡弋袭击，在长山、舟山诸岛设海上据点掠夺商船物资，阻扰航行，企图扼死我海上交通线。

当时世界分为以苏联为首的社会主义阵营和以美国为首的西方帝国主义、资本主义阵营，两大阵营严重对立。中国共产党领导的新中国刚刚诞生，得到以苏联为首的社会主义阵营的欢迎和承认，受到以美国为首的西方帝国主义、资本主义阵营的反对和封锁。1949 年美国即颁行了输出统制法案，1950 年 2 月又颁布了出口统制补充法案，把原来出口统制货品由 690 种增到 2100 种。到 1951 年，美、日两国对中国公私定货 2700 万美元（内私商定货 700 万美元）禁运扣留，我国家银行 500 万美元未到期汇票，亦将冻结。社会主义阵营只有十几个国家，力量是比较小的。新中国的大门被帝国主义、资本主义从外面关住了。

如何克服帝国主义、资本主义的阻力，打开大门，走出国门，走向世界，这是摆在新中国面前一个严重的问题。美国支持台湾的蒋介石政权，美国第七舰队进驻台湾海峡，直接阻挠中国领土统一。台湾问题一直是阻碍中美关系正常化的关键问题，也是阻碍中日关系正常化的关键问题。

本文仅以日本为例，介绍周恩来如何冲破封锁，推开国门。

"民间先行，以民促官"。周恩来一向重视对日本的工作，他对日本的了解既多又深。这固然因为日本是中国的近邻，用日本人的话讲中日是同文同种。更重要的是日本是影响中国近代历史发展最主要的国家之一。周恩来的政治生涯同日本密不可分。

1894年日本发动甲午战争，从中国获取巨额赔款。中国的志士仁人从甲午战争的失败、屈辱中觉醒，纷纷东渡日本留学。年轻的周恩来是数以万计留学生中的一员。当时，日本出兵西伯利亚，武装反对苏维埃。周恩来在日本了解到十月革命的情况，接触到马克思列宁主义，同时也认识到日本的军国主义。

周恩来回国后投身于五四运动，并崭露头角成为学生领袖。众所周知，五四运动是以反对袁世凯同日本签订卖国的二十一条为导火线的。日本发动九一八事变，侵占东北三省，中共中央马上发表宣言反对，当时周恩来正在上海的党中央。为了抗日，国共两党第二次合作，周恩来是中共代表，和平解决西安事变，为团结国民党抗日，他在南京、武汉、重庆等地同国民党谈判。由于中共坚持敌后（日本占领区）抗战，不断壮大力量，到抗日战争胜利时部队由3万人发展到130万人，解放区人口达1亿，为中华人民共和国的诞生打下了坚实的基础。中日两国的关系无论对中国、还是对日本都是十分重要的，为了寻求亚洲地区的和平，新中国一成立周恩来就很重视对日本的外交工作。但是，他所面临的情况十分困难。

第二次世界大战结束，日本被美国占领，完全听命于美国敌视、封锁新中国的旨意。1950年6月，朝鲜战争爆发后，美国急需扶植日本作为远东的反共基地，十分担心在与日本签订和约之后，日本为贸易和其他经济的利益而同中国改善关系，动摇美国的对华政策。美国和日本在1951年9月签订了《美日安全条约》，条约允许美军无限期、无限制地驻扎日本。当时任日本首相的吉田茂事后回忆这段历史时说："媾和独立后的日本在北京和台湾之间究竟选择哪一方为建交的对象，便成为美国特别关心的重大的问题。因此，日本才决定在美国参议院批准和约和其他条约之前，向美方表示：日本只同国民政府恢复邦交。这就是我在1951年底给杜勒斯特使写信的原因。"

另外，日本同国民党的关系久远，日本在台湾的势力较大。蒋介石对日本的政策是以德报怨，放弃对日本的战争赔偿的要求。所以日本的亲台分子不在少数，甲级战犯岸信介和他的胞弟佐藤是其政治上的代表。

在美国的策划下，1951年9月4日在美国旧金山，与会的49个国家将新中国排斥在外，片面通过对日和约，结束战争状态。9月18日，周恩来总理发表声明指出："旧金山对日和约由于没有中华人民共和国参加准备、拟制和签订，中央人民政府认为是非法的，无效的，因而绝对不能承认的。"

1952年4月28日美国单方面和日本签订的旧金山和约正式生效的同一天，日本同台湾当局签订了所谓的"和平条约"，在"条约"中，台湾当局放弃战争赔偿的要求。日本完全关闭中日官方交往的大门。中华人民共和国政府当即发表声明，指出这一条约是非法的、无效的。

1954年10月11日，周总理对来访的日本朋友指出："中日关系正常化的障碍，不在中国方面。旧金山条约不承认中国，而承认台湾，说台湾代表中国。中国人很伤心。"1956年周总理再次向日本朋友指出："日本政府在中日建交上有困难，困难不仅在内部，而且更大的困难是由于外来的干涉和压力。"这个外来的干涉和压力就是来自美国。

在这种情况下，如何打破美日的封锁呢？

睿智的周恩来另辟蹊径，提出"民间先行，以民促官"的方针。他说："先从中日两国人民进行国民外交，再从国民外交发展到半官方外交，这样来突破美国对日本的控制。"从民间入手，他又选择贸易为突破口。他深知日本以贸易立国。由于本土狭小，资源匮乏，日本的发展离不开同中国的贸易。既然政策定了，机会总会有的。1952年春在莫斯科举行国际经济会议，中国和日本都将有代表出席。莫斯科会议是世界和平理事会倡议召开的。二战后，东西方国家间的贸易渠道被冷战阻断，为突破"封锁禁运"，沟通东西方贸易，世界和平理事会向"铁幕"两边不同社会制度国家爱好和平的人士发出邀请，发起组织了这次空前绝后的大型国际经济会议。

中国政府非常重视这次会议，周总理仔细斟酌了中财委上报的名单后，提出："金融银行界代表已有，但贸易为此次会议主要内容之一，尚缺贸易方面的代表，请财委考虑可否由雷任民同志参加我代表团。"周恩来亲自点将。外贸部副部长雷任民当时正在主抓外贸系统的"三反"、"五反"运动，中组部建议可否不去。总理强调："让他去，让他去交朋友，见一见世面。"

2月21日，周总理召集王稼祥、南汉宸、雷任民、刘子久、李维汉、章汉夫，研究改定中国代表团的重要讲话稿和人选名单。最后确定中国代表团由25人组成，南汉宸（时任中国人民银行行长）和雷任民分任正副团长、冀朝鼎（时任中国银行副总经理）任秘书长。

3月15日，周总理接见了整装待发的中国代表团全体成员，嘱咐："参加这样的国际经济会议机会难得，不能放弃。在那里，同外国代表团交往的面要宽一些，争取打开我们同西方国家贸易往来的局面。"

莫斯科会议召开前，日本财经工商界也得到邀请，推选出 19 名代表准备赴会。但由于日本外务省顾虑美国，拒发护照，大多数代表取消了行程，只有帆足计、宫腰喜助和高良富（女）等三位有远见卓识的国会议员，想方设法冲破层层阻力，分头辗转来到莫斯科。据传，当时的日本首相吉田茂获悉后大发雷霆，成为当时日本报刊上热炒的新闻。

莫斯科会议闭幕后，雷任民留在莫斯科，做帆足计、宫腰喜助和高良富三位日本议员的工作。雷任民考虑到战后日本经济瘫痪，国民经济处于重建时期，日本民间与中国友好通商呼声很高，三位议员都是有胆有识之人，有可能促成他们访问中国。一个月内，就恢复中日民间贸易问题进行了四次会谈，双方在基本问题上达成了共识。水到渠成，雷任民根据国内指示，正式向三人发出访问北京的邀请。

5 月 15 日，三位日本议员从莫斯科直接飞抵北京，成为战后访问新中国的第一批日本客人，也是中国贸促会成立后接待的第一批外宾。

历时 9 天的莫斯科会议，除圆满完成预定议程外，还成立了国际贸易促进委员会。会后，许多国家纷纷建立起贸促机构。中国国际贸易促进会（以下简称"中国贸促会"）于莫斯科会议闭幕后一个月，即 5 月 24 日成立。南汉宸任主席、冀朝鼎任秘书长。雷任民、马寅初、刘宁一、薛暮桥、陈维稷、章乃器、李烛尘等 17 人任委员。中国贸促会成立后，在"以民促官"，"以贸易促外交"的历史阶段，发挥了无可替代的作用。

6 月 1 日，中国贸促会主席南汉宸与帆足计、宫腰喜助和高良富三人正式签订了中日第一个民间贸易协议。这个协议，数额不大，微不足道。但是，打破了美国严厉推行的"封锁禁运"政策，开启"以民促官"中日民间贸易的大门，政治意义重大而深远。以后又相继签订了第二、三、四次民间贸易协定，并于 1955 年签订中日民间渔业协定。

为了促进中日友好，1953 年中国主动开始护送日侨回国。9 月，周恩来接见日本学者、和平领袖大山郁夫，在日本产生很大的影响。1954 年 10 月，李德全、廖承志为首的红十字会代表团冲破日美反对派的阻挠，成功地访问了日本。

1954 年开始释放第一批战犯 417 人。关押的还有 1063 人。1956 年 6 月，中国对 17 名罪行特别重大的战犯进行审判，按照他们所犯的罪行和在押时期的表现，从宽判处了徒刑。同时，释放了第二批 335 名战犯。随后中国全部释放了关押战犯，由红十字会协助遣送回国。中国向来主张以德服人，不以己见，强加于人。中国共产党早在 1928 年制定"三大纪律八项注意"，其中一条就是"优待俘虏"。在中国政策的感化下，这些战犯回到日本成立了归还者联络会，推动中日友好。

这一切都是在周恩来细心的安排和周密指挥下进行的。到 1956 年中日关系由经贸发展到文化、体育各行各业、工青妇各界，不少议员、前首相等高级官员也纷纷来华访问。在日本出现了一批致力于中日正常化的中坚分子，中日友好已成为不可阻挡的历史潮流。周恩来亲自接见一批又一批的日本友人，不厌其烦地同他们交谈，做工作，交朋友。1956 年他满怀信心地向日本友人展示未来："我看，就照国民外交的方式做下去，日本团体来得更多，我们的团体也多去，把两国间要做的事情都做到了，最后只剩下两国外交部长签字了，这也很省事，这是很好的方式。""所以我是带着这样的心情和希望，欢迎诸位来中国访问。"

1972 年中日建交前，周恩来对日本友人说：我们两国人民之间 22 年的来往超过了任何国家，这是多年友好的积累，到今天必然会开花结果。

他的话是对 22 年民间往来的总结。

民间往来发展到一定程度必然涉及政府，民间贸易金额不扩大，已触及互设贸易处乃至政府贸易协定等问题，没有政府的支持、保证是不可能的。因而周恩来提出"民间来往，政府挂钩"的方针。

1953 年朝鲜停战，亚太地区局势缓和。1954 年 12 月周恩来在全国政协一届二次会议上主动呼吁："我国是愿意同日本建立正常关系的，如果日本政府也能抱有同样的愿望并采取相应的措施，中国政府将准备采取步骤来使中国同日本的关系正常化。"

1955 年周恩来借万隆会议之机会，主动同日本政府代表团团员高崎达之助会晤。

他多次向日本朋友表示："中国人民和中国政府随时都伸出友谊之手，随时都愿意和日本政府商谈恢复两国外交关系的问题。"

他知道，日本政府对中国关系正常化有很多困难。困难不仅在内部，而且更大的困难是由于外来的干涉和压力。这就是美国的干涉和压力。

另外是台湾问题。周恩来分析："只有两个可能性，一个是日本政府采取断然措施，撤销对台湾的承认，恢复与中国的邦交；另一个是中国解放台湾，蒋介石政权不复存在，水到渠成，日本就很容易同中国建交。"他认为前者是主张中日友好人士"应勇敢承担的责任，后者是日本现政府的想法"。

顺利发展的中日关系由于岸信介的上台而出现逆转。1957年7月岸信介访问台湾，支持蒋介石"反攻大陆"。在这种背景下，1958年4月，暴徒撕毁中国邮票、剪纸展览会场悬挂的五星国旗，制造"两个中国"的岸信介袒护暴徒，使中日关系蒙上阴影。

周恩来当即指示停止中日贸易。他事后向日本友人解释："中日双方都曾经搞过民间团体协定，想通过民间协定来发展中日贸易。""岸信介不承认、不保证民间协定的实施，并且采取敌视中国政策来破坏它。我们不能容忍这种行为，只好将中日贸易停了两年多。"停止中日贸易必然要影响到众多的日本中小企业的生存、发展，这给岸信介政府造成很大的压力。

同时周恩来又提出解决的办法，这就是著名的政治三原则：一、日本政府不能敌视中国；二、不能搞"两个中国"；三、不能阻碍中日关系向正常化方向发展。这三原则如同一把利剑击中了岸信介的要害。岸信介提出政治经济分离的原则，以骗取社会舆论。

1959年9月周恩来针锋相对地提出："中日两国政治和经济不可分离的原则。"

1960年岸信介下台，池田勇人组成新的内阁，池田政府默认、暗中推动中日关系。周恩来不失时机地提出经济三原则：一、政府协定；二、民间合同；三、个别照顾。他对三原则进行阐述："首先，一切协定今后必须由双方政府缔造，才有保证，因为过去的民间协定，日本政府不愿给以保证。至于政府协定，总要在两国政府向着友好方向发展，并且建立起正常关系的情况下才能签订，否则不可能签订。"

为了推动中日关系向半官方水平发展，1959年，周恩来邀请日本元老自民党顾问松村谦三访华，松村向周恩来推荐高碕达之助做促进、加强中日经济交流关系的工作。1955年在印度尼西亚召开的万隆会议上，周恩来曾与高碕达之助会面。在周恩来的安排下高碕达之助于 1960 年率企业家代表团访华并到各地考察。1962 年廖承志和高碕达之助签订中日民间贸易备忘录，决定 1964 年各自在对方设立办事处。1964 年高碕达之助逝世后由冈崎嘉平太为高碕事务所负责人。

办事处的建立标志着中日关系已发展到半官方的阶段。事实证明周恩来提出的一系列的政策是正确的，他所领导的对日工作是卓有成效的。

对日友好在中国也有阻力。如前所述，由于日本 60 年的侵略，中国人民对此十分愤慨。在新中国成立之初不少群众在感情上无法接受太阳旗。为了教育群众和干部，周恩来提出"两个区别"："要把帝国主义政府和这些国家的人民区别开来，要把政府中决定政策的人和一些官员区别开来。"

"文化大革命"爆发后，以江青为代表的极左势力要求取缔高碕达之助驻京办事处，要求赶走日本驻京记者。当时周恩来的处境也很困难，但他仍安排廖承志每月在东安市场的日本餐馆和日本记者共进一次早餐，自由讨论中日问题和世界局势。在极左思潮肆虐时，周恩来主动同日本记者打招呼，以这种方式保证中日互换记者得以延续，没有中止。1972 年中日建交时办事处、新闻界起到了重要作用，由此可见周恩来远大的政治眼光和超人的胆识。

（李海文）

将绍兴酒选入国宴

绍兴酒芳香醇厚,是我国的名酒。它以产于浙江绍兴而得名,取古鉴湖佳水、精白糯米、优质小麦,经独特工艺发酵酿制而成,久负盛名,已有2400多年的悠久历史。早在春秋战国时期,就有"越王之栖于会稽也,有酒投江,民饮其流而战气百倍"的记载和箪醪劳军的传说。

自清朝末年,绍兴酒已名闻海内外,多次荣膺国内外金奖,蝉联历届国家名酒称号,有"东方名酒之冠"之美誉。

对于这种酒精度低、含热量高、营养丰富的绍兴酒,周恩来总理自幼就熟悉它,不仅喜欢喝,而且十分器重。

1952年,他亲自将"古越龙山"牌加饭酒(绍兴酒还有花雕、元红、善酿等品种)选为国宴专用酒,要求每月供300至500坛,每坛30公斤,保证国宴用。自此,绍兴酒更是声誉斐然。至今钓鱼台国宾馆还保存3坛绍兴酒。为了纪念周总理,他们规定这3坛酒谁也不准动。

1954年,周总理出席日内瓦会议,带去绍兴加饭酒,招待国际友人,备受宾朋欢迎和称赞。

回国后,周总理支持轻工业部有关领导同志,给绍兴酒厂投资100万,其中70万用于"古越龙山"加饭酒的扩大再生产。为使加饭酒轮贮5年,保证宴用,周总理还让商业部和轻工业部拨款,改善酒厂仓库存贮条件。

考虑到绍兴酒长远发展、在质量上精益求精,1964年,周总理又拨款15万元,调集轻工业部专业技术人员和得力干部,筹建绍兴酒研究所。原计划研究十年,使绍兴酒有个大的突破,酿出适应国际新潮流的低浓度、营养型饮料。可惜1966年发生"文化大革命",研究中断,研究所也被解散。

周总理祖籍绍兴，又喜欢绍兴酒，常向来访的各国元首广为宣传，大大提高了绍兴酒的知名度。虽然周总理已驾鹤西归，可是当年访问我国的各国元首，仍记着周恩来的介绍，而对绍兴酒有浓厚的兴趣。1981年、1988年，西哈努克亲王两度到绍兴市酿酒厂参观。他说："以前我每次到中国，周总理总介绍我们喝绍兴酒，特别是加饭酒。但是加饭酒是怎么生产的，我却不知道。因此，我想有机会时，一定到酒厂看看。"

尼克松1972年首次来我国访问，周恩来向他介绍两种酒，一是绍兴善酿酒，一是绍兴加饭酒。1986年，尼克松隐退后再度来我国访问，邓小平同志以茅台酒款待。尼克松风趣地谢绝，说："这酒太凶。我还是喝以前周总理让我喝的加饭酒。"尼克松临走时，邓小平同志送他两盒四瓶加饭酒作纪念。尼克松喜欢加饭酒的消息不胫而走，在世界各大报发表后，震动世界。

"越酒行天下。"现在绍兴酒和法国葡萄酒、日本清酒并驾齐驱，日益赢得越来越多的国家和人民的喜爱，产量日渐提高。酒厂的职工看着欣欣向荣的工厂，就想起对绍兴酒倍加关怀、爱护的周总理。

周恩来不仅将绍兴酒、茅台酒选入国宴，推向世界，而且将许许多多中国的名特产、中国生产的产品介绍给世界。周恩来是中国的总理，他热爱中国。

（刘春秀）

和义女孙维世

周恩来、邓颖超一生曾关怀、抚育过很多烈士遗孤,孙维世是唯一叫他们爸爸、妈妈的人。

孙维世,又名孙克英,乳名小兰。他的父亲孙炳文同朱德一起到德国哥廷根学习,于1922年11月经周恩来和张申府介绍加入中国共产党。1924年,周恩来奉调回国。次年即将孙炳文调到黄埔军校做政治工作。在轰轰烈烈的大革命中,周恩来与孙炳文结下了深厚的情谊。1927年,在广州担任北伐军后方政治部主任的孙炳文奉命前往武汉。当他乘船绕道经上海时,正赶上四一二反革命政变,被后来成为汉奸的褚民谊认出,遭法国巡捕逮捕,旋即被引渡到淞沪警备司令部。三天后,由蒋介石密令,在龙华惨遭腰斩。

孙炳文壮烈牺牲,周恩来、邓颖超异常悲愤,虽然处境异常危险,却一直打探孙炳文的妻子任锐及其子女的下落。由于任锐带着维世兄妹颠沛流离,周恩来夫妇始终未能和他们取得联系。

1938年的一天,在武汉领导中共中央长江局和中共代表团工作的周恩来从外边回来,在八路军办事处门前,见到两个年轻人,其中一个是十六七岁的少女,正在伤心流泪。询问缘由,方知哥哥已被批准去延安,而妹妹年幼,办事处人员劝她回家去。周恩来端详着,觉得有些面熟,便问他们的姓名。他们答道:哥哥叫孙宁世(后改名孙泱)。妹妹叫孙维世。他们的父亲是孙炳文。真是"踏破铁鞋无觅处,得来全不费工夫",周恩来拉着他们急步走进办事处,大声朝正在伏案工作的邓颖超喊道:"小超,小超,你看谁来啦?"没等邓颖超省悟过来,又高兴地说:"这是宁世和维世,是孙炳文同志的孩子呀。"

"喔呀!是宁世和维世啊!"邓颖超想起来了,她和恩来、孙炳文在广州工作时，维世才四五岁。她依稀记得小维世那聪明可爱的模样，一把便将维世揽进怀里。

原来，孙炳文牺牲后，任锐将维世的弟弟孙名世送给外祖父抚养，将妹妹送姨父母抚养，取名黄粤生。任锐带着她和哥哥，生活非常艰难。听了孙维世的诉说，周恩来深为孙炳文一家的不幸遭遇叹惜。他觉得自己有责任抚养烈士的遗孤，为了死者，也为了生者。邓颖超理解周恩来的心情。她看到宁世已经长大成人，可维世还未脱稚气，便拉着她的手笑着说："维世啊，你就当我们的女儿吧。"后来，周恩来和邓颖超给任锐写了一封信，征求她的意见，任锐欣然同意。就这样，孙维世成了周恩来和邓颖超的义女。

在周恩来夫妇的关怀下，孙维世的哥哥孙泱被送往太行山他父亲的挚友朱德那里工作。维世也到了延安，和她母亲任锐一起在延安抗日军政大学和马列主义学院学习。两度"母女同学"，一时传为佳话。在抗大，孙维世勤奋学习，积极上进，17岁就加入了中国共产党。

周恩来夫妇对孙维世的成长倾注了大量心血。维世少年时代由于母亲从事地下工作，居无定处，曾给她化名李琳，托付给共产党员章泯和金山照管。在这两位革命艺术家的熏陶下，天资聪颖的维世先后在东方剧社、上海业余剧人协会学习演剧，并初露才华。因此，1939年8月下旬，邓颖超陪周恩来赴苏治伤臂，孙维世经毛泽东批准后，随周恩来赴苏深造，先后在莫斯科东方大学和莫斯科国立戏剧学院学习。

周恩来夫妇于1940年3月底返回延安后，立即将维世在苏联学习的情况告诉了在八路军重庆办事处工作的任锐，并写信给维世的姨母任钧通报了情况。

1946年，维世以优异成绩毕业于莫斯科国立戏剧学院表演系与导演系，成为苏联人民艺术家达尔汉诺夫和功勋艺术家戈尔卡柯夫的得意门生。同年回国，参加了土改运动和解放战争。

1949年，维世随军扭着秧歌进入解放了的古城北平。就在这一年，她的母亲不幸病逝，小弟弟在前线牺牲。孙维世悲痛不已，周恩来夫妇给她最大的慰藉，不仅经常去看望她，还通过在香港工作的龚澎找到了与维世失散多年、寄养在姨父母家的妹妹黄粤生。邓颖超为黄粤生改名孙新世，寓意新的世纪到来了。

孙维世姐妹在工作和学习之余，经常到西花厅看望她们的周恩来爸爸和邓颖超妈妈。她们爽直的性格、银铃般的笑声，每次都给为国操劳的周恩来和邓颖超带来无限欢欣。1950年8月的一个星期天，孙维世姐妹还在西花厅给恩来夫妇举行了银婚纪念，邓颖超和周恩来从不过生日，更不要说什么银婚纪念了，但在孙维世的巧妙安排下办到了。至今人们看到周恩来夫妇胸前佩戴着大红花的银婚照，仍然感到无限温馨。

男大当婚，女大当嫁。像所有的慈父母一样，周恩来夫妇，尤其是邓妈妈对孙维世的婚事也很操心，曾提过很多可供选择的对象，孙维世都不满意。

新中国成立后，孙维世应中国青年艺术剧院院长廖承志邀请到该院任导演。她执导了苏联名剧《钢铁是怎样炼成的》。杰出的表演艺术家金山饰演保尔。孙维世为金山出神入化的精湛演技所叹服，逐渐产生了爱慕之情。

1950年金秋，在青年宫举行婚礼时，邓妈妈慈祥地拉着维世的手说："恩来有外事活动，不能来了。他让我代表。他还约你们明天晚上到家里来。"邓妈妈亲手将一本崭新的《中华人民共和国婚姻法》赠送维世夫妇，希望他们能互敬互爱、互助互谅，携手并进，白头偕老。临行，邓妈妈一再叮嘱金山："我就这么个女儿，交给你啦。你要好好爱护她。"

然而，孙维世夫妇新婚不久，令邓妈妈担心的事情还是发生了。金山在极不恰当的时间、极不恰当的地点，又重犯了生活不检点的严重错误，使孙维世陷入极度苦闷中。

在她烦闷苦恼时，邓妈妈的教诲给了她勇气和力量。邓妈妈说，金山的错误是严重的。接着，又分析了金山的长处和不足。她说：金山青年时期在上海那个大染缸里浸泡过，沾染了一些不好的习惯；参加革命后，又长期在白区工作，比较自由散漫，多次发生过这方面的问题。党组织批评过他，可惜没引起他的重视。但他很有才干，为党做过不少工作，今后还要工作。作为他的妻子，对于这种情况，心里难受是可以理解的，但更重要的是要帮助他认识错误、改正错误，拉他一把。在这种时候，妻子拉他一把，会给他重新振作起来的力量。这样才是对犯错误的人的正确态度。

正是在邓妈妈的教诲和引导下，孙维世在批判金山的大会上明确表示："当金山跌了跟头的时候，我应该拉他一把，帮他改正错误，让他重新站起来。"孙维世的豁达与恳挚，使金山感到心灵的震颤，自此痛改前非，即使在撤销职务、开除党籍之后也没有沉沦，而是重新振作，成功地扮演了许多光彩照人的形象。

从1954年到1958年，已担任中国青年艺术剧院副院长、中央实验话剧院副院长、总导演并兼任中央戏剧学院导演干部训练班主任的孙维世，和已重新入党并恢复中国青年艺术剧院副院长职务的金山，珠连璧合、配合默契，先后推出《万尼亚舅舅》《西望长安》《红色风暴》等引起剧坛轰动的优秀剧目。

1958年，过度的劳累和长久的精神压抑，终于把孙维世累病了。病中的邓妈妈得知爱女病后，立即到医院探望她。作为母亲，她了解自己的女儿。女儿才华横溢，却有时显得不够坚强。虽然平时她已多次对维世说过："作为一个共产党员要有经受曲折磨难的精神准备，万不可以认为今后的道路会一帆风顺。"现在女儿得病住院，她觉得应再次提醒女儿，让女儿振作起来。她给维世写了一封信：

亲爱的闺女——维世：

匆促地看了你，未能尽所欲言，回来后总不能释怀！说真的，在你的病未痊愈以前，我是不能放心的！亲爱的维世！你必须认识你所害的病的性质——慢性的消耗病，还可能引起并发症。目前医药的治疗，固然是必须的，但不可缺少而又带决定性的关键，则在于你既要认识病的性质，更要能掌握它，善于和它作斗争。这就需要你能充分的休息，排除一切人为的消耗，并严防感冒和其他可能的并发症！！

一个共产党员要经得起任何的风险、艰难困苦的考验。遭受着病的折磨和病中的寂寞，并且要战胜它，这也是一个考验。我热望你在这方面取得胜利！在不久的时间，就能病愈出院！

看书是最能使你受到消耗而削弱你对病作斗争的力量的。千万要少看书，最好不看，善于自己消遣，积蓄力量以便对于疾病作胜利的斗争！金山亦应这样帮助你，不能一味的顺着你的要求。

衷心的望你能重视我的话，祝福你早日痊愈健康！

此信望给金山一阅。

你爱的爱你的妈妈手书

1958.4.24

孙维世接到邓妈妈的信后，心情久久不能平静。她既为老人家给她的慰藉感到高兴，又对老人家在病中来探视感到不安。4月25日，她写了一封信给邓妈妈，对两位老人家的关怀、鼓励、教诲表示谢忱。接到孙维世的信后，邓妈妈于4月28日又给维世写了一封信：

亲爱的闺女——维世同志：

上次写给你的那封信，是我病后第一次试笔写的。信发出以后，我一直担心，是否我的忠言，使你会感到逆耳？今天早晨我看到你在25日给我的回信，给我带来了异常的欣慰！

昨天一早，我就给你们的医生——沈大夫通了电话，知道了你的近况，体温有了显著的好转，这自然与改换了药物的疗效有关，但说不定，不，可以肯定的说和你抛弃了长时间的看大而又厚本头的书、多休息亦是有关系的（你可不必写回信，免费精神，有碍你的休养）。

在我和医生通了电话不久，接到了你的爸爸从南方给我来的电话，他头一件事就是问到你的病好些吗？我把去看你、给你写信、劝你不看书，医生告诉的你的近况告诉了他。他说北京医院院方对我们的一些干部不守院规不好好治病有意见——不满意。从而我就热望我们的女儿，能够在住院期间，做一个守规矩，听医生的话，配合治疗的模范！

廿年来，我们老两口，对于你的感情和爱，是从多方面结合着的。我们和你之间的真挚无间的父母女儿之间的高尚的感情和爱，对于革命烈士遗孤的责任感和爱，前一辈的共产党员对后一辈共产党员的同志之爱，对于一个女的青年艺术工作者的爱护，以及对你的一些长处的喜爱，加上廿年的时间和我们和你之间的互相了解的基础上发展的感情和爱，总之是多方深厚的。亦正如你说的是高尚可贵的。对彼此，不仅仅是一种安慰，更重要的是一种鼓舞的力量——为了共产主义的事业而努力奋斗！你同意吧？

亲爱的维世！你要继续注意得到充分的休息，不要因为病有好转就又松劲了。你越能积蓄力量，力量越大时，你就能更快更好地战胜疾病，缩短时间，早日出院。在恢复了健康的时候，你才能在工作上跃进！

《红色风暴》的演出，反映还不错，我认为是有意义的。但金山要切忌增长骄傲，永远记住毛主席的话——虚心使人进步，骄傲使人落后的至理名言。

不尽欲言，就此打住笔，吻你！

你的妈妈超书

1958.4.28

1964年,孙维世听从周恩来的教诲,按照毛泽东主席关于到工农群众火热的斗争生活中去锻炼的指示,深入到艰苦创业的大庆体验生活,编导了以反映大庆家属闹革命,进而展现整个大庆人精神风貌的话剧《初升的太阳》,深受大庆工人的欢迎,也得到石油部的重视。1966年初,该剧进京汇报演出,还受到周恩来、叶剑英等中央领导的称赞,但却遭到江青一伙的反对。孙维世感到北京的政治空气令人捉摸不定,愤懑之下提前返回了大庆。

然而,使孙维世夫妇始料不及的是,几个月后,进驻中国青年艺术剧院的工作队,接连发来三封加急电报,敦促孙维世夫妇立即返京,参加"文化大革命"。孙维世夫妇一回京,即被集中起来办集训班。从此,没完没了的审查,写不完的交代材料,使孙维世精神上受到惨重的折磨。困惑之时,她真想到中南海去看看邓妈妈,更希望有机会听听周总理的意见。但她觉得在政治运动逐渐升温的情况下,不能再给两位老人添麻烦了。她和金山相互安慰,力争学会在大风大浪里游泳。

狂风暴雨的夏秋过后,孙维世夫妇又迎来冰天雪地的严冬。继红卫兵抄家、揪斗老干部,成立形形色色的造反"联络站"之后,竟出现了公开诬蔑周总理的大字报。

自从孙维世夫妇被"专政"后,为了避免给周总理添麻烦,一直没有去看望周总理。但出现了有人公然将矛头对准周总理的大字报,维世夫妇觉得,有责任把这一切报告给周总理和党中央。他们连夜起草了一封信,由金山复写三份,一份给周总理,一份呈报毛主席,另一份寄给已取代中央书记处的中央文革小组领导人江青。善良的孙维世夫妇哪里知道,此时,江青与叶群正密谋策划铲除了解她们肮脏底细的"仇人"。孙维世、金山正在江青一伙的黑名单中。

1967年12月,一个严寒的黑夜,金山以莫须有的罪名被捕入狱。在此之前,孙维世的大哥孙泱已于同年9月被迫害致死。危难之中,维世不顾一切地写信向总理反映了两个亲人惨遭不幸的情况。事后还告诉妹妹孙新世,如果她发生不测,一定是被害的,她绝不会自杀。相信一切都会好起来的。1968年3月,她也以"苏修特嫌"的"罪名"被捕入狱。就在孙维世入狱四个月后的7月10日,周总理还就人民大学一级教授何思敬审查期间被害致死一事作了如下指示:这类被打致死,或系自杀,或系被人灭口,人民大学最多,我建议:公安部转告公安局军管会,成立专门机构,追查这类事件,总要查出一个究竟。孙维世的哥哥孙泱是人民大学的副校长，这其中自然包含着对孙泱死因的质疑。但周总理未料到，就在他追查孙泱、何思敬死因之时，孙维世已被关进牢狱，一进去即被江青一伙作为"关死对象"。半年之后，1968年10月14日，孙维世也屈死狱中。

孙维世被害致死，使总理十分震惊，指示："是否自杀或灭口，值得调查。应进行解剖化验，以证实死因。"可江青一伙竟连夜火化、焚尸灭迹！邓妈妈得知爱女孙维世去世，不胜悲痛。

1975年4月，邓妈妈得知金山出狱后，千方百计想要寻到孙维世的骨灰，便通过孙新世转告他："对维世主要的不是找到骨灰，而是要为其早日平反昭雪。'青山处处埋忠骨，何必马革裹尸还'。"在邓妈妈提示下，金山和孙新世历尽周折，最后，通过朱敏同志送信给卓琳同志。卓琳同志将信转交给邓小平同志，由小平同志亲自批示，孙维世才得以平反昭雪。时值1975年，很快开始批邓，以致孙维世的平反昭雪追悼会，直到粉碎"四人帮"之后，才得以召开。

孙维世的冤死，使邓颖超陷入深深的思念之中。孙维世冤死4年后，1972年9月5日，邓颖超受中央委托护送何香凝灵柩去南京。列车上，她对何香凝的外孙女李湄谈起孙维世含冤去世的事情，仍非常伤心。她不相信江青一伙制造的关于孙维世自杀的谰言，说"维世是烈士的孩子，从小参加革命，一家革命，怎么会自杀？你维世姐姐是不会自杀的。"

孙维世冤死19年后，1987年，邓颖超给因病住院的著名演员于蓝同志写了一封信。信的末尾署名用的是"被维世称作妈妈的人手书"。于蓝接到邓颖超的信后，深知邓颖超仍思念着她的爱女孙维世，不禁感动得泪流满面。

（刘春秀）

不忘国际友人

一谈起曾经深切同情中国人民的苦难遭遇并与中国人民同心协力，为打败法西斯侵略者作出贡献的外国人士，人们马上会联想到埃德加·斯诺、安娜·路易斯·斯特朗、路易·艾黎等国际友人。而对于在中国人民争取解放的事业中，曾一度与中国人民并肩作战的捷克斯洛伐克国际友人罗别愁，知道的人却不多。其实，罗别愁不仅在烽火连天的战争年代帮助过我们，而且还和周恩来等中共领导人结下了深厚的友情。

罗别愁1899年6月21日出生于捷克的卡罗维发利城。青年时代在莱比锡和布拉格两次获得牙科博士学位。在布拉格，罗别愁曾有一个幸福美满的家庭。1939年，希特勒法西斯的入侵，践踏了她的国家，破坏了她的家庭，仓皇中她领着15岁的儿子逃亡到南美洲，后又转往美国。

在美国，当她得知"联合国善后救济总署"（简称"联总"）正在为中国物色牙科医生，其宗旨是要帮助所有在二次大战中因抗击法西斯而遭遇不幸的人们时，她极力要求到中国去工作，借以实现她梦寐以求的去中国解放区的愿望。因为在布拉格时，她就看过新闻记者埃贡·埃尔文·基希所写的《秘密的中国》一书，"知道中国有着两个不同的地区"。凭着博士文凭和她坚决的态度，"联总"批准了她的要求。

1946年5月，罗别愁乘飞机到达上海。"联总"即把她派往太原工作。但她认为在太原"不能做到"她"要做的事情"，"坚决要求"派她"到延安或烟台去"。经她"尽力争取"，再三致电上海"联总"办事处，终于批准了她到延安去的要求。去延安意味着主动放弃"联总"对她的照顾，并且要经受生活上的严峻考验，意志坚强的罗别愁认为"这一切算不了什么"。

1946年11月4日，中等身材，体格健壮的罗别愁搭乘一架小飞机在延安机场降落。当晚，傅连暲、苏井观两位卫生部长陪她共进晚餐。罗别愁表示，"虽然我晓得这里物质生活条件差，但我喜欢这里的民主"，我"希望尽我的力量，我不晓得能帮助多少，或者竟成为大家的麻烦"。傅苏两位部长热情欢迎她来延安帮助我们工作。

到延安的第二天上午，罗别愁参观了延安的白求恩和平医院门诊部，下午就开始和同志们共同工作了。她领导一个牙科诊所，每天上午给40名学生教授牙科基本知识，下午为患者治病。11月11日、12月9日，她先后到抗属子弟学校和子长市为百余名干部、学生检查牙齿，讲解新法刷牙和口腔卫生的知识，对检查出病情的同志，次日就抓紧医治。她尽心尽力为普通老百姓看病。在为毛泽东等中共领导人治病中，结识了他们，并建立了深厚的友情。毛泽东渊博的知识，朱德的朴素大方，都给她留下了深刻的印象。然而使她经久难忘的还是仪表英俊、才思敏捷的周恩来将军。

1946年11月，经马海德介绍，罗别愁结识了周恩来。在她听了周分析局势的谈话之后，对周恩来产生了深深的敬意。罗别愁担心，国共双方交战，共产党要吃亏，因为国民党不仅拥有较好的武器，而且得到外国援助。共产党却十分艰苦，且武器装备也很落后。事后罗别愁回忆说，周恩来的谈话，几乎是直接对着她的想法讲的。"他的两眼洋溢着智慧之光，目不转睛地看着你，语言生动、机智，令人信服。他不时地爆发出一阵洒脱的大笑，脸上熠熠生辉。他如磁力强大的一块磁石：坚实有力，能抓着你，把你吸过去。"周恩来的讲话，驱散了罗别愁心头的疑云，也坚定了她同中国人民同生死共患难的决心。

正是由于罗别愁受到了毛泽东、周恩来、朱德等几位中央领导人和蔼可亲、平易近人作风的影响，受到延安军民朝气蓬勃、生动活泼的民主作风的感染，并亲身感受到"一个年轻而健康的社会……正在奋斗以摆脱困苦"，才使早已心灰意冷"对世上之良知已不抱希望"的她，心头"重又燃起……乐观主义的火花"。因此，这位习惯于近代文明种种舒适条件的捷克女博士，不但能适应陕北极为艰苦的生活环境，而且还经受了战争和死亡的严峻考验。在接到"联总"的调令后，她一方面致电，一方面还亲自到北平"联总"办事处交涉，要求延长其在延安的时间。由于她留延之心异常坚定，也由于周恩来和苏井观从中斡旋，"联总"终于同意她回延安再工作3个月。

1947年5月,"联总"安排的限期已满。罗别愁依依不舍地离开了晋绥解放区。临行前,贺龙将军设宴欢送,并赠与绣有"热爱中国人民"6个大字的红绸锦旗一面,以示感谢。

1947年年底,罗别愁辗转到达上海后,又经法国、瑞典、波兰,直到1948年2月才平安回到布拉格。

从1946年11月到1947年5月底,罗别愁生活、战斗在中国共产党领导的人民中间,总共不到7个月。在人生漫长的旅途中,这只不过是极短暂的一瞬间,然而却使她刻骨铭心难以忘怀。罗别愁回国的第3天,即1948年2月18日,发生了捷克的二月革命。由于罗别愁操德语,又是犹太人,因此,朋友们疏远她,工作待遇上也受到冷遇,加上亲属的亡故,这一切更激起了她对中国的怀念。中国人民何尝不惦念罗大夫。卫生部的负责同志曾写信给捷克斯洛伐克领导人,证明罗别愁曾在中国解放区忠诚为人民服务。中华人民共和国成立后,我政府部门也多次邀请罗大夫重到中国来。

罗别愁大夫是多么想看一看新中国,看一看她一生中最难忘的土地和人民啊。她盼啊盼,终于盼来了这一天。但不是她访问中国,而是周恩来总理访问捷克。那是1953年3月14日,继斯大林逝世后,捷克斯洛伐克共和国总统、捷共主席克利门特·哥特瓦尔德同志逝世。噩耗传来,正在莫斯科参加斯大林葬礼的周恩来,立即致电捷克斯洛伐克共和国外交部部长瓦茨拉夫·戴维,向捷外长及捷克人民致以最沉痛的哀悼。并于17日晨,率领中华人民共和国代表团到达捷克,参加哥特瓦尔德葬礼。17日下午,周恩来总理偕同郭沫若等到捷克总统府向哥特瓦尔德遗体告别,敬献花圈,并在灵前守灵。

听到这些报道后,罗别愁激动万分,于3月18日提笔给周恩来总理写信:

知道你率领中国代表团来到布拉格参加我们亲爱的哥特瓦尔德总统的殡仪。我有个强烈的愿望,就是能够和我国那些欢迎你的人,一同去欢迎你。……你亲自代表我在中国时所热爱和钦佩的伟大的中国人民来访问我国,表示同情。这一事实,就是对我们在这些悲哀的日子里的很大安慰,而且我知道许多朋友都跟我有同感。

我不知道你是否还记得我(捷克女牙科医生),我曾在1946年秋来到延安,在第一国际和平医院工作,先在延安后在山区里工作。如果你不记得我,请不必介意我给你写的这封信。知道你在我国内,我很希望有机会亲自见到你，和你握手。

遗憾的是，周总理公务繁忙，没有能和罗别愁大夫见面，但他怎么也忘不了在艰苦的战争年代帮助过我们的国际友人。4月30日，周恩来给罗大夫写了回信。

亲爱的罗大夫：

你三月十八日的信收到了。

我很遗憾，我这次到捷克参加哥特瓦尔德总统的葬礼时未能遇见你。对于曾经在战争的艰苦年代中帮助我们的国际友人，我们是不会忘记的，中国人民也是不会忘记的。

致以亲切的问候！

周恩来

一九五三年四月三十日

周总理的信，给了罗别愁极大的安慰，温暖了她的心。她越发关注中国的社会主义革命和社会主义建设事业了。当她得知1959年4月，中华人民共和国第二届人大第一次会议决定周恩来继续担任中华人民共和国国务院总理的消息时，4月29日立即致电周恩来。电文中说："请接受我对你的再度当选所表示的最热烈的祝愿"。"作为人民中国忠实和真诚的朋友，我再次表达我的良好祝愿"。"祝你身体健康，以便能担负你面临的重大任务，并且取得更多的成就。"5月15日，周总理写给罗别愁的信是这样的：

亲爱的玛格达莲娜·罗别愁同志：

在我被任命为中华人民共和国国务院总理的时候，承来函祝贺，谨向你表示衷心的感谢。

我和我的同志们经常愉快地回忆起你在中国革命困难时期与中国人民一同进行艰苦斗争的情景，并且十分感谢你对中国人民的深厚友谊。

祝你身体健康，并在为人民造福的医务工作中获得进一步的成就。邓颖超同志向你致意。

此致

敬礼

周恩来

一九五九年五月十五日　于北京

罗别愁是个有理想、有抱负的人，终生致力于反法西斯、反非正义战争的运动，虽年事已高，仍自强不息。周总理的两封诚挚热情的信，以及我驻捷使馆派人对她的探望，更激起她尽早访问中国的热望。她急切地希望率领一个医疗小组和携带设备到新中国建立一个诊所，为联结捷中友谊的纽带贡献出自己的力量。1960年，她向捷克斯洛伐克外交部递交了一封申请书，动情地历述了她受"联总"派遣，自愿到中国解放区，在延安第一国际和平医院的工作情况；以及回国后，在众多亲朋惨死于德国法西斯集中营中，自己精神上遭到沉重打击，却"终身工作不息、两袖清风"的情况。最后，她殷切地要求重访、考察中国。因为她"热爱并尊敬这个国家，特别是中国人民"。她感到"和他们已结为一体"，而且"15年前的情况还清晰地留在记忆中"。现在，她还可以出上一把力，使联结捷中"两国友谊的纽带结得更牢"，"并为此而贡献自己的力量"。最后，她郑重指出，"当时我是中国红军中唯一的捷克斯洛伐克公民"，"倘若你们承认我毕生为反对侵略战争，反法西斯而付出的努力，倘若你们能肯定我的一点点贡献，从而把我派到中国去，我将不胜自豪与感激。"但她这一美好愿望，未能实现。

1968年8月20日，罗别愁到西德探亲，后来定居西德，进了西德莱茵河畔法兰克福的犹太社团养老院，不久成为法兰克福德中友协主席。

20年过去了，她仍然没有忘记中国，她用录音机，把对中国的回忆录在磁带上。即使在她的身体日益衰弱的情况下，仍然念念不忘中国，怀念中国的领袖和人民。西德朋友埃林问她："回忆在延安的那段时光，你觉得哪些东西经久不忘，印象最深？"77岁高龄的罗别愁回答说："我在延安能有机会认识战斗的中国的领袖人物，印象迄今难忘。……但是，印象最深刻、最鲜明的是普通的中国人。"可是罗大夫再也没有精力长途奔波，重访中国了。捧着中国对外友协的邀请信，她激动万分。在她离开人世前的一个星期，她还到波恩的中国驻西德大使馆，祝贺我国国庆。罗大夫遗嘱的最后一项，是嘱托忠诚于德中友谊的埃林，把她珍藏的一些中国革命文物——毛泽东、周恩来、朱德送她的照片，周恩来、朱德写给她的信，贺龙将军送她的锦旗等，转送给中国。1977年10月10日，国际友人罗别愁离开了人世。

（刘春秀）

《梁祝哀史》——中国的《罗密欧与朱丽叶》

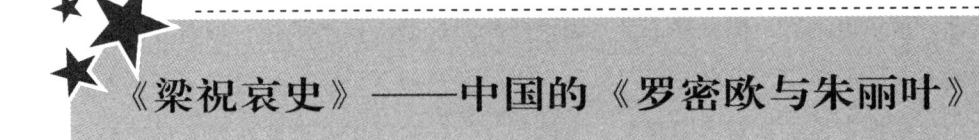

1954年4月20日，周恩来率领中国代表团，由北京取道苏联飞往瑞士，出席有19个国家参加的日内瓦会议。这是新中国第一次以世界五大国之一的身份参加的重要国际会议。

为了使与会各国代表团和新闻记者很好了解中国悠久的传统文化艺术，了解在帝国主义无端的"封锁"和"禁运"的情况下，新中国成立几年来所呈现的新气象、新面貌，周恩来特意指示代表团带去了国内刚拍出的第一部彩色电影越剧片《梁祝哀史》，同时还带去了《1952年国庆》《锦绣河山》《中国杂技团》《白毛女》《翠岗红旗》《敦煌壁画》《葡萄熟了的时候》《草原上的人们》《小白兔》《孽海花》等影片。

会议召开不久，周恩来为首的中国代表团所展现的精神风采，已为各国代表团和各国记者所注目。有人说："从周恩来和他的助手身上，可以看出中国人的自信、乐观和组织能力，他们具有没有大国架子的大国风度。"一个心怀敌意的美国记者，听出这一评价暗含着讽刺美国搞大国霸权的意思，心里特别不是滋味，便"愤然"回答说："当然，在日内瓦是看不到共产党统治下的几亿中国人民的悲哀和愁苦，更看不到他们对共产党专政的憎恶和仇恨。"

针对这一情况，周恩来指示代表团的新闻联络官熊向晖，为外国记者举行一次电影招待会，放映纪录片《1952年国庆》，用影片所展示的已经从世界东方站起来的新中国人民意气风发的精神面貌，来回击美国记者的诽谤。

影片放映时，电影院座无虚席，还有人站着看。放映过程中，不时响起掌声。放完后，掌声雷动，观众纷纷向中国代表团工作人员握手。事后，一位瑞士记者在报道中说："当全副武装的中国军队和手捧鲜花的姑娘们，迈着矫健的步伐，跨过日内瓦的银幕时，西方和东方的无冕之王们都情不自禁地一起发出轻轻的赞叹声。"这时，一位美国记者又歪曲说："这部影片说明，中国在搞军国主义。"

周恩来再次指示熊向晖说："即使个别人这样挑衅，也值得我们注意。"不过，"这好对付，我们有梅兰芳的大戏，什么角色都有。再给他们放一部《梁祝哀史》看看。"

《梁祝哀史》是根据越剧《梁山伯与祝英台》编拍的，范瑞娟演梁山伯，袁雪芬演祝英台。外国人对中国越剧片感不感兴趣呢？熊向晖感到把握不大。20世纪20年代在欧洲生活过、喜欢看各种民族歌舞尤其是越剧的周恩来，凝神沉思了一会儿，出主意说："只要在请柬上写上一句话：请你欣赏一部彩色歌剧电影——中国的《罗密欧与朱丽叶》。""在放映前作三分钟的说明，概括地介绍一下剧情，用语要有点诗意，带点悲剧气氛，把观众的思路引入电影，不再作其他解释。这样试试，我保你不会失败。不信，可以打赌，如果失败了，我送你一瓶茅台酒，我出钱。"

果然不出周恩来所料，中国的《罗密欧与朱丽叶》真的获得了众多的外国记者的喜爱。放映前10分钟，能容纳200多人的旅馆大餐厅的位子已经坐满了人，后到的无处可站。和上次放映《1952年国庆节》时的气氛不同，这次在放映过程中，全场肃静。观众个个入戏，全都看懂了。当演到"哭坟"和"化蝶"时，只听见全场一片同情的感叹声。电灯复明，放映结束，观众还如醉如痴地坐着，沉默了一会儿，才突然爆发出热烈的掌声。很多人认为：这部电影太美了，比《罗密欧与朱丽叶》更感人。有的说，想不到电影的色彩这么绚丽。简直忘了是在看电影，仿佛置身于图画之中。一位印度记者说，新中国成立不久，就能拍出这样的片子，说明中国的稳定，这一点比电影本身更有意义。

当周恩来听取熊向晖汇报演出获得巨大成功时，深情地说道："问题在于宣传什么，怎么宣传。"

中国的《罗密欧与朱丽叶》，这个比喻多么贴切，多么打动人心啊！这简单的几个字，蕴含着多么渊博的知识和高超的智慧啊！

汇报结束后，周恩来告诉服务员送给熊向晖一瓶茅台酒，以庆贺演出的成功，并嘱咐服务员将酒款记在他自己的账上。

之后，这部电影又在更大的范围放映了几次，许多社会名流赞许道："这是东方式的细腻的演出。"一位美国教授不请自来，看后要求购买拷贝。他说，应当把这部电影拿到美国去，让好莱坞那些只会拍大腿片的人看看。

鉴于这个影片在外国人中的轰动效应，周恩来又将这部中国的《罗密欧与朱丽叶》拿到中苏两国代表团举行的联欢会上放映，并在现场配备了第一流水平的俄语介绍。当剧情发展到梁山伯到祝家求亲，发现小妹就是祝英台，他仍像少年时的同学关系一样，彬彬有礼、不苟言笑时，苏联代表团团长莫洛托夫惊讶了，说："中国的伦理道德太独特了，与欧洲根本不同——看见自己思慕的情人，竟可以不亲吻，不拥抱，甚至手都不握。"言谈中流露出对东方传统美德的敬意。

6月21日晚，周恩来设宴招待越南和与之对立的老挝、柬埔寨三国代表团的代表后，又请他们观看《梁祝哀史》。三国代表统统被这部影片的剧情所吸引，感慨地说："电影是咱们东方的风味，看了它使我们思念起家乡来了！"

在日内瓦会议期间，周恩来对《梁祝哀史》这一独具匠心的安排，不仅进一步增进了中国代表团与兄弟国家朋友们的友谊，而且在某种程度上融洽了中国代表团与意识形态不同国家的人们的感情，推动了日内瓦会议的进展。

日内瓦会议结束不久，世界影坛巨星卓别林看了周恩来托中国代表团成员王倬如带去的这部电影后，感动得流下了眼泪，说："影片好极了，希望你们多拍这类片子！"

（熊华源）

"中国人使外交成为艺术"

1954年6月15日,日内瓦的国联大厦会议厅的气氛异常紧张,可谓唇枪舌剑。由中、苏、美、英、法等19个国家出席的日内瓦会议正在此召开。这天,会议讨论朝鲜问题已是第51天。由于美国阻挠没有达成任何协议。现在,美国准备强行以16国宣言结束对朝鲜问题的讨论。

这天的会议主席由英国外相艾登担任。

针对美国的阴谋,首先由朝鲜民主主义人民共和国外相南日发言,他提出新的6点建议。

随后,中国总理兼外长周恩来发言支持这个建议。他说:"照目前会议的情形来看,尽管我们现在还不能对和平统一朝鲜的问题达成协议。为了朝鲜人民的利益,为了巩固远东及世界的和平,这是非常重要的。"在讲话中,周恩来揭露了美国不容许日内瓦会议成功的阴谋,并建议"本会召开中、苏、英、美、法、朝鲜民主主义人民共和国和大韩民国7国参加的限制性会议,讨论巩固朝鲜和平的有关措施"。

最后,苏联外长莫洛托夫发言提议与会的19国发表关于不威胁朝鲜和平的共同宣言。

这3个重大建议一下子打乱了美国的阵脚,会场上忽然出现一刹那奇异的沉寂。菲律宾的代表和坐在后面的美国副国务卿史密斯交头接耳后,神色紧张地站起来,提议休会。马上为艾登主席接受,宣布休会。

美国等参加侵朝战争的15国及韩国代表上楼开会,紧急磋商40分钟。复会后,首先是史密斯发言否决苏联的建议。泰国代表宣读《16国共同宣言》,企图强行结束对朝鲜问题的讨论。会场外的警卫部队指挥车扩音器响了:注意，注意，马上散会了，把车子开过来。

但是会场除了美国等16国外，还有中、苏、朝三国的代表。莫洛托夫首先发言，他的神情镇定、安详，指出《16国共同宣言》主动破坏了会议，并分析了美国等反对和平解决朝鲜问题的立场。最后说朝、中、苏三国的建议将受到朝鲜人民的支持。会场的气氛陡然变了。

接着，周恩来发言，深感遗憾地说："就连这样一个表示共同愿望的建议，都被美国代表毫无道理地断然否决。会议已开了这么久，我们不能功亏一篑。"建议"会议达成一个协议，将继续努力以期在建立统一、独立和民主的朝鲜国家的基础上达成和平解决朝鲜问题的协议。如果这样一个建议都被联合国有关国家所否定，那末，这种拒绝协商和和解的精神，将为国际会议留下一个极不良的影响。"

周恩来的声音铿锵有力，打动人心。每个人都感到周恩来讲话的分量，用心倾听着。

其实，16国内部的意见并不一致。老外交家比利时外长斯巴克为周恩来的诚意所感动，起而响应。他说："周外长的建议和16国宣言精神不矛盾。希望以后恢复对朝鲜问题的讨论。"

周恩来抓住时机，第二次发言："如果16国宣言和中国代表团的最后建议有着共同的愿望，那末，16国宣言只是一方面的宣言，而日内瓦会议却有19个国家参加。我们为什么不可以用共同协议的形式表示这一共同愿望呢？难道我们来参加这一会议却连这点和解精神都没有吗？我必须说，我是在第一次参加国际会议中学会了这条经验。"

斯巴克说："为了消除怀疑，我本身赞成以同意票决定我们接受中华人民共和国代表团的建议。"

史密斯又气又急，瞪着眼睛看着斯巴克。但是隔着圆心的会场，史密斯不好发作，急忙派人送了一张条子给斯巴克。

这时艾登主席说："比利时代表认为中国这个建议表达了本会议的工作精神。如果大家同意，我可否认为，这个声明已为会议普遍接受。"

会场出现短暂的寂静，没有人对艾登的意见表示反对。在通常的情况下，主席就将宣布大家达成协议了。韩国代表认为大势已去，悄悄退出会场。

美国人气急败坏，狼狈不堪，史密斯仓皇站起来说："在请示我的政府以前，我不准备表示意见，也不准备参加对刚才有人建议通过的决议。"史密斯有民主的思想，但是他无权违背国务卿杜勒斯制定的顽固反共的政策。

周恩来以平缓而沉着的语气发言："我对比利时外交大臣所表示的和解精神感到满意，主席的态度也值得提及。然而，我必须同时指出，美国代表立刻表示反对并进行阻挠，这就使我们了解到美国代表如何阻挠日内瓦会议，并且阻止达成即使是最低限度的、最具有和解性的建议。"

史密斯眼睛着着桌子，两手握拳放在胸前，十分气恼，但又无可奈何。

韩国代表在美国代表发言时又回到会场，他为美国解围，说："本代表团认为比利时并不能代表16国方面的全体国家，至少不代表我们。"

澳大利亚代表也支持美国，说："我相信将来会议的恢复必须在联合国范围之内进行。"这实际上是反对达成再次讨论朝鲜问题的协议。因为，谁都知道，没有中朝政府参加是不能对朝鲜问题达成任何协议的。而当时联合国将中朝两国排斥在外。

韩国代表的话激怒了斯巴克，他起而还击："我支持中国代表表示关于朝鲜问题的讨论并非最后终止希望的建议。我不能想象，任何人会以在朝鲜问题上将不再有任何讨论的态度来对待这个希望。"

周恩来针对澳大利亚代表的提案，做最终发言，他说："关于有些代表所说的话，是否可解释作中华人民共和国将被排斥在将来关于和平解决朝鲜问题的任何谈判之外？如果是这样，那末我们认为将来就和平解决朝鲜问题达成协议似乎是不可能的。因为，中华人民共和国被剥夺了它在联合国中的合法权利和应有的地位。"这一席话将美国最后一个理由都驳得体无完肤。

周总理入情入理，机敏的谈话，将美国政府顽固的好战立场暴露无遗。

刚一散会，莫洛托夫马上跑到周总理的面前，拍着周总理的肩膀说："太妙了，太妙了。"并说："周恩来同志率中国代表团参加日内瓦会议，有不可估量的作用。"

朝鲜代表团的同志说："苏联人使外交成为科学，而中国人使外交成为艺术。"

后来，史密斯私下表示，会议结束，他就辞职，不愿再干这个副国务聊了，既不能按照自己的意志办事，又不能根据事实真相办事。

周恩来率领代表团第一次参加重大的国际会议，就取得非凡的成功，难怪人们由此而称为"周恩来的外交"。

(李海文)

海棠花·瑞士表·两地书

1954年6月13日,在夜深人静的花山别墅,出席日内瓦会议操劳20小时以上的周恩来还没有休息,他心怀歉意,正在给情深意笃的妻子邓颖超赶写一封信,用以感谢她对他感情浓烈的关心。他写道:

超:你的来信早收到了。你还是那样热情和理智交织着,真是老而弥坚,我愧不及你。

来日内瓦已整整7个星期了,实在太忙,睡眠常感不足,每星期只能争取一两天睡足8小时,所幸并未失眠,身体精神均好,望你放心。陈浩、成元功两同志催我写信数次。现在已经深夜4时了,还有许多要事未办。明日信使待发,只好草草书此,并附上托同志们收集的院花,聊寄远念。

周恩来
6月13日夜

这是怎么一回事呢?

原来,周恩来出发去日内瓦时,西花厅的海棠花刚刚开放,没能像往年那样看到西花厅的海棠花开放的盛景。在海棠盛开的日子里,西花厅的女主人邓颖超,看到盛开的姣妍的海棠花,睹花思人,就思念起远在万里之遥、酷爱海棠花的周恩来。怎样才能使夜以继日的周恩来稍稍减轻一下工作的疲劳呢?

邓颖超摘下一枝姣妍的海棠花,将它和在郊外山坡上采摘的少许野花,细心地粘贴在一个32开大小的硬纸壳下方,并在红叶的衬纸上方写上了代表自己心绪的诗情画意:"枫叶一片,寄上想念。"然后,她将衬纸对叠起来,犹如明信片似的。

最后，邓颖超在衬纸的表面上郑重地写道："请交恩来留念，祝日内瓦会议获得成就"，并以"小超"作为落款。

"超"和"小超"，多么亲切的字眼！在这里，"超"，是周恩来对邓颖超的昵称；而"小超"则是邓颖超自己的谦称。这样的称呼，不正是这对夫妻恩爱深情的真实写照吗?!

被周恩来称为"热情和理智"的邓颖超的信，足有 900 多字。信在开头就写道：

> 今天是中国青年节——五四运动 35 周年纪念日。这个日子，是中国青年、中国人民以及你我 2 人的一个多么可纪念的日子。回忆当年，回忆 35 年来所经历的过程，又是如何使人引起深长的、复杂的、亲切的心情啊！追昔抚今，我们处在人民胜利的伟大的新时代，又是使人感受到多么愉快和幸福。
>
> 自从日内瓦会议开幕以来，我从报纸上、《参考消息》上、收音机里，及时地知道了会议的情况和你们的活动。你们站在紧张、复杂、尖锐的国际斗争的战线上，正为着保卫世界和平、制止新的战争的庄严的事业而努力，多么使人关切和向往着你们。一周来的会议已经有了进展，祝你们更获得积极的建设性的结果和胜利。我还为你能够得到国际活动的锻炼及直接向苏联同志学习的机会而欢心，希望你珍惜这样的机会，好好向苏联同志学习。
>
> ……

邓颖超在信的结尾写道："就此打住，不写下去了。否则，你会怨我写得太长，有占你的时间吧？"

正在紧张战斗的周恩来，当他看到和自己心心相印、患难与共的妻子的来信，年年与自己相伴的海棠花，寄托相思之情的红叶，心潮起伏，久久不能平静：那分明是近些年来正在养病的"小超"的一片良好祝愿啊！那分明是时时刻刻关注着自己的"小超"的一片深情厚意啊！

日内瓦谈判桌上的周恩来，同样想着国内的邓颖超。他将自己的卫士成元功跟外交部史华、刘兰云两位女同志，采自院中并经细心压好的芍药、玫瑰和蝴蝶花，连同所写的短信，一并托信使带给邓颖超。

几天后，邓颖超手捧这封浓浓深情的信，脸上荡起幸福的笑容，感慨万千，读了一遍又一遍，仿佛看到他日夜操劳的身影；她仔细端详手中来自远方的芍药、玫瑰和蝴蝶花，仿佛他就在自己身旁一道赏花……

情不断，意长长；这情这意，伴随他们终生。

34年后的1988年4月，正值西花厅海棠花盛开之际，84岁迟暮之年的邓颖超，观海棠鲜花，思已故亡人，浮想联翩，先后口述观花之感3次，追忆昔日美好的真挚感情。身边工作人员将记录整理出来，题为：《从西花厅的海棠忆起》。她叮嘱道："现在不发表。如果有一天我也走了，喜欢海棠花的主人都走了，你们认为可以发表就发表，作为我的遗作，是对恩来的回忆和缅怀。"

这篇犹如行云流水、散文诗般的缅怀文章，娓娓道出了邓颖超对故亡人周恩来说不完的追思：

你不是喜爱海棠花吗？解放初期你偶然看到这个海棠花盛开的院落，就爱上了海棠花，也就爱上了这个院落，选定这个院落，到这个盛开着海棠花的院落来居住。你住了整整26年，我比你住得还长，到现在已经是38年了。

海棠花现在依旧开得鲜艳，开得漂亮，招人喜爱。它结的果实味美，又甜又酸，开白花的结红海棠，开红花的结黄海棠，果实累累，挂满枝头，真像花果山。秋后在海棠成熟的时候，大家就把它摘下来吃，有的把它做成果子酱，吃起来非常可口。你在的时候，海棠花开，你白天常常在繁忙的工作之中，抽几分钟散步观赏；夜间你工作劳累了，有时散步站在甬道旁的海棠树前，总是抬着头看了又看，从它那里得到一些花的美色和花的芬芳，得以稍稍休息，然后又去继续工作。你散步的时候，有时约我一起，有时和你身边工作的同志们一起。你看花的背影，仿佛就在昨天，就在我的眼前。我们在并肩欣赏我们共同喜爱的海棠花，但不是昨天，而是在12年以前。12年已经过去了，这12年本来是短暂的；但是，偶尔我感到是漫长漫长的。

海棠花开的时候，叫人那么喜爱，但是花落的时候，它又是静悄悄的，花瓣落满地。有人说，落花比开花更好看。龚自珍在《己亥杂诗》里说："落红不是无情物，化作春泥更护花。"你喜欢海棠花，我也喜欢海棠花。你在参加日内瓦会议的时候，我们家里的海棠花正在盛开，因为你不能看到那年盛开着的美好的花朵，我就特意地剪了一枝，把它压在书本里头,经过鸿雁带到日内瓦给你。我想你在那样繁忙的工作中间,看一眼海棠花,可能使你有些回味和得以休息,这样也是一种享受。

1951年3月,周恩来曾在给病中的邓颖超的一封信中写道:"忙人想病人,总不及病人念忙人的次数多,但想念谁深切,则留待后证了。"善领"小超"情意的周恩来再忙也丝毫没有忘记,在日内瓦会议休会时委托卫士成元功等人,给邓颖超买一块闻名于世的瑞士表,作为忠贞于爱情的信物带回去。

周恩来嘱咐:一不要太小;二不要金表;三要有夜光的;四是最好选自动的。

看,周恩来想得多周到呀!因为:表买得太小了,年已50岁的妻子眼花了会看不清时间;若买金表,花钱太多,虽然花的是按国家规定发给的原本就不多的外汇补贴,但国家穷,偌大一个国家外汇储备只有区区几亿美元,而国家要花外汇的地方多着呢;表有夜光,自不待说,晚上不需起身开灯就能掌握时间;自然规律不可抗拒,人上年岁后好忘事,自动表免去了经常忘上发条而误事之苦。

周恩来这一举动,正好忠实地履行了自己在后来所讲的"想念谁深切,则留待后证了"。

邓颖超一直把这块表看作是"恩来"(谐音"恩惠到来")之物,带了38个年头,直到临终。

至此以后,周恩来又出访60多次,他从来没再用外汇为自己买过东西。

这就是在日内瓦会议期间演绎出来的,并经历40多年还没有完的周恩来和邓颖超关于海棠花和瑞士表的故事。不同经历的人,都会从中感悟到不同的启示。

这海棠花和瑞士表,现珍藏在天津周恩来和邓颖超纪念馆中。

(熊华源)

"克什米尔公主号"爆炸前后

举世瞩目的亚非会议定于1955年4月18日至24日在印度尼西亚的避暑胜地万隆召开。

这是亚非国家第一次自主召开的会议，29个亚非国家的政府首脑参加。中国政府决定周恩来为团长率中国政府代表团出席。周恩来刚刚动过阑尾炎手术，还未拆线。但他认为这次会议非常重要，无论如何要参加。

当时，新中国的民航事业很不发达，还没有开辟国际航线。中国代表团包租印度航空公司的客机"克什米尔公主号"，由香港直飞雅加达。"克什米尔公主号"是印度最好的三架飞机中的一架。

一切准备工作在有条不紊地进行着。

一天，我国安全部门获得了一个至关重要的情报：美蒋特务机关阴谋利用亚非会议的机会谋害周恩来。

一种不祥之兆笼罩在人们的心头。大家都为周恩来和代表团成员的安全捏了把汗。

周恩来听到这个消息，面无惧色，十分镇定。他将自己的生死置之度外，下定了即使旅途险恶丛生，也决不动摇参加这次会议的决心。

就在周恩来准备启程去香港的前夕，收到缅甸总理吴努发来的电报。电报邀请周恩来去万隆前，先到仰光，同缅甸、印度、埃及等国的领导人会见，研究会议的有关问题。

周恩来接受了邀请。

从昆明去缅甸开会再回香港去印度尼西亚，时间紧迫，周恩来决定不从南线香港走了，另包一架印度飞机，改飞北线：昆明——仰光——雅加达。这架飞机的性能远不如"克什米尔公主号"。因为过去没有飞过这条航线，只好先行试飞。

4月7日，公安部副部长杨奇清、中央警卫局副局长李福坤护送周恩来等离京，8日到达昆明，等待试飞结果。

4月9日下午，传来试飞成功的消息。周恩来和代表团成员都很高兴。

周恩来打电话给邓颖超，说他虽然不乘"克什米尔公主号"飞机走了，但是先行到达香港的其他几位同志要乘，请她转告罗青长（周恩来办公室副主任），摸清情况后，由外交部通知英国政府与中华人民共和国建交谈判代表杜威廉，务必保证这几位中国代表团成员的安全。

外交部紧急约见杜威廉，将我方所获的情况告知，并提请港英当局立即采取有效措施，保证中国代表团成员的安全。

很快，港英当局在机场采取了防范措施，但遗憾的是忽视了对飞机本身的安全检查。

此时，一个阴险周密的暗杀周恩来的计划已开始实施。

由于亚非拉独立运动的高涨，周恩来又在其中担当了重要角色，美国中央情报局便制订了刺周计划，以破坏万隆会议。台湾军事情报部门参与了这一罪恶计划的执行。

美国中央情报局最初的腹案是准备在亚非会议最后的晚宴上，在周恩来的碗中下一种慢性毒药，等周恩来返回北京的48小时后，毒性就会发作，必死无疑。但是，下毒的时间很难掌握，此议也就不了了之。最终改成比较传统的炸弹暗杀。

当时，这件暗杀行动的两个执行者，一个叫赵斌成，是台湾保密局敌后部署组组长；另一个是组员陈鸿举。两人都是台湾派到香港从事敌后颠覆的特务人员。

派谁来执行这个任务？两人还着实费了一番心计。派国民党特务，恐怕混不过机场严密检查这一关。两人在机场勘查一阵后，终于确定了执行任务的合适人选——机场清洁工周驹。

周驹20来岁，未婚无家累，只有一位嗜赌如命的父亲。

在60万港币的诱惑下，周驹决定铤而走险。

4月10日，赵斌成、陈鸿举从台湾带着60万港币和炸药至香港与周驹接头。为了应付机场的安检，炸药特别做成了牙膏模样。这种称之为 TNT 的炸药是由美国中情局提供台湾情报网使用的。

4 月 11 日，周驹像往常一样去上班，安全地通过工作人员的例行检查。他神色自若地登上"克什米尔公主号"，和其他清洁工一起打扫着机上卫生。其间，他神不知鬼不觉地把定时炸弹放进了飞机右翼轮舱附近一个引不起人注意的角落里。

周驹干得非常隐蔽，没人发现。他定了定神，溜下飞机，按自己的逃生计划躲进了飞虎将军陈纳德停在香港的民用客机，缩在飞机的机轮间。没有人能想到那么狭小的空间，竟能藏人。

周驹躲进陈纳德这架经常来往于香港和台湾之间的飞机不久，飞机便起飞了。

台湾保密局侦防组组长谷正文坐吉普车亲自到机场将周驹接走了。

4 月 11 日下午 1 时，"克什米尔公主号"从香港启德机场起飞。它滑过长长的机场跑道飞上湛蓝的天空。

下午 6 时左右，身在昆明的周恩来突然接到北京打来的电话："我们与'克什米尔公主号'飞机失掉了联系，有家通讯社报道，听到在南中国海上空有一巨大的爆炸声。"

周恩来的眉宇渐渐地蹙了起来，那双炯炯有神的眼睛流露出焦急和不安。

这天，他连晚饭也没吃。

晚上，终于等到了来自北京的消息："'克什米尔公主号'从香港启德机场起飞 5 小时，就在空中爆炸，在南海坠毁。飞机上中国代表团 8 名工作人员以及波兰、奥地利、越南 3 名记者共 11 名人员遇难，只有 3 名印度航空公司机组人员在海上漂流几个钟头后获救。"

周恩来感到震惊。他放下电话，缓缓地踱出屋外，伫立在静谧的星空下，望着南海的方向，久久没作一声。

他在想什么，大家心里都明白。

沉默良久，周恩来沉痛地说："烈士们的光荣姓名，将永远写在亚非各国人民和世界先进人类为和平事业而奋斗的历史上。"

有的同志劝周恩来："总理，放弃此行吧，太危险了。"

周恩来强忍着内心的悲痛，平静地说："我是为了促进世界和平，为了亚非人民的团结而去的，即使发生了意外，也是值得的，没有什么了不起。"

4月12日，周恩来收到爱妻邓颖超的来信。邓颖超对他和代表团成员的安全表示担忧。

晚上，周恩来给邓颖超写了回信："感谢你的好意和诤言。现将来信捎回，免得失落。有这一次教训，我当更加谨慎，更加努力。文仗如武仗，不能无危险。"

4月14日，周恩来不顾个人安危，踏上了飞往千岛之国的航程。

在仰光，周恩来和吴努、尼赫鲁、纳赛尔会谈，研究即将召开的亚非会议可能出现的形势，讨论"克什米尔公主号"飞机爆炸事件带来的影响等。

4月15日，周恩来与尼赫鲁专门谈了"克什米尔公主号"飞机爆炸问题，建议由印度派一名官员，他派一名私人代表去香港调查处理这一事件。

不久，尼赫鲁派印度情报局副局长高氏和周恩来的私人代表熊向晖一起赴香港调查飞机爆炸事件。港英当局不得不加紧调查此事，连和周驹有点头之交的朋友也被抓去，试图得到周驹的下落，及整个案情的来龙去脉。然而一无所获，港英当局只好放人，起诉了周驹一人。人海茫茫，何处去寻周驹的踪影，更何谈将其逮捕归案！

事实上，周驹在台湾保密局严加保护下，一切平安，其父也在案情曝光前，安全抵台。他们均已改名更姓，在台湾落地生根。

周恩来派驻印度大使馆参赞申健从印度赶赴印尼打捞烈士遗骨，料理后事。

4月16日，凌晨1时10分，周恩来和陈毅副总理以及代表团全体成员乘"空中霸王号"飞往雅加达。这之前，尼赫鲁劝周恩来和他乘一架飞机，周恩来婉言谢绝。

"空中霸王号"性能较差，不能超高空飞行，无法飞越雷雨区。飞机进入新加坡领空后，偏偏赶上空中雷电交加，只好在英国人统治的新加坡做紧急降落。

大家走下飞机，都很紧张，周恩来却谈笑风生，率先打开机场送上来的饮料。他对警卫成元功说：他们就是想暗杀，也来不及准备。

雷雨过去，碧空如洗，"空中霸王号"离开停机坪腾空而起。

下午5时50分，"空中霸王号"在雅加达玛腰兰机场徐徐降落，当周恩来出现在机舱门口时，欢迎的群众为他发出祝福的欢呼声。

"克什米尔公主号"爆炸事件给万隆会议投下了阴影和紧张气氛。

开幕后的第二天，中国驻印尼大使馆收到了一封署名"反省过来的暗杀队员××"的来信，信中说，中国国民党驻雅加达支部，于3月初奉台湾总统府之命组织了28人的敢死暗杀队，准备谋杀将赴万隆参加亚非会议的中国代表团团长周恩来。并称，暗杀队每个成员从美国使馆领到无声手枪一支，印尼币20万盾，事成后，每人加给20万盾，打中周恩来的加发40万盾。而他看到共产党领导的新中国日益强大，他不愿意执行这个任务。

中国代表团及时将这一情况写了一个备忘录，递交印度尼西亚政府。代表团内部也召开了紧急动员会。陈毅副总理要求每一个代表团成员都要对周总理的安全负责，并坚定地说："我也是周总理的警卫员，如果有炸弹我第一个扑在周总理的身上。"

此后，每次到会场或在车上，陈毅都和周恩来并肩而坐。

由于加强了各方面的防范措施，周恩来没有出现意外。

会议期间，周恩来几乎是日以继夜地工作，一个星期总共只睡了13个小时的觉。

他提出并坚持求同存异的方针，为会议的成功作出了重贡献。

万隆会议通过的十项原则包括了和平共处五项原则的主要内容，形成了以"团结、友谊、合作和平共处、求同存异"等为核心的万隆精神，为亚非国家，后来又为拉美国家奠定了指导它们的双边和多边关系的行动准则的基础。周恩来高超的外交才能，使中国在万隆会议上大放异彩。

5月7日，周恩来一行乘坐的专机降落在北京机场。周恩来微笑着走下舷梯，向欢迎他平安归来的人们招手致意。此时，他亲自带回11位为亚非会议，为争取和平、独立和自由的事业献出了生命的同志的骨灰。

不久，在北京中山堂为11位烈士召开了隆重的追悼会，毛泽东送了花圈，周恩来亲自出席。随后在八宝山革命公墓中树立起了一块巨大的纪念碑，上面镌刻着周恩来的亲笔题字："参加亚非会议的死难烈士公墓"。石碑的背面镌刻着11位烈士的姓名和简历，记载了烈士们殉难的经过。这11位烈士是：

黄作梅（新华社香港分社社长）

杜　宏（中央人民广播电台对外广播部副主任）

李　平（新华社记者）

赫风格（新闻记录电影摄影师）

石志昂（中国进出口公司副总经理）

李肇基（外交部新闻司职员）

钟步云（中办交通科科长）

沈建图（朝中代表团新闻处处长）

严·斐德（奥地利人，《人民之声报》驻中国记者）

斯塔列茨（波兰人，《人民论坛报》编辑）

王明芳（越南人，越南驻中国大使馆职员）

碑文的最后一句是：为和平、独立和自由的事业而光荣牺牲的烈士们永垂不朽！

1975年3月25日，第三次大手术前夕，周恩来得悉烈士墓碑碑文模糊不清，指示外交部采取措施加以保护，并派工作人员慰问牺牲烈士的家属。周恩来对烈士的深情厚谊贯彻始终，深深感动着每一个人。

（李静）

"中国代表团是来求团结而不是来吵架的"

应印度尼西亚、印度、缅甸、锡兰和巴基斯坦 5 个发起国的邀请，周恩来率领中国政府代表团途经缅甸仰光，前往印度尼西亚出席亚非会议。

1955 年 4 月 16 日下午 5 时 50 分，中国代表团的专机徐徐降落在雅加达玛腰兰机场。当周恩来出现在机舱门口时，欢迎的群众爆发出了雷鸣般的欢呼声。

此时此刻，拥有占世界人口近 2/3 的亚非国家的人民，正期待着亚非会议的顺利召开。29 个独立国家将在这次会上谱写世界历史的新篇章。

但是会议要达到预期目的并非易事。因为，参加会议的 29 国中，仅有印度、越南、缅甸、印度尼西亚、巴基斯坦、阿富汗等国与中华人民共和国建交，其余的多数国家还同台湾国民党当局有"外交关系"，有的国家在政治上甚至受到美国的影响或控制，同中国有对立情绪。另外，非洲只有埃及等少数国家获得民族独立，多数还在帝国主义的统治或控制之下。同时，美国又企图利用亚非各国社会制度和意识形态不同所造成的一些隔阂，扭转这次会议的方向，把它开成反共、反华的会议。

针对这一情况，为了使会议达到预期目的，周恩来早在 2 月就着手研究制定了参加会议的方针和灵活应变的策略与办法。

4 月 18 日上午，亚非会议在气候宜人素有"花城"和"爪哇的巴黎"之美称的万隆隆重开幕。

开幕式后，各国代表团相继发言。会议充满着友好与和睦。但是，从下午最后一个发言起到 19 日，会议出现了分歧和矛盾。有些代表或因偏见，或因受到挑唆，或因不明真相，偏离了会议议程。有的攻击共产主义是一种"颠覆性的宗教";有的提出在中国边境省份设置自治区意味着共产主义对邻国的颠覆,并提出了华侨双重国籍问题。会场气氛紧张起来。

会场上,各国代表的目光始终注视着周恩来,有的为此幸灾乐祸,有的则同情和焦虑。很多人由此断定会议已经出现不可避免的分裂危机。

周恩来当机立断,决定将原来的发言改为书面报告散发,而利用休会的短暂时间另行起草一个补充发言稿。休会后,他手握钢笔在纸上飞快地写着,只听见沙沙的写字声。不一会儿,一篇2000多字的从内容到文字都极其精彩的即席讲话稿就产生了。

当报名发言的各国代表几乎都讲完了的时候,大会主席宣布:"我现在请中华人民共和国的代表发言。"会场响起了一阵热烈的掌声。这时,周恩来从容地走上讲台,他在作了简要的说明之后转入正题,第一句话就指出:"中国代表团是来求团结而不是来吵架的。"顷刻之间,会场一片肃静,全场都在屏息倾听周恩来的发言。

"我们共产党人从不讳言我们相信共产主义和认为社会主义制度是好的。""但是,在这个会议上用不着来宣传个人的思想意识和各国的政治制度。""中国代表团是来求同而不是来立异的。"我们之间的共同之处,就是我们"都曾经受过、并且现在仍在受着殖民主义所造成的灾难和痛苦",因此,我们"很容易互相了解和尊重、互相同情和支持,而不是互相疑虑和恐惧、互相排斥和对立"。

接着,周恩来解释道:所谓认为中国没有宗教信仰自由、害怕中国进行"颠覆活动"和中国的"共产主义威胁"等,是不存在的。这是因为:

首先,"不同的思想和社会制度","并不妨碍我们求同和团结"。"我们亚非会议既然不要排斥任何人,为什么我们自己反倒不能互相了解,不能友好合作呢?"

次之,"中国是有宗教信仰自由的国家"。"我们共产党人是无神论者,但是我们尊重有宗教信仰的人。我们希望有宗教信仰的人也应该尊重无宗教信仰的人。"不同的信仰,"并不妨碍中国内部的团结","中国代表团中就有虔诚的伊斯兰教的阿訇"。

第三,中国人民"经历了近30年的艰难困苦","最后才选择了这个国家制度和现在的政府"。"我们反对外来干涉,为什么我们会去干涉别人内政呢?"

"华侨双重国籍问题是旧中国遗留下来的",但是新中国"准备与有关各国政府解决华侨的双重国籍问题"。至于说"在中国境内有傣族自治区",便是"威胁别人",这是不能成立的。因为"他们既然存在,我们就必须给他们自治的权利。好像缅甸有掸族自治邦一样……如何能说威胁邻邦呢?"

周恩来宣布:为了不使会议争论,中国决定不在会上提出"解放自己领土台湾和沿海岛屿"以及中国"在联合国的合法地位问题",尽管中国的要求完全"是正义的"。

最后,周恩来用诚恳而亲切的语言说:"我们是容许不知真相的人怀疑的。中国俗话说'百闻不如一见',我们欢迎所有到会的各国代表们到中国去参观,你们什么时候去都可以。"

周恩来的话音刚停,会场里立刻就爆发出长时间的掌声与欢呼声,整个会议大厦为之沸腾了。各国代表纷纷离开座位,去同周恩来握手。与会代表,包括最初对中国持不友好态度的代表,都称赞周恩来的"这个演说是出色的,和解的,表现了民主精神"。5月4日,一位目睹会场情景的美国记者,在一篇专题报道中评论说:"周恩来的发言是对中国和解态度的绝好说明,其外交技巧已登峰造极,它是两天公开会议的高潮。"

会议进入实质性讨论后,一只无形的黑手仍旧试图把会议拖向相反的方向。从20日傍晚开始,会议再次掀起波澜。有的代表节外生枝,把共产主义称之为"新式殖民主义"。当有的代表提出提案要求以和平共处五项原则为亚非国家相互关系的准则时,有的代表则以种种理由表示反对,并且提出了针锋相对的提案。

两种意见争论激烈,会场气氛紧张异常。许多代表目睹了这一僵持局面,认为会议再也不会达成什么协议了。

23日上午,周恩来再次发表了被某些代表所说的"亚非会上最重要的讲话"。他说:与会各国代表都是"一致呼吁和平"的,既然谈和平和合作,亚非29国就应该首先"撇开不同的思想意识,不同的国家制度"等问题,在亚非地区"进行国际合作,求得集体和平"。中国"不赞成在世界上造成对立的军事集团,增加战争的危机"。

周恩来又说:"我们应该确定一些原则,让我们大家来遵守,不进行扩张,也不去颠覆别的国家。"现在赞成和平共处五项原则的国家"一天天多起来",

但考虑到"在座的有些代表说和平共处是共产党的名词，那么我们可以换一个名词，而不要在这一点上发生误会"。"在联合国宪章的前言中有'和平相处'的名词，这是我们应该同意的"。至于"五项原则的写法可以加以修改，数目也可以增减，因为我们所寻求的是把我们的共同愿望肯定下来，以利于保障集体和平"。这几句话，无疑成为消除障碍的最关键的几句话。

接着，周恩来提出了中国代表团起草的议案。这个议案将连日来各国代表团发言中能为大家所同意的共同点，归纳成七项原则。即："（1）互相尊重主权和领土完整；（2）互不采取侵略行为和威胁；（3）互不干涉和干预内政；（4）承认种族平等；（5）承认一切国家不分大小一律平等；（6）尊重一切国家的人民有自由选择他们的生活方式和政治制度的权利；（7）互不损害。"并采纳日本代表团的建议，将议案定名为《和平宣言》。

周恩来的发言吸引了会场内的每一个人，为会议达成一致通过的最终协议扫清了道路。各国代表团经过反复磋商，终于制定并通过了包括和平共处五项原则全部内容的关于《国与国之间和平相处友好合作的十项原则》。有人为此感慨地称许说：周恩来在会议"几乎已经陷入僵局的时刻脱颖而出，成为会议明星，成为排难解纷，平息争端，带来和平的人物"。

亚非会议的胜利成果，使帝国主义在政治上孤立、经济上封锁新中国的企图遭到破产。周恩来这个中国革命的领袖人物，作为新中国的优秀代表，吸引了所有人的注意力。一位外国记者报道："只要他出现在哪里，哪里就有欢呼和掌声。"一位美国记者惊呼："人们为他发疯了！"

5月7日，周恩来一行乘坐的专机，满载着累累果实，在和煦的阳光下，徐徐降落在北京的机场，受到党和国家领导人的隆重欢迎。

（熊华源）

做民族工作要用少数民族语言

1955年，周恩来出席万隆会议后胜利回国，在昆明与云南民族学院各族师生欢度五一节。晚会上各族学员演出了多姿多彩的歌舞，周恩来每看完一个节目，都很高兴，热情地鼓掌欢迎。他一边看节目，一边不时地对周围的人说："少数民族的服装鲜艳，好。""少数民族的舞蹈活泼大方。""要好好帮助少数民族发展民族文化。"

一位坐在周恩来旁边的哈尼族学员对周总理说："我们少数民族很落后。"

周恩来马上微笑着对他说："少数民族也有先进的地方，少数民族不缠足，这就比汉族先进嘛！""少数民族的舞蹈就很好嘛！"

周恩来还说："少数民族勤劳勇敢，艰苦奋斗，这都很好。"

一位曾于1941年在重庆八路军办事处跟周恩来工作过的女同志，为了向周恩来和邓颖超同志问好，这天特来参加晚会。她还没来得及向周恩来问候，周恩来已在欢迎的人群中认出了她，向她打招呼。周恩来知道她在做民族工作，就亲切地指示说："做民族工作，一定要学会一两种少数民族语言。"他还笑着说："我下次来，要看一看你是不是学会少数民族语言了。"

周恩来对周围的同志说："每一个民族都有先进的和落后的东西，少数民族舞蹈就很好；勤劳、勇敢、艰苦奋斗，妇女不缠足都很好。各民族之间要取长补短，互相学习，搞好团结。"

周恩来不止一次地要求进藏的汉族干部努力学习藏语，要求藏族同志努力学习汉语。在接见成都军区、西藏军区领导同志的时候，他要部队领导同志带头学习藏语、藏文，进一步带动驻藏边防部队全体指战员学习，和藏族人民打成一片，建设社会主义新西藏。周恩来接见西藏军区文工团的几位藏族团员的时候，多次称赞他们的汉话说得好。

他问："你们的汉话说得很好，汉族同志学不学藏话？"

"汉族同志也学藏语。当年背背包进藏的许多老同志，藏话都说得很好。"

周恩来兴奋她说："汉族同志要学藏话，藏族同志要学汉话。我以后也要学藏话。"

1964年，周恩来出国访问归来，途经新疆。在一次晚会上，周恩来握着新疆军区政治部文工团胡清廉的手问："你家乡在哪儿？到新疆多久啦？会民族语言吗？能唱几首维吾尔歌？"

胡清廉一一回答后，周恩来说："你们要好好学习少数民族语言，只有学好少数民族语言，才能更好地为边疆各族人民服务。我听到许多民族同志学汉语，学得很好，而汉族同志往往学民族语言差，这就不太好了。"

1965年秋天，周恩来在陈毅陪同下，视察新疆和田、喀什、石河子、乌鲁木齐等地。每到一地，周恩来见了汉族干部，就问学会了维语没有。见了少数民族干部，就问会不会汉语。周恩来说，不能够通话，怎么能够交心、谈问题呢？周恩来在短短几天当中就学会了好几句维语，见了维吾尔族同志就用维语问好："亚克西木（你好）？"在听取各地汇报时，也一再勉励各族干部要互相学习，加强团结。

1975年初，周恩来的侄女周秉建在内蒙草原落户，为了更好地向群众学习，为群众服务，希望进一步掌握好蒙文蒙语。当她把这个想法向周恩来汇报以后，周恩来说："学习蒙语文的事，我是赞同的。你下乡这么长时间，还不精通蒙语文?！你和那些懂蒙文的同志不一样，又要让你搞宣传，不学会这个本领怎么行呢？学习对工作是有利的，也是为了更好地向群众学习。"1975年10月，周秉建到内蒙古大学蒙语专业学习，一年多以后，就基本上可以阅读蒙文报刊，用蒙文写日记了。

1962年6月，周恩来到延边，看望延边朝鲜族自治州170万各族群众。周恩来到延吉市长白公社新丰大队视察的那天，正淅淅沥沥地下着毛毛细雨。一串串晶莹的雨珠，顺着他的头发、鬓边滴落。团支书小廉看周总理淋的那个样子，主动上前递过一把雨伞，周总理微笑着谢绝了：社员们都在冒雨插秧，我还能怕浇吗？到社员金再洙家里，周恩来按照朝鲜族的习惯，一进屋就脱鞋上炕，盘腿坐了下来。陪同的大队党支部书记崔竹松同志，马上把主人的花坐垫递了过去。周恩来摆摆手表示不用。这时站在一旁的朝鲜族翻译老李同志看在眼里，急在心上。因为他懂得，朝鲜族的风俗习惯，尊贵的客人来了，都要坐在姑娘们精心制作的彩色坐垫上。坐垫是挑选五颜六色的花布，用七彩丝线，一针针，一线线做成的。它凝结着朝鲜族主人一片诚恳心意，客人不坐，主人会感到扫兴的。

周恩来理解朝鲜族人民的心意，还没等翻译老李解释完，便亲切地笑着说："尊重，尊重。"说着，便接过坐垫拉着崔竹松同志一起坐下了。周围的农民们看了，都惬意地笑了起来。

离开延边前，周恩来在宾馆前亲切接见了各族群众。那天，各族人民像欢庆盛大的节日，都穿上了节日的盛装，潮水般地从四面八方涌来。起初，周恩来在门前跟群众一一握手问好，人，越聚越多，不一会儿延吉市8万人口，就有5万人拥到宾馆附近，你推我挤，前簇后拥。看到这种情形，周恩来说："咱们改变个方式吧！"于是他登上宾馆3号楼阳台，频频向大家招手致意，并用朝鲜语高声喊道："道母得儿安宁哈希兴尼嘎（同志们，你们好）！"

他从阳台的东边走到西边，又从西边走到东边。很久，又用朝鲜族语向人们挥手高呼："塔希玛纳希达（再见）！"

（曹应旺）

用具体数字说话

　　周恩来不论抓哪一项工作，都重视掌握具体数字。他常说："毛主席听汇报看文件只记几个大数就够了，我是办具体事的，要记一些具体数字。"

　　周恩来重视用具体数字进行外交斗争。有一年在一次记者招待会上，周恩来谦和地请记者们提问题。一位西方记者问："总理先生，中国人民银行有多少资金？"

　　提这样的问题实质是讥笑中国贫穷。周恩来幽默地回答："中国人民银行的货币资金嘛……有18元8角8分。"这一回答，使全体记者为之愕然！场内鸦雀无声，静听总理作解释。周恩来说："中国人民银行发行面额值为10元、5元、2元、1元、5角、2角、1角、5分、2分、1分的10种主辅人民币，合计为18元8角8分。"他稍停顿了一下，说："中国人民银行是由中国人民当家作主的金融机构，信用卓著，币值稳定，在国际上享有盛誉。"周恩来的话，激起了场内热烈的掌声。

　　"机智、爱国、伟大！"外国记者在心里叹服道，这就是周恩来！

　　1960年4月下旬，周恩来为解决中印边界问题访问印度。在一次谈判中，印方提出这样一个挑衅性问题："西藏什么时候成为中国的领土的？"周恩来当即答道："西藏自古就是中国的领土。远的不讲，至少在元代，它已经是中国领土的一部分了。"

　　印方耍赖说："时间太短了。"

　　周恩来说："中国的元代离现在已有700来年的历史了，如果700来年都被认为是时间短的话，那么，美国建国到现在只有100多年的历史，是不是美国不成为一个国家呢？"这显然是荒谬的，周恩来通过700年与100年的数字比较，驳得印方哑口无言，尴尬之极。这时，坐在会谈席上的印度副总统十分钦佩，情不自禁地说："中国总理是雄辩的！"

1959年3月，西藏反动农奴主勾结帝国主义发动武装叛乱，残害西藏人民。西藏一小撮反动派和妄图侵略我国西藏的帝国主义分子说什么，这是因为他们同情西藏人民，要帮助西藏人民获得幸福。

周恩来严正地批驳了这种虚伪反动的滥调："西藏，包括昌都、前藏、后藏三部分地方，共有人口120万，参加叛乱的人只有2万左右，其中多数是被欺骗裹胁参加的。……在西藏要求改革的劳动人民和赞成改革的上层进步分子以及可以说服的中间分子，就有110多万人。现在世界上有一些人，口口声声说他们同情西藏人，他们却没有区别自己所同情的究竟是哪一部分人。是同情110多万要求和赞成改革的劳动人民、进步分子以及可以说服的中间分子呢，还是同情极少数的反动分子呢？我们希望一切好心的朋友（这里我们所说的好心的朋友，是指那些愿意坚持同我国实行和平共处五项原则，和声明不干涉中国内政的人们），对于这种明显的绝大多数和极少数的划分，应当首先弄清楚。"周恩来通过120万比2万的数字，说明同情和支持西藏广大要求和赞成改革的人才是正义的。

周恩来也重视用具体数字教育人民。1963年周恩来说，我国资源有两个很大的弱点。"第一，耕地少，不到16亿亩，在全国土地总面积中不到12%。将来要扩大到20亿亩时，我国的人口又要增加到10亿左右了。这一点，美国和苏联的条件都比我们好，美国有30亿亩耕地，苏联也有将近30亿亩，甚至印度的耕地也比我们多。第二，我国的森林覆盖面积也很小，不到全国土地总面积的10%，这就要大家珍惜资源。"

在人口方面，1963年周恩来说，从1949年到现在，每年增加1500万人，过去15年，出生的婴儿共有22500万人，每年都安排就业升学。1岁到15岁的是已经存在的，就够我们为之奋斗的了，这样发展下去，包袱越背越重。这就要大家计划生育，以控制人口过度增长。

对于1958年大办公共食堂，周恩来也算了一笔账。1959年5月28日，周恩来在天津南开大学师生员工大会上说，过去农民在家里吃饭，大口小口、男女老少、人口多人口少、农忙农闲，要调剂过日子，有时多吃，有时少吃。现在入公共食堂了，人人都吃饭不要钱，大家都一样，来个平均。好，你吃1

斤，我也吃1斤；你吃2斤，我也吃2斤。大家算算，5万万4千万的农村人口，如果每天吃2斤，吃了5个月，150天，这样就要吃掉多少粮食呢——1650亿斤的细粮，粗粮就是2000亿斤。大家想想，这不是就紧张了？多吃一点，多吃几斤，用6万万5千万一乘，数目就大了。周恩来用具体数字证明了大办公共食堂会加剧粮食紧张状况的道理。

（曹应旺）

"知识就是力量"

1956年1月，在中共中央召开的关于知识分子问题会议上，周恩来作了《关于知识分子问题的报告》。在报告中，他指出："现代科学技术正在一日千里地突飞猛进。"世界科学"特别巨大和迅速的进步"，已经"把我们抛在科学发展的后面很远"。"我们必须急起直追，力求尽可能地扩大和提高我国的科学力量，而在不太长的时间里赶上世界先进水平"。为此，周恩来发出了"向现代科学进军"的号召。

为了响应周恩来代表中共中央所发出的伟大号召，在全国迅速掀起的"向现代科学进军"的热潮中，进一步激发全国一亿几千万青少年学科学、用科学，努力攀登科学文化高峰的积极性，1956年春，共青团中央、劳动部和中华全国科学普及协会一致决定：为全国青少年创办一个科学普及刊物，取英国著名唯物主义哲学家和科学家弗兰西斯·培根的名言——"知识即力量"，作为刊名。

没隔多久，筹组中的刊物编辑部致信周恩来，恳请他题写"知识即力量"的刊名。

周恩来接信后，乐呵呵地表示愿意为刊物题名。因为在他看来，创办科学普及期刊，宣传科学知识，是"向科学进军"的重要一环，将对全国青少年增长知识和才干产生积极影响。但是，周恩来认为"知识即力量"一词夹杂文言，不如改译为"知识就是力量"。"刊物这样定名更口语化、大众化一些。"

为了尊重编辑部原议，又便于让编辑部在考虑自己的建议后易于取舍，周恩来题写了"知识就是力量"和"知识即力量"两条刊名。随后，他嘱秘书写信转告了他的建议，并特地说明究竟取哪条合适，全由编辑部自己去确定。

几天后，编辑部收到了周恩来题写的刊名和他的秘书写来的信。编辑部人员认真研究了周恩来的建议，一致认为他的改译语意鲜明、通俗易懂，的确使刊物的名称更加大众化、通俗化了。于是，为全国青少年服务的科普杂志就正式定名为《知识就是力量》。

《知识就是力量》创刊后，在成千上万读者的支持下，发行量逐年递增。"知识就是力量"这句至理名言，也随同周恩来的墨迹而在全国城乡广为流传。当年，许许多多青少年就是在这个格言的鼓舞下，努力学习科学文化知识，成为祖国各条战线的中坚和骨干的。

"知识就是力量"，在过去、今天和将来，都永远是中国有抱负的热血青少年学习科学文化知识的一个力量源泉。

（熊华源）

探访地质学家李四光

1957年1月,在组织的安排下,身患多种疾病的地质学家李四光到杭州疗养,住在南山招待所。

3月的杭州,风和日丽。李四光偕夫人正在院子里散步,突然看见一辆小汽车停在山坡下。一个熟悉的身影从车上下来,健步向他们走来。身影渐渐清晰……"啊,是周总理!"李四光兴奋地喊着,快步迎了上去。周恩来边走边大声地说:"李老,我来看你来了。"随即传来了一阵朗朗的笑声。

"总理这么忙,还来看我。"李四光握着周恩来的手,一时不知说什么好。

周恩来是利用陪同捷克斯洛伐克政府代表团到杭州参观的机会,特意抽空来看望李四光的。

周恩来搀扶着李四光回到了屋里,关切地询问李四光的身体情况,问他还有什么困难没有。李四光感激地说:"我现在很好,没什么困难,请总理放心吧。"

周恩来沉思片刻,直率地问李四光:"李老,这么多年未曾见你向组织提出过入党申请,不知你对参加共产党有什么想法?"

李四光迟疑了一下,但终于被周恩来那诚恳的目光所感动,禁不住将久蓄心底的愿望以及为什么迟迟没有向党提出申请的原因和盘托出。他谈的那么真挚,那么富有感情:"在旧社会,我缺乏觉悟,没有投身革命队伍,感到很惭愧。新中国建立后,我虽然对国家建设出了一些力,但离一个共产党员的标准还相差太远,现在我年龄大了,身体又不好,入了党也不一定能起到一个共产党员的先锋作用。"

周恩来很理解李四光的心情,恳切地说:"李老,您可以把自己的想法同地质部党组、科学院党组的负责同志谈谈。但您要知道，入党后可以更直接地接受党的领导和教育，可以更好地为党工作呀。现在我们搞社会主义建设，很需要知识分子呀！"

周恩来的一席话，打消了李四光的顾虑、犹豫。不久，他即向党组织提出了入党申请。

是年11月，李四光病情加重，住进北京医院。周恩来知道后，立即赶来探望。周恩来坐在李四光的床边，拉着他的手，亲切地交谈起来，俨然是一对老朋友。周恩来的关怀，使重病在身的李四光感到极大的安慰。

李四光实施手术的前一天，周恩来又来到医院。他亲自审阅了手术方案，询问了手术中可能发生的情况以及处理办法。而后，他走进病房，鼓励李四光要增强战胜疾病的信心。

李四光手术后，周恩来第三次来到医院。看到李四光精神很好，周恩来极为高兴微笑着向李四光祝贺："李老，祝贺你，祝贺你闯过了这一关。"

李四光连连低声说："谢谢总理，谢谢总理。"泪水渐渐模糊了他的双眼……

交谈中，周恩来又问起李四光的入党问题，问他考虑得怎么样了。

李四光激动地说："我的入党申请书已经写好了，请党考验我吧。"

1958年12月，李四光加入了中国共产党。他高兴地说："这是我一生中最愉快不过的事情！我活了70岁，到现在，才找到了归宿。"

李四光入党后更加努力地工作。1959年，他完成了科学名著《地质力学概论》，同时，又和其他地质工作者一起，在找矿以及开发地热、地下水方面取得了许多重大成果。特别是他运用所创立的地质力学理论作指导，为国家找到了丰富的石油矿藏，如大庆油田。李四光对新中国的石油工业发展作出了杰出的贡献。

1966年3月8日，河北邢台地区发生了强烈地震。当天周恩来召开了紧急救灾工作会议。会上，他几次问及搞地震预报的问题。有些同志说："这个问题比较困难，因为国际上还没有解决。"周恩来把目光转向李四光："李老，你的看法呢？"

李四光充满信心地说："国际上没有解决，不一定我们就不能解决！"

周恩来很赞赏李四光这种独排众议的精神。

第二天，周恩来冒着余震的危险赶赴灾区视察灾情，慰问群众，提出了"奋发图强！自力更生！发展生产！重建家园！"的口号。

3月22日，邢台地区又发生了强烈地震。周恩来第二次赶赴灾区视察。李四光为此深受感动，坚持一定要到灾区看一看。他对劝阻他的医生说："你们不要再拦我了。总理都冒着生命危险去了灾区，我是做这个工作的，怎能贪生怕死?！"

他以77岁的高龄去了地震灾区。

不久，成立了中央地震领导小组，周恩来亲自委派李四光任组长，对李四光寄予了厚望。

李四光提出在研究地质构造活动性的基础上，观测地应力的变化，为实观地震预报指明了方向。

1966年"文革"骤起，极大地破坏了研究工作正常进行，李四光心情极其郁闷。1971年春，他的病情恶化。在病危期间，他流着眼泪对夫人说："地震预报研究工作是总理交给我的任务，死之前完不成这个任务，怎么对得起总理呀！我真想多活几年。"就在逝世的前一天，他还对守候在身边的女儿说："我已经82岁了，死也不算早，就是有件事放心不下，这就是总理交给我的地震预报工作还没有过关。"

李四光带着永久的遗憾走了。

（李静）

向毛泽东提意见，要求反冒进

在中国共产党和中央人民政府的正确领导下，短短的几年时间内，新中国奇迹般地制止了危害人民12年之久的恶性通货膨胀，恢复了国民经济，胜利地开展了各项社会改革运动，并从1953年起开始了大规模的有计划的经济建设，到1955年，我国国民经济一直健康发展，成效显著。

在一个胜利接着一个胜利的社会历史环境中，中国共产党内某些领导人的头脑热了起来，在1956年1月下旬提出了一个各项农业生产指标都很高的《1956年到1967年全国农业发展纲要（草案）》（以下简称《农业40条》）。其中，《农业40条》要求粮食、棉花每年分别以8.8%、10.5%的速度连续增长，到1967年达到10000亿斤、10000万担。这样，农业远景计划中的高指标立即在工业、交通、文教等部门中引起连锁反应，催逼着他们也必须相应地修改1955年夏天确定的接近实际的各项远景指标，并据此编制整个发展国民经济的远景计划，而且使正在编制的1956年国民经济计划也受到了不断要求加码的严重干扰。

这时，主持经济工作的周恩来经过冷静思考和周密计算，察觉到党内已经滋生急躁冒进倾向。1956年2月8日，周恩来在国务院全体会议上指出："各部专业会议提出的数字都很大。""各部门订计划，不管是12年远景计划，还是今明两年的年度计划，都要实事求是"。10日，在周恩来主持下，国务院采取了防止冒进的积极措施，对1956年国民经济的各项主要指标，进行了尽可能的压缩；但由于种种主客观条件的制约，压缩后的各项主要指标仍然很高。这个计划要求工农业总产值、基本建设投资、钢铁、煤炭、粮食、棉花分别比1955年增长15.9%、68.1%、61.4%、16.8%、9.2%、18.3%。

4月，经济建设上的急于求成、齐头并进，已经造成资金供应紧张，建筑材料与机器设备严重不足，生产和基本建设秩序开始混乱，使国民经济出现相当紧张的局面。周恩来、陈云等在这时作出一致判断：压缩后的 1956 年计划还是一个冒进的计划，相应地规定了 1956 年、1957 年和第二、第三个五年计划建设速度的远景计划，自然也冒进了。

但是，4 月下旬，毛泽东在颐年堂召开政治局会议，提出追加 1956 年基建预算 20 个亿，受到与会同志的反对。周恩来在会上发言最多，认为追加基建预算将会造成物资供应紧张，增加城市人口，会带来一系列的困难。毛泽东仍坚持自己的看法，宣布散会。

会后，周恩来又去找毛泽东，说：我作为总理从良心上不能同意这个决定。这句话使毛泽东非常生气，不久毛泽东离开北京，到外地去了。

为了努力使国民经济持久地沿着健康道路前进，从 5 月起，周恩来等把精力由防止急躁冒进转到反对急躁冒进的工作上。5 月 11 日，周恩来在国务院全体会议上明确提出："反右倾保守从去年 8 月开始，已经反了八九个月了，不能一直反下去了！"同月，他还同国务院副总理兼国家计委主任李富春、国务院副总理兼财政部部长李先念再次对如何解决订得过高的 1956 年国家预算问题交换意见，并指导起草了 1955 年国家决算和 1956 年国家预算报告稿，提出必须"反对急躁冒进倾向"。

6 月 4 日，在刘少奇主持的党中央会议讨论这个报告稿时，周恩来代表国务院介绍半年来经济建设所引起的种种矛盾和不平衡问题，提出了继续削减开支、压缩基本建设经费的意见。据此，党中央提出了既反保守又反冒进，在综合平衡中稳步前进的经济建设方针。

在党中央提出正确的经济建设方针后的第二天，周恩来就召集了国务院常务会议，商议贯彻执行这个方针，研究继续压缩实践证明仍不实际的 1956 年国家预算问题。周恩来在会上强调指出："去年 12 月以后冒进就冒了头"，现在"已经不是要预防而是需要反对了"。因此，"这次人大会议上要有两条战线的斗争，既反对保守，也反对冒进"。15 日，李先念在全国人大会议上的报告中指出："急躁冒进的结果并不能帮助社会主义事业的发展，而只能招致损失。"因此，"在反对保守主义的时候，必须同时反对急躁冒进倾向。"以上意见，为全国人大会议所接受。

由于周恩来会同陈云、李先念、薄一波等在这段时间所进行的反冒进斗争，得到全国人大会议的支持，再加上 6 月 20 日《人民日报》也发表了《要反对保守主义，也要反对急躁情绪》的社论，从而使各级领导干部开始从思想上重视并在工作中纠正急躁冒进倾向，这样使 1956 年度经济从下半年起，逐渐从冒进转向健康发展的道路。

从 1957 年 7 月开始，周恩来等又继续根据需要解决的事情的轻重缓急，有条不紊地反对和纠正了正在编制中的"二五"计划、1957 年计划和远景计划的冒进倾向，为保证我国国民经济持久地沿着既积极又稳妥可靠的综合平衡的轨道高速度发展展现了光明的前景。

不幸的是，1957 年 9 月对反冒进的批评开始了。从此，我国经济建设步入了曲折发展的历史进程。

（熊华源）

"文化越古,不知保护,树木越少"

中国是世界四大文明古国之一,悠久的历史、浩瀚的古籍、灿烂的文化,使每一个中华儿女引为自豪。周恩来充分肯定古老文化留下的丰富遗产对社会主义经济建设有着重要的积极作用。1957年11月4日,周恩来接见埃及文化代表团时指出,古老民族一旦兴盛,进步就极快,因为有底子。但是,周恩来也一再提醒:古老文化有好的一面,也有其缺点的一面。美国没有古东西,工业发展起来就快。古老文化太多了,会把我们拖住,妨碍学习新的东西。古老文化对社会主义经济建设明显的拖累之一是破坏了森林资源。周恩来说,古老文化损伤了大自然,中国有林的山只有1%,好多都是荒山,古代人只知建设不知保护森林,后代子孙深受其害。"黄土高原是我们祖宗的摇篮地,是民族文化的发源地,但是这个地方的森林被破坏了"。

周恩来认为不仅中国独然,其他文明古国也有森林资源受到破坏的问题。1957年12月8日,周恩来在报告我国建设远景时曾冷静地指出:"我国的木材资源不够丰富。我发现越是文化古老的国家,树砍得越多。"1959年9月5日,周恩来接见阿富汗首相纳伊姆时说:"我在贵国住过几天,看到你们山多,你们和我们一样,因为文化古老,历史悠久,树砍得多了一些,你们也极需水利,这点给我以很深的印象。"1963年11月,阿富汗内务大臣阿布杜·卡尤姆来访,周恩来旧话重提:我们共同的问题是,两国都砍伐掉很多森林,都是古老的文化地区,也是森林砍伐较多的地区。1964年6月21日,周恩来对外宾说:"文化越古,不知保护,树木越少,我去过的地方,如从尼罗河经过中东,中亚细亚到中国这片都如此。"

周恩来认为,文化发展较晚是森林资源丰富的原因之一,而森林资源丰富是经济建设的一个有利条件。1958年4月2日,周恩来接见罗马尼亚政府代表团时说:"你们的森林多。我们只10％的土地上有森林。你们在飞机上可以看到西北大都是荒山。我们的文化古老,但是树都被砍掉了,北方最古,砍得也最多。"1960年5月,周恩来出访越南,同范文同会谈时说"你们森林的覆盖面积占全部土地1/3,而中国只有1/10。"周恩来认为森林多是经济建设的一个好条件。1964年6月21日,周恩来说,西北欧文化开始晚些,但保住了较多的森林,有好处。美国发展最晚,森林最多。他认为,沙漠化是不合理的开发利用破坏了森林植被造成的。周恩来号召中国林业要把重点放在育林,他说:"植树造林是百年大计,总得坚持到21世纪。"

中国历史上几乎每代都有反对滥伐林木、呼吁保护森林资源的有识之士。仅先秦古籍上就有许多这方面的记载。《管子》说:"山林虽广,草木虽美,禁发必有时。"《孟子》说:"斧斤以时入山林,材木不可胜用也。"《荀子》说:"草木荣华滋硕之时,则斧斤不入山林","斩伐养长,不失其时,故山林不童,而百姓有余材也"。他们都主张在不影响森林资源永续存在的基础上去采伐利用。但是,几千年来林木一直是人们住、行、用的主要资源,伐林多于育林,森林覆盖面积在古老的中国大地上不断呈下降趋势。过去的学者都未能揭示出古老文化与森林资源减少的关系,周恩来则用简洁明了的语言揭示了两者之间的内在联系。

(曹应旺)

检阅海军

1957年8月1日,是中国人民解放军建军30周年的纪念日。鉴于30年是大庆,中共中央军委决定8月在青岛举行一次海上阅兵,邀请解放军的两位主要创建人毛泽东、周恩来检阅新中国的海军部队。当时,毛泽东正在青岛主持召开全国省市委书记会议,周恩来在这里主持召开全国民族工作会议。

进入8月,位于胶州湾东南岸的青岛虽值盛夏,但气候却不炎热,月平均温度只在27℃左右,特别是在一早一晚,海风徐徐吹来,颇有些凉意。也许是毛泽东不适应青岛的气候,或许是在游泳时不小心着了凉,感冒了,好些天来仍未好转。这样,毛泽东委托周恩来作全权代表,检阅海军驻青岛舰艇部队和航空兵部队,并把检阅的时间确定在8月4日。

4日上午9时许,在海军司令员萧劲光大将陪同下,周恩来驱车来到海军军港。陪同周恩来参加检阅式的有国务院副总理乌兰夫、最高人民检察院检察长张鼎丞、公安部部长罗瑞卿大将、山东省委第一书记舒同、副总参谋长韩先楚上将、空军司令员刘亚楼上将、武汉军区司令员陈再道上将。

在军港码头,担任检阅总指挥的海军青岛基地司令员马忠全少将跑到周恩来面前报告,请他检阅军官队伍。周恩来检阅军官队伍后,乘检阅艇驶出港外。这时,一艘艘军舰整整齐齐地排列在胶州湾海面上,各军舰指战员列队接受周恩来的检阅。周恩来站在检阅艇前端,每经过一艘军舰时,他都向官兵们致以节日的亲切问候。

顷刻之间,"同志们好!""总理好!"的洪亮声音响彻海空。

检阅完各军舰指战员后,海军司令员萧劲光向周恩来致欢迎词。他说:"敬爱的周总理,今天我们怀着庄严和愉快的心情,接受您的检阅。我代表海军全体指战员向总理致以崇高的敬礼和热烈的欢迎！"

"海军建设8年来，在党中央和毛主席的英明领导下，在全体官兵的努力下，已经成长起来了。""我们将遵循着党中央和毛主席的指示，努力学习，熟练地掌握军事技术，提高部队的军事素质，继续发挥人民解放军的光荣传统，为建设一支海上战斗力量，保卫海防，保卫社会主义建设而奋斗！"

接着，周恩来向海军指战员们讲了话。他说：

"中国人民解放军建军30年了。30年来，人民解放军在党的领导下经历了英勇艰苦的斗争，保证了我国民主革命和社会主义革命的胜利，并且正在保卫着我国社会主义建设事业的胜利进行。"

"中国人民解放军海军同志们！你们在建设海上武装力量上，在保卫海防和保卫社会主义建设上，已经取得了一定的成绩。我祝贺你们！但是，你们都知道，我国的海岸线很长，美帝国主义还霸占着我国领土台湾，你们必须继续努力，为建设一支坚强的足以自卫的海军力量，保卫祖国，保卫亚洲和世界和平而奋斗！"

周恩来铿锵有力的声音在海空中回荡。

随后，开始海上分列式。两架水上飞机从旗舰两侧滑翔起飞，摇摆着机翼向周恩来致敬。紧接着，潜艇编队、猎潜艇编队、快速炮艇编队……依次驶过，海军航空兵歼击机群、水鱼雷轰炸机编队从海空飞过。周恩来神采奕奕，不停地挥动着手臂，含笑着，时而平视驶过的军舰，时而仰望天上的飞机。他称赞了8年来海军建设所取得的成就。

将近12时，海上阅兵式圆满结束。应受阅官兵的请求，周恩来欣然答应为海军题词留念，挥笔写下了：

"中国人民解放军海军同志们，庆祝中国人民解放军建军三十周年，庆祝中国人民解放军成长壮大！希望你们为建立一支更加强大的足以保卫远东和世界和平的海军而奋斗不息！"

最后，周恩来同受检阅的官兵合影留念。

这次海上阅兵式，是对8年来海军装备和训练成果的检阅，推动了海军军事战术水平的进一步提高。

（熊华源）

关心"上天"

周恩来生前曾说:"二十年我关心两件事,一个上天,一个水利。这是关系人民生命的大事,我虽是外行,也要抓。""上天"就是指原子弹(包括氢弹)、导弹研制工作。

下定研制原子弹、导弹的决心

1955年1月14日下午,李四光、钱三强应约来到中南海西花厅。周恩来向他们询问了我国核科学研究人员和设备、资源等情况,还详细地了解了核反应堆和原子弹的原理以及发展核能技术所需要的条件等。周恩来告诉他们中央要讨论发展原子能问题,届时要他们带着铀矿石和简单探测仪器,进行汇报并操作表演。

这天晚上,周恩来致信毛泽东。

主席:

今日下午已约李四光、钱三强两位谈过,一波、刘杰两同志参加。时间谈得较长,李四光因治牙痛先走,故今晚不可能续谈。现将有关文件送上请先阅。最好能在明(十五)日下午三时后约李四光、钱三强一谈,除书记处外,彭、彭、邓、富春、一波、刘杰均可参加。下午三时前,李四光午睡。晚间,李四光身体支持不了。请主席明日起床后通知我,我可先一小时来汇报下今日所谈,以便节省一些时间。

信末又补了一句:"明日下午谈时,他们可带仪器来,便于说明。"

1月15日,毛泽东主持召开了有刘少奇、周恩来、朱德、陈云、彭真、彭德怀、邓小平、李富春、薄一波等参加的中共中央书记处扩大会议，听取了李四光、钱三强、刘杰的汇报。根据周恩来会前的嘱咐，李四光、钱三强用铀矿标本和探测器进行现场表演，当盖革计数器接近铀矿石发出嘎嘎响声时，大家都高兴地笑了。接着毛泽东询问了发展原子能事业的有关问题，周恩来坐在毛泽东身旁，一边插话补充情况，一边提醒李四光、钱三强抓住重点，讲得尽可能详细和通俗一些。听完汇报后，毛泽东十分高兴地说："我们国家现在已经找到铀矿，进一步勘探一定会找出更多的矿床。解放以来，我们训练了一些人，科学研究有了一定基础，创造了一定的条件，过去几年你们也经常反映，但其他事情很多，来不及抓这件事。这件事总是要抓的。现在到时候了，该抓了。只要排上日程，认真抓一下，一定可以搞起来。"毛泽东还强调说："现在苏联对我们援助，我们一定要搞好！我们自己干，也一定能干好！我们只要有人，又有资源，什么奇迹都可以创造出来！"会上，周恩来特别强调，对人才培养需要大力加强。

这次会议作出了发展原子能事业、研制原子弹的决定，拉开了中国核科学技术研究和核工业建设的序幕。

在中共中央作出发展原子能事业、研制原子弹的决策后，国务院、中央军委即开始研究发展导弹技术的有关问题。1955年10月8日，经中美大使级会谈，钱学森从美国归来。不久周恩来交给他一个任务：写个意见——怎样组织发展航空、导弹这个研究机构。1956年2月，根据钱学森的建议，周恩来主持军委会议，决定组建航空工业委员会。周恩来说：中国发展导弹不能等待一切条件都具备了才开始进行研究工作，应当采取集中力量，突破一点的方针。

为科学家们当后勤

正当中国研制两弹及其尖端科技刚刚起步的时侯，苏联政府全面毁约停援，使中国受到了卡脖子的威胁。

周恩来喜欢讲"多难兴邦""置于死地而后生"。中国在苏联卡脖子威胁下是不会屈服的。1959年7月，周恩来说：不理他那一套，自己动手，从头摸起，准备用8年时间搞出原子弹。

1959年6月，简化为596，是我国第一颗原子弹工程的代号。它意味着自力更生、发愤图强。

在苏联毁约撤退专家的同时，国内遇到了"大跃进"的失误和严重的自然灾害，全国人民的吃饭问题出现了紧张的局面。两弹试验基地也一度出现饥饿的威胁。在那艰难的日子里，周恩来要为解决全国粮食问题而日夜操劳，两弹试验基地的粮食问题在他心中更是占有特别重要的位置。当他接到酒泉火箭基地断炊的消息，忧心如焚，急忙赶到军委会议会场，专门去为导弹部队募集粮食。他动情地说："导弹，这是共和国的鲲鹏，只有让它吃饱，才能飞得高……"在周恩来关怀下，很快向酒泉火箭基地调去了粮食。张爱萍回忆说："60年代初，全国都在困难中苦斗，我们在戈壁大漠里自然就更艰难一点。恩来同志听说我们的生活情况后，立即设法从各地调拨生活物资支援我们。不久，原子弹试验基地运来了大米、面粉，还有治疗浮肿病的药品，年节时，我们还吃上了云南火腿，喝上了贵州茅台酒。他在电话里嘱咐：要让科学家们、技术工人们、军队的干部战士们吃饱，不能让他们饿着肚子研制原子弹。"三年自然灾害期间，科学家们的生活也很困难。周恩来号召领导干部当好科学家的勤务员。他亲自批准，配给专家教授每人每月两斤猪肉，一斤鸡蛋！

面对苏联毁约停援和国家严重的经济困难，两弹研制是上，是缓，还是下？这是最高决策层必须考虑并予以回答的问题。周恩来相信困难是暂时的，坚信中华民族、中国的科学家是有能力突破尖端科技的。1961年4月他提出："我们在尖端技术上要像攀登珠穆朗玛峰那样前进。""尖端技术我们是一定能够搞出来的。在这一点上，我们的科学家、我们的工人会贡献出他们的力量的。"7月，北戴河国防工业会议提出"两弹"是"上马"而不是"下马"。毛泽东、周恩来支持了这个意见。陈毅甚至表示，当了裤子，也要把我国的尖端武器搞上去。

蘑菇云腾空升起

经过调查研究，中央决定抓紧进行对尖端武器的研制工作。刘少奇说："这件事要请总理出面才行。"1962年11月17日，成立了中央15人专门委员会，由总理周恩来，副总理贺龙、李富春、李先念、薄一波、陆定一、聂荣臻、罗瑞卿以及国务院和中央军委有关部门的负责人赵尔陆、张爱萍、王鹤寿、刘杰、孙志远、段君毅、高扬等组成，周恩来任主任。

中央15人专门委员会成立后半个多月时间里，周恩来就连续主持召开了三次专委会议。

在中央专委会的领导下，全国一盘棋，集中力量打歼灭战。工作进展顺利。1964年4月中央专委会批准采取塔爆方案进行第一次核试验，要求9月10日前做好一切准备。

10月16日14时30分，张爱萍用保密电话向周恩来作了简要汇报，周恩来批准按时起爆。15时4分，张爱萍向周恩来电话报告："原子弹已按时爆炸，蘑菇云已经升起，根据爆炸景象判断是核爆炸，试验成功了。"周恩来鼓励说，国家为你们骄傲，人民感谢你们，请代表党中央、毛主席祝贺并慰问大家，并要求迅速查明试验结果。17时30分，张爱萍向周恩来报告，确认实现了核爆炸，初步估算爆炸威力为两万吨以上梯恩梯当量。晚上，毛泽东、刘少奇、周恩来等中央领导人在人民大会堂接见音乐舞蹈史诗《东方红》3000多名演职人员。周恩来挥动着双臂向大家宣布：报告大家一个好消息，我们的第一颗原子弹爆炸成功了！会场立即欢腾起来，人们兴高采烈欢呼跳跃。周恩来风趣地对大家说："大家可不要把地板震塌了呀！"

10月17日，周恩来发出致世界各国政府首脑电，阐明："中国政府一贯主张全面禁止和彻底销毁核武器，中国进行核试验、发展核武器，是被迫而为的。""中国政府郑重宣布，在任何时候、任何情况下，中国都不会首先使用核武器。"伴随原子弹爆炸的巨响，周恩来威武的声音，向世界各国展示了中国人民的智慧和力量，中国是不可欺侮的。

（曹应旺）

介绍程砚秋入党

1957年10月，经周恩来和贺龙介绍，著名京剧表演艺术家程砚秋光荣地加入了中国共产党，在戏剧界引起了强烈的反响。

周恩来一贯尊重知识，敬重人才，1949年夏天，北京解放不久，身负重任的周恩来在繁忙的国事中，抽空在一个下午来到西四报子胡同，登门拜访程砚秋。适值程砚秋外出，他的弟子王吟秋出面接待。周恩来留条如下：

砚秋先生：

特来拜访，值公出，不便留候驾归为歉。

六月二十三日

当晚，周恩来在怀仁堂观看程砚秋演出《锁麟囊》时，亲自到后台探望程砚秋。二人一见如故，谈笑风生。不久，程砚秋在北京饭店又和周恩来见了面。周恩来那和蔼可亲、平易近人的作风，使他深受感动，他曾激动地对琴师说："解放前，艺人被歧视，艺术是那些当官的、有钱人的取乐玩物；而今天，共产党的领袖人物来看望我一个唱戏的演员，真是社会变了，共产党了不起呀！"

1949年秋，程砚秋在西安慰问演出期间，表现非常出色。他不仅在剧院演出，还深入到工厂、农村、营房，甚至到病房慰问演出。他热情而出色的表现赢得了豪爽好客的西北人民的爱戴，也深受贺龙等人的赞赏。正在挥师挺进的西北军区司令员贺龙，无暇亲自拜会程砚秋，特意叮嘱王维舟副司令员去看望，并代他向程表示欢迎和慰问。几天以后，贺龙率部凯旋，亲自去看望程砚秋和剧团的同志们。不久，贺龙奉命率部向大西南进军，出发前又到程砚秋下榻的客栈辞行，并以宝刀相赠，以资纪念。贺老总还邀请程去大西南公演，程欣然应允。

1949年12月，贺龙率领部队和兄弟部队相配合，彻底消灭了胡宗南匪部，解放了四川省。听到这一消息后，程砚秋说服全团演员，打破春节期间艺人不外出的常规，破例去大西南慰问演出。到重庆后，他拜访了贺龙。贺龙热情支持他去云南、贵州进行戏剧考察。为了保证剧团安全演出，贺龙还派了一个排的兵力保护。程砚秋率剧团到昆明演出时，恰逢贺龙和夫人薛明也到昆明休假。程砚秋便到昆明市温泉拜访他们，向贺龙谈他的身世，谈他抗战八年怎样同日伪军进行斗争。二人越谈越加深了相互了解。

从周恩来、贺龙等老一辈革命家身上，程砚秋看到了新中国的希望。立志向这些老同志学习，决心把自己精湛的技艺贡献给新中国，贡献给社会主义新时代。

程砚秋在云南演出期间，美帝国主义悍然发动侵朝战争。为了抗美援朝，保家卫国，程砚秋将在贵州、云南演出的全部票钱捐献给国家买飞机。1951年，程砚秋就任中国戏曲研究院副院长。按国家规定，他每月的工资是二百多万元（旧币），可是，他一连10个月不领。戏曲研究院催他领工资，他给副院长马少波写来亲笔信：我们正在进行抗美援朝的伟大斗争，国家需要钱，这笔工资我不能领，就算我为前线战士捐赠几颗炮弹吧。什么时候战火停了，国家经济好转了，我再领工资。1953年，程砚秋在随以贺龙为团长的第三届赴朝慰问团慰问志愿军时，不讲条件，不计较待遇，丝毫不摆名演员的架子，深受志愿军指战员们的好评，也使贺龙赞叹不已。演出之余，程砚秋还抓紧时间考察戏曲文物，调查戏曲工作，讲学传经，整理剧本，撰写论文。1956年，在周总理亲切关怀下，他成功地拍摄了彩色影片《荒山泪》，为戏曲宝库留下了珍贵的艺术资料。

程砚秋的成长和进步，始终受到周恩来总理和贺龙元帅的关注。两位老前辈对程砚秋不仅推心置腹，以诚相待，而且从政治思想上进行帮助，鼓励他做一个又红又专的人民艺术家。1957年，周恩来和贺龙在出访途中，在莫斯科巧遇随全国人大代表团出国访问的程砚秋，周恩来利用这个机会找程砚秋谈话，启发他的阶级觉悟，鼓励他积极努力，争取早日加入中国共产党，并表示愿意做他的入党介绍人，同时向他明确指出，这需要经过党支部、党的组织讨论决定。谈话时，贺龙也在场。贺龙说："砚秋，入党要有两个人介绍，我愿做你的第二个介绍人。"这是程砚秋感到平生最激动的事。

回国后，程砚秋主动靠近党组织，找当时的文化部副部长夏衍长谈了一次，表达了自己想"成为无产阶级的一个忠诚战士"的心愿。在一次会议上，周总理又问及他的入党问题。于是，他便向所在单位的党组织提交了入党申请。

1957年8月，程砚秋参加第六届世界青年与学生和平友谊联欢节回国后，因怕周总理工作繁忙，不敢打扰，曾三次找贺龙。由于贺龙工作也忙未能见面，程砚秋就留信给贺龙：

> 我要求入党特来见您。在莫斯科时，周总理曾说过，我若入党，他可以做介绍人。那时我太兴奋啦，不知道现在您肯不肯做我的介绍人呢？我的愿望是有理由的，解放后直到今日，我铭（敏）感的（地）体会到始终你们二位对我给以精神上的支持，这就大大地鼓舞了我，（使我）有信心，有无畏的勇气，所以要向您提出这样的要求。

贺龙收到信后，便去找周恩来，周总理欣然愿做程砚秋的入党介绍人。于是，贺龙在8月31日给中宣部副部长周扬写了信：

周扬同志：

> 周总理和我愿作程砚秋入党的介绍人，现转去程砚秋来信乙件，请阅。并望你们对于程的入党问题予以研究为荷。专此。

贺龙

八月三十一日

中国戏剧研究院党支部为了对党负责，对程砚秋负责，委派党支部书记马绩于9月14日就程砚秋的入党问题向贺龙征求意见。贺龙说，程砚秋为人正直，全国解放后，他曾到西安、西南、朝鲜慰问演出，所到之处，不论条件好坏，从不计较场子，不计较待遇，表现了他对解放军的深厚感情。贺龙还谈了程砚秋的一些缺点。贺龙表示，为了防止程砚秋在入党后产生一种"特殊党员"的思想，周恩来和他最近要约程砚秋谈一次话，帮助程认识自己的缺点和不足。最后，贺龙很爽快地说："介绍是介绍，最后是否批准，权力在支部，要服从支部领导。"

几天后，周恩来和贺龙约程砚秋谈话，除谈到他的优点外，特别对他的性格孤僻、清高，进行了批评，指出洁身自好，不愿与旧势力同流合污，这在旧社会是个优点，但到了新社会，不顺应历史的潮流，心胸狭窄，孤芳自赏，就会影响与周围同志的团结，甚至会脱离群众。这个缺点是和新社会的要求格格不入的，必须加以克服，周恩来还说自己30年来还是第一次介绍人入党，希望程很好地克服缺点，争取又红又专，做个合格党员。程砚秋听了周恩来的一番话，思想上引起了很大的震动，要求自己更严格了。

1957年10月11日，程砚秋光荣地加入了中国共产党。在程砚秋的入党志愿书入党介绍人栏内，周恩来、贺龙分别写下了对介绍程砚秋入党的意见。周恩来总理是这样写的：

> 程砚秋同志在旧社会经过个人的奋斗，在艺术上获得相当高的成就，在政治上能够坚持民族气节，这都是难能可贵的。解放后，他接受党的领导，努力为人民服务。政治上积极要求进步，这就具备了入党的基本条件，他的入党申请，如得到党组织批准，今后对他的要求，就应该更加严格。我曾经对他说，在他被批准为预备党员期间，他应该努力学习，积极参加集体生活，力图与劳动群众相结合，好继续克服个人主义思想作风，并且热心传授和推广自己艺术上的成就，以便提高自己的阶级觉悟，发扬为劳动人民服务的精神。
>
> 周恩来
一九五七年十一月二十一日

贺龙元帅是这样写的：

> 程砚秋同志，经历了几十年旧社会的生活磨练，具有较强的民族意识和正义感。解放后，在党的影响和教育下，拥护党的主张，接受党的领导，政治上积极要求进步，在党和国家各次重大运动中，能响应党的号召，积极参加社会活动，在艺术界起了相当大的作用，最近提出了加入共产党的申请，决心献身于共产主义事业，这都证明了砚秋同志，已具备了入党的条件。但是，在旧社会里生活很久的人，思想作风必不可免的会受到不少的影响，加入党之后，必须不断地改造自己，而党对砚秋同志在政治上、思想上的要求会更加严格，因此，要接受党的教育，积极参加党的组织生活，勇于掌握批评和自我批评的武器，努力提高自己，并要深入群众，深入实际，虚心学习，树立坚强的集体主义思想和群众观念，更好地为人民服务。
>
> 贺龙
一九五七年十一月十六日

之后，周总理、贺老总又分别把这些意见用书信抄送给程砚秋。

捧着周总理、贺龙元帅这两封笔锋遒劲，字迹潇洒，感情诚挚，语重心长的书信，程砚秋非常激动，反复诵读，仔细揣摩其深邃寓意，暗下决心，一定要像入党宣誓词上说的那样，"全心全意为人民服务，不屈不挠为共产主义事业奋斗到底。"为了表示他的决心，他给周恩来总理回了一封信，信中这样写道：

> 您的珍贵指示和对我的愿望，（使我）感到兴奋极了。想了多日真不知应用何语言来回答，您再三说三十年没有介绍人入党了，请放心罢，我永久忠诚遵守党的一切，有信心为人民去工作，不会使您失望的。专此。
>
> 敬复
> 周恩来总理同志台鉴
>
> 程砚秋谨启
十二月三日

然而，正当这位"四大名旦"中年纪最轻的程砚秋，以共产党员的高标准严格要求，精研业务，积极工作，力图在京剧改革上有所创新时，不幸因病于1958年3月10日逝世。噩耗传来，周总理深为程砚秋的故去而痛惜，因周恩来总理当时不在北京，便嘱托贺龙和陈毅代他参加追悼会，并为程的灵柩执绋，送葬八宝山革命公墓。

程砚秋去世一周年纪念日，周恩来还特意在西花厅召开了纪念程砚秋逝世座谈会，并以程砚秋的思想品格和精湛技艺，昭示后学者，希望程派艺术发扬光大，不要泯灭。

（刘春秀）

周恩来与小六龄童

周恩来的祖籍是浙江绍兴，但是他第一次看家乡的绍剧却是在花甲之年。

1957年12月中旬，周恩来与陈毅副总理陪同缅甸联邦副总理吴巴瑞和夫人、吴觉迎和夫人到上海参观。

参观期间，陈毅对周恩来说："你应该请外宾看看你们家乡的绍剧，绍剧很不错。"

周恩来欣然接受了这个建议。

于是，正在萧山演出的浙江省绍剧团接到了赴上海为外宾演出的通知。但是，通知上并没写有哪些中央首长陪同观看。

12月24日晚，上海中苏友好大厦小礼堂内，灯火通明。演员们大多已经化妆穿戴完毕，唯有将要在《闹天宫》中扮演猴王的章宗义按照平时的习惯，在登台前5分钟开始描金粉。因为金粉是用麻油调的，调得过厚，不起光亮，只能调得薄一些。但描得过早，金粉容易流掉。

这时，一个演员兴冲冲地跑到章宗义身边说："宗义，门口到了许多小车，有一个穿蓝色中山装的人特像周总理。"

"你看清楚了，真是周总理吗？"章宗义有点不相信地追问道。

"看清楚了，不会有错。"

这下，章宗义相信了。他既兴奋又紧张，那只描金粉的手微微地颤抖，几次勾眼眶，都勾不准，只能比往日勾得粗一点，没想到，无意中却增加了猴王的一种威美之感。

兴奋之余章宗义不免也有几分担心。他的二儿子章金星（艺名小六龄童）当时只有8岁，在《闹天宫》中扮演罗猴。虽然，小六龄童跟他演出有5个年头,扮演罗猴也挺机灵,但在这紧要关头儿子能不能听使唤?他摸着儿子的头嘱咐道:"今天,周总理来看演出,你一定要听话。"

小六龄童忽闪着一双大眼睛对爸爸说:"爸爸,你放心,我一定听你的话,做一只小乖猴。"

这时,演出的铃声响了,幕布徐徐地拉开。

这一晚演了两出戏。先是俞振飞和言慧珠合演的昆曲《长生殿》,接下来就是章宗义主演的《闹天宫》。两出戏一文一武,各有千秋。台下掌声阵阵。特别是章宗义扮演的猴王,身穿盘龙大蟒袍,头戴插着两根潇洒的稚鸡挑毛的紫金冠,肩垂两条雪白的蝴蝶围,以袖遮面,在众小猴的簇拥下,从上场口疾步走至台前时,美猴王的虎虎雄姿顷刻间赢得了台下热烈的掌声。

此时的章宗义完全进入了角色,全神贯注地对付"十万天兵天将"的到来……扮演小罗猴的小六龄童也的确没有让爸爸操心,把小罗猴演得惟妙惟肖,十分讨人喜欢。周恩来和外宾高兴地鼓起掌来。

演出非常成功。台上台下掌声连成一片。演出结束后两位工作人员抬着一只大花篮送到台上演员面前。随后,周恩来陪同外宾走上舞台。周恩来和俞振飞、言慧珠等演员一一握手,祝贺他们演出成功。走到章宗义面前时,周恩来微笑着对他说:"我是绍兴人,可是看绍剧还是第一次。你们演得非常好,外宾看了很满意,我也很高兴。"

接着,周恩来又问章宗义叫什么名字,多大年龄。章宗义都一一作了回答。周恩来说:"你的武功不错。""感谢总理对我的鼓励。"章宗义激动得不知说什么好。

这时,周恩来无意中看到扮演小罗猴的小六龄童正仰望着他,大眼睛一眨一眨的。他高兴地抱起小六龄童,开心地笑了。摄影记者及时地捕捉到了这一瞬间。台下掌声雷动。周恩来拉着小六龄童的手亲切地问:"你几岁了,叫什么名字?"

"8岁。我叫小六龄童。"小六龄童一点也不知道紧张。

"喜欢演戏吗?"

"喜欢。"能和总理说上话,小六龄童别提多高兴了。

周恩来诚恳地对章宗义说:"文艺事业需要接班人,你要把下一代培养好,多培养几个小六龄童。"

章宗义点点头说："总理，您放心，我记住了。"

"我这次陪同外宾观看你们演出，是陈毅副总理建议的。欢迎你们到北京来，向毛主席作汇报演出。"周恩来又说道。

周恩来陪同外宾走出了剧场，演员们仍然沉浸在幸福之中。

小六龄童一直珍藏着周恩来和他的合影。不幸的是，小六龄童16岁那年得了白血病。临终时，他从枕头下面拿出周总理与他的合影，郑重地交给弟弟章金莱（艺名六小龄童），断断续续地说："你一定要按照周总理的嘱咐，演好猴戏。"

周恩来不仅影响了章金星的一生，而且也影响了章金莱的人生道路。章金莱没有辜负周总理的希望，在电视连续剧《西游记》中成功地扮演了孙悟空，也因此名扬海内外。

（李静）

"每个月给我写一封信"

1958年1月南宁会议和3月成都会议上，毛泽东批评了周恩来1956年提出的"反冒进"，说周恩来离右派只差五十米。周恩来在南宁会议、成都会议上对"反冒进"承担了责任。因大家急切要改变中国一穷二白的面貌，对建设社会主义艰巨性认识不足，在鼓足干劲的气氛下，成都会议提出了过高的经济指标，农业增长速度由原来的6.1%提高到16.2%，工业增长速度由原来的10%提高到33%，开始了大跃进。成功领导了第一个五年计划的周恩来总理对此忧心忡忡。

1958年3月16日，周恩来利用参加成都会议之余，参观访问了成都郊区的友谊农业社，详细询问了该社的生产、分配和农民的生产、生活情况，指示干部要在搞好生产的同时，发展集体副业。在整个参观访问过程中，年轻稳重而又精明干练的《四川日报》女记者沈志钧随同周总理进行了采访。

友谊农业社的参观访问，给周总理留下了深刻的印象。他认为，农业的根本出路在于集体化。友谊社拆掉旧村子，建设新农村的做法有一定的代表性和典型性，但仍然需要探索、总结。

十天后，周恩来收到了沈志钧寄送的采访友谊社时拍摄的照片集，非常高兴，当夜复信沈志钧同志。

沈志钧同志：

谢谢你送我的照相册。

我很想知道友谊合作社的生产情况，特别是他们改建住房的情况。如你能在业余的时候，每个月给我写一封信，告诉我关于友谊社的生产和建筑情况，那对我将是很大的帮助。如果忙不过来，或者下乡去参加生产，也可停止。

如你不感觉为难,请将情况的报道函寄北京国务院总理办公室转我。

专恳,即

　　致

敬礼

周恩来
三月二十六日

自接到周总理的信后,沈志钧同志便遵照总理的嘱托,每月都深入到友谊社了解该社的生产情况,并及时将调研到的材料源源不断地反映给周恩来总理。每次收到来信,周总理都认真地阅看,并委托总理办公室主任童小鹏同志予以函复。

有一次,童小鹏在复信中谈到,总理很想知道友谊社的居民建筑点已发展到什么程度了,沈志钧当即拍了一套居民点的建筑照片寄送总理。从童小鹏同志的复信中,沈志钧得知,总理在一次接见外宾时,还特意把那套照片拿给外宾看,并自豪地说:"现在,中国的农民也住上了楼房。"

周总理对沈志钧也很关心,1959年,童小鹏到四川搞调查研究时,总理嘱托他一定要看看沈志钧同志。遵嘱,童小鹏一下火车就给沈志钧打电话,转达了总理对她的关心和问候。听到日理万机的周总理还关怀着自己,沈志钧非常高兴,当即去看望了小鹏同志,并陪小鹏等同志参观了友谊社。

沈志钧与周总理的通信,一直持续到1960年她调离《四川日报》社时止。

(刘春秀)

我们的心永远忠于党

我们是祖国的儿女，
我们是毛泽东的战士，
战场上，我们用刺刀劈过敌人，
残废了，我们仍是无畏的战士。
我们的热血像海涛一样沸腾，
我们的精力像松柏永远旺盛，
爱祖国，恨敌人，是我们的个性，
征服自然是我们特有的才能。

我们有坚强的意志，
我们有颗永不残废的心。
没有眼睛照样读书看报，
没有双手一样写字弹琴，
两腿瘫痪能用双手劳动，
没有双脚也能疾走飞奔。
困难只能在软弱者面前存在，
挡不住久经锻炼的士兵。

祖国的命运就是我们的命运，
我们永远和祖国心连心。
社会主义是我们的灵魂，
党就是抚育我们成长的母亲。

这首热情豪放的诗是1958年6月29日周恩来总理亲笔录写的特等残废军人刘渝生的诗《我们的心永远忠于党》。诗写好后，周恩来派专人送四川省革命残废军人教养院课余演出队的荣军们留作纪念。周恩来为何将此诗书写下来，这也反映了他当时在逆境中忠于党的心境。周恩来为何将此诗送他们留作纪念呢？说起来这里面还有段故事哩。

四川省革命残废军人教养院，坐落在成都市郊古龙藏寺，创建于新中国成立初期，是党和政府为在历次革命战争和国防建设中光荣负伤致残的本省特等、一等革命残废军人设立的疗养单位。四川省民政厅根据党和政府的优抚政策，对这些虽负伤致残，但思想觉悟高、迫切要求为人民服务的荣军们关怀备至、精心护理。并根据每人的身体状况、兴趣爱好，尽可能地安排他们进行各种学习和参加各种轻微劳动。为了丰富他们的文化生活，坚定他们的革命乐观主义精神，厅院领导依照当地的民间习惯，在院内办了一个花馆，供荣军们课余开展文艺活动。在领导的正确引导下，许多优秀的节目就是从这里创造出来的。

他们是战场上的勇士，生活中的强者，个个心红志坚，人人意志顽强，面对困难，百折不挠。双目失明，就勤奋学习，用盲文读书看报；失去双手，硬是用双臂写字、绘画、演奏、吹箫；两腿致残，就用双手刺绣、编织、写作、检修；肢体不全，照样养花、种菜、载歌载舞，各尽所能，为社会主义大厦添砖加瓦。为了表达对党和政府的热爱，歌颂社会主义祖国的伟大建设成就，他们在开展课余群众性的文艺活动基础上于1958年2月成立了四川省革命残废军人休养院课余演出队，向广大群众宣传演出。

1958年3月，内务部部长谢觉哉在参加中央召开的成都会议期间，特意到古龙藏寺看望荣军们。荣军们为了欢迎谢老，组织了隆重的演出。帷幕徐徐拉开，展现在谢老面前的是一幅幅动人心弦的情景。如果不是报幕员介绍，他怎么也不会相信，这些吹拉弹奏、翩翩起舞、说唱吟诗的演员，竟都是特等和一等残废军人。他被这激动人心的场面感染了，非常赞赏这些荣军讴歌社会主义建设的崇高精神。亲临教养院参观，给谢老留下了深刻印象。在他看来，那里"不像是残废军人教养院，而像是学校、工厂"或"荣军乐园"。

征得谢老同意，同年5月全国民政会开会期间，由四川省民政厅副厅长、党组书记干玉梅同志率领课余演出队赴首都北京汇报演出。

6月1日晚,周恩来总理、朱德副主席、陈毅副总理等中央领导同志,到政协礼堂观看荣军们的演出。演员们那轻快优美的乐曲,婉转嘹亮的歌声,富有浓郁生活气息的舞蹈博得观众一次又一次的掌声。演员们每演完一个节目,周总理总是带头鼓掌。剧场休息时,周总理把干玉梅找去,微笑着对她说:"演出很成功,你这个厅长当得不错。你们是革命军人,在各方面都应起带头作用。"坐在一旁的陈老总也说:"应该让外国人看看中国人这个气派,这个精神!"

演出结束时,已近晚上10点钟了。操劳一天的周总理、朱老总和陈老总等领导同志健步走上舞台,亲切地和大家握手、问好。周总理关切地问女声独唱演员何长俊同志腿是怎么致残的,问易如元伤在何处。他走到张家琛同志跟前说:"你刚才朗诵的《我们的心永远忠于党》那首诗很动人。不知刘渝生同志来了没有?"演员们告诉总理:"刘渝生下肢瘫痪,不能行动,没有来。"周总理说:"我们向他致敬。他那首诗写得很好,我们要报纸刊登这首诗。"周总理还赞扬演员们"你们是人民的战士,人民的艺术家"。总理问到参加演出的医护人员时,满意地鼓励说:"你们的工作是伟大的,为革命残废军人服务很光荣!"这时,豪爽豁达的陈老总也风趣地给大家介绍:"总理也是革命残废军人啊!"听了陈老总的介绍,演出队员们觉得和总理之间的距离,一下子拉得很近了,感到无比幸福和温暖。接见结束时,周总理等中央首长还和大家合影留念。20多天后,6月29日,周总理又将亲笔录写的刘渝生的诗《我们的心永远忠于党》送演出队留念。捧着周总理派人送来的墨迹,演员们争相传看,激动不已。

更让荣军们激动的是,细心的周总理发现他们的演出服装是用被面、锦旗、彩纸因陋就简赶制的,特意派人购置了些演出服装赠送他们。干玉梅等演出队领导考虑国家还很困难,只要下了"花儿与少年"演出服。与此同时,陈毅副总理、彭真市长、中国人民解放军总政治部、中国文联、剧协、音协等领导和单位,也为演出队送来了乐器、收音机、电唱机等礼品。各级领导和各单位的热情支持,更激发了四川省革命残废军人课余演出队为首都观众奉献出全部才能和智慧的决心。正如他们在《荣军之歌》中所唱的:"我们会拿枪,我们也会劳动,我们能战胜凶恶的敌人,也就能建设祖国!"他们决心用革命军人一往无前的英雄气概和革命的乐观主义精神，鼓舞全国人民进行社会主义建设。

在周总理的鼓舞下，后来，演出队不仅在北京市大专院校和部分单位演出，还赴东北、华东、华南等地演出，受到各级领导和人民群众的热烈欢迎。

居高声自远，非是藉秋风。事情虽已过去多年了，但周恩来、陈毅、谢觉哉等老一辈革命家关怀扶持四川革命残废军人教养院课余演出队的事迹，至今令人感佩。课余演出队员们那种顽强拼搏的精神也像永不熄灭的圣火一样，深深感染着人们，启迪着人们。

（刘春秀）

"都值得我们学习"

1958年3月成都会议后，于5月5日到23日，党的八大二次会议上再次批评了"反冒进"。周恩来再次承担了责任，说："我是这个错误的主要责任人。"会后，周恩来向中共中央提出，"继续担任国务院总理是否合适的问题"。虽然6月9日毛主席主持了中央政治局常委会决定"没有必要加以改变"。但是，周恩来从实际出发提出的反对急躁冒进，尊重经济建设规律的正确意见受到严重挫折，党内生活出现不正常的状况。"大跃进"无法阻拦地发生了。

6月15日、22日、23日他三次带领部长们和国家机关、中直机关干部到北京十三陵水库劳动。而其他干部一周只劳动一次。6月30日周恩来离京到广东、上海视察，学习秘书范若愚随行。周恩来很关心教育事业的发展，6月18日批准创办中国科技大学。派范若愚到上海的一所大学去了解大学生的情况。

范若愚到了一所大学，听说大部分学生不在校内，有的炼钢去了，有的在街上集体打麻雀，留在校内的学生，愿意上课的教员就去讲，不愿上课的也无人管。范若愚在教学区转了一下，所有教室都"空空如也"。后来终于发现有个教室在讲课，但听课的学生只有一人。由于他从未见过在学校的课堂内只有一个学生听课的现象，不免有些好奇，便坐在后排旁听起来。这是一节历史课，那位教员讲的内容，在他听来是"平平淡淡"，没有引人入胜的地方，但是那位教员一本正经，滔滔不绝地一直讲到下课，而那位唯一的学生，目不转睛、全神贯注地听着，并且不时地记笔记。范若愚像新闻记者一样，回到招待所写了一个"旁听记"提纲，准备向周恩来汇报。

已经夜深人静，但屋子里依然热得很。周恩来送走当天的最后一批客人后，要范若愚在屋外的凉台上向他汇报。从范若愚在汇报时的措词和表情，周恩来看出范若愚是作为一个"笑话"向他汇报的。汇报后，出乎范若愚的意料，周恩来很严肃地说："你今天所见的师生二人，都值得我们学习！那位教员并不因为只有一个学生听课影响他正常的讲授；那位学生也并不因为教员讲得'平平淡淡'而不愿意听。"

周恩来紧接着又说：我们在政治生活中要锻炼得能够听完使自己最难听的话，不可因为触及自己的痛处，就面红耳赤立即起来辩解，打断人家的话。在学习生活中，要锻炼得能够听完自己认为"平淡无奇"的学习报告，要把应该读的但自己感到最枯燥的书读完。一个干部能否做到这两点，就可以看出他的政治和理论修养的程度来。这正是周恩来对待错误批评的态度。

"海纳百川，有容乃大"，周恩来对那师生二人的赞扬，正是体现了这种崇高的美德，也是曲折地反映了周恩来对"大跃进"的看法。由于1958年1月南宁会议和3月成都会议上，周恩来因为反冒进的问题刚刚受了批评，所以他对"大跃进"不便再讲话，不能再讲话。

（曹应旺）

特殊的客人

1959年12月14日,周恩来在自己的住所中南海西花厅会见了一批特殊的客人。说特殊是因为不久前他们还是功德林的在押战犯,刚刚走出森严的大铁门,就得到了周恩来朋友般的接待。

功德林,位于北京北郊德胜门外,这里最早是一座庙宇,清朝末年才被改建为一座监狱。新中国成立后,这所监狱直属国家公安部管辖,称做北京战犯管理所。

这群客人中,除一位是来自抚顺战犯管理所的清朝末代皇帝爱新觉罗·溥仪外,其他都是原国民党高级将领。他们之中除陈长捷、卢濬泉二人外,杜聿明、宋希濂、周振强、曾扩情、王耀武、郑庭笈、邱行湘、杨伯涛都是黄埔军校的毕业生,在解放战争中做了人民解放军的俘虏。

1956年1月30日,周恩来在《中国人民政治协商会议第二届全国委员会常务委员会工作报告》中提出,"为争取和平解放台湾,实现祖国的完全统一而奋斗"的号召。为贯彻周恩来的指示,有关部门加速了对战犯的改造,将全国战犯从四面八方集中到功德林监狱。在新中国的监狱中,他们对过去的生活进行了深刻的反省,开始重新选择人生的道路。

1959年新中国成立十周年前夕,经毛泽东提议,国家主席刘少奇发布了特赦令。他们作为第一批"确实已经改恶从善的战争罪犯"获得人民政府的特赦。

走出功德林的大门,对他们来说意味着新生活的开始,下一步究竟应该怎么走,是每个人面临思索的重大问题。

然而,他们做梦也不曾想到,自己的步子还没有迈出,就受到了周恩来的关注。

此时，周恩来关心的不仅仅是他们的生活，更重要的是他们的思想。他深深地知道，走出功德林后，他们所处的环境更为复杂，思想会受到来自各方面的影响。他们能很快适应新的生活吗？他们能紧紧地跟上时代的步伐吗？一切都在周恩来的系念中。

正在这时，周恩来收到曾扩情以学生身份请求"赐教"的来信。他认为自己曾是黄埔军校的教官，现在是新中国的总理，无论从旧情还是新谊来讲都有不可推卸的责任，应该在他们的新生活刚刚起步时，对他们有一些具体的指导与帮助。因此，周恩来立刻安排了这次特殊的会见。

会见的前一天，曾扩情等11人接到通知时并不知道要到什么地方，也不知道究竟是哪位首长会见。因此，他们心中忐忑不安，甚至当天夜里久久都不能入睡。

第二天，载着客人的汽车驶进了中南海，在西花厅的门前停下来。下了汽车，一位干部走过来和蔼地告诉他们这就是周恩来的家。大家一听惊喜万分。后来，其中有人回忆说："当时，能够见到周恩来感到很幸福。但是，想起自己在黄埔军校毕业之后，走了一段漫长的反革命道路，成为罪行累累的战犯，真不知该说什么好，喜悦和羞愧之情顿时交织在一起。"

望着西花厅清洁、简朴的院落，大家慨叹不已，称赞着主人的廉洁。因为周恩来有事，他们被引进客厅等候。大概过了半个小时，进来一个人，统战部副部长徐冰介绍，这就是末代皇帝溥仪。溥仪向大家频频点头致意。

不一会儿，周恩来满面笑容跨进了客厅，和他一起进来的还有陈毅副总理、习仲勋副总理以及张治中、邵力子、章士钊等人。大家同时站了起来，在他们眼中，周恩来同他们过去见到的一样，英气不减。

周恩来挥手请大家坐下。他亲切地环视一周，逐一问起每个人特赦后的身体情况和家庭状况。

他对曾扩情说："我在黄埔军校时年龄还不到三十岁，当时感到压力很大。"

曾忙说："我那时已三十开外了，我这个学生比老师还大几岁哩。"当时，曾扩情在黄埔军校政治部任少校科员。

这时，周恩来看到坐在一旁的溥仪，这是他第一次同末代皇帝见面，所以叙谈的时间比较长。他同溥仪说起满族人的习俗礼节，陈毅同志在旁风趣地说："我当年在北京读书时，还是你的臣民呢。你出来时，我们还想看看你这个皇帝呢。"

周恩来的目光又转向杜聿明。杜聿明是黄埔一期学生，解放战争时期任国民党东北保安司令长官，后任徐州"剿总"副总司令。淮海战役中被俘后，陈毅要见他，他态度顽固拒不相见，因此今天深感惭愧。

他面有愧色地对周恩来说："学生对不起老师，没有听老师的话。"周恩来忙说："这不怪你们，怪我这个当老师的没有教好。"一席话感动了在座所有的人。他们之中有人后来回忆说："总理对我们这样慈祥的态度，亲切的谈话有如阵阵暖流，沁人心脾，使我们紧张的心情消失殆尽。"

在祥和的气氛中，周恩来话归正题。他说："你们出来几天了，有些问题先谈一谈好。我们党和政府是说话算话的，是有原则的。我们是根据民族利益、人民利益来释放你们的。"

为使他们在新生活的道路上行动有所遵循，周恩来着重要他们注意解决四个问题，这就是立场问题、观点问题（包括劳动观点、集体观点、群众观点）、工作和生活问题、前途问题。

谈到立场问题时，周恩来强调："立场是个政治问题，就是人们在民族斗争和阶级斗争中站在哪一边的问题。"他说："你们在这个方面要经得起考验。"接着，他又激动地说："从鸦片战争到今天，经过将近一百二十年的斗争，中国人民翻了身，取得了伟大的胜利，这一事实连帝国主义也是承认的。"他的目光转向溥仪说："溥仪先生可以证明，现在我们的国家比你们过去搞得好吧，国民党统治二十多年也没有搞好，今天中国六亿五千万人民站起来了。生于斯，长于斯，这样的国家不爱还爱什么？"

大家深为周恩来强烈的民族感情、爱国热情所感动。

谈到观点问题时，周恩来首先肯定了他们有做新人的愿望，但指出还要继续树立和加强劳动观点、集体观点和群众观点，不要把十年改造所得抛于一边。

接着又说了他们的工作、生活安排和前途问题，嘱咐徐冰等同志一定要做出妥善安置。他对大家说："有什么不如意的事可以写信与统战部联系。"

最后，周恩来希望他们今后利用旧的社会关系多来帮助政府改造社会上的死角。他特别对着溥仪说:"溥仪先生可以起到我们起不到的作用。对社会上好的影响要接受,坏的影响要挡回去。"鼓励大家接受考验,努力改造,努力工作,不断进步。

周恩来讲完话后,章士钊对大家说:"你们各位过去都带过几十万大军打仗,好好干,将来是能发挥作用的。"

张治中在一旁补充道:"你们过去都是黄埔学生,你们没有听周主任的话走错了路。现在周主任释放了你们,要好好跟周主任走。"

周恩来笑了笑,接过去说:"张文白(治中)是老一套,你们应该感谢毛主席,感谢共产党挽救了你们。"

在一旁沉思良久的傅作义抬起头来有些激动地说:"我同你们一样,过去也曾是一名战犯,只不过比你们早觉悟一个时候,也是被迫改造的。"周恩来补充说:"是啊,应该承认,对你们是一种特殊环境中的强迫改造,你们应该想想如何从强迫改造进入自觉改造。"

11位客人满载着周恩来的深情厚谊离开了西花厅。室外的空气是寒冷的,但是每个人的心中却感到无限温暖。周恩来谆谆的教诲像一阵春风,把党的统一战线政策传送到每个人心中。在陈诚部队成长起来的杨伯涛后来感动地说:"这种对待俘虏的做法自古以来是没有的。我为什么拥护共产党,因为我是过来人,我看到过国民党的兴盛,也看到过它的衰败。我为国民党做过十九年事,又在共产党领导下工作了二十多年,我感到只有共产党才有这种胸怀。而周恩来使我形象化地认识了共产党。"

(廖心文)

真诚的"红娘"

1976年1月,哀乐传送着周恩来去世的不幸消息,悲伤的情绪笼罩着北京城。

在东城的一座四合院内,一位老人静静地坐在火炉前,他曾经是一位旧军人,有着许多军人同样具备的坚强性格。但是,当他听到周恩来去世的消息时,却像柔弱的孩子般放声大哭起来。

他叫郑庭笈,是1959年中央人民政府特赦的第一批国民党高级战犯中的一员。

郑庭笈是广东文昌(今海南)人,黄埔五期学生。解放战争期间,他曾任国民党第四十九军中将军长,辽西战役时被人民解放军俘虏。在中国共产党的监狱中度过了十余个春秋。由于他认真接受改造,获得了党和人民的宽大和谅解。

1959年12月14日,周恩来亲切会见了第一批特赦的国民党高级战犯,郑庭笈就是其中的一位。

前一天,郑庭笈接到通知,要他第二天在家里等候,中央首长要会见他和一起出狱的其他几个人。当时,他家的保姆对他说:"什么首长接见,准是故意来看看你是不是在家。"郑庭笈心中也很疑惑,猜不出会有什么事,但心中一直踏实不下来。

14日下午,郑庭笈被车子送到了中南海西花厅。下了汽车他才知道来到了周恩来总理的家中。不知是室内暖气太热,还是内心太激动,郑庭笈的脸上沁出一层细细的汗珠。

等了一会儿,周恩来进来了,他满脸含笑,大步走过去,亲切地同每一个人都握了手。他一个一个地询问了每个人的学习情况、家庭情况和身体健康情况。走到郑庭笈面前时,张治中在一旁介绍说:"这是郑介民的堂弟。"郑介民在1946年时任国民党政府军事委员会军令部第二厅厅长,是周恩来、张治中、马歇尔三人小组领导下的北平军调处执行部国民党政府方面的代表。

周恩来说:"我知道。"接着他问到郑庭笈的家庭情况。

郑庭笈的妻子叫冯莉娟,1948年郑被俘后,他的朋友们为她准备好了去台湾的船票。但是,当她听到郑被俘后在哈尔滨发表的一篇广播讲话稿后,就决定留在海南岛。1954年她回到北京,因战犯的妻子不能安排工作,无法解决家庭生活问题,她决定和郑庭笈离婚。

郑庭笈如实地把自己的家庭情况告诉了周恩来。

周恩来听后沉思片刻,转过头去对张治中说:"那你们应该动员他们复婚嘛!"

这件事郑庭笈以为周恩来顺便问问就过去了,没想到当他再次遇见周恩来时,周还记挂着这件事。

1960年10月19日,周恩来委托张治中在颐和园邀集黄埔同学聚会。周恩来、邓颖超、陈赓、张晓梅、童小鹏、罗青长和在京的国民党知名人士郑洞国、侯镜如等都参加了。获特赦后正在京郊公社参加劳动锻炼的黄埔生也参加了。

周恩来因事到得较晚,邓大姐向大家解释说:"你们要原谅他,他忙得不得了,我在家都没有时间同他谈话。"

大家闲谈了一会儿,周恩来匆匆赶到。同第一次会见一样,他一边同每个人一一握手,一边询问他们出狱后生活是否习惯了,还有什么困难,今后有什么打算。

轮到郑庭笈时,周恩来第一句话就问:"你复婚了吗?"一句普通的问话犹如一股暖流,流过郑庭笈的全身。

大家在一起吃的午饭。张治中准备了两桌酒菜,周恩来说:"现在是困难时期,我们的毛主席都不吃荤了。文白(指张治中)先生本事大,为我们搞了这么多菜。"饭桌上空气活跃,周恩来不时为大家夹菜,共同畅叙国共合作的历史。

郑庭笈还沉浸在往事的回忆中。他看着周恩来亲切的面容,听着他朗朗的笑声,百感交集。想到旧中国,国民党发动内战,使他沦为战犯,家庭如一面镜子破碎了。新中国，共产党胸怀博大，使他重新做人。国家总理还亲自过问他的私生活，并牢牢挂在心中。他想，自己没有理由不努力进行改造，早一天结束劳动锻炼，解决好家庭问题，使周恩来放心。

1961年3月，郑庭笈被分配到政协任文史专员，他每天到文史资料委员会去上班。在周恩来关怀下，政协对他也很照顾，将他的妻子调到他身边做打字员，为他们夫妻重聚创造了条件。

不久，郑庭笈夫妇终于重新恢复家庭关系。他逢人便讲："如果没有周总理，我们夫妻不会破镜重圆。我的家庭也不会像现在这样幸福。可以说，周总理就是我们的红娘。"

如今，周恩来去了，他的温暖却留在了每一个曾经受到他关心的人的心中。这恐怕就是这位在战场上都不肯轻易落泪的汉子抑制不住泪水涌流的原因。

（廖心文）

邯郸调查　解散食堂

到1960年下半年，"大跃进"的恶果已经显露出来。周恩来负责全国的经济建设工作，很快感到问题的严重性。10月29日，他亲自主持起草《关于农村人民公社当前政策问题的紧急指示信》，信中对"一平二调"做了许多纠正，但是没有涉及农村食堂问题。因为许多同志认为食堂是必须固守的社会主义阵地，失掉这个阵地，人民公社就不可能巩固，"大跃进"也就没有保证。

其实，周恩来对1958年以来在农村大办公共食堂是有看法的。1959年他算过一笔账，实行供给制，吃食堂不要钱，每人多吃一点，用全国总人口6亿几千万一乘，数目就大了。他知道，经过核实，去掉高估产、浮夸风造成的大量水分以后，大丰收的1958年，我国粮食产量也只有4000亿斤。

为了迅速扭转恶化的经济状况，1961年初党中央、毛泽东发出大兴调查研究之风的号召。这年4月底，周恩来到邯郸地区调查。一路上他看到旱情严重，麦子长得稀稀落落，心情十分沉重。现在正是青黄不接，粮食更加困难。

为了不给地方政府添麻烦，周恩来就住在火车上。5月3日，在冉冉升起的朝阳、习习吹来的春风的伴送下，周恩来身穿半旧藏青色衣服，脚踩一双半旧圆口布鞋，带着自己办公室的几位工作人员，坐汽车来到原晋冀鲁豫军区所在地——河北武安县伯延公社。

他下车看到路边搭个棚子，棚子下架着一口大锅，社员们拿着锅盆排队打饭回去吃。他知道这就是食堂。走过去，打开锅盖一看，锅底还剩一点玉米面和菜煮在一起的糊糊。他问："我能不能吃一点？"食堂管理员找碗给他盛了一勺。周恩来喝完了，心中一沉，马上要麦收，只喝稀的，怎么能顶得住。他转身对卫士长成元功说："你替我付上一角钱，二两粮票。"

周恩来不辞辛劳,走村串户,就广大农民最关心的问题找公社、大队、生产队的干部和社员谈话,开座谈会,认真听取社员对党的农村政策的反映。

这时,强迫命令、浮夸风和"共产风"仍很严重,在周恩来初到之时,广大社员还不敢讲真话。但在4日下午召开的社员座谈会上,一位名叫张二廷的性格开朗的社员的发言却十分坦诚直率,引发了周恩来要进一步同他交往,深入了解一些情况的欲望。

座谈会结束后,周恩来径直赶到他家。刚一进门,他就亲切地连声叫着:"二廷,二廷,在哪屋住?"张二廷听见是周恩来的呼唤声,急忙跑到院子里,噙着泪说:"周总理,快到屋里坐。"

"以后不要叫我总理,叫我老周就行。"顿时,一股暖流涌上张二廷的心头。周恩来一边说着,一边热情地拉着张二廷的手,一同走进屋里,像久别重逢的亲人,同他拉起了家常。他俩就这样交上了朋友。

张二廷见这位要自己称他做"老周"的国家总理这样平易近人,他便根据伯延公社所遭受的严重灾情和针对农村人民公社在公共食堂、评工记分等方面存在的问题,毫无戒心地坦诚直言:"这两年生活一年不如一年。"并指着周恩来说,"如果这样下去,连你也会没有吃的。"

张二廷的话,在周恩来心中掀起一阵波澜,引起他的极大重视和沉思。"多好的一个社员啊!"周恩来对张二廷的好感日趋浓烈。20多天后,周恩来在中共中央工作会议上感慨地说:"这个社员劳动很好。他的这句话对我教育很大,我很受感动。这是我在调查中所听到的最生动的一句话。"

在场的地委干部没料到会从张二廷口中冒出这么一句话来,显得有些尴尬,转而对周恩来说:"这个人是个落后分子。"周恩来不以为然,看了看这个干部,和颜悦色地说:"这样看不对。张二廷说的是真理。只有当他把我们看作是自己人时,才会说这样的话,这是最一针见血的话。"

第二天上午,周恩来竟只身一人步行到张二廷家中,来到院内,又亲切地喊着:"二廷,二廷!"但是没人应声。他见门开着,便走进屋里,看见张二廷和衣在炕上睡着了。周恩来轻轻地拍着他的腿说:"二廷,二廷,累了吧,今天下午咱还开会,你准备参加。"当张二廷翻身起来,要挽留周恩来再坐一会儿时,周恩来已经走出屋外。周恩来转身歉意地说:"我打搅你了,休息吧。"

一天,周恩来又到张二廷家串门,闲谈中了解到张二廷妻子已经在头一年去世，由他一人带着四个孩子过日子，既要料理家务，又要参加集体劳动，生活中的困难实在不少。鉴于这一情况，周恩来跟张二廷商量说："四个孩子你照管有困难，如果你愿意，我帮你抚养两个，等长大了再让他们回来，你看行不行？"

人非草木，孰能无情。周恩来的一席话，再一次把张二廷的心说得热乎乎的。但是，他想到周总理日日夜夜都在为国家大事操劳，宁愿自己拖累大一些，也决不为孩子的事情给周总理增添麻烦，因此没有同意周恩来领养。

周恩来调查完毕离开伯延公社时，张二廷依依惜别，深情地说："总理，你今后一定抽空回伯延看看呵。"周恩来微笑着说："有机会一定来，如果我来不了，也一定派人来看你。"一年、两年、三年、四年、五年，一直到"文化大革命"前，周恩来年年都派人去伯延公社看望这位当年使自己"很受感动""说的是真理"的农民朋友张二廷。

周恩来在伯延的6天，是伯延公社社员心情舒畅的6天，人心激动的6天。6天中，周恩来多次召开座谈会，并调查和走访了几十户社员家庭，问寒问暖，问今问昔，把党的关怀直接送到伯延公社社员心窝。淳朴厚道的伯延公社社员也以心交心，以情换情。有的说，各家不做饭，连炕也不能烧，炕是冷的，无法取暖；有的说，食堂管理员、炊事员不公平，和他们关系好就给干的；有的说，自己做饭汤汤水水都能喝到肚里，现在吃不饱。社员们把主张取消公共食堂和供给制等心里话全掏了出来，给了周恩来。周恩来当场决定解散这个生产队的食堂。

为了及时地调整党的农村政策，以调动广大农民战胜严重自然灾害、努力恢复和发展农业生产的积极性，5月7日，周恩来将自己在邯郸调查所了解到的一些真实情况，向毛泽东作了电话汇报：

现在有下面四个问题简要地向主席汇报一下。

（一）食堂问题。绝大多数甚至于全体社员，包括妇女和单身汉在内，都愿意回家做饭。我正在一个食堂搞试点，解决如何把食堂解散好和如何安排好社员回家吃饭的问题。

（二）社员不赞成供给制，只赞成把五保户包下来和照顾困难户的办法。现在社员正在展开讨论。

（三）社员群众迫切要求恢复到高级社时评工记分的办法，但是已有发展。办法是：包产到生产队，以产定分，包活到组。这样才能实现多劳多得的原则。因此，这个办法势在必行。只有这样，才能提高群众的生产积极性。

（四）邯郸专区旱灾严重，看来麦子产量很低，甚至有的颗粒不收，棉花和秋季作物还有希望。目前最重要的问题是恢复社员的体力和恢复畜力问题。

当天，毛泽东在周恩来的电话记录稿上写下批语："此报发给各中央局，各省、市、自治区党委参考。"随即，中共中央将这个报告转发各地。

5月21日到6月12日，中共中央在北京召开工作会议，会议根据刘少奇、周恩来、朱德、邓小平等中央领导人和各地领导人在调查后所提出的意见，在《农村人民公社条例（修正草案）》中取消了原草案中关于公共食堂和供给制的规定。周恩来根据邯郸所获得的真实反映，还在这次会上大力提倡并在会后积极推行了粮食包产的办法。

从此，广大农民从事农业生产的积极性有了极大的提高，推动了农村形势在三年内的全面好转。

（熊华源）

又是一个不眠之夜

1961年6月8日晚上,首都剧场的舞台上正在上演北京人民艺术剧院重新排练的话剧《雷雨》。

满身倦意的周恩来处理完案头急需批发的文件又来到首都剧场,悄悄地坐在观众席上。像前天晚上一样,他的身体斜靠在椅背上,双臂交叉在胸前,一只手微微向上抵着下巴,全神贯注地看着舞台上的演出。但是今天,他的神情看上去有些严肃,似乎在思索着什么……

大幕终于降落下来,戏散了。人群涌出剧场向四面八方散去,嘈杂的前大厅和门外的街面上很快空旷下来,恢复了夜间的宁静。

但是,在剧场的休息室内却依然灯火通明。原来,周恩来还没有离去。他把这出戏的有关人员留了下来,请大家开一个座谈会。

这一年,正是我国连续遭到三年自然灾害,极其困难的一年。农业上的困难刚刚开始克服,城市中的困难又突出地表现出来。需要处理的问题堆积如山,中央几乎天天开会,分析形势,总结经验,寻找问题。周恩来作为国家的总管家担子比哪一个都重,开会、谈话……一天的日程总是排得满满的,几乎占去了全部休息时间。为什么在这繁忙之中他却接连两晚光临首都剧场观看《雷雨》的演出呢?

不错,周恩来从年轻时候起就喜欢话剧,他不仅喜欢看,而且还会演。就是解放后他对话剧的兴趣依然很浓。不过,从这时候开始,对他来说看戏已不是单纯的休息和娱乐,而是作为了解文艺界动向和社会情况的好机会了。

今天,他不仅来看戏,而且戏散之后迟迟不肯离去,就是因为这场《雷雨》使他清楚地看到"大跃进"带来的偏差已不仅仅表现在经济问题上,而且影响到其他领域。一些话不能不说了。纠正偏差就要从发现问题开始。

不一会儿，人召集齐了。《雷雨》的作者曹禺、导演夏淳以及这台戏的主要演员朱琳、胡宗温、郑榕、于是之、狄辛、李翔、董行佶等都请到了。

周恩来首先请大家谈一谈这次排练的情况，他那略显疲倦的目光环视着到场的人们，目光最后落到主演鲁妈的朱琳身上。那透着亲切与鼓励的询问消除了朱琳的紧张。她告诉周恩来，最初排这出戏用了三个月时间，而这一次因为赶任务只花了一个星期。

周恩来若有所思地点点头。果然被他预料中了。这两天他一直在想，北京人艺是国家级的剧院，这些演员都是全国第一流的，基本训练是有基础的。为什么这次重新上演这出熟悉的剧目却这么不理想呢？问题就出在朱琳汇报的情况上。

周恩来开始讲话了。他说："前天晚上就看了你们的演出，许多台词都还不够清楚，今天的戏比那天熟一些，但是还不够理想。"他一一指出几位主要演员在演出中的长处和存在的问题后总结说："这次的演出是因为赶任务而影响了戏的质量。我总觉得应该在质量上好好研究一下，别只为了赶任务而降低了戏的质量。"

但是，这些问题能怪演员吗？不，不能。周恩来心中很清楚，"问题的根源在于大跃进以来，有时因指标定得偏高超过了可能实现的标准，往往也就影响了质量。"他用包含着检讨的口吻说："大跃进是好事，'多、快、好、省'是对的，然而只因'多、快'而忘掉了'好、省'就没有全面地对待这一方针。经济问题如此，文艺界的问题也是如此。"

谈到这里，周恩来回想起 1959 年在北京人艺完成了 900 多场演出任务后，自己在新年晚会上举杯为他们祝贺的情景。一股内疚之情涌上心头。周恩来说："当然，这个责任还在我们身上，过去几年净忙着赶任务，对提高质量有忽略的地方。人不能长时间处于赶任务的状态中，不然既影响戏的质量，也会影响你们的劳逸结合。"

引咎自责的话语深深地感动了到会的每一个人。多么好的总理啊，只有他这么理解演员的苦衷，这么保护演员的热情。

为了使大家的情绪平静下来，周恩来话锋一转，谈起了话剧的表演。

他说："毛主席对话剧就缺乏兴趣，总感到话剧没有什么看头，就跟平常说话没什么区别。为什么毛主席这样说呢？这就表明我们话剧的表演中还存在有若干自然主义的地方，应该杜绝这些毛病。"

会场的气氛活跃起来，大家请求周恩来多谈一些他的体会。周恩来直率地提出了自己的见解。他说："演员在表演时要做到'心中有人'，'目中无人'。就是要明确自己在台上的所做所为给观众哪些影响。你欲留给观众深刻的影响，首先就应该要求自己把所扮演的人物刻画深刻。"这是不是又在指责演员的表演呢？不是！周恩来继而温和地对大家说："今天提这个要求并不是责怪你们，首先是我们领导对这个问题注意得不够。今天这样提也不是批评你们，只希望拿这个戏作一个好例子，进一步提高质量。"

为了使人民艺术剧院在话剧界做个表率，周恩来勉励大家说："话剧是通过语言来教育观众，这不是说每一个会说话的人都能做的工作。这是一项专门的学问。你们剧院带个头，从这方面多做一些工作，戏的质量一定会提高的。"

夜深了，在秘书的催促下，结束了座谈。临行前，周恩来又再三叮嘱曹禺和几位年长的同志，一定要经常给大家说说戏，年轻演员有不明白的地方要多给他们一些具体的帮助。多么周到，多么细致啊。怪不得十几年后，人民艺术剧院的同志回想起所走过的路程，总难忘周恩来的关怀与帮助。

戏散之后几个小时过去了，那些和周恩来同看一场演出的人们早已进入甜蜜的睡梦中。他们恐怕做梦也不会想到，在那困难的年月中，周恩来为纠正各个领域工作中出现的偏差，熬过了多少个不眠之夜。

（廖心文）

"干一杯酒，要增加外调粮食 1 亿斤！"

1961年我国国民经济正处于最困难时期。妥善解决粮食问题，成为这一时期战胜困难、渡过难关的最关键问题。周恩来是解决全国粮食问题的总指挥。这一年，他就粮食问题作过40多次讲话，着力解决国家对粮食的需要量同各粮食调出省区调出量之间的巨大逆差问题，千方百计通过种种有效办法来保证京、津、沪、辽城市人口和重灾省区人口口粮的最低需要。

这年9月17日，周恩来在江西庐山参加中央工作会议后，在主管农业的副总理谭震林和副总理、解放军总参谋长罗瑞卿的陪同下，来到省城南昌视察。

18日晚，周恩来、谭震林、罗瑞卿等同江西省委领导人杨尚奎、刘俊秀等共进便餐，同叙国事。他坐在首席，挥动着人们熟悉的手势，热情地同江西省委领导人谈论着怎样尽快恢复和发展国民经济，加快江西革命老根据地的建设等重大问题，特别强调了搞好商品粮和经济作物基地建设的重要意义。

席间，周恩来谈锋甚健，愈谈兴味愈浓。他风趣地对江西省委一班子人说："你们不是有个《江西是个好地方》的歌子吗？这个歌儿不错，江西确实是个好地方，三面环山，还有鄱阳湖，既是鱼米之乡，又是革命老根据地。这些年，你们工作抓得不错！粮食也比较多嘛！"

杨尚奎等省委领导人回答说："总理，我们工作做得还很不够。"接着，省委负责农业生产的刘俊秀站起来说："南昌是总理领导八一起义的英雄城，人民解放军的诞生地。总理离开南昌34年了，今天来到南昌视察工作，我们心里格外高兴，为总理的健康敬一杯酒！"

周恩来听到祝词后也站了起来，双手交叉抱在胸前，乐呵呵地说："江西对国家的贡献是大的，特别是这几年困难时期，又多支援了国家粮食，应该受到人民的表扬。"随后，他诙谐并加重语气说："俊秀同志，你要敬我一杯可以，但有个条件！"

刘俊秀略为一惊地问："有什么条件？"

周恩来轻快地回答道："干一杯酒，要增加外调粮食1亿斤！我们干3杯，增加3亿斤好不好？"

刘俊秀略为沉思后说："总理啊，国务院给我们的外调粮食任务12亿斤，我们保证一粒不少，坚决完成，再增加3亿斤就是15亿斤了，怕有些困难啊！"

这时，谭震林、罗瑞卿给颇感为难的刘俊秀鼓劲说："老刘啊！总理多年没有来南昌了，看到你们江西形势比较好，心里很高兴，你既然敬总理的酒，敬3杯，3亿斤就3亿斤嘛！"

由于事前对江西本年度粮食产量和人均粮食占有量等情况已有清楚的了解，因此，周恩来十分肯定地说："我有调查，江西老表口粮水平比较高，还有储备粮，比严重缺粮的晋、冀、鲁、豫好多了。增加3亿斤虽有困难，但还是可以增加的！"

周恩来一番恳切的言词，打动了刘俊秀的心，他想到周总理是我国6亿多人民的当家人，如果现在国家没有面临这么大的困难，周总理是决不会开口向江西要粮食的，江西再有困难，也要想办法再拿出3亿斤粮食来支援国家。于是，刘俊秀说："可以，就按总理的意见办。总理的心情我们理解，国家有困难我们应该大力支援，3亿斤就3亿斤！"

听了刘俊秀令人满意的爽快回答，在和谐轻快的气氛中，周恩来举起酒杯，同江西省委领导人杨尚奎、刘俊秀等连干了3杯。

19日上午，周恩来带着江西为国家增加3亿斤外调粮的喜讯动身飞回北京。

由于全国人民节衣缩食，同舟共济，终于在1962年渡过难关，农业生产形势开始好转。

（熊华源）

就以你们做民主的据点

1962年4月30日，正是春暖花开的日子。全国青联四届一次会议的会场上洋溢着欢乐的气氛。充满青春活力的三百多位代表济济一堂。他们很早就来到会场，仿佛在期待着什么。

忽然，他们眼中闪出惊喜的目光，主席台上真的出现了周恩来的身影，全场顿时爆发出雷鸣般的掌声。这掌声包含了年轻一代对他的崇敬、爱戴和欢迎。一些熟悉周恩来的"老代表"看到他为操劳国事而又增添的根根白发，止不住淌下热泪。他们似乎有些后悔，为什么写了那封信来增加周恩来的负担。

信，真是那封信请来了周恩来吗？是的，那还是上个月的事情。

经过七千人大会的充分讨论和总结，党内对形势和任务取得一致认识，周恩来在二届全国人大三次会议上作了政府工作报告。这篇报告既是对"大跃进"以来工作的重要总结，也是向人民的一种交代。周恩来在报告中不仅对国际形势做了详细分析，而且对国内形势在充分肯定成绩的前提下，指出了党由于缺乏经验，在探索建设道路的过程中产生的缺点和错误，并且从政府工作方面对这些缺点和错误承担了责任。

在当时，这些认识能否取得人民的理解，是我们党下一步能否继续前进与发展的重要因素。因此，周恩来非常注意收集和听取各方面对报告的反映，真心诚意地希望得到人民的谅解和帮助，进一步改进党和政府的工作。

全国人大会后不久，周恩来收到各方面的来信，其中有一封是全国青联代表对政府工作报告的反响。这封信立刻引起了周恩来的高度重视，他非常想知道代表着中国的希望与未来的年轻人究竟是怎么想的。

来信中提了七个问题：第一，世界革命形势是高潮还是低潮？第二，我们的朋友是不是遍天下？第三，无产阶级和资产阶级到底是谁衰退？第四，支持资本主义世界的革命，是不是干涉人家的内政？第五，社会主义阵营讲团结，有人不讲怎么办？第六，这些年我们国家在经济上发生这么多困难，到底是强还是弱了？第七，怎样解释最困难的时期已基本度过，现在依然还很困难？

其实，这些问题周恩来在政府报告中已经讲得很多很透了。青年们继续发问，说明他们在思想认识上与报告所阐述的精神是有距离的。

周恩来看完信后想了许多，他认为青年人多思、好学、勇于提出问题的精神是十分可贵的，应该鼓励他们讲真话，只有发扬民主，才能调动大家的积极性。另一方面，在充分听取他们的意见后，要认真对待，加以引导。

经秘书查询，周恩来得知全国青联四届一次会议将在北京举行，出席会议的代表来自全国各地，包括11个方面，19个民族和28个地区，他们的联系面是十分广泛的。这一点引起了周恩来极大的兴趣，尽管那些日子他十分繁忙，工作日程总是安排得满满的，还是决定抽出时间参加这个会议。

会议的前一天，周恩来反复思索着讲些什么。从青年人的特点来说，热情、勇敢、最少保守思想。但他们阅历浅，看问题往往拘于表面而忽略本质，这些从他们所提问题中已反映出来。因此，明天的谈话不能就问题而论，要从认识问题的方法上引导青年。再有，下一步工作的重点是精简问题，青年人的读书、就业都会受到影响，这个问题也要讲一讲……直到深夜上了床，周恩来还在考虑第二天的发言。

这一夜，他失眠了。

现在他看到眼前的青年一个个朝气勃勃，非常高兴，一夜的疲劳似乎消失殆尽。他举起双臂招呼大家坐下。会场很快肃静下来。

周恩来说："你们要我同你们交换意见，那么好，我也给你们提出一个条件。我回答你们一些问题，你们得反映给我一点意见。"诙谐的开场白引发了全场欢快的笑声。"对我的发言你们要做到四点：一是同意，二是反对，三是补充，四是怀疑。做到这四点才算是民主。我就以你们青联三百多位同志做民主的据点。"代表们报以热烈的掌声。

周恩来继续说："为什么在报告中我要讲这几年成绩是肯定的，而又会产生许多缺点、错误呢？就是闭塞了。这个时期我们听同样的话多，不同的话少。我很希望从你们这里听到。我今天就是本着这样一个想法来和你们见面的。"诚恳的态度，亲切的话语使总理与青年朋友的心贴得更近了。

接着，周恩来——具体回答了青联同志来信中所提的问题，并且着重从认识问题的方法上进行了引导。他说："我们观察问题要有历史观点，全局观点，还要有长远观点。你们要掌握一点方法，透过现象来看本质。"

联系国内形势，我们现在究竟是强了还是弱了？周恩来做了一番富有哲理性的分析，他说："什么是最困难的时期，什么是还有困难？我们要搞清楚。所谓最困难的时期，就是当我们还不懂得，有了病还不知道，而且埋伏着一个危险的时候。如果我们还不懂得，情况就会比现在严重。现在我们懂得了，懂得和不懂得到底哪一个强呢？当然懂得了强嘛。但病又是逐步来的，只要治了病，就会强起来。"

周恩来的讲话对在座的同志重新思考这些问题，理解党的政策有很大的启发。

稍事休息后，周恩来开始讲第二个大问题——精简问题。这是人大会后贯彻党的"调整巩固充实提高"方针需要认真落实的一项重要而艰巨的任务。周恩来考虑到这个问题涉及千家万户，也涉及青年的前途，应该先和他们交换一些看法，请他们帮助党和政府一起来做这项工作。

周恩来提出在精简中必须注意两点：一是对人要进行妥善安置，强调"有一个人没有安置好，这个任务都不算完成"；二是多为大家找出路，他说："我今天讲这个话就是要求你们多动脑筋，使更多的人找到生活出路。"

为启发大家开动脑筋，周恩来率先讲了一些办法供大家考虑。他说："过去什么都要变成全民的，有些东西搞得过急了，有些可以单独开业的医生应该允许他单独开业，有些家庭教师可以给人家教一点书，过去都搞成全民的就搞死了。"

谈到一部分青年不能升学时，他说："不能升学可以补课嘛，可以由私人办补习学校、函授学校。"他鼓励大家多想办法，但嘱咐"这些办法必须与当地的情况相结合"。

会场气氛活跃起来，周恩来这番极富有新意的见解使大家耳目一新，茅塞顿开，有些人已经开始思考回去后应该如何来做。

由于时间关系，不能展开讨论了。欢送周恩来的掌声经久不息，仿佛不愿他离去。

第二天下午，全国青联主席刘西元接到周恩来亲自打来的电话。周恩来对昨天关于精简问题的讲话又补充了两点意见。第一要保护好属于关停并转工厂的物资。他说：这个"庙"虽然不烧香了，但是"庙"还在，还有设备、有财富，一定要有人负责。第二，人要安排好。他强调指出："国家的精神是凡属精简下来的人，国家都要包下来，负责到底，不能漏掉一个，要使大家有住的地方，有其他职业，有生活保证，不能流离失所。"

刘西元放下电话立即召集全国青联第四届委员会第一次组长会议进行了传达。他说："周总理要我告诉全国青联的各位委员，如果发现有不按照这个办法办的，大家可以直接向中央反映，写信给总理也可以。总理特别强调这一点，特别嘱咐要我把他的话转告大家。"到会同志深深为周恩来的民主作风所感动。

以后，精简工作顺利开展，社会情况十分稳定，几年来由于天灾人祸造成的困难局面终于逐步扭转过来。这与党的威信分不开，与周恩来细致周到的工作也是分不开的。如果我们理解了周恩来工作的全部意义，就会理解为什么全国人民经历了这么严重的困难之后，依然不失信心，与党同心同德，共渡难关。

（廖心文）

"香港95%以上是自己的同胞"

香港是世界金融中心之一和自由港，被称为"东方明珠"。香港常居住人口有600万，每年旅游的人口有1000万以上，每年的用水量达10多亿立方米。可是香港没有天然湖泊、河流，又无充裕的地下水源，历史上曾多次发生水荒，最严重的是1963年的大水荒。

从1962年9月起，香港进入无雨期后，就滴雨未下。1963年仅在6月8日下了一场小到中雨，旱情没有缓解，随后又是无雨期。旱情十分严重。深圳水库和铁岗水库的水位降到死水位以下，连有限的死库容水量也被抽上来使用。香港的人民有每天晚上冲凉（洗澡）的习惯，但由于干旱缺水，连饮水都有困难，冲凉之水就更难满足了。香港供水告急，街头水龙头前，人和水桶排着长队，等候供水。由于缺水，香港经济损失惨重。这一年，全港的织造业、漂染业减产近半，农业损失逾千万元，13个行业停工减产损失达6000万港元，数十万工人相继失业，生活无着落。

香港中华总商会会长高卓雄等知名人士联名，致函广东省长陈郁，请求协助解决香港水源困难，克服旱灾。广东省人民政府一方面采取应急措施，让香港一艘艘万吨巨轮驶向珠江口汲取淡水；另一方面开始酝酿由东江引水到深圳的石马河供水工程。

周恩来及时过问了由东江引水到深圳的石马河供水工程并给予了极大的支持与关怀。在出访亚非14国之前，他到了广州。

1963年12月8日下午，周恩来在广州陶铸家中，听取广东省水电厅厅长刘兆伦关于石马河供水工程方案的汇报。参加人员有中南局第一书记兼广东省委第一书记陶铸、广东省省长陈郁、广东省委第二书记赵紫阳、广东省副省长曾生、广东省水电厅厅长刘兆伦、广州市建设局副局长戴机等。

石马河供水工程，取水于珠江三大支流之一的东江（东莞县境内的桥头），通过拦河筑坝和建立一系列大型抽水机站，逐步提升水位，改东江支流石马河由北向南倒流，使沿程水位逐级提升后流入深圳水库。深圳水库由此获得充足和可靠水源，最后通过坝下多条输水管道供水给香港地区。

周恩来听完汇报，作了一系列具体指示。

他指出，向香港供水问题，与政治谈判要分开，不要连在一起。供水谈判由广东省负责，请港英当局派人进来谈。

他赞成石马河供水方案，"采取石马河分级提水方案较好，时间较快，工程费用较少，并且可以结合农田灌溉，群众有积极性。"

供水工程由港英当局举办还是由我们国家举办？对此，周恩来说："供水工程，由我们国家举办，应当列入国家计划，作为援外专项项目，因为香港95％以上是自己的同胞。"他还就工程的设计、施工及工程费用的落实作了安排，"工程由广东省负责设计和施工，工程费用由广东省按基建程序上报国家计委审查批准。"周恩来认为工程应该实行经济核算，"工程建好后，采取收水费的办法，逐步收回工程建设投资费用"。后拨专款3584万元兴建石马河供水工程。当时新中国刚刚度过三年困难时期，处处都需要钱。3584万元可不是小数目。

在周恩来支持下，由广东省委和省政府负责组织，广东省水利部门以极高的工作效率完成了石马河供水工程的设计。1964年2月20日，石马河供水工程全线开工，北起东莞市桥头镇的东江之滨，南至深圳市与香港交界的深圳河。一万多建设者，摆开了战场。朱德、董必武、陈毅、陶铸等领导人亲临工地视察，极大地鼓舞了水利职工的斗志。沿江农民奉献出土地，砍掉荔枝树。经过一年施工，战胜了5次强台风，完成了土石方200多万立方米、混凝土及钢筋混凝土10万立方米、安装大型抽水机设备33台套、各种闸门和启闭机设备100多台套、架设高压输电线路140公里，并兴建了2座大型变电站。

1965年春，石马河供水工程胜利竣工。同年3月1日起开始对香港供水，结束了香港缺水的历史。香港各界纷纷赠送锦旗表达感激之情。香港中华总商会敬献的锦旗上写的是："江水倒流，高山低首，恩波远泽，万众倾心。"港九工会联合会的锦旗上写着："饮水思源，心怀祖国。"

石马河供水工程自 1965 年投入运用后,年年都按照协议完成了对港供水计划,对深圳和工程沿线的城市用水、农业灌溉所发挥的效益也十分显著。

随着香港的经济发展和深圳特区经济建设的需要,1973 年与 1981 年,对石马河供水工程进行了两次扩建。现在除对深圳特区供水之外,对港年供水能力可达 6.2 亿立方米。石马河供水工程是一条温馨的纽带,传送着祖国,其中也饱含着已故总理周恩来的智慧和对香港同胞的深情厚谊。

(曹应旺)

天涯处处有芳草

从新中国成立之日起,到 1975 年 9 月,周恩来接待来华的外国客人,包括民间人士,达 2890 多次。他每次都把来华的外国客人看作"送上门来的老师",向他们求教、"取经",为国家建设服务。

周恩来说:"一切国家、一切民族都有长处,也有短处,有优点,也有缺点。敢于向一切国家的长处学习,就是最有信心和自尊心的表现,这样的民族也一定是能够自强的民族。"他每次出国访问,都密切联系国内建设的实际,处处留心出访国的长处,并设法予以"引进"。

1963 年 12 月 14 日至 1964 年 2 月 29 日,周恩来在陈毅陪同下访问阿联(今埃及)、阿尔及利亚、摩洛哥、阿尔巴尼亚、突尼斯、加纳、马里、几内亚、苏丹、埃塞俄比亚、索马里、缅甸、巴基斯坦、锡兰等亚非欧 14 国,行程十万八千里,是新中国外交史上一次具有重要意义的外交活动。访问中,周恩来经常用"天涯处处有芳草",教育中国代表团人员应该向这些亚非欧国家学习一切有益的东西。他自己更是身体力行。

参观阿斯旺高坝

尼罗河与黄河同以人类古代文明的发源地而闻名于世,又同以多泥沙河流为世界瞩目。

新中国成立后为综合治理、开发黄河,修建了宏大的三门峡水利枢纽工程。但由于对黄河的规律摸得不透,未能处理好泥沙淤积问题。该工程自 1960 年 9 月开始蓄水,经过一年半的时间,到 1962 年 2 月,就淤了 15 亿吨泥沙;

不仅三门峡到潼关的峡谷里淤了，而且在潼关以上，渭河和北洛河的入黄口门处，也淤了"拦门沙"。周恩来领导三门峡工程的改建，十分重视借鉴国外治水工程泥沙处理的经验。

1963年12月14日至21日，周恩来访问阿联（今埃及），其间，专程去阿斯旺市，参观尼罗河上正在修建的阿斯旺高水坝工程。他非常重视这一具有灌溉、发电、防洪和航运等多种效益的大型水利工程，详细询问了泥沙淤积情况及处理办法。他还邀请埃及高坝部长到中国参观、交流经验，建议中国派代表团到阿斯旺考察。后来，埃及高坝部长应邀率代表团访华，参观了新安江水电站，交流了治理黄河经验。中国也几次派代表团去埃及阿斯旺参观。

比较炼油厂

1963年12月27日至31日，周恩来访问了地处北非地中海和大西洋沿岸的摩洛哥王国。

一天，在王国首相陪同下，周恩来和陈毅参观了一座由意大利帮助兴建的炼油厂。周恩来非常重视国内石油工业建设。1962年6月21日、1963年6月19日，他曾两次视察大庆油田。他希望这次参观，能发现一些对我国石油工业建设有益的东西，以便借鉴。因此，他兴致很高，询问得很详细。他给这个厂的题词中写道："这是一个很好的现代化的炼油厂，建设得很快，管理得很好，并且锻炼出不少技术人员，值得我们学习。"他很赞赏这座炼油厂的现代化设备和现代管理。

返回住所后，周恩来对身边工作人员说，苏联帮我们在兰州建了一座与此厂生产能力相等的炼油厂，职工多达6000人，而这个厂包括技训班在内，总共才300人。相比之下，我们的人力浪费何等惊人！他叮嘱道："记住，回国后一定要石油部派技术专家来看看这座炼油厂。

回国后，周恩来很快指示石油部派了一位总工程师来摩洛哥考察。据这位总工程师说，这个厂不但人员节省，而且由于管道布局合理，占地面积也节省很多。他在那里取得了很重要的炼油厂建设的经验。

1966年5月3日，周恩来第三次视察大庆。他在大庆炼油厂询问了每个车间多少人，全厂多少人，设备仪表是哪里制造的等等。在了解技术和管理情况时，他再次提到摩洛哥的那家炼油厂。他说："我们的炼油技术也有进步，这个炼油厂的人员在国内比不算多，但比国外就多了，我在非洲看过的炼油厂，他们人很少，当然那也是别国搞的。"在看到本国炼油厂的技术与管理进步的同时，周恩来没有忽视与国外先进水平的差距，实际上是再次强调了学习国外先进的技术、管理的必要性。

引进柑橘优良品种

周恩来访问摩洛哥时，还作出了引进摩洛哥柑橘优良品种的决定。

一次，周恩来同陪访人员与中国驻摩洛哥大使馆工作人员共进晚餐后吃水果，大家盛赞摩洛哥蜜柑个儿大、皮薄、汁多、香甜可口。周恩来则深有所思地说，全世界柑橘的老祖宗在中国，可是近几十年我们的柑橘退化了，原因是缺少科学技术人员对改良品种进行专门研究，而西方国家则有科技专家来研究，不断培育出优良品种。这时，中国驻摩洛哥大使杨琪良对周恩来说："据摩洛哥朋友说，世界上有两位最著名的柑橘专家，其中一位是法籍教授，就在摩洛哥植物研究所工作。此人对我国很友好，使馆和他有交往，能否考虑请他去中国讲学。"周恩来说："我们先从国内派几位专家来看看，有些人不亲眼看看是不会相信的，然后再邀请这位专家去中国讲学。可能的话，你们先搞些优良品种的树苗运回国内。"

周恩来回国后不久，就派了广州和西双版纳两个植物研究所的专家到摩考察，并在法籍专家的协助下，挑选了已嫁接好的 30 来种优良品种的树苗 300 株，于 1965 年初空运到广州。后来，这位法籍柑橘专家也应邀访问了中国，作了几次有价值的学术报告。

引种油橄榄树

民以食为天。"食"，不仅要食粮，而且要食油。中国农业没有过关，不仅全国人民的吃粮是一个大问题，吃油也是一个大问题。在 20 世纪 60 年代初期的经济困难中，解决全国人民的吃粮、吃油问题，是周恩来工作日程上的一项重要内容。

1964年元旦，周恩来是在阿尔巴尼亚度过的。访问中，汽车几小时几小时地穿行在油橄榄林绿荫掩蔽的大道上，那四季常绿、青翠欲滴的橄榄枝给了周恩来深刻的印象。他了解到，由于盛产橄榄油，西班牙、意大利和希腊的居民，每人每年平均食用橄榄油分别高达10至20公斤；当地的油橄榄出油率很高，对解决人民食用油很有好处。他想，我国许多省份山地多，山区种植油橄榄树，发展木本油料，既可以不减少粮食耕种面积，又可以增加人民的食用油。于是，周恩来表示要引种油橄榄树。阿尔巴尼亚方面当即赠送给我国一万株油橄榄树苗，并派专家专程护送到我国，进行技术指导。

周恩来结束对14个国家的访问，回国到达昆明时，得知昆明海口林场正准备栽种阿尔巴尼亚赠送的油橄榄树，第二天便不辞疲劳赶到海口林场栽下了第一株油橄榄。他指示大家一定要像抚养小孩一样细心照管，使油橄榄在我国过好成活、生长、开花结实、丰产丰收、传种接代五道关。

周恩来要求有关部门，就油橄榄树在我国的生长情况，每过半年向他专门汇报一次。1974年底的棉油糖麻会议上，周恩来再次强调，南方山区多，木本油料不与粮食争地，可以多发展，并询问了油橄榄树的试种和发展情况。直到病危，他还向云南省问起油橄榄树的发展情况。

如今我国已有油橄榄树500多万株，油橄榄鲜果年产量已达30多万斤。周恩来种下的那第一株油橄榄树连年结果，至今枝繁叶茂。

临渊羡鱼，不如退而结网。看到他国的长处，光是羡慕人家是没有用处的。应该去学习，拿过来，使其在中国的土地上生根、开花、结果。周恩来对埃及阿斯旺高坝、摩洛哥炼油厂、摩洛哥柑橘、地中海沿岸国家的油橄榄树的做法，正是今天对外开放中需要发扬光大的。

（曹应旺）

史诗《东方红》的"总导演"

1964年,在庆祝新中国成立15周年之际,北京人民大会堂隆重上演了音乐舞蹈史诗《东方红》。它以不同历史时期流行的革命歌曲为主线,配以气势磅礴的音乐舞蹈,再现了创建新中国的艰难历程。《东方红》公演后,轰动全国,党和国家领导人包括毛泽东在内,都观看演出,可谓盛况空前。

这次演出,汇集了人民解放军各专业文工团和地方各文艺团体的演员3000余人,不少著名演员,如王昆、郭兰英、才旦卓玛、胡松华等,都登台献艺。这是新中国成立以来对社会主义文艺事业的一次大检阅,而担任这次检阅的总设计和总指导的,正是周恩来。文艺界中躬逢其盛的人们,谈起这段往事,都称周恩来是《东方红》的"总导演"。

他以如此巨大的精力组织、实施如此浩大的艺术工程,这在党的历史上,也是绝无仅有的壮举。

此时的文艺界,正为日益发展的"左"倾阴霾渐渐地笼罩。

1963年5月,江青组织对新编昆剧《李慧娘》和"有鬼无害论"的批判,文艺界气氛顿感紧张。

这年12月,毛泽东根据上报的材料批示:"各种艺术形式——戏剧、曲艺、音乐、美术、舞蹈、电影、诗和文学等等,问题不少,人数很多,社会主义改造在许多部门中,至今收效甚微。""许多共产党人热心提倡封建主义和资本主义的艺术,却不热心提倡社会主义的艺术,岂非咄咄怪事。"他还多次批评文化部是"帝王将相部""才子佳人部""外国死人部"。随后,文化部和文艺界开始整风学习。

接着,又开始了对电影《北国江南》《早春二月》等的批判,并且大有向学术界蔓延的趋势。

文艺界中受波及的不少人，早在抗战时期就在周恩来的领导下，为革命文艺事业作出过重要的贡献。受到批判的电影，有些就是周恩来亲自看过并且肯定的。1959 年，周恩来说过："在文艺方面，戏剧、电影可以说是开得最茂盛的两朵花，这是两朵兄妹之花。"直到 1963 年 8 月，他还对文艺界作过这样的估价："14 年来，我们在文艺战线上有很大的建树，音乐舞蹈方面，也有很大成绩。"

数月之后，面对突如其来的急剧变化，周恩来会作何考虑呢？

据说，周恩来听了陈荒煤的检查发言：电影界"已经形成了一条修正主义路线"，说过一句："不知道荒煤怎么想的？"可见他当时的心情并不轻松。

在如此复杂多变的局面下，提议组织 3000 人演出《东方红》，让文艺界的著名演员权威亮相，当然是保护这些人。歌颂党、歌颂工农、歌颂毛泽东思想，《东方红》要用事实证明 15 年来文艺界的成果是很大的。

这是一次检阅，为了成功，周恩来特别谨慎、细致地导演着。

1964 年 7 月 18 日，周恩来主持召开国务院各部党组书记会议，作了国际形势报告，从上午 10 时讲到下午 1 点半，最后他说：

"我们这回国庆就要大庆祝一下，这回我到上海去，陈总把我拉去看了一个上海三千人的歌舞大会，很动心，我看还不错，是写我们大革命的。请周扬同志、徐冰同志，还有有关方面的同志，你们都是作家，你们大革命都参加过的，你们帮助搞一下。总之，要有人写，不然没有法子表演出来的。现在离国庆只有两个月了，有这么一个想法，就是最好在这个 15 周年国庆，把我们革命的发展，从党的诞生起，十月革命一声炮响，后来的'五四'运动，到大革命，然后又到井冈山，举起了红旗，都贯穿着毛泽东思想，通过这个表演逐步地体现出来。上海那个歌舞，它是一个国际歌一唱，下一幕马上就是到了井冈山，这个也太突然了。还有少奇同志领导的工人罢工斗争，也是在毛泽东的思想影响下。然后农民运动，从江西时候起一直到秋收暴动，也只有毛主席的领导才上了井冈山，不然毛主席的工农兵的思想怎么能够形成。这样才能把毛主席的思想、革命的思想体现出来。因此，就要写几首壮烈的史诗。这个事情（我）就只能说空话了，没有办法。请周扬同志主持一下子。当然，北京要跟上海合作了，因为这次东方歌舞团出去了，不能搞出很多东西来。至于歌舞还是有的，曲子也不难，主要是作品。"

两天后，7月20日，他在人大会堂福建厅召集外办、对外文委、文化部负责人研究"北京音乐节"问题，提出反映革命历史的大歌舞，几千人的大合唱，上海搞了"在毛泽东旗帜下高歌猛进"，空政"革命歌曲大联唱"，已有飞夺泸定桥等舞，以此为基础可以搞一个。

7月30日，在西花厅前厅，周恩来拍板决定和上海合作，考虑到毛主席已发出号召全国学习解放军，决定由部队做骨干，总政是主力，但不能骄傲。中央歌剧团、中央乐团、东方歌舞团均参加。周恩来亲自定下这台节目的领导班子，并定名为《东方红》。

《东方红》指挥部的同志住进西苑饭店，每天晚上和总理办公室的许明同志联系，动员100个工厂，拿着总理的令箭改人民大会堂的舞台。

为了排好《东方红》，周恩来亲自审定全剧的总体构思、实施方案，以及歌词、歌曲、乐曲、朗诵词的设计，并一字一句亲自修改朗诵词，直至服装、道具、布景等等，思虑遍及每个环节。他还抽出时间，审看分场排练，提出具体意见。预演八场，他自始至终看完了五场，还主持座谈会，倾听各方面意见。周恩来是《东方红》名副其实的总导演。

周恩来以很大精力过问选调《东方红》的主要演员。他要求要选调全国最优秀的舞台演员，从现场演出到拍电影，各个角色都统一由一个演员担任，不要别人配音。在他的过问下，一大批优秀的艺术家汇聚《东方红》，《东方红》成为文艺界空前的一次盛会。

一场人民革命波澜壮阔的史诗，浓缩在小小的舞台上。这是艺术舞台上一次空前的盛举。周恩来陪毛泽东来看《东方红》时，周恩来还向他推荐新中国培养的藏族歌手才旦卓玛。当毛泽东称赞王昆演唱的充满湖南风情的《农友歌》时，周恩来报以会心的微笑。

这台史诗节目的成功，已经不是一项短暂的庆祝活动，周恩来意识到，它或许将成为一部文艺经典流传下来。当舞台演出还在持续的时候，他便提出把《东方红》这台节目拍成电影。但是这个建议遭到江青的反对。

在那政治上极为敏感的岁月里，周恩来保持着谨慎和谦虚。在审看《东方红》时，有人提出，没有八一起义的场面是个缺憾。周恩来却坚持说，八一起义方向不明确，大军到潮汕后就失败了，只有秋收起义后上井冈山建立革命根据地才是正确的，没有必要单独表现八一起义，应该表现井冈山会师。但是对把《东方红》拍成电影一事，周恩来坚持自己的意见。

他利用开三届全国人大会的机会邀请拍《东方红》电影导演团的同志及文化部领导还有江青一起开座谈会。他说："搞这个大歌舞的过程是很仓促的，远不是什么经过千锤百炼了，才只经过几锤几炼，还要不断改进。不过，我既然背上了这个包袱，我也不害怕。艺术无止境，好了还要更好。"

然后江青发言，她从《球迷》《哥俩好》《霓虹灯下的哨兵》《烈火中永生》到《东方红》通通批了一通。她的讲话给大家泼了冷水，许多人都愣住了，冷场了。

周恩来打破冷场，说："电影一定要搞好，只能比舞台有改进和提高，不能落后，这是中心思想。电影应该标社会主义之新、立无产阶级之异。内容与形式要统一，内容又是主导的。我们不搞小圈圈和宗派主义。至于30年代，也有好的，在座的就有周扬同志、江青同志你们这些人嘛！"今天看来，总理这几句话，掷地有声，言简意赅直接回答了江青。

江青一当上中央文革小组副组长，马上向《东方红》开刀。这次盛会给文艺界带来的喜悦和憧憬，很快由于"文化大革命"的骤起而消失了。但是这部革命与艺术结合的精品，作为一块无字丰碑，永久地留存青史，由后人评说。

（李海文）

一定要飞出去，才能打开局面

在 20 世纪 50 年代，中国民航所开通的国际航线，往南只能飞到越南河内、缅甸仰光；往东只能飞到朝鲜平壤；往西虽然有中苏捷航线，但实际上也只能飞到苏联的伊尔库茨克。有的国家借此企图把中国置于与世隔绝的状态中。针对这一情况，20 世纪 60 年代初，周恩来对中国民航发出了"一定要飞出去"的指示，强调只有如此"才能打开局面"。

但是，由于我国建立远距离国际航行的条件在短时间内还很难实现，所以到 1963 年至 1964 年初，周恩来出访亚非欧 14 个国家时，乘坐的仍然是外国航空公司的飞机。为使中国民航早日具备国际远航条件，周恩来用鼓励口气问中国民航总局负责人："什么时候我能坐我们自己民航的飞机出国？""要有雄心壮志，和我国建交的国家越来越多，人员来往多，需要想方设法多开辟国际航线。政治上要动员，提高大家的认识，人员要训练，提高职工的素质；要掌握国际通航知识；体制要改革；要向发展方面设想。"

遵循周恩来上述指示，在做了各项精心准备并在试航成功后，1965 年 6 月 1 日，中国民航飞机开始了新中国民航史上的第一次远航，周恩来乘坐伊尔 18 型飞机前往南亚的巴基斯坦和非洲的坦桑尼亚进行国事访问。

中国民航飞机第一次飞那么远，飞行之困难是可想而知的，何况飞机上坐的是新中国总理周恩来，责任重大，非同小可。因此，飞行员的心像十五个吊桶打水——七上八下的。周恩来很快就觉察到飞行员的心思，和蔼地说："你们大胆飞，我支持你们！"接着，他还打趣地说："我还希望有一天咱们能一起飞到北极去哩！飞到更多的地方去！"他坦荡开朗的胸怀、若无其事的神态，消除了飞行员的紧张心情，增添了他们战胜困难的信心和勇气。

远距离国际航线飞行，常常会遇到意外的风险。6月9日，飞机从坦桑尼亚回飞时，在苏丹上空遇到了赤道负荷线。气流的急剧变化，致使飞机出现强烈颠簸，像野马一样难于操纵，大家的心情紧张而又沉重，都担心周恩来的安全。但周恩来却泰然自若，说："没关系，这类事情我遇得多了。我相信你们，大家都系好安全带！"周恩来对飞行员的高度信任，增添了飞行员战胜险情的勇气，终于驾机飞出了险境。

可不是吗，周恩来的这句话，使人们回想起了1946年1月30日周恩来坐飞机由西安飞往重庆途经秦岭时遇险的事情。在飞机机壳结冰往下坠落的情况下，在那非生即死、千钧一发的危急关头，周恩来毅然决然把自己的安全伞包给了叶挺将军的小女儿扬眉。他那把生的希望给予别人，而把死的威胁留给自己的献身精神，感动了同机的中外人员。

在周恩来精心指导和热情鼓励下，6月10日，中国民航飞机在飞越10多个国家、安全航行数万公里后返回北京。

7月上旬，周恩来第二次飞往非洲回国后，对中国民航飞机这两次远航成功给予了高度评价，说："这不是飞出去了嘛！飞得很好嘛！"

从此，中国民航飞机开始了自己的飞向世界的远航历史。

（熊华源）

当大地还在颤抖的时刻

1966年3月8日凌晨,华北平原的邢台地区突然发生了6.7级地震。这是新中国成立以来第一次在人口稠密地区发生的强震,损失相当严重。

当天,周恩来召开有关人士参加的紧急会议,部署抗震救灾工作:由国家科委与中国科学院为主,会同有关部门组织科研力量,立即到地震现场进行探测、观察和研究,进一步判定地震范围、性质和方向;组成中央慰问团前往震区慰问、视察;有关部门组织医疗、物资供应以及工程人员等随同前往,协助当地进行救灾工作。

周恩来在听取中国科学院及其他单位汇报时,几次问及搞地震预报问题。有的同志认为这个问题比较难,因为国际上还没有解决。

周恩来说:"国际上没有解决,我们自己就不能解决吗?"

当时,中国科学院副院长、中国科学技术协会主席李四光是积极主张搞地震预报的。周恩来称赞李四光能够独排众议。

3月9日,周恩来向党中央、毛泽东送了书面材料,详细汇报这次震情、灾情及抗震救灾工作安排之后他即冒着余震的危险,乘直升机赶赴邢台地震灾区。

当晚,周恩来来到震灾最严重的隆尧县。他不顾疲劳,立即与地方负责同志一起研究抗震救灾工作,指出要成立党政军联合指挥部,加强政治思想工作,安置好灾民生活;总结战胜地震灾害的经验,记载下来,流传后代。

第二天,余震仍时有发生,大地不时地颤抖,周恩来走进白家寨,踏过残垣断壁,慰问受灾群众,视察灾情了解抗震救灾工作。

望着无家可归的灾民,周恩来的眼睛湿润了。他激动地说:"同志们,乡亲们:你们受了灾,损失很大,党中央和政府非常关心你们,毛主席让我来看望大家，慰问大家。"

这无限深情的问候，温暖着灾区人民的心，许多人流下了感激的热泪，不断振臂高呼："共产党万岁！""毛主席万岁！"

周恩来勉励大家："你们不是学过《愚公移山》吗？愚公能够移山，我们对现在的困难也一定能够战胜。死了人当然难过，但是不要低头。大家一定要团结起来，团结就是力量……恢复了生产，恢复了力量，就对得起死去的人。重建家园后，再来看你们。"说完，他有力地挥起手臂，率领群众高呼：

奋发图强！

自力更生！

发展生产！

重建家园！

这4句话16个字后来成为抗震救灾的方针。

3月22日，邢台地区又发生了强烈地震。4月1日周总理第二次赶赴邢台震区。

周恩来来到宁晋县东旺公社。群众见是周恩来来了，纷纷上前与他握手，有的灾民不安地说："俺们受了灾，把您老人家也惊动了。"

周恩来拉着群众的手诚恳地说："为人民服务，应该。"

每到一处，周恩来都鼓励灾民同自然灾害作斗争。每次讲话时，他都是自己迎着风，让灾民背着风。讲得口干了，他就端起粗瓷大碗，吹开漂在水面上的灰土，喝上一口。

在临时医院的简易病房里，周恩来一个铺一个铺地慰问伤员。他一次又一次地俯下身向躺在地铺上的伤员问候，和他们亲切握手。三辈扛长活的老贫农贺全胜，骨盆严重折伤。周恩来蹲在他的身边，先是紧紧握住了他的双手，后又摸一摸褥子厚实不厚实，轻轻掀起被子看了看伤情。

贺全胜激动得泪如泉涌，半天才说出一句感激的话："总理呀，亲人解放军把我救出来，您整天操劳国家大事，工作那么忙，还亲自来看我们，这份恩情叫我们怎么报答啊！"

周恩来和蔼地说："解放军是为人民服务的，我也是为人民服务的。我们都是人民的勤务员。"

就这样，周恩来一连慰问了140多名伤病员。

在一户农民家里，周恩来见一位妇女带着三个孩子显出十分疲惫的样子，便关切地问寒问暖。这位妇女很感动，不知如何是好，忙给周恩来倒了碗水。随行的张大夫看见给周恩来盛水的碗边上还沾着不少玉米面糊糊，正想示意他不要喝。话还未出口，周恩来已接过碗一饮而尽。

一位老人因家破人亡而悲痛不已，周恩来关切地对他说："老人家，您就把我当作自己的儿子吧！"老人感动得老泪纵横，拉着周恩来的手久久不肯放下。

周恩来就是这样，在大地还在震颤的时候，把党的温暖送到了灾区人民的心上。

周恩来还去看望了邢台地震考察队，到他们的帐篷里看了仪器，鼓励他们加强观察研究，探索地震规律。他得知参加考察队的人员中有中国科技大学地震专业的学生时，亲切地对他们说："希望在你们这一代能解决地震预报问题！"

从邢台震区返京后，周恩来又多次约见地震科研人员，商讨地震预报问题，反复强调地震预报的重要性，要大家好好进行研究。他说，要搞好地震预测预报，必须深入地震现场，抓住现场不放，加强科学研究，锻炼队伍，孜孜不倦地寻找规律。

周恩来的话，更加促使科技人员下决心搞好地震预报。

1969年，渤海地震后，成立了中央地震领导小组，周恩来亲自委派李四光任组长，对我国的地震工作者寄予了厚望。

1975年2月5日，辽宁省海城发生了7.3级地震，由于作了预报，采取了预防措施，大大减少了损失。当时，已身患重病住在医院的周恩来听到这件事，很是欣慰，亲自批准由国务院通报表扬了这次作出地震预报的有功单位。这极大地鼓舞了地震战线的全体同志——去努力攻克地震预测预报的难关。

（李静）

狂风暴雨护英华

"文化大革命"初期,红卫兵运动像汹涌的浪潮席卷中国大地。一批年轻、幼稚的红卫兵在"左"倾错误指导下,"踢开党委闹革命",将党的政策抛于一旁,横行无忌地乱揪、乱斗、乱抄、乱抓。大批党外朋友也被卷入了这场灾难的旋涡。

1966年8月29日夜间,北京大学经济系红卫兵大约30人闯入全国人大常委、全国政协常委章士钊的住宅,开始了一场所谓的"革命行动"。在查抄过程中,直至发现了毛泽东与章士钊的合影及写给章士钊的信札后,情势才稍稍缓和。章士钊在这场惊吓之后,立即给毛泽东写信,反映了红卫兵来抄家的粗暴情景,恳求毛泽东在"可能范围内稍稍转圜一下,当有解铃之望"。

30日,毛泽东收到这封信,阅后即在信上作了如下批示:

送总理酌处,应当予以保护。

毛泽东

八月三十日

当天,章士钊的信和毛泽东的批示送到周恩来手中。他严厉地批评有关人员,并对章士钊采取了三条保护措施:一、把抄走的东西送还章士钊;二、派警卫部队的两位同志到章士钊家,劝阻再来抄家的红卫兵;三、将章士钊秘密送到三〇一医院给以保护。同时,周恩来想到了与章士钊处境相同的大批党内外干部和统战朋友,对这些同志也需要立即采取相应的保护措施。

就在30日这天,周恩来亲笔开列了一份"应予保护的干部名单"。这张名单首先提到了13位高级民主人士,他们是:宋庆龄、郭沫若、章士钊、程潜、何香凝、傅作义、张治中、邵力子、蒋光鼐、蔡廷锴、沙千里、张奚若和李宗仁。保护范围，也包括国务院、全国人大常委会、全国政协等首脑机关的主要领导干部。

围绕着对这批高级民主人士的保护工作，周恩来以无产阶级革命家的胸怀和勇气，进行了一场特殊的战斗。

其实，从"文化大革命"一开始，周恩来就密切关注着民主人士的安危，他凭着多年革命斗争的经验，有意识地做了一些工作。当时，正值酷暑时节，张治中等几位老先生在北戴河避暑疗养，周恩来马上想到他们若回到北京，可能会碰上红卫兵抄家这种事。因此，他及时派中央统战部一位负责同志到北戴河去，向几位老人打招呼，让他们在思想上有所准备。这实际是保护性工作的开端。

毛泽东批示下达后，周恩来多次找有关人员商量具体办法，根据被保护人的不同情况，对他们采取了多种形式的保护措施。

周恩来考虑到，这些人年事已高，体弱多病，性格倔强，不堪受辱，若在家中，万一照顾不到，发生意外，会给党带来很坏的影响。因此，他委托可靠的同志去做说服工作，动员他们暂时离家避一避。

同时，在下达批示的当天请秘书告军委总后勤部长邱会作，通知三〇一医院准备接收他们住院，理由是：一则这些人年老多病，二免得被红卫兵斗争，这些人都是高级民主人士，又是政府人员，不是当权派，不是现行反革命，政府有责任保护其生命。在医院里，他派部队的同志作警卫，安排医务人员照顾他们的生活。

为了防止红卫兵追踪而来，他特别嘱咐要秘密护送。总理办公室的同志到被保护人家中接人时，不告诉其家属到什么地方去，只允许一名秘书跟随照顾，并要被保护人改用假名。对张治中、程潜、章士钊、李宗仁都采取了这种保护办法；对郭沫若亦采取相同措施护送到外地，直至形势好转才将他们送回家中。

对思想不通或因其他原因不肯离家的人，周恩来改换方式加以保护。他派解放军战士或公安人员身着便装，臂带红袖章，到被保护人家中劝阻前来抄家的红卫兵。同时，与当地派出所和所在机关的同志取得联系，请他们予以协助。对傅作义、邵力子、蔡廷锴、蒋光鼐、沙千里等都采取了这种保护措施。

此外，周恩来还着重抓了对宋庆龄的保护工作。新中国成立以后，宋庆龄大部分时间住在上海，每年只有9月回到北京参加国庆活动，在北京住宅短住一个时期。"文化大革命"之初，林彪、江青反革命集团在上海兴风作浪，形势特别乱。周恩来认为宋庆龄在上海不安全，因此，非常恳切地劝她住到北京来。为确保宋的安全，周恩来指示杨德中主管宋宅的各项工作，由公安部、公安局、派出所三方面协同警卫。他还亲自找红卫兵谈话，做说服、教育工作，平息了上海、北京两地冲击宋宅的风波。

在周恩来关怀、保护下，这13位高级民主人士安全度过了红卫兵运动的高潮。

但是，在那动乱的岁月中，这些民主人士有谁能在家或医院"静心养病"呢？社会上、家庭中、朋友里发生的一桩桩、一件件令人难以理解的事情和变化莫测的形势，使他们中的一些人终日缄口不语，积郁成疾。周恩来将这一切看在眼里，挂在心上。因此，他的工作没有只停留在安全保护上，而是从各方面关怀他们。他不仅邀请他们参加各种社会活动，而且在政治上给以信任；在他们病时积极组织力量治疗和抢救；在他们之中有人去世后妥善处理后事，并且对他们的遗属关怀备至。

1973年，傅作义病情严重，住进医院。1月15日身患重疾的周恩来抱病到北京医院看望他。为让他心情愉快地配合治疗，周恩来请他以个人名义邀请老朋友商震从日本回国观光；安排他会见美籍专栏作家赵浩生等。通过这些，使傅作义精神振奋起来。

1974年初，傅作义病情恶化，周恩来指示卫生部组织医疗小组抢救。他常常在深夜找大夫去，询问傅的病情，商量医疗方案。在决定为傅作腹部开刀插管术时，他叮嘱医生一定要仔细，不要引起感染。这一时期，正是周恩来处境最困难的时期。一方面，江青、王洪文等开展所谓"批林批孔运动"，矛头所指人人皆知；另一方面，他本人的病情日益加重，身体十分衰弱。但是，为了国家的利益，他全然不顾自己。

4月15日傅作义病情转危。这时周恩来每日便血，已查出癌症复发。他不顾自己年迈病重，闻讯后立即赶到医院。在病床前，他拉着傅的手亲切地说："傅先生，毛主席说，你对北平的和平解放是有功的。"

在那是非颠倒的年月里，在即将辞世的老人的心灵中，有什么比得到这样公正的评价更为宝贵呢？傅已不能说话，眼含泪花，点点头，安详地闭上眼睛。

傅去世后，4月23日周恩来拖着病体主持了追悼会。会后，邓大姐代表周恩来看望了处于极度悲痛中的傅夫人——刘芸生。周恩来不仅解决了她生活费和住房问题，并且在政治上关心她。1974年9月，周恩来在卧病的情况下，还亲自给中央写信，提议邀请傅作义等四位起义将领的夫人参加国庆招待会。

在保护民主人士的过程中，周恩来同林彪、江青反革命集团进行了坚决的斗争。林、江反革命集团疯狂迫害民主人士的重要原因之一，是要通过整倒一批民主人士来获取打倒一批老干部的口实。张治中与所谓"新疆叛徒集团"的牵连就是典型的一例。

"文化大革命"初期，林、江反革命集团唆使红卫兵多次到张治中家查抄，逼他交代"反动历史"。在周恩来干预下，张治中受到了保护。因为有毛泽东的批示，他们不好公开找"岔子"了，但其阴谋活动始终没有停止。1967年初，全国开始了"揪叛徒"的妖风，其中一例骇人听闻的冤案是"新疆叛徒集团案"。江青、康生硬说这批同志勾结张治中，隐瞒历史回到延安潜伏下来为国民党做事。为了找到"证据"，他们继续在张治中身上做文章，抓不到本人，他们就追查张治中的秘书。

事情的真相是，抗日战争爆发后，我党在新疆与盛世才建立了统战关系，陆续派了一批干部到新疆工作。1942年，在国民党反共高潮影响下，盛世才投靠蒋介石，逮捕了我党一大批在新疆工作的同志。1945年，国共两党达成《双十协定》，其中有一条就是释放政治犯。1946年春，张治中被蒋介石派往新疆任西北行营主任。根据中央决定，周恩来在张治中离渝前夕，亲自到上清寺张公馆，请他依协定精神释放在新疆的这批同志。张治中欣然答应。到新疆后，在屈武协助下，这批同志不仅获释，而且在张治中派人护送下安全回到延安。为此，朱德曾写信给张治中表示感谢。

对林、江反革命集团这种无视历史真相的做法，周恩来非常气愤，他挺身而出，指出新疆这批同志出狱是党中央提出，由他出面向张要求，由张的部下送回延安的。同时，他多次列举张治中三上延安的历史，说明张治中与我党团结合作的关系，对张竭尽全力给予保护。

在那极左思潮疯狂泛滥的年代里，周恩来开列的这份保护名单及围绕这张名单开展的活动蕴藏了他的智慧与艰辛。周恩来保护的不仅仅是一批高级民主人士，更重要的是党的统一战线政策。这是许多朋友经过这场浩劫后依然还能理解和原谅我们党失误的重要原因。

（廖心文）

七亿人民的好"管家"

经历过"文化大革命"的人都有这样的体会：在那个天下大乱的年代，先是大、中学校乱了，接着是党政机关乱了，继而街道、工厂、农村社队以至一些军事部门也都爆发了"革命"，似乎所有单位的大大小小的"当权派"们都在"走资本主义道路"，广大党团员骨干、知识分子也都受了"修正主义毒害"，弄得人人自危，朝不保夕。整个国家就像是害了一场大病，又不知"病症"在哪里。

但是，人们也会记得，即使是社会秩序最混乱的时候，国家的经济仍在维持运行；绝大多数城镇居民在吃、穿、用等物质生活方面，仍可以保持最起码的水准。这使后人感到庆幸，使历史学家感到惊异，更使许多外国学者感到迷惑不解。今天，人们无不一致感叹："文化大革命"中，幸亏有个周总理——这位七亿人民的好"管家"！

1966年下半年，随着"红卫兵运动"的兴起，"文化大革命"的浪潮很快从学校冲向社会，从北京席卷全国。由于全国性大串联，国民经济的大动脉——铁路交通运输首先被打乱了，致使大批原材料物资运不出、进不来，一批重点生产企业因此受到严重影响，国民经济的正常秩序几乎难以维持。

面对这一严峻形势，周恩来挺身而出，力排林彪、江青一伙的种种干扰破坏，全力抓住铁路运输这一关键环节不放松。在大串联高潮阶段，周恩来要求国务院有关部门同志，"无论多么困难，都要妥善处理好学生串联与生产建设的关系。首先，必须安排好维持生产建设所必需的货运力量，然后，安排好客运计划，在客运计划中留有一定余地，以应付学生串联之需。总之，无论如何不能让生产受到影响！"

这一年秋天，来京串联的各地师生已逾150万人，大大超出了现有铁路运输的承受能力，对此，有关部门感到无能为力了。这时，周恩来又及时作出布置："可以搞上、中、下三个方案，把每个方案的安排办法和困难都写出来，由我报送政治局常委讨论决定。多接一些学生是有困难，但我更担心的是铁路停断和阻塞。铁路是国民经济的大动脉，一旦停断，整个国民经济就瘫痪了。"

在周恩来的亲自部署、过问下，1966年秋冬红卫兵大串联高潮期间，全国铁路交通系统的秩序总算勉强维持下来了，没有发生重大交通事故，保住了这一年的国民经济不致发生大的混乱。当时担任铁道部部长的吕正操同志后来回顾这些往事时，也不无感慨地说："那个时候，是周总理在替我当铁道部长啊！"

然而，在那个大动乱的年代，周恩来又何止替代一个"铁道部长"！当时，国务院所属共有80多个部、委、办、局，绝大多数的部长、司局长都已"靠边站"，有的部、局领导虽未宣布"打倒"，但也没有实权了，说话根本无人听。而各个单位的造反派之间却在为"夺权"大闹派性，甚至挑动武斗。这样一来，掌握着国民经济各个重要环节的这些国家机关实际上已陷于瘫痪、半瘫痪状态。更使周总理心焦的是，作为自己助手的十几位副总理，不少已被打倒，或靠边站，几乎没有几个人能像过去那样毫无顾忌地来帮助他全力抓经济建设了。在这种情况下，为保证国务院工作的正常进行，只好临时指定余秋里、谷牧两人协助他的工作。

一次，周恩来对余秋里、谷牧二人说："你们可得帮我把住经济工作这个关啊！经济基础不乱，局面还能维持。经济基础一乱，局面就没法收拾了。所以，经济工作一定要紧紧抓住，生产绝不能停。生产停了，国家怎么办？不种田了，没粮食吃了，人民怎么能活下去？还能闹什么革命？"这番深谋远虑、忧国忧民而又语重心长的话，使得余秋里、谷牧二人深受感动。像所有在总理身边工作的人一样，他们打内心敬重这位全心全意为人民谋利益、求生存的好总理。

就这样，在十年"文化大革命"的风风雨雨的岁月中，我们的周恩来总理几乎没有一天不在惦念、不在过问国家的经济建设，人民的吃穿住行。他始终坚持的一条就是：不管发生什么情况，生产绝不能停！凭着这一条，他同林彪、江青两个反革命集团屡屡斗争，并竭力保护那些坚持抓生产、抓业务的好干部、好工人。

正是在他的主持下，从"文化大革命"初期开始，才能每年（1968年除外）坚持召开计划会议，在十分困难的情况下制订出年度国民经济计划。

正是在他的警觉下，在"文化大革命"中期，才及时地发现了国民经济中出现的"三个突破"（即职工人数突破5000万，工资总额突破300亿元，粮食销售突破800亿斤）的险情，并得以采取果断措施加以解决。

正是在他的关心下，在"文化大革命"中、后期的几年里，才能召开各种全国性专业会议，解决生产建设和人民生活中的迫切问题，稳住全国的经济、政治局势不致再度陷于大的混乱。

也正是在他的支持下，从1973年起，国家才开始确定并实施自"文化大革命"以来的第一批大宗引进项目，使得国际先进技术设备在我国经济建设和人民生活中发挥作用。

可以说，"文化大革命"十年中国家经济建设所取得的每一项成就、克服的每一个困难，都凝聚着周恩来的心血。

1975年1月，敬爱的周恩来已是心力交瘁，重病在身，但他仍念念不忘国家的前途和命运。为此，他抱病参加第四届全国人民代表大会，在会上向全国人民发出了要"在本世纪内，全面实现农业、工业、国防和科学技术的现代化，使我国国民经济走在世界的前列"的庄严号召。这已成为他临终前对他毕生所热爱、所服务的中国人民的最后遗言。

（安建设）

不要随便提"打倒"口号

"十年动乱"期间,人们看到、听到的最多的一个口号,恐怕就要算"打倒"某人了。"打倒"的含义是什么呢?实际上就是撤职、罢官,随之而来的便是批斗会、坐"喷气式"(被斗人大弯腰,双臂向后撅起)、游街示众等。而问题在于,为什么要撤其职、罢其官,和由谁来作出这样的决定。

关于"罢官"的"条件",最早是根据林彪1966年8月的一次讲话。他说:第一条,反对毛泽东思想的,罢官;第二条,反对突出政治,反对"文化大革命"的,罢官;第三条,没有革命干劲的,罢官。这次要罢一批人的官,升一批人的官,保一批人的官。林彪的这个讲话,曾作为中央文件印发全国,影响极大。

"红卫兵运动"中,对本单位、本部门、本地区的领导干部,不少群众组织起初使用的还是"请问""质问"的口气和字样;但没过多久,"炮打""炮轰"的词句就到处喊了起来;后来,"打倒"的口号终于兴起,很快便在大街小巷满天飞了。这似乎是因为"打倒"最能体现"革命造反"精神,也最能迅速地、直截了当地宣布被"打倒"人所犯"错误"的性质。

于是乎,整个国家上至国家主席,下至班组长、生产队长,只要是有一点权力的,其姓名前面都可冠以"打倒"的字样,其滥用、误用所带来的后果,是一大批党和国家的领导干部、党内外优秀骨干人才横遭打击迫害。以至到后来,就连发动"文化大革命"的毛泽东也认为"打倒一切"是"文化大革命"的一个错误了。

周恩来从一开始就反对乱提"打倒"的口号。就在林彪那个三条"罢官"的讲话下达后,他还多次明确提出:"不要采取群众直接'罢官'的办法。"这一主张，还写进了他亲自主持制定的中央关于城乡开展运动的若干规定的文件中。但毕竟周恩来权力有限，力所难及，在极左路线支持下，各地、各部门"炮轰""打倒"之风仍愈刮愈猛，各级党政机构濒于瘫痪。

为最大限度地保护广大干部，维持各级党政机构的正常运转，这一年9月，周恩来又亲自主持制定了《关于党政干部任免审批手续的暂行规定（草案）》，其中规定：从中央到地方的各级、各部门领导干部的任免，都须有严格审批手续，经批准后才能公布、生效。

与此同时，周恩来还夜以继日地、不厌其烦地亲自做红卫兵和各地来京代表的工作，指出：绝大多数干部都是好的，应打倒的只是极少数人；即使是犯方向、路线错误的领导干部，其性质也是人民内部矛盾，不能等同于"黑帮""黑线"；"炮打司令部"，不能乱打一通，不能对一切领导机关都"炮打"；"横扫一切"的口号也不妥，还应争取中间，团结多数。

在周恩来的过问下，许多群众要求"罢官"的领导干部，都被周恩来以"要由中央来决定"为由，巧妙地"搁置"起来了，使这些干部能够继续承担和负责日常的业务工作。

一次，为减轻群众组织对上海市委的压力，他亲自打电话宣布："以陈丕显、曹荻秋为首的上海市委不是黑帮，他们是要革命的。"当有的红卫兵问"为什么要这样讲"时，周恩来回答："因为现在我们没有任何材料证明上海市委是黑帮，是不革命的。"

党的八届十一中全会之后，刘少奇的名字一下从第2位降到了第8位；除林彪外，周恩来和其他几位副主席的职务也不提了。这就促使群众"炮轰"的矛头越来越向上指。一些地方和单位，开始出现张贴刘少奇、邓小平的大字报、大标语，甚至还贴到了天安门广场。

这些情况，立即引起周恩来的注意。他一方面叮嘱身边的工作人员，要密切注意、及时了解这方面的情况；另一方面，他又及时找到贴大字报的红卫兵负责人，亲自做解释、劝说工作。他说："有关中央领导同志在运动初期所犯'错误'问题，已在八届十一中全会上'解决'了，现少奇同志仍是政治局常委、国家元首，在这种情况下，你们把少奇同志的大字报贴到天安门，对外影响不利嘛！这样搞会使中央陷于被动。少奇同志不是普通党员，也不是普通领导，就是要撤换，也不需要这样来发动群众！"

为保护刘少奇、邓小平免受群众的非难和攻击，周恩来还亲自布置有关部门做好他们的安全保卫工作，并一再叮嘱他们和家人不要轻易离开中南海。

1966年11月，北京召开孙中山诞辰一百周年纪念会，按照原定计划，在京中央领导同志都要出席到场。但有关方面分析，因纪念会有红卫兵参加，如刘邓两人出席，很可能发生群众冲击会场、呼喊不适当口号的情况。为此，周恩来果断决定：少奇、小平可请假不出席，以免发生不测。至于红卫兵自己组织的所谓"批判""声讨"大会，周恩来则指示有关部门可一律不去人，或不表态。

即使这样，仍有许多意想不到的情况突然发生，需要周恩来立刻作出反应，实际上是迫使他当场表态。

一次，他在北京工人体育馆接见全国石油系统工人代表。正当他讲话时，突然有人在场领呼口号："打倒刘少奇！""打倒邓小平！"

在几万名代表的注视下，周总理毫不犹豫，急速转身，背向群众，以表示不赞成这种口号。总理的迅速反应，引起全场一阵议论、骚动。

待场内安静下来后，他才转过身来，严肃地对代表们说："根据党的八届十一中全会决定，刘少奇、邓小平两位同志还是中央政治局常委；今天，我是代表党中央在这里讲话，你们在我面前呼喊这样的口号，是有意使我处于为难的地位。"

还有一次，在人民大会堂由外事系统召开"批判"陈毅大会。为防止陈毅发生意外，周总理亲临会场，实际是以"陪斗"方式来保护陈毅。会前，周总理曾几次交代造反派，不许呼喊"打倒"的口号，造反派当面答应了。

但是，在"批判"发言时，突然有人从会场二楼吊下"打倒陈毅"的大幅标语，坐在主席台上的周恩来马上看见了：这显然是事先策划好的！他双眉紧蹙，一言不发，用逼人的目光盯住身旁的造反派头头，直看得那几个人神情窘迫，狼狈不堪。

随即，周总理站起身来，愤然退场！不等大会开完，总理便亲自陪同陈毅一起驱车离开了人民大会堂。

（安建设）

停止红卫兵大串联

1966年9月的北京，暑气已退，可是西花厅周恩来的办公室里电话铃声不断，十分繁忙。

8月18日毛泽东在天安门第一次接见红卫兵，其中有少数是从长沙、哈尔滨等地来的学生，他们被请上天安门，并安排在大会上讲了话。这样串联就在全国开始了，但是一开始人数较少，而且一般是自己买票。

毛泽东认为学生串联是发动"文化大革命"的好形式，马上支持。8月31日，毛泽东第二次接见红卫兵，大会上宣布他支持大串联。消息一见报，刚成立的北京红卫兵二司立刻决定派三四千人到全国各主要地方，特别是上海、新疆串联，发动群众，开展"文化大革命"。全国各地的学生，首先是离北京近的、交通方便、大城市的学生涌入北京，每天到北京的就有几万人，没有地方住，他们住在学校的教室里。北京的大中小学的教室、饭厅都住满了学生，就连车站、广场都是学生。不仅住的地方不够，吃饭、坐车也都是问题，而且天气渐渐冷了，问题会越来越多。来京学生是毛泽东请来的客人，如何安置、接待？这都需要周恩来解决。9月5日，中共中央、国务院发出关于组织外地师生代表到北京串联的通知，规定在北京期间吃饭不要钱，交通费不要钱。但是，通知还想限定一下，限定只来代表，每人在北京只停留四天。但是群众发动起来了，就不听招呼了。

学生们说：见了中央领导人，我们就走。为了动员学生们回去，9月7日周恩来接见了来京串联的学生，他说："你们想想，如果只进不出就要增加一个北京城！你们在车站、广场上住，精神很好，但我们感到不安，因为我们没有很好地接待你们，没有地方招待你们。我们的想法和你们的想法彼此有矛盾。首先，8月31日以前来的回去，第二，9月7日以前来的也陆续回去，这样才能让出地方，迎接明天以后来的同学。"他苦口婆心动员学生们回去，可是学生却说只有见了毛主席才走。周恩来派代表和学生讨论，学生也不听。

周恩来对国务院的同志说："无论多么困难，都要妥善处理好学生串联与生产的关系。首先，必须安排好维持生产建设所必需的货运力量，然后，安排好客运计划，在客运计划中留有一定余力以应付学生串联之需。总之，无论如何不能让生产受到影响。"因为他知道，六亿人民一日都离不开吃穿用，国家一日都离不开生产建设，他是总理，他的职责就是管好国民经济。9月12日，周恩来打电话给建委主任谷牧，要谷整理一份铁路货运情况的材料。

9月15日，毛泽东第三次接见百万来京串联的学生。串联的规模越来越大，不仅冲破了在北京停留四天的规定，而且也冲破了代表的限制。北京的学生发特制的车票，谁都可以领到。北京的学生大规模地到外地去串联。外地的学生有学校的证明即可上车上船，从全国的四面八方涌到北京来。谁要是阻拦，谁就是反对红卫兵小将。在那个时候谁戴上这顶帽子，都受不了！因为，反对红卫兵就是反对"文化大革命"。学生们想到哪儿就到哪儿，他们走到哪儿，"造反有理"的口号就喊到哪儿。学生串联严重地影响了铁路交通秩序，影响了起码的物资运输任务的完成。周恩来心急如焚，9月底他要谷牧突击起草一份不得随便干扰铁路、航运秩序的通知稿。自然这个通知没有下发。

10月1日，毛泽东在天安门第四次接见150万学生。国庆后中央决定10月份再放手让学生串联一个月，要求按进出北京的学生各150万至170万的盘子安排运力。

一个车厢可坐100多人，一列火车是12个车厢，150万人要1000多列车才能运完。那就是说其他的货运、客运都要停止，光运学生也运不过来。谷牧向周恩来叫苦："上海等地都来电话告急，说交通运输很紧张，进出北京各150万很难安排。"周恩来说："你可以搞一个上、中、下三个方案，把每个方案的安排办法和困难都写出来，由我报送中央常委讨论决定。多拉一些学生是有困难，但我更担心的是铁路停断和阻塞。铁路是国民经济的大动脉，一停顿，整个国民经济就瘫痪了。"当然周恩来向中央常委提出的困难并没有得到重视。

而串联的学生人数远远超过中央的预想，不是150万，而是上千万。到北京去接受毛泽东的检阅，这是大家梦寐以求的事情，当然谁也不想错过这个机会。更何况吃、住、行都不用花钱！到北京去接受毛泽东的检阅，这个消息迅速地由城市传到乡村，由平原传到山区。受到毛泽东接见的学生也不着急回家，更不用着急上课，因为全国大学、中学、小学都已经停课闹革命。既然出来了，他们也要像北京的学生一样到全国各地串联，既可以闹革命当"左"派，又可以看看祖国大好河山，何乐而不为？能坐100多人的车厢挤了几百人，行李架上、厕所里都挤满了人。一个小小的厕所竟挤进来八九个人，如果不是笔者亲眼所见，难以置信。出差的同志回不了单位，奔丧的人回不了家，串联的学生也不是个个都能挤上火车、轮船，车站、码头都挤满了人。一切交通秩序都被打乱，一切生产秩序都被打乱。眼看冬天到了，车辆不能进库维修，今年不能正常维修，就会加速设备的损坏，势必影响明年的生产。

青年人火热的心，决心大得很，坐不上车，走也要走到北京去。大连海运学院15个学生组成"红军长征队"，步行一个月于10月中旬到达北京。周恩来知道后马上接见这些红卫兵，号召大家学习红军长征的革命精神，徒步行军串联，不坐火车、汽车。他是想以这种办法减轻串联学生对交通运输的冲击。广大学生纷纷响应周恩来和中央的号召。在祖国大地，出现了许许多多打着小红旗，背着行李，唱着歌，行进着长长短短的长征队。

全国各地的学生似潮水般地涌入北京，从北京出去的学生到全国各地，一千万学生在神州大地上涌动。他们要吃饭、要坐车、坐船，要住宿。随着天气渐冷，问题越来越多，南方的学生到北方没有冬衣，住宿没有被子。有的人生了病，甚至个别学生死亡。学生们涌到哪儿就给哪儿带来了麻烦，影响当地人民的正常生活。不仅北京告急，全国各地也告急。一份一份的告急电报送到西花厅，摆在周恩来的面前。串联已使国家不堪重负。

周恩来认为串联必须停止，11月初他起草了《关于北京大、中学校革命师生暂缓外出串联的紧急通知》。只能是暂停，还不能讲是停止。第一要使这个通知在中央通过，中央文革小组的权力越来越大，他们要靠学生串联冲垮各级领导，怎么能同意停止串联。另外，这样一个上千万人的行动也不是一个紧急通知就可以停止的，要由近及远，由易而难地做，要做大量的工作。

现在的当务之急是要组织好已到北京的学生。周恩来对北京军区负责人郑维山说：红卫兵近期从外地到北京的趋势上看，要准备接待300万人。他们来京后，进行短期军政训练，要北京军区抽调10万个班以上的干部和战士协助进行这项工作。11月10日、11日毛泽东连续接见红卫兵200万。走了一批，又来了一批，来的比走的还多，连中南海都住上了红卫兵。

14日，在人民大会堂三楼小礼堂召开首都大专院校红卫兵负责人紧急会议，周恩来在会上讲话，提出暂停免费乘车船串联。他说：免费乘车船串联暂停，使今年国民经济完成任务，生产上需要增加运输，煤、粮、生活用品也要运输嘛！还要准备明年生产备料，旅客运输，车辆维修。他要先做好红卫兵的工作。

两天后，在周恩来的不懈努力下，中央终于发出关于暂停串联问题的通知，规定从11月21日起全国各地一律暂停乘火车、轮船、汽车来北京和到各地进行串联。

11月25日，北京的气温降到摄氏零度左右，60万红卫兵按照班、排、连、团、师组织有秩序地通过天安门，接受毛泽东的检阅。26日毛泽东又接见外地来京的红卫兵180万。检阅后，红卫兵直接到火车站上车回家。新华社在发表毛泽东第八次接见红卫兵的消息的同时宣布"这是明年春暖以前的最后一次接见"。毛泽东八次接见红卫兵共1100万。但是不少刚刚上路的学生仍然向北京进发。

中共中央、国务院不得不于12月1日发布《关于大、中学校革命师生进行革命串联问题的补充通知》，补充通知规定：12月20日以前在外串联的革命师生必须返回原地，"从12月21日起，乘火车、轮船、汽车不再实行免费"，"从12月21日起，在北京的革命师生和红卫兵吃饭，乘火车和汽车，不再实行免费"。在周恩来的领导下，经过两个月的不懈努力，终于使上千万人的大串联的势头得到控制。

但是这个规定没有包括步行串联。因为步行串联的学生难以在21日以前回家，而且他们对交通的冲击较小。他们多以延安、韶山、井冈山、瑞金等革命圣地及大寨、兰考为目的地。这些地方交通不便，地方又小，师生过多，拥挤在一起，学生们出不去，进不来。天寒地冻，吃住极为困难，严重影响当地群众的生活。有的地方还发生传染病。国务院派军队运粮、运衣、运药品，甚至动用直升机给井冈山等地运粮。1967年2月3日，中共中央、国务院发出《关于革命师生和红卫兵进行步行串联问题的通知》，决定"长途步行串联，在全国都停止"。"步行串联队在返回的时候，原则上应当步行。""伙食费、市内交通费，一般应当自理。"针对到北京的学生没有见到毛泽东不肯回去的情况，通知规定：来北京"吃饭尚未交费的，自 2 月 8 日起一律交费，不再免费"。在中央三令五申下学生们渐渐回原地复课闹革命，到 2 月份终于停止了大串联。

但是中央文革小组，就是要利用串联的学生搞乱国家，有的学生因为既没有课上，也不愿意待在学校，违反停止串联规定的事时有发生。1967 年 1 月夺权席卷全国，随后批判所谓"二月逆流"，全国局势进一步混乱，无政府主义再次抬头。很多人期待着春暖花开后的第二次串联。为了防止再次出现大串联，3 月 19 日，中共中央发布《关于停止全国大串联的通知》，通知宣布："中央决定：继续停止全国大串联，取消原定的今年春暖后进行大串联的计划。希望各级领导向学生和群众妥为解释。"并说"这个通知可在城市、农村和部队中张贴"，广为宣传。

可是，就是有人想借着学生串联，把国家搞乱。1967 年 4 月，北京红代会、红卫兵成都部队、川大"八二六"、唐山铁道学院的学生共五六百人进驻成都铁路局，向军管会提出设立办公室、安电话、发电报，北京的学生蛮横地说："我们是中央文革派来的。"

成都铁路局军管会认为他们这样做不符合中央停止串联的指示，但又不敢表态，于是打电话到北京请示如何处理。4 月 21 日下午，周恩来的秘书张作文将此事书面报告周恩来。4 月 23 日，周恩来批示："请中央文革小组办事组先去一电话，看能否劝走，如无效，再考虑发正式电报。"这一批示，既严肃地维护了中央停止串联、对铁路实行军管的决定，支持了成都铁路局军管会的工作；同时巧妙地让中央文革小组办事组出面处理，使红卫兵组织不能有恃无恐，使中央文革也不能公开支持串联。经周恩来的批示处理，事态很快平息，没有扩大、蔓延。

在周恩来的努力下，终于停止了一千多万人的大串联。

（曹应旺、李海文）

"我不入地狱，谁入地狱？"

"我不入地狱，谁入地狱？"——这是 1966 年冬天，周恩来在全国陷入大混乱的形势下不止一次讲过的一句话。他对老战友李富春副总理讲过，也对其他一些老干部讲过。这是他内心深处的表白，表露出他对时局的忧虑，以及他对党对人民事业的坚定信念；同时，也是鼓励和感召那些正备受打击、迫害的老干部们振奋精神，坚定信心，以坚持斗争，勇渡难关。

这一年秋，红卫兵冲向社会之后，党内高层争论的中心开始转向对工矿企业、农村社队的"文化大革命"怎样开展的问题。当时，以周恩来、陶铸、李富春等老一辈革命家为一方，坚持工厂、农村的运动不能像机关、学校那种搞法，不能停工、停产"闹革命"，也不能借"闹革命"来减少生产。另外则是以林彪、江青一伙人为一方，鼓吹工厂、农村也必须用"四大"（即大鸣、大放、大字报、大辩论）的形式来搞运动，也要允许工人、农民起来"造反"，成立组织，进行串联等，否则就是"以生产压革命"，"限制群众运动"。

很明显，周恩来等人是以国家和人民群众的根本利益为出发点来考虑问题的，而林彪、江青一伙则是唯恐天下不乱，好趁乱来浑水摸鱼，谋取私利。在这种情况下，1966 年冬，双方终于发生了第一次大的较量。

事情发生在 11 月中旬至 12 月初北京召开的工交座谈会上。这个座谈会，是根据周恩来的建议，邀请上海、北京、黑龙江、辽宁等省市主管工业的领导同志以及铁道、水电、化工等中央有关部门的负责人前来参加的。所讨论问题的中心，仍然是关于企业如何搞"文化大革命"的问题。

会前，周恩来曾找谷牧谈话，让他组织一个班子研究工交系统"抓革命、促生产"的问题。这时，中央文革小组组长陈伯达等人已起草了一个关于工交系统进行"文化大革命"运动的规定，其中写有"允许工厂成立派系组织""允许学生到工厂串联"等。这些内容一直是周恩来所坚决反对的，与中央前不久所发的关于工厂、农村开展运动的规定也是完全背离的。如果这个文件被通过，那就必将使"天下大乱"的局面更加不可收拾。

中央文革的这个稿子刚一拿到会上，立刻像水溅进油锅，整个座谈会都炸开了：几乎所有到会的领导同志都怒不可遏，当场表示反对，陈伯达的稿子马上就被推翻了，换上的仍然是周恩来等过去主持制定的文件内容。

几天之后，参加座谈会的许多人仍怒气未消，在发言中继续抨击陈伯达及中央文革小组在全国制造混乱、破坏生产的行径，表示完全拥护周恩来、陶铸等同志的一贯主张。

而在这时，周恩来却心事沉重，毫不乐观。他知道：这样做，问题非但没有解决，而且会招致更大更复杂的局面，更大的斗争还在后面。这是因为，林彪、陈伯达、江青一伙的权力正炙手可热，不可一世；而毛泽东实际上又是赞成通过"天下大乱"来搞"文化大革命"的。因此，要想在这种情况下制止动乱，保住全国稳定决非一件易事，可能还会出现许多难以想象的，更加激烈、艰巨、复杂的斗争。

出于这些想法，周恩来语重心长地对情绪仍十分激动的老同志们说：现在的形势是"方兴未艾，欲罢不能，大势所趋，势不可挡"。实践已证明，浪潮来了，你总想把它堵住、挡住是不可能了，最后还不得不承认它合法；不如站在浪潮里，因势利导，这样才不致放弃领导的责任，也不会被浪头所冲掉。

说到这里，周恩来已被靠上前来的8个部长们围在了中心。面对一张张熟悉而又急切期待的面容，他充满感情地继续说：想想当年我们跟敌人打仗时，敢为取"虎子"而深入"虎穴"，能为革命胜利而不怕坐牢、下地狱，现在又有什么舍不得的呢？现在，大家要准备做一个彻底的革命派，敢于负起责任来，既不要诚惶诚恐，也不可掉以轻心。"我不入地狱，谁入地狱？我不入虎穴，谁入虎穴？——就是要有这样一种精神。"

周恩来的这番话，使在场的人慢慢冷静下来。许多同志经过反复回味、思考，有了继续斗争的思想准备。

果然，十天后，林彪、陈伯达和中央文革的一伙人向老同志们发起了疯狂反扑。1966年12月4日，作为党中央唯一"副主席"的林彪亲自主持召开中央政治局扩大会议，康生、陈伯达、王力、张春桥指名道姓地质问、攻击陶铸、谷牧同志，其矛头也都暗指周恩来。12月6日在会议的最后一天林彪武断地对工交座谈会下了断言："这次会开得很不好，是错误的，思想很不对头"，"需要来一个180度的大转弯"。他还对周恩来在会上的一些发言进行了批驳。周恩来的处境变得十分困难。这时，大家才领会到周恩来所讲"地狱""虎穴"的深刻含义，都打内心深深感激周恩来，同时，也无不为周恩来的处境担心。

在林彪主持的政治局扩大会议上，通过了中央文革小组组长陈伯达起草的文件。很快，中央下发了在工矿、农村开展"文化大革命"的两个文件。从此，"文化大革命"合法地进入工交、财贸、农业、科研等领域，全国开始"天下大乱"。

虽然这次工交座谈会上的斗争最终还是失利了，但在周恩来以及陶铸同志的挺身保护和劝导下，参加会议的绝大多数同志没有被扣上更多的"罪名"而得以继续工作。周恩来在关键时刻所表现出的超人胆识，使大家更加敬重他、信任他。周恩来那发自肺腑的名言——"我不入地狱，谁入地狱"，一直鼓舞着他们坚持同林彪、江青一伙进行长期的、不懈的斗争，至今仍字字铭记在这些老同志们的心中。

（安建设）

"决不能开这个先例！"

1966年12月3日。凌晨2时许，周恩来正在伏案批阅文件，突然得到从有关部门打来的电话报告：彭真同志在家中被一伙红卫兵绑架走了！同时被绑架的还有刘仁、万里、许立群、林默涵、夏衍、田汉、曹禺等，目前下落不明……

听到这个突如其来的消息，周恩来心中一惊，神色焦急。因为他知道：彭真等同志的家中警卫工作是很严密的。自从彭真被打成"黑帮"之后，"文化大革命"的狂潮一浪高过一浪，北京和外地揪斗领导干部成风，许多人被抄家绑架，轮番批斗，以至游街示众，这些同志的身心遭到严重摧残。这样做，明显是不符合党历来的政策的，就是"文化大革命"中制定的《十六条》等文件，也不允许这样胡作非为。

为此，周恩来曾多次向有关部门交代，对一些重要领导干部和党外知名人士、民主党派人士，特别是正受到群众批判的领导人，要加强警卫，加强保护。然而，红卫兵的行动却仍在继续发展、扩大，其方式也愈来愈出格。最近一个月里，他曾几次试图把这种随便绑架、揪斗、侮辱干部的风潮压下去。

11月初，工交口27个院校召开批判薄一波大会，他在会前批告有关部门，只能派人去列席大会，并以未作准备为由，不在大会发言。

之后，他又亲自代中央起草了一个文件，其中规定：不要让所有的领导人统统去检讨；即使犯有错误，其性质也属人民内部矛盾，因而不要限制他们的行动自由，使他们得不到必要的休息；更不能未经上级批准就自行扣留。

在一次与外宾的谈话中，他还明确地说，彭真等同志的问题中央还在审查，还没有作最后结论。

月底，在北京召开的文艺界的一次大会上，江青、陈伯达发言中一口气点了彭真、陆定一等原北京市和文化部的十几位领导人的名字，提出要清算他们的"滔天罪行"。在审查新华社报道稿时，周恩来感到这种随便乱点名的做法不合适，便上报毛泽东，全部删去了彭真等同志的名字。

与此同时，周恩来还一再告诫已陷入革命狂热中的红卫兵们，大民主是有限度的，要按党的政策和纪律、按国家的法律去做，任何违犯党纪国法的人都将受到严厉处置。他在苦口婆心地讲道理的同时，也向他们提出严厉的警告。

而此时此刻，却发生了深夜从严密警卫着的家中抓人的情况！这是一个危险的信号。如果不尽快加以制止，那就等于告诉北京乃至全国的红卫兵，不管是什么人，不管保卫工作多么严格，都可以去冲破它，去抄家、去抓人，事后甚至还可以"斩而不奏"！

"决不能开这个先例！"周恩来浓眉紧锁，暗自下定了决心。

他迅速拨通了北京卫戍区的电话，追查绑架彭真等同志的红卫兵单位及被抓人的下落，并严厉责问卫戍区负责人：为什么没有尽到职责？为什么竟然眼看着红卫兵翻墙跃顶，如入无人之境一般，在短短几分钟内就把人抓走了？之后，他又亲自派国务院秘书长周荣鑫前往北京几个高校了解情况。

在搞清楚抓人的是在京几个文艺单位的学生后，周恩来便责令戚本禹通知这些学生前来开会，由他亲自做工作，继续追查彭真等同志的下落。

次日中午，周恩来在中南海见到这些学生，严肃批评了他们这种全然不顾及后果的极端做法，要求他们"立即放人，并保证安全"。

当了解到这些学生打算将彭真等同志游街示众时，周恩来当场坚决反对，他说："你们这样搞，我们不能同意，你们考虑过影响吗？考虑过后果吗？考虑过安全吗？你们不能不顾中央，不顾后果，不顾一切！"及时制止了这种继续错误的做法。

后来，经周恩来的周密布置，终于通过有关部门将彭真等同志保护起来。为防止以后还发生这类情况，他又采取了其他许多措施，在林彪、江青等煽动"打倒一切"的狂潮中，保护了一大批领导干部。

（安建设）

痛斥"骗斗"闹剧

在"文化大革命"这段史无前例的时期里,发生过不知多少怪异、荒诞的事情。许多事在今天看起来,简直难以想象和理解,然而,它们又是那样实实在在地发生在人们的面前。其中,1967年1月在北京发生的所谓"智擒王光美",算是无数怪事中最有代表性的一件了。

也正是由于这场闹剧太过分、太卑劣、太难堪了,引起了周恩来总理的迅速反应和无比震怒。在周总理的强烈反对下,这场闹剧才被迫收场。但这段历史给予的启示和沉思,却长久地留在人们的记忆中。

自"文化大革命"爆发以来,清华大学一直是江青、陈伯达一伙煽风点火、制造动乱的一个重要据点。江青等人的用心在于:借清华一些学生对工作组(包括清华工作组成员、国家主席刘少奇的夫人王光美在内)的不满,怂恿他们将矛头上指,尤其是要通过打开王光美这个"突破口",进而整倒刘少奇。但是,江青一伙的阴谋却一直因周总理出面干预而不能得逞。

早在1966年10月,清华大学红卫兵组织就曾用下"请帖"的方式,"坚决要求"王光美前去参加该校师生召开的批判她"右倾机会主义路线"的大会。得此情况后,周总理立即批告陈伯达、康生、江青等人:"我准备派人去录音,带回给王光美同志,而不要她去参加会议。"

之后,在一次接见红卫兵的讲话中,他又明确指出:清华同学要把王光美同志叫回去检查这件事,毛主席也是不赞成的。

对于清华大学工作组"犯错误"的问题,周总理曾受中央委托亲自前往清华做工作,但未提及过王光美的问题,他说:当时应该这样做,这是党的决定,在这方面我们要守纪律,我们不向群众解释,让群众责备我好了。

同年底，清华大学"井冈山"红卫兵再次提出要揪王光美回清华检查，对此，中央文革曾作"答复"：凡是革命的行动都支持，此事请他们自己决定。这是明白无误地告诉蒯大富一伙，可以对王光美采取"革命行动"。后又因周总理出面阻拦（他批告有关部门，如清华来要人，须请示他）而未能奏效。同时，他一再叮嘱刘少奇、王光美及其家人，不要轻易离开中南海。

在这种情况下，蒯大富等人遵从江青一伙的旨意，在光天化日下演出了所谓"智擒"的闹剧。

1967年1月6日傍晚，王光美在家中突然接到电话，告其女儿刘平平在从学校回家的途中被车轧断了腿，现正在医院待做截肢手术，需家长前去签字。

听到这个消息，王光美犹如晴天霹雳，面对着刘少奇，半晌说不出话来。而作为父亲的刘少奇，听到女儿遭此惨祸，便果断地说："马上到医院去！"

这时，王光美猛想起周恩来曾多次嘱咐她不要离开中南海的话，迟疑地说："可总理不让我离开中南海呀！"

"你不去我去！这么小的孩子为了我挨斗……"刘少奇毅然决然。原来，正好这一天平平要在学校作"检查"，刘少奇夫妇一直为此事感到不安。

于是刘少奇、王光美不顾周总理的劝告，双双驱车赶至医院。

在医院里，他们没有见到待"截肢"的刘平平，却见到了被扣作人质的儿子刘源源和另一个女儿刘婷婷。平平已被转移到清华。在场的清华"井冈山"红卫兵见到刘少奇，都惊得愕然不知所措。

这时，刘源源急切地告诉王光美："他们就是为了要抓你！"刘少奇面对此骗局，顿时怒不可遏，一时说不出话来。

王光美为保护刘少奇，只身迎上去说："不是王光美的都走！"停了一下，她质问清华一红卫兵，"你们为什么用这种手段骗我出来？"

"这是江青同志支持我们搞的！嗯？！"红卫兵眼望天花板，傲慢地回答。

王光美终于被红卫兵揪到了清华大学。被清华"井冈山"红卫兵事先扣在学校的刘平平和其他几个孩子先后回到家中。平平一回到家中，便扑进父亲刘少奇的怀里，放声大哭……

当刘少奇夫妇要前往医院的事传到周总理那里时，警觉的周恩来立即驱车赶到刘少奇家中劝阻。但此时，刘少奇的车已开出了中南海。

回到办公室，心急如火的周总理马上打电话给蒯大富，令其立即放人，并亲派秘书到清华催促放回王光美。

第二天,周恩来在一次谈话中严厉批评了蒯大富等人的做法,指出:这个动作确实不光明磊落。这是一场什么戏呀,恶作剧嘛!不正当地骗去斗,是骗斗嘛!这是不正当的,共产党不这样。我是不赞成这种作风的,这种作风不能提倡,是背后搞鬼,不是堂堂正正的政治斗争,现在,必须肃清这个坏作风。周总理同时还指出,斗王光美不仅是她一个人的问题,不要扩大这个问题,这也是毛主席、政治局的意见。

由于周总理的严厉批评,蒯大富一伙儿被迫放回了王光美,江青等人的罪恶企图再次遭到破产。

(安建设)

挺身而出，保卫中南海

1967年，是周恩来总理所说的"最不平静的一年"。仅这一年元旦过后的第一周内，首都北京就接连发生了几件大事：

1月4日，陈伯达、康生、江青等人擅自发表攻击陶铸的言论，一夜之间，"打倒中国最大的保皇派陶铸"的大标语贴满京城；

1月6日，在江青等人的怂恿下，清华大学"井冈山"红卫兵骗揪国家主席夫人王光美，引起纷纷议论，人心震动；

最为严重的是，1月7日前后，在毛主席、党中央所在地——中南海的周围（即北门、西北门、西门和新华门），集结了数以千计的红卫兵和造反派。他们呼喊口号，涂写标语，强烈要求"揪出"刘少奇、邓小平、陶铸和批斗国务院的一些领导同志，即谭震林、李先念、陈毅、李富春、余秋里等。一时间，各种批判发言、"声讨"文章、"勒令书"、"请愿书"以及"革命歌曲"和口号，通过一只只高音喇叭，对着中南海昼夜不停地播放，真有"黑云压城城欲摧"之势。

周恩来的办公室和寝室——西花厅就在中南海西北角离墙不远处，墙外的喧嚣之声，已使他连续几天不能正常休息和工作了。面对来自这四面八方的呼叫、"请愿"，作为国务院总理的周恩来，最感肩上的压力：刘少奇、邓小平、陶铸等同志，毛泽东已明确表示不同意揪斗；其他群众要公开批判的也都是国务院和各部委的领导同志呀！一旦人被抓走了，没完没了的检查不说，成天开批斗会，人也受不了啊！更不要说还要继续干工作了。可现在这么多群众又怎么能一下子说服他们呢？此外，中南海是党中央、国务院所在地，这样无休止地被群众包围，不仅毛泽东和其他中央领导人的安全、休息没有保障，就是正常工作也要受影响啊!

这时,他身边的同志劝他离开中南海,暂时到其他地方住一段时间,以便能够正常工作、休息,但都被他拒绝了。他说:"这里是我的工作岗位,是毛主席、党中央所在地,无论发生什么情况,我都要挺身而出,保卫中南海!"

也就是在一个月前,他曾向来自全国的公安保卫工作人员、主要是首都的公安保卫人员提出三条口号:"保卫毛主席!保卫党中央!保卫大会堂!"并在大会上当众宣布:"凡是闯中南海、钓鱼台的红卫兵,我都要亲自出面干涉,无论如何,谁也不能冲进去!"他还说过,能否坚守自己的工作岗位,也就是看我们每一个人是否经得起这种大风大浪的考验。

现在,我们的周总理正以实际行动来实践自己的诺言。

1月7日凌晨1时,周总理中断与南京造反派的长谈,临时赶去同"批判陶铸联络委员会"的代表谈话,阐明对群众要求批斗陶铸问题的态度。他说:"陶铸同志不能马上见你们,因为他还是中央常委;你们举行批判陶铸的大会也不合适,现中央常委对这个问题还没有讨论。有关陶铸同志的材料,你们应实事求是地把它们整理好上交中央。"这个答复,是在明确告诉造反派代表,中央不同意随便揪斗、打倒陶铸同志。

这天下午,周总理又匆匆赶赴正欲采取"联合行动"揪出刘少奇的北京建工学院"八一"战斗团代表中间,向他们进行面对面的说服、劝阻工作。他说:"你们下了'通令',让4点钟必须答复,否则就要采取'联合行动'揪刘少奇,现在把我'揪'出来了。你们要送大字报,我们可以转送,但要揪人不行。总要照顾党和国家的影响嘛!毛主席让我来劝你们不要揪了。至于你们要刘少奇同志书面检查事,我得报告毛主席。"

当日晚,周总理在接见国防科研某部造反派代表时,严厉批评了清华大学红卫兵骗揪王光美的所谓"1·6"行动(详见前一篇)。

1月8日凌晨,被围困的中南海门口再度告急,称已有100多人翻墙闯入院内。总理又一次中断谈话,火速赶往出事现场。

这一回,他采取了"一次性疏导"的方法,将包围中南海各门的几千名红卫兵和造反派召集到人民大会堂,亲自向他们做劝说、解释工作。他说:

"首先代表毛主席、党中央、国务院问大家好!你们是刚从中南海几个门来的,因为在那里不好谈,所以把你们邀请到这里来讲一讲。"说罢,总理从衣袋中掏出一叠纸来，边看边继续讲到：

"大家提出要批判中央政治局委员、候补委员、国务院有关部门负责同志的错误，我们说，这些同志在运动中，在某一段时间内、在某一方面犯了错误，但主要责任不在这些同志身上，况且他们有的已作了检查，有的正在准备检查，要给他们时间嘛！他们都是处在第一线，这些部门工作都十分繁忙，每天党都要分配他们去工作，因此，他们只能在适当的时候、适当的场合来作检查。"停了一下，总理忽然提高了声调：

"现在，你们攻击的矛头是错了！你们包围中南海，搞请愿、呼吁，用大喇叭高喊，这就使得毛主席和中央负责同志不能很好地休息、工作。你们一再讲要捍卫毛主席、党中央，而现在又这样干！所以，我要在这里告诉你们，无论如何，中南海是要坚决保卫的！不管哪个门出了事，我都要挺身而出，保卫中南海！"

"至于你们要揪刘少奇、邓小平、陶铸以及其他中央负责同志，我现在代表毛主席、党中央、国务院告诉大家：不要这样做。如果你们有材料，我们可以协助转给他们。"

一番话，说得入情入理，滴水不漏，无懈可击。被周恩来临时拉去参加接见的江青、陈伯达等中央文革的一伙人，此时也难作他言，只好随声附和。在周总理的大智大勇面前，绝大多数群众终于心服口服了。极少数暗中受怂恿的造反派头头，见到中央文革的那一班人都没有了精神，也只好悻悻而回。

中南海周围，又重新恢复了往日的平静。

（安建设）

在外交部"夺权"的日子里

"文化大革命"爆发后，由于林彪、江青反革命集团利用极左思潮，插手外交工作，诬蔑新中国成立以来17年外交路线是所谓"向帝国主义投降，向修正主义投降，向各国反动派投降，扑灭人民革命"的"三降一灭路线"。他们煽动一些人揪斗外交部长陈毅，使他无法工作。1967年初把中国驻外大使几乎调回国参加"文化大革命"。

1967年2月老一辈革命家"大闹怀仁堂"的正义斗争暂时遭受挫折之后，在林彪、江青一伙的暗中鼓动下，社会上逐渐掀起一股攻击和反对周总理的逆流。

这一年5月下旬，首都一些大专院校尤其是外事部门的造反派，先后张贴出攻击周总理的大字报和大标语，提出："周恩来是资产阶级反动路线的制定者和执行者"，"炮打周恩来是当前运动的大方向"，"周恩来是二月逆流的总根子"，等等。

之所以出现这种情况，主要是由于周恩来在"文化大革命"中，一直是支持和赞同许多老同志（包括被称作"大闹怀仁堂"的那些老同志）的看法的，这也就必然地要与林彪、江青等人的许多做法产生矛盾和对立。外交部门某造反派组织曾作过这样的"分析"："总理的多次讲话同中央文革小组成员讲话相差很远"；"总理是老保，保这个，保那个，结果保的都是坏人"；"不扫除来自总理的阻力，就不可能打倒陈毅"。

尽管如此，周总理仍一如既往，坚持反对造反派的极左思潮和极左行动，坚决反对"打倒一切"的错误做法。作为他直接掌握的外事部门，特别是对陈毅的问题，他仍然继续重申过去的观点：外交大权属中央，任何人不能夺；对陈毅同志不能提出"打倒"的口号。他正告造反派："你们可以提你们的意见，但你们不能强加于我！"

同年8月7日，中央文革小组成员王力公然违抗周总理的讲话精神，向外事口造反派发表了一篇意在煽动群众打倒陈毅、夺取外交大权的谈话。

他说：现在外交部运动阻力很大，你们实际还没有真正把权夺过来，部党委班子还没有动嘛！革命能不动班子？

针对周总理关于外交大权在中央、不能夺的指示，王力露骨地反对说：这话不对，搞外交不一定是原来的"长"，谁革命、谁合适就谁干！"打倒刘、邓、陈（毅）"的口号为什么不能喊？揪陈毅的大方向当然对，为什么不可以揪？！革命不能半途而废，我坚决支持你们，将革命进行到底！

这就是臭名昭著的"王八七"讲话。

在王力讲话的鼓动下，外事口造反派胆子壮起来。他们不顾周总理的再三告诫，公然在外交部宣布"夺权"，并封闭了所有副部长的办公室，随意"宣布"某某领导是"三反分子"，"勒令"所有副部长必须在每天晚8时向他们"汇报"情况。

更有甚者，夺权的造反派还以"外交部业务监督小组"的名义，向我国驻各国使领馆发电报、下指示，散布"打倒刘、邓、陈"的口号，造成数天内对外工作失控的严重局面。

8月22日晚，在造反派"夺取"外交大权之后，还发生了新中国成立以来最严重的一次涉外事件，即外事口及首都大专院校造反派火烧英国代办处，打伤英国代办及其随员等。这一事件，使我国的国际声誉蒙受难以挽回的巨大损害。

造反派的极度无知和胡作非为令周总理异常震惊、愤怒。几小时之后，他立即召见外事口各群众组织代表，严厉批评他们的极端无政府主义的行径。

他首先向造反派宣布："你们夺外交部的权，是目无中央，完全是非法的、不算数的。"

接着，他紧盯住面前的几个显得还不服气的造反派头头，激动地大声说："我今天首先要问问你们，我们国家的外交大权是毛主席、党中央和毛主席授权的国务院来管，还是由你们来管？你们19号'夺权'以后，没有一纸、一字给过我，外交大权四天在你们手里，直到今天把英国代办处都烧了！如果我们现在再不向你们指出问题的严重性，我们就要犯罪了！"

略停一下，周总理双手插腰，目光炯炯有神："我不怕被打倒。你们说别人'炮打'我，你们也在'炮打'我！我们现在是党领导下的人民政府，可你们火烧英国代办处，这是无政府主义嘛！任何一个外交步骤，都必须由政府来决定，而不能由群众说了算。"

这时，突然一个造反派站起来打断了总理的讲话，强词夺理地说："是革命行动应当支持，对帝国主义不能丝毫软弱！"

周总理接过话来反问道："你说'不能丝毫软弱'，那么，你是不是打算今天就收回香港？请你回答。"

被问的造反派愣了半天，无言以对，只好坐下。

周总理接着说："这样一个外交行动是重大步骤，需要考虑到各方面的因素反复研究才能制定，不是随便头脑一热就可以干的。现在，你们烧了英代办的房子、汽车，这就在外交上输了理了！"

最后，周总理心情沉重地说："尽管我们现在批评你们，这件事（指火烧英代办处）还是要中央负责，要报告主席，是我们犯了错误，没有领导好。这个责任，我是不会推的。"

几天之后，周总理经过调查，查明了有关情况，立即将王力"八七"讲话及造反派在外交部夺权、火烧英国代办处等事件真相报告毛泽东。毛泽东严厉批评王力的讲话是"大毒草"，批准对中央文革的重要成员王力、关锋实行隔离审查，随后对中央文革重要成员戚本禹也隔离审查，砍断了中央文革伸向群众的黑手，给极左思潮一定程度的打击和扼制。

至此，林彪、江青一伙妄图通过夺外交部大权，先打倒外交部长陈毅、进而打倒周总理的罪恶阴谋遭到破产。从 1968 年起周恩来有步骤地采取一系列措施消除外交上的不正常状态，陆续派出驻各国的使节，在外交人员中加强纪律。1969 年九大之后的五一劳动节，毛泽东在天安门会见了一些国家驻华使节，进行友好谈话。这个举动表达了中国愿意和世界各国改善和发展关系的信息。同时，周恩来布置陈毅、聂荣臻、徐向前、叶剑英四位老帅研究国际问题，使中国外交得以较快地回到正常的轨道上来。

（安建设）

七机部群众的内疚

1967年和1968年,是十年"文化大革命"中最混乱的两年。用"全面内战""天下大乱"这八个字来概括当时的形势,是再恰当不过了。这一时期之所以如此混乱,最根本的原因,还是由于党内"左"倾错误以及利用这一错误的林彪、江青两个反革命集团的破坏捣乱。他们在全国煽动极左思潮,造成各派群众组织之间的纷争、对立,甚至屡屡挑起武斗,使国家和人民群众的生命财产遭受巨大损失。

1967年1月上海"一月风暴"之后,全国到处掀起"夺权"浪潮。由于观点不同,群众组织中逐渐形成"革"与"保"的两大派别。为标榜自己观点"正确",双方互相攻击、谩骂,谁也不服谁,以至发展到彼此动枪动炮,欲置对方于死地而后快。由于大批产业工人、农民、机关干部等加入了这种派性斗争,造成生产停顿,交通中断,业务工作无人过问,国民经济秩序被严重打乱,甚至还直接影响到援外任务、对敌斗争、救灾工作和国防尖端技术的研制。

这一时期,周恩来总理几乎花费了他所有的时间和精力,来做各派群众组织的思想教育和说服劝导工作。如果说,在"文化大革命"初期,他主要是给首都和全国各地大、中学校红卫兵宣讲政策的话,那么,这时他却是在面对全国29个省、市、自治区和在京各党政军机关的数不清的大小群众组织,要不分昼夜地与这些组织的代表谈话。在人民大会堂,在中南海,我们的总理常常是同这批代表谈话,那边又有几批代表在等候!谈着谈着不觉天已大亮,身披霞光的总理便自言自语道:"呵,又是一个'东方红'!"

翻开我国的对外关系史,人们马上就会注意到,正是从这个时候开始,被称为"世界著名外交家"的周恩来已完全停止了他的出访活动。这种自从他担任总理以来从未有过的繁重的"内政"事务，迫使他不得不一次次婉言回绝各友好国家的盛情邀请，全力以赴地应付国内"天下大乱"所造成的"全面内战"。

这里，仅举七机部一例便可知道当时周总理是如何殚精竭虑地为反对派性而不倦工作的。

1967年1月至1969年8月，为了说服七机部在京的国防科研部门两派群众组织停止武斗、消除派性和无政府主义，周总理前后共28次接见双方群众组织（即"九一五""九一六"）代表，以常人难以做到的耐心和克制，反复启发、劝导他们认清派性的危害，反对极左思潮和极左行动，维护安定团结的大局，把国防科研业务搞上去。

1967年6月初，针对七机部"九一六""炮轰"聂荣臻的做法，周总理当即召见了这一派的代表，明确指出："你们在国防部门口搞大喇叭，'万炮齐轰聂荣臻'，是错误的，因为你们没有根据。联到聂荣臻同志，就是联到我们了嘛。你们这次做得出轨了！"他还告诫说："现在，你们还在搞打、砸、抢、抄、抓这一套，还在搞派别之争、意气之争，这不是什么'革命'，是不顾大局，是极左倾向！我有责任教育你们，不能眼看着你们犯错误。"

但是，早已被派性冲昏了头脑的少数几个造反派头头，却丝毫也听不进总理的劝告。他们仍然我行我素，大动干戈，大打派仗，使本系统的国防科研任务受到严重影响，一度不能完成生产计划。

同年9月，周总理在一次讲话中气愤地说："七机部最近发生武斗，这是不能容忍的。这两派打架，不知影响多少生产，特别是损坏国家资财，完全是小资产阶级的破坏性！"

1968年1月，在一次国防工业系统的万人大会上，他痛心地说："今天我感到很难过。去年国防工业生产指标你们完成了多少？告诉你们我现在的心情，就是'三个不安'——不安！不安！！不安！！！"

同年4月，他又当面质问某造反派头头："你们是极左思潮派，还是'无产阶级革命派'？！"

而从1968年到1969年的整整一年当中，这两派组织的头头仍不思悔改，继续阳奉阴违，把总理的一次次劝告当作耳旁风。1969年上半年，周总理不顾

"九大"期间的极度劳累，连续数次接见双方代表，再次警告说：如果再不听劝告，只好实行纪律；凡不守纪律者，以破坏党纪国法、军法论，轻者警告、扣薪，重者开除。

同年7月，美国"阿波罗"号宇宙飞船首次载人登月成功。面对我国防科研部门内部仍派仗不止、生产迟缓的状况，周恩来不胜感慨，心急如火！他毅然决然，决心以中华民族的最高利益为重，坚决铲除派性，把国防科研工作搞上去！

几天后，他最后一次接见双方组织代表，在讲话中，他历数两年多来由于派性斗争给国防科研事业造成的严重损失和破坏，同时告之美国等西方国家科技突飞猛进的情况。他以少有的激动大声问道："你们还有国际主义、爱国主义精神没有？北京和全国人民已不允许你们再闹下去了！现在，我以党的名义，呼吁你们彻底砸烂你们的资产阶级派性！"

随即，周总理亲自宣布命令，要求某项工程的科研人员全部上岗到位，"按系统通知到本人，无条件服从党的决定，不准再讲派性，闹无政府主义、极端民主化。否则，就予以开除。"

此后不久，七机部两派组织终于宣布解散。

1976年1月8日，周恩来逝世的消息传来，举国上下，一片悲恸。七机部的广大职工，不论是原来的"九一五"，还是"九一六"，纷纷冲破"四人帮"的禁令，一起簇拥着花圈，来到人海花山的天安门广场，沉痛悼念敬爱的周总理。在周恩来遗体火化的当天，他们久久伫立在凛冽的寒风中，为周总理送行，希望最后再看一眼人民的好总理。此时此刻，他们当中许多人心中都充满着深深的内疚：如果当年我们少打些派仗，少让周总理操点心，也许……他们知道，周总理是在"文化大革命"中累死的。全党、全军和全国人民都为鞠躬尽瘁、死而后已的好总理而悲痛万分。值得欣慰的是，当年周总理苦口婆心的说服、教育没有白费。他用自己的生命终于唤醒了中国人民，人民觉悟了、奋起了，他们同仇敌忾，万众一心，把矛头对准万恶的"四人帮"。

（安建设）

"派性像毒蛇一样"

仅 1967 年 10 月 29 日到 12 月 2 日的不到 40 天的时间内,周恩来就 6 次接见铁路职工,解决东北、西北、西南、中南、华东等地铁路部门的两派争执和运输生产问题。10 月 29 日,接见全国铁路运输工作会议代表。11 月 1 日,接见广州铁路分局两派代表。11 月 25 日,接见铁路系统代表。11 月 30 日凌晨零时 43 分至 3 时 21 分,在人民大会堂安徽厅接见郑州铁路局全体代表及在京学习和开会的铁路局部分代表。11 月 30 日 23 时 5 分至 12 月 1 日 3 时 25 分,又在人民大会堂西会议厅接见郑州、西安、哈尔滨、乌鲁木齐等铁路局在京开会和学习的代表。12 月 2 日,接见郑州铁路两派代表。

这样频繁地接见铁路职工,目的在于批评说服闹派性的人,推动大联合,确保运输生产正常进行。此间,周恩来还亲自过问铁道部门举办的学习班两期,其成员多为各铁路局、分局的革命群众组织代表、军管负责干部和业务干部,其目的亦为推动各派实现大联合,"以利抓革命、促生产"。但是收效不大,局势仍在恶化。

12 月 4 日,周恩来对有关人员起草的、中央对郑州铁路局系统七个单位和西安铁路局达成革命大联合协议的批语,进行了审阅和修改。12 月 5 日,他将这一文件以"特急件"形式连同书面请示呈送毛泽东、林彪审批。书面请示中写道:"在铁路方面,广州、柳州两局已实现初步大联合。郑州局这次来京开会,刘建勋、王新两同志也赶来,经过工作已达成七个协议,西安局受郑州局影响也主动达成大联合协议。为了号召,以推动其他十四个局(全国共十八个局)的大联合,拟了中央批语,已经中央文革小组碰头会通过,现送上,请主席批示鼓励。"

1967年12月28日，周恩来接见在京的东北、江苏地区铁路局代表，这次接见从晚上11时25分至次日早晨5时45分，通宵达旦，循循善诱，苦口婆心，讲了6个多小时。他劝解派性武斗，不仅动之以情，而且晓之以理。他说："1967年快完了，从今年1月起，抓铁路到现在整整一年，现在装车数越来越少，我觉得心里沉重，对不起伟大领袖毛主席，你们就那么安心吗？！就这样武斗下去啊？！"周恩来针对常州市"工农学革命串联会"向14次列车开枪一事，气愤地说："你们协议上写的要将武器封存、上交，停止武斗，可是还在打，这就证明你们根本没有停止武斗，根本没有实施你们的协议。我问你们，你们达成的协议，是准备实施，还是准备欺骗中央的？如果中央派部队去，你们是不是接受，是不是能马上交枪，停止武斗？凡是有你们组织的地方，都要封存、交枪，你们能保证吗？"

双方代表们在周恩来的感召下齐声回答："能保证！"周恩来才松了口气。

镇江"三代会"、常州"主力军"，强行209次客车把五捆枪运走，当护路部队发现制止时，被"三代会"围攻，有11名战士被打伤，后来被强行抢走3捆枪，并抓走9名战士在镇江吊打。

针对这一事件，周恩来痛心地说："这是矛头对着解放军，你们不觉得难过！有"二七"光荣传统的铁路工人，这样做，我简直不能想象。镇江"三代会"和常州"主力军"，你们听了，怎么感想？"

针对蚌埠铁路分局的派战，周恩来说，运动已经一年半了，还有P派，P够了嘛！你们看现在铁路这个样子，还相互不在一起活动，你一派独掌一片，行不行？总要大家一起做嘛！淮南的煤运不出来，就是待卸车多。铁路已经严重到这个地步，你们仍然抱着自己小团体的利益不放，不想想大局。

针对沈阳铁路分局又分出一派组织，周恩来说，今天四派，明天五派怎么办？你们这不是为大局，为阶级利益，是派性膨胀。三派变六派，六派变十二派，十二派变二十四派，那还得了！他痛心地说：派性像毒蛇一样，缠在身上摆不脱，直至被毒蛇咬死才行，熬死拉倒。你们要搞大联合，大家在一起要多作自我批评，求大同，存小异。你们沈阳铁路局有七千辆车卸不下来。你们这些领导人搞成这样，我心中不安。首先，你们得跟沈阳三大派割断，不但是组织上，还有思想上。

在周恩来一再坚持努力下，1967年铁路实行军管，生产开始好转。1968

年新年伊始，全国铁路抓革命促生产会议在北京召开。1月5日，周恩来出席开幕式，并作了即席讲话。他说，在1968年新年的时候，我们召开这一次全国18个铁路局、52个分局共70个单位的军管会代表、群众组织代表和部分业务人员，都来参加会议，会议代表437人，是个相当大的会议了。为什么去年抓了铁路，今年一开始就抓铁路，这是因为铁路运输关系到国民经济的大发展。他指出，去年铁路系统暴露了一些弱点，派性在铁路上发展得比较高，在铁路业务上表现装车减少，货运量减少，周转时间增加，援外物资受到阻挠，甚至被抢，战备物资、部队转移也受影响。他要求实现大联合，推动三结合；不管怎么样，总要把派性去掉；制止武斗，把武器封存起来，大家放心；铁道系统内外不串联，与地方脱钩，把生产、革命、运输搞好。

1月8日，周恩来对有关人员起草的中央对沈阳等铁路局达成革命大联合协议的批语进行了审阅与修改。其中，周恩来增写了这样的内容：中央要求你们，"服从铁路系统全面军管的决定，脱离与地方革命群众组织的串联和隶属关系。"1月11日，周恩来将上面文件改题为《中共中央、国务院、中央军委、中央文革对全国各铁路局达成革命大联合协议的通知》，并以"特急件"形式连同书面请示呈送毛泽东、林彪审阅。周恩来在书面请示中写道："为使今年先在铁路线上解决这个关系到全国抓革命、促生产的关键问题，现拟出一个中央指示，已经中央文革扩大碰头会通过，特送上，请主席批示。"

1月13日，周恩来在人民大会堂中央大厅再次接见全国铁路抓革命促生产会议代表，宣读并讲解《中共中央、国务院、中央军委、中央文革对全国各铁路局达成革命大联合协议的通知》。

宣讲中，哈尔滨铁路局炮轰派的人打断周恩来的讲话，高喊："哈尔滨局没有实现大联合。"

周恩来生气地说："你们等一下，不要干扰嘛。铁路是国民经济的大动脉，18个铁路局，一百多万员工，就因为你们几个人、一派不满意，这个会议就不开了！有这样干扰会场的吗？！"周恩来对铁路部门两派的说服工作，既是耐心的，也是严肃的。周恩来说，沪宁线不能畅通，连云港不能装卸，直到现在，武斗还停不下来。中南不仅南宁，还有一个株洲也是这样。我们总要使铁路畅通嘛。他再次要求服从铁路系统全面军管的决定，脱离和地方革命群众组织的隶属关系，不要互相串联。地方不要影响铁路，铁路也不要影响地方。

通过1968年1月会议，全国18个铁路局及一些基本建设、工业生产单位，在各自范围内初步实现了两派群众组织的联合。此后，周恩来又多次在铁道、交通会议上强调，要使铁路、航运畅通，必须树立一盘棋思想，不能闹派性搞分裂各行其是。铁路运转、港口运转，装卸、保养是一套机器，不可分开。他还严肃批评了怠工、旷工、无组织无纪律的现象。周恩来的批评、说服、指示，得到铁道、交通部门各级军管会和广大职工的拥护，减少了派性、武斗对铁道、交通的破坏，使1968年货运量下降幅度比1967年显著缩小。

（曹应旺）

"规章制度很重要"

"文化大革命"中,不仅派性武斗破坏铁道、交通,而且以造反为名,破坏合理的规章制度,造成管理混乱、有章不依,使铁道、交通事故、恶性事故急剧增多。周恩来在批判极左思潮,严格铁道、交通管理的同时,多次直接抓铁道、交通安全工作。

1968年9月28日,周恩来针对9月份北京附近铁路出了三次事故,写信给军委办事组,不仅要求采取措施保证首都及其附近的安全,而且提议向全国大小军区发一电话通知,要各地采取措施,保证不出破坏事件。

1969年5月29日,北京站发生两列客车正面相撞的重大事故。原因是一位内燃机车司机受极左思潮影响不遵守红灯禁行的规定。给信号完全不看,红灯也往里开,黄灯打了招呼,叫他慢他不慢,红灯还不停,还往里闯,那边出来蒸汽机车,就在东便门大桥,内燃机车一冲,两个车头相撞,后来的车拱起来了,出了大事故。5月30日,周恩来亲自到北京站调查处理这一事故。7月26日,他接见全国铁路运输工作会议全体代表,要求全国铁路部门对北京站事故要引以为戒。他说:铁路规章制度很重要,北京站撞车,就是没有认真执行规章制度。

1970年9月7日,由上海开往重庆的23次旅客列车行至黔桂线贵阳附近,因司机在不良的线路上超速运行,造成6辆硬座车厢脱轨。同年11月29日,哈尔滨铁路局绥化机务段还发生了470号机车锅炉爆炸这一铁路历史上罕见的事故。对此,1971年4月5日,周恩来在全国交通工作会议上指出:1970年出的事故是空前的,是解放以来事故数字最高的一年。无论如何,不许可再发生这么多的事故。同时,他表扬了交通安全工作做得好的"毛泽东号"机车组和古冶机务段。他说,"毛泽东号"机车安全运行这么长时间,25年了,从哈尔滨解放到现在,行车235万公里,没有发生大的事故,天天行车,没发生事故,这不是小事。要把"毛泽东号"的经验推广开。对古冶机务段,他说,10年没发生事故,还节约了煤,应该很好推广他们的经验。

1971年12月31日早晨,周恩来在国务院《电话摘报》上看到"南昌铁路局樟树潭车站列车正面冲突事故"的消息后,当即批示:"是个人责任心不强,好规章制度取消,还是有政治原因?请苏静、政工组告交通部严查并予处理。"同日,他看了长江航运公司"东方红104号"客轮触礁事故的电话记录后批示:"先念、国锋同志阅。请苏静同志负责抓紧,彻查触礁原因,并作出适当结论,吸取其中的经验教训,以便教育交通战线上的领导和广大干部、群众。"

1972年5月28日,周恩来对交通部1972年5月27日《交通情况日报》关于山东省南部一部分地区农民扒车情况严重的报道作如下批示:"即送世友、得志、佩璋、建勋四同志:请你们看看,这与鲁、苏、皖、豫四省有关,务望你们电话告省地委、军分区、各县市动员各公社和城市居民进行群众教育,加以劝阻,有关地方、车站徒手军警加以宣传拦阻,但切不可动用武器,也不可打骂,还是实行四不或五不。"同年10月18日,周恩来对一载炮弹车厢发生爆炸作出批示:"请先念同志约苏静、杨杰、李震同志一商,解决运输装备问题不容迟疑和吝啬,因小失大。"

1973年9月20日,周恩来在公安部关于兰州铁路局管内双塔车站外线路上发生爆炸事件的《电话摘报》上批示:"请公安部协助交通部与甘肃省委、兰州军区进行彻查。如必要,两部可派一组人去,在省委领导下至现场工作。"

"文化大革命"期间,周恩来抓交通安全,不仅亲临现场处理交通事故,而且在会议上宣讲交通安全工作,并因时因事对交通安全作了很多的批示。他强调执行规章制度,既重视对发生交通事故原因的分析研究,以便吸取教训,引以为戒;也重视对交通安全工作做得好的单位总结经验,予以表彰,以便发扬光大,普遍推广。这在当时动乱的形势下,对扶正压邪,稳定交通,无疑发挥着至关重要的积极影响。

(曹应旺)

数学手稿遗失之后

1970年3月2日已过了立春时节,但丝毫没有回暖的信息,人们依然感到寒意未尽。

就在这一天,中国科学院数学所发生了一起重大的盗窃案,我国著名数学家华罗庚的一批珍贵的数学手稿遗失了。

事发后,北京市公安局立即派人赶到现场,经过仔细的查询和分析,认为这是一件政治盗窃案。

公安局的判断与华罗庚的想法是一致的。自从"文化大革命"以来,这种事已是第三次发生了。第一次是华罗庚在南京搞数学统筹方法研究时,工宣队将他的办公室占为己用,他的数学手稿丢失了一部分。第二次是华罗庚被科学院数学所的造反派抄家时,手搞又丢失了一部分。每一次出事,作案人的手段都不同,但他们只拿数学手稿,不动其他物品。经过几次被盗,数学手稿中与国民经济有关的部分即"计划经济大范围最优化的数学理论"全部被盗光了。因此,华罗庚认为,这种做法是有坏人破坏,目的就是要阻碍他的研究工作。

这时,全国的政治形势如同自然气候一样,也是寒意未尽,许多单位都处于相当复杂的情况中。华罗庚苦苦地想着,谁能够帮助自己呢?他想到了在精神上一直鼓励、支持自己进行科研工作的周恩来。

1950年华罗庚从美国回国,从踏上祖国土地的一刻起,他就决心将自己的学识奉献给亲爱的祖国。他十分重视周恩来的意见,经常聆听周恩来的讲话和报告,并遵循周恩来提出的理论要与实践相联系的要求,率先把数学方法引用到国民经济建设中去。在周恩来的支持下,华罗庚经过几年的摸索与实践先后写成了"统筹方法"和"优选法",成功地在数学方面进行了理论联系实际的初步尝试。

"对，我要给周总理写封信，只有他最理解科学工作者的心情和苦衷。"想到这里，华罗庚真的提笔给周恩来写了一封信，向他汇报了手稿失窃的情况。

华罗庚的信很快送到了周恩来的办公桌上，这信立刻引起了周恩来的高度重视。尽管"文化大革命"中周恩来的处境也十分困难，但他总是想尽一切办法帮助那些需要他帮助的人。

其实，对华罗庚的情况周恩来一直是十分关注的。就在造反派抄了华家的那天晚上，他就曾进行过干预。

那天，周恩来把造反派的头头找来谈话时问他们："你们抄了华罗庚的家吗？"

造反派们不敢承认，他们吞吞吐吐地否认说："没有。"

周恩来说："没有就好。"他继续问道，"你们说华罗庚有没有学问？"

他们支支吾吾地搪塞道："群众说他没有学问。"

周恩来盯着他们反问道："是这样吗？不见得吧。"

显然，周恩来是不同意他们的做法的。

周恩来拿起华罗庚的信，慢慢地踱到窗前，透过这封信他意识到了问题的严重性。综合几次作案的情况，他感到这不是一般性质的盗窃案，那些人把矛头对着华罗庚和他的研究成果是有政治目的的，华罗庚的处境也是危险的。

经过一番考虑，周恩来的思绪更清楚了。必须采取措施，追回这批资料，但他认为更重要的是要加强对华罗庚的保护。因为在他的心中把华罗庚看作是我们社会主义建设的重要人才，只要人在，事业就不会间断。

周恩来回到桌旁，给国务院直属口党的核心小组负责人丁江、北京市公安局军管会负责人刘传新、国务院派驻科学院的联络员刘西尧写下了四点重要指示：

一、应给华罗庚以保护，防止坏人害他。

二、应追查他的手稿被盗线索，力求破案。

三、科学院数学所封存他的文物，请西尧查清有无被盗痕迹，并考虑在有保证的情况下送还他。

四、华的生活已不适合再随科大去"五七"干校或迁到外地，最好以人大常委身份留他住京，试验他所主张的数学统筹方法。

周恩来要求："此事请你们三位办好后告我。"

批示写好后，周恩来立即请秘书送出执行。这是数学手稿被盗后的第三天。

当时，华罗庚的行政关系已转到科技大学，因此，3月6日是由科技大学军宣队的同志向他传达了这条批示。那时候，出于谨慎，只向他传达了后三条，最重要的第一条并没有告诉他。

华罗庚没有想到万务丛集一身的周总理这么及时，这么周到地处理了自己的问题。他不禁流下了感激的泪水。

以后，这批珍贵的手稿并未能够完全追回来，但是由于周恩来的保护，华罗庚的研究工作没有中断下来，他不仅靠记忆追寻回了失去的东西，并且使之在20世纪80年代有了新的发展，最终走向世界。

这真是一纸批示温暖了一颗爱国的心。没有周恩来的关怀，就没有华罗庚的成功。正如华罗庚后来讲的："在'十年动乱'中，要是没有总理及时的批示，我可能不是离开了人世，就是无所作为了。我后来能和大家在一起做出一些成绩，都应归功于总理。"

（廖心文）

部长张霖之非正常死亡之后

1970年7月31日深夜。中南海西花厅庭院里格外宁静，仅一墙之隔的府右街上已几乎听不到什么声响。偶尔从四周传来各种昆虫断断续续的鸣叫，更给整个庭院增添了几分安谧、幽寂之感。经过盛夏一天的疲劳，人们都已进入了梦乡。

像往日一样，周恩来总理办公室的灯光依然熠熠映照着窗外的屋檐、廊柱、树丛。办公桌前的周恩来正一会儿翻阅材料，一会儿伏案疾书，一会儿又停下笔来陷入深深的思索。

半夜11点30分刚从外边回来的周恩来，忘记了忙碌一整天的疲惫，一直在不停地看着、写着、想着，汗水渐渐从他的额头、面颊渗出，而他却依然那样全神贯注，顾不上用盘中的毛巾擦一下。

铺在办公桌上的几份材料的标题，此时又一次映入周恩来的眼帘，它们是：国务院业务组会议记录（1970年7月31日），煤炭工业部军代表给国务院的报告（1970年5月20日、1970年7月31日），驻北京矿业学院工人、解放军毛泽东思想宣传队专案组的报告（1970年5月17日），前中央文革小组成员戚本禹在北京矿业学院的讲话（1966年12月24日）……

周恩来草拟、修改的一段文字，清晰地留在了公文纸上：

> 国务院业务组于1970年7月31日会议，……大家一致认为：张霖之同志的历史是清楚的。张霖之同志在矿院全校广播中听到戚本禹反革命分子这种威胁和煽动的语言，而身体已受到重伤，自不能不陷入极度紧张状态，因此，致张在武斗和逼供的混乱中死去。……

这是周总理亲自为国务院起草的给煤炭工业部的关于前部长张霖之死亡问

题的通知。1967年1月22日，张霖之部长死于北京矿业学院。此时此刻，静坐在办公桌前，心潮却一刻也没能平静下来的周恩来，又怎能忘记三年半前的那一幕幕往事！

那是1967年1月，全国上下最混乱的日子里。一件件令人猝不及防的突发事件，一宗宗使人不忍卒读的报告、文电，几乎每日每时都在袭扰着周恩来那愈绷愈紧的神经。在云南省委书记、昆明军区第一政委阎红彦含恨死去不久，周总理忽然又得到张霖之死亡的消息。张霖之的夫人李蕴华给总理办公室打电话，周家鼎接的电话，马上报告周恩来。周恩来悲愤地说：一个部长死得不明不白，我怎么向党中央交代啊！他要公安部报告张霖之的尸体解剖结果。同时，周恩来采取紧急措施保护其他部委的领导负责人，以开生产会议为名，找各个部部长到中南海住在工字楼里休息。2月2日凌晨，赵尔陆因造反派不准他回家，死在没有暖气的办公室里。周恩来又规定批斗部长必须有国务院的批准，不能超过两个小时。而这些措施在反"二月逆流"时又被中央文革批判。

周总理接到一份报告：煤炭工业部部长张霖之在北京矿业学院死亡！随报告一起送来的还有张霖之惨死后遍体鳞伤的令人难以置信的照片。

周恩来的心颤抖了。他久久望着这位在煤炭部任职十年、第一个在"造反"和"夺权"的喧嚣声中"非正常死亡"的国务院部长的遗照，两行热泪禁不住夺眶而出！

直至三年半后的今天，作为国务院总理的他，才第一次读到关于这位部长死亡情况的详尽的血淋淋的文字：

1966年12月24日，中央文革小组"大员"戚本禹窜到北京矿业学院，发表了一篇煽动性的讲话。他一上来就耸人听闻地宣称："矿院红卫兵打倒党内走资派的斗争，震动了全世界！……全世界非常注意矿院红卫兵的斗争！""长期以来，煤炭部领导中一小撮走资本主义道路的当权派没干什么好事。张霖之是彭真的死党，是煤炭工业部的头号敌人。你们炮轰煤炭部一小撮党内走资本主义道路的当权派，做得很对！做得很好！而要打倒这一小撮党内走资本主义道路的当权派，我们的这个炮火还不够，还要集中炮轰，狠狠地打击！"

在戚本禹的公开煽动下，造反派对已经非法扣押的张霖之部长的迫害急剧升级，大小批斗会一场接着一场，对张拳打脚踢一次比一次凶狠。

12月28日的批斗大会上，这位年近60岁的老部长竟被一脚踢翻在地，一人上来就在他的脖后猛插一大木牌，直扎得他鲜血涌出，顺着脖子往下淌。随即，"造反派"又扒下他浸透鲜血的棉衣，逼迫老部长强支伤体，站在摄氏零下十几度的院子里挨冻。

1967年1月12日的"斗争会"上，"造反派"在对张霖之照例打骂一通、强作"喷气式"（低头弯腰，两臂拧向身后）之后，又别出心裁，把外地某煤矿一些人蓄意制作、偷运来京的一顶重达30多公斤的大铁帽子硬扣在张的头上，顿时，老部长的额头被压出道道血印。

在一次刑讯中，"造反派"揪着张霖之的头发前推后搡，继而卡住他的脖子，逼迫他90度大弯腰站着；忽又猛将他打倒在地，并在旁喊"一、二、三"，令张在三秒钟内站起，如不能站起来，就又要施加一顿更为凶猛的拳脚。

一次游斗之后，"造反派"又强迫疲惫不堪的张霖之站在铁椅子上弯腰"悔罪"，并在他脖子上挂一个铺盖卷，同时，双手还要举一个写有"张霖之是反革命修正主义分子"的大牌子。老部长实在忍受不下，只说了声"累"，便又遭一顿毒打，然后又被逼迫站在椅子上大弯腰、举牌子……

在一个多月的时间里，张霖之几乎天天都遭受这样的摧残。1月22日，老部长终于不堪忍受这种非人的折磨，带着满身伤痕，含冤死去。据当时尸体检验报告，张霖之死时全身紫肿，仅条状伤口和伤痕就达30多处。

作为直接领导国务院所属几十个部、委、办的总理来说，没有什么事情能比耳闻目睹自己的老部下这样活生生地被人折磨惨死更痛苦的了！虽然，1967年1月周恩来尚不很清楚事情的详细经过，但从"造反派"透露的只言片语中，特别是从那张张霖之的遗体照片上，他已能够想见所发生的一切。于是，积蓄在他心头的悲恸、怒火，像火山一样地爆发了。

在一次有煤炭系统各派群众代表参加的会上，周恩来眼含悲愤的泪水，手举张霖之遍体伤痕的遗照，声音哽咽地说："这么一位出生入死的老同志，党中央候补委员就这么不明不白地死了，叫我怎么交代啊？！如果连一个部长的生命安全都没有保障，国家还有什么希望？那不真是'无法无天'了？！"说到这里，周恩来竟一时语塞，良久说不出话来。在场的"造反派"头头们或面面相觑，或低头不语，无一人敢回答周恩来义正词严的质问。而这时陪同周恩来接见的几位国务院领导同志，直望着他那悲戚的面容，听着他那激愤的声音，都无不为之动容。

又一次，面对无动于衷的"造反派"头头，周恩来谈到张霖之之死，他心中的不平之气冲口而出："你们可以把我们三四十年的老干部统统一概打倒吗？统统靠边站吗？这次革命运动怎么能把老干部统统去掉呢？不可设想。如果这样做，是犯罪的！老干部是党的财富，对老干部不能用歧视的眼光看待。你们觉得现在可以统统抛开，你们可以为所欲为吗？"

直至张霖之冤逝一个多月之后，周恩来仍在谈及张的死亡问题，话语中除去对"造反派""无法无天"行径的愤怒、斥责外，还有他内心深深的自责。他说："煤炭部的事，我过问的太少。矿院把张霖之揪去四十多天，这样搞法等于拘留，违法拘留，失掉人身自由四十多天嘛！为什么四十多天没有让他回家？应该让他回家，回国务院嘛！""这种风气不能提倡。想一想，不仅对一个负责干部，就是对一个同学也不能这样嘛！我们党员、革命公民不要养成这种风气，这种扣留方式是违法的。……现在我很难过，很不安，几十年的战友嘛！他是候补中央委员，死了也不报告，使我无法向中央交代。"

说到这里，周恩来环视一下周围，用十分沉痛、惋惜的语调接着说道："今天只看到钟子云（煤炭工业部副部长），却看不到张霖之。无论如何，这件事是我的失职！"

当时担任总理联络员的刘西尧，在时过 20 多年之后还清楚地记得周恩来对他讲过的一句话："从现在起（即张霖之部长冤逝后起），我再也不放人出去了！"这短短的一句话，表明周恩来对张霖之之死是怎样的刺痛、怎样的追悔啊！

灯光下，周恩来手中的笔又在疾走，白纸上留下这样一段字迹：

> 根据当时情况，矿院专案组的报告只涉及各项经过的表面现象，还需要依照煤炭工业部所掌握的全面材料，认真地予以澄清。

字里行间，流露出周恩来对眼前的某些材料并不满意。他似乎发现了其中的蹊跷之处：种种情况表明，戚本禹发表的具有威胁和煽动的讲话，是造成对老部长连续批斗和突击逼供急剧升级的起点。但戚当时敢这样露骨地、明确地公开煽动打倒国务院的一个部长，会不会有什么"背景"在内呢？

历史证明，事情确有蹊跷之处。上面周恩来写下的这段意味深长的文字，是他为张霖之死亡问题留下的一个"尾巴"。在当时的条件下，他深知某些材料所讲不过是些"表面现象",并且也不可能把所有的问题马上"予以澄清";但同时他又认定,这件事不能再拖下去了,他相信事情总会有澄清的一天。

这样,在问题不能马上得以澄清、而现实又要求作出一定"结论"的情况下,周恩来断然写下最后一段文字:

> 兹决定,张霖之同志的死亡,应按人民内部矛盾处理。张霖之同志家属和他的子女不受任何牵连,应按革命干部家属看待。特此通知。
>
> 国务院　周恩来
1970 年 7 月 31 日。

这段文字,实际上是以国务院和周恩来的名义肯定张霖之是"革命干部"。这是在特殊历史条件下以特定的方式为张霖之冤案平反,为老部长恢复名誉!几十年的风风雨雨,周恩来对自己这位老部下太了解、太熟悉了:

张霖之,原名张朝明,1908 年出生,河北南宫人。1929 年加入中国共产党,同年起在河北、山东等地从事党的地下工作,领导农民运动,创建革命根据地;曾担任冀南地区县委委员、县委书记。抗日战争期间,任中共山东省委委员、组织部长,冀鲁豫区党委书记兼军区政委。解放战争时期,参加淮海战役和渡江战役、解放南京、进军大西南、解放重庆等重大战役;先后担任南京市副市长,中共中央西南局委员,重庆工委书记、重庆市委第二书记和第一书记,西南军政委员会委员等职。1952 年调任第二机械工业部副部长;1955 年起历任城市建设总局局长兼国家建委副主任、第三机械工业部部长和党组书记、电机制造工业部部长和党组书记、煤炭工业部部长和党组书记。在党的第八次全国代表大会上,当选为候补中央委员,并先后当选为第一、第三届全国人民代表大会代表。

这便是周恩来在国务院通知前面所写明的"张霖之同志的历史是清楚的"一句话中的全部内涵。

晨光中,时针不知不觉地指向 6 点 30 分,墙外街上的喧闹声已隐约可闻。又度过一个不眠之夜的周恩来,披着满身的朝霞,匆匆离开他的办公室。我们细心的总理或许忘记了:他刚刚落笔的时间应当是"1970 年 8 月 1 日",但也可能是为了与国务院业务组召开审查会议的时间保持一致,他才有意"拉长"这 7 月份的最后一天。总之,他不愿意把这件事再后拖一日、一时了!

(安建设)

"你们不要那么'左'!"

"你们不要那么'左'!"——这是1971年前后,周恩来经常对外交和涉外工作人员讲的一句话,借以批评当时一些同志在对外交往中的偏激言行。

自1967年8月北京发生"火烧英国代办处"的恶性涉外事件后,毛泽东、周恩来曾多次批评"极左派"的这种无政府主义行径,周恩来还把这类言行概括为"极左思潮"和"极左行动"。因此,"不要那么'左'"这句话的含义,就是告诫人们不要再受极左思潮的影响,更不要再搞极左的行动。

1969年中苏边境武装冲突以来,美国方面多次作出姿态,要求改善中美关系。两年之后,即1971年的春天,在国际上发生了一起著名的外交事件——我国首次邀请美国乒乓球队访华,打开了中美关系史上重要的一页,在全世界引起巨大反响。

这就是为世人所称颂的"乒乓外交"。

"乒乓外交",是由我国乒乓球队参加在日本名古屋市举行的第31届世乒赛所引发。赛前,日本友好人士、日乒乓球协会会长后藤钾二曾专程来华邀请我国派队参赛(此前,因"文化大革命"我未派队参加前几届世乒赛),并提出一份日方准备的作为中日乒协会谈基础的《纪要》文本,其中,明确提到当遵守中日关系"政治三原则",即:一、反对两个中国,二、争取恢复邦交,三、促进中日友好。

但在双方会谈时,中方谈判代表却坚持要把台湾问题写入会谈纪要,并提出应将"政治三原则"的文字放在《纪要》的第一条。当时,中日尚未建交,日国内情况也比较复杂,后藤很感为难,他希望中方能考虑到他的处境,不要把超出体育比赛的内容写进《纪要》。由于双方坚持,《纪要》一时难于定稿。

周恩来得知这一情况后，马上把中方谈判人员召至中南海西花厅，当面严肃批评了他们，他说："后藤先生提出的草案本来就很好嘛，他很早就想来中国。你们对这样的朋友要求也太过分了！你们不要那么'左'嘛！"

说到这里，见大家不吭声，总理略显激动，他环视四周，用一种焦虑的声音说："你们呀，简直比我还要'左'！"

接着，他又耐心地向大家解释：会谈要看具体对象，台湾问题在这里没有必要提，你们不要给后藤先生出难题；中日关系"政治三原则"还是按日方原来提的，放在《纪要》第二条，不要放在第一条。

不久，周恩来又观看并接见了准备赴日参加第31届世乒赛的运动员代表，鼓励他们好好练习，准备比赛取得好成绩。当有人反映，后藤钾二先生认为中日乒乓球运动员目前都处在"青黄不接"时，总理赞许地说："他是说到要害了。"

3月中旬，我方参赛工作准备完毕。周恩来亲自起草了赴日参赛的请示报告，提出"友谊第一，比赛第二"的方针。毛泽东于当日批示："照办。我队应去"；"要一不怕苦，二不怕死"。

第二天，周恩来又接见了全体参赛运动员，提醒他们："到日本后，在对外宣传上不要强加于人，譬如下飞机，你们是不是手里拿着《毛主席语录》本？就值得研究。毛主席一向不赞成形式主义，主张实事求是。"

按照当时的习惯做法，一名运动员代表在场宣读了全体运动员给毛泽东的"决心书"。他一开头就是"最最敬爱的伟大领袖……"

周恩来立即打断他："停。不要这样提。为什么要加两个'最'呀？毛主席反对这样做。那么多'最、最、最'，毛主席一看就恼火了。我看你们就没有打破这个框框，形式主义太多，实际的东西太少，反而把自己搞得水平不高了。这不是毛主席要求的作风。"

听完"决心书"，周恩来表示不赞成把它转递毛泽东，他说："这封信我就不替你们转了，你们去日本好好打球，这就是实际行动。"

赴日本后，全体参赛运动员牢记周恩来的亲切教诲，努力克服形式主义和强加于人的倾向，在比赛中表现出色，对外交往中也落落大方，自然亲切，受到当时国际舆论普遍注意和好评。一家美国杂志记者报道：中国运动员"远离了文化革命的喧声，他们手中已没有了那本无所不在的'小红书'了。"

4月7日，根据毛泽东、周恩来的决策，决定正式邀请在日参加世乒赛的美国乒乓球队访华。这一"乒乓外交"的消息一经传出，便在整个日本、在全世界引起爆炸性轰动。日本和西方的许多家报纸、杂志，都把它作为头条要闻加以渲染、报道。其影响之大、之深、之广，已远远超出名古屋的第31届世乒赛的报道。真是"小球"转动了"地球"！

就在全世界都盛传"乒乓外交"的"闪电新闻"的同时，周恩来在北京人民大会堂召开的外事工作会议上兴奋而又郑重地宣布："从1971年起，我们展开了新的外交攻势，首先从中国乒乓球队开始。"

（安建设）

在"接班人"叛逃前后

1971年秋,在"文化大革命"开展的第五个年头,中国政治舞台上发生了一件震惊中外的事情:两年前刚被党的九大选为党中央副主席、被新党章确定为"毛主席的亲密战友和接班人"的林彪,于9月13日凌晨私调飞机,仓皇外逃,"折戟沉沙",摔死在蒙古的温都尔汗荒野。

这一重大事件,由于突如其来,使得国内外许多人都毫无思想准备,更搞不清楚事情的来龙去脉,加上事发后国内极为严格的保密措施,使这一事件更蒙上一层神秘色彩。而当人们一旦了解了事情真相之后,它给予人们内心的巨大震撼可以说是前所未有的。与此同时,周恩来总理的形象,在人们心中变得更加高大起来,人们觉得周总理的确是一位临危不惧、处变不惊、无私无畏、力挽狂澜的伟人!

那么,在"九一三"前后的日子里,周恩来是如何应付那些瞬息万变的情况,平息这一惊心动魄的事件的呢?

早在一年以前,即1970年党的九届二中全会上,林彪一伙的夺权野心就已露端倪。这时,林彪虽已被党的九大选举为唯一的副主席和"接班人",他的五员"大将"黄永胜、吴法宪、叶群、李作鹏、邱会作也都当上政治局委员,但随着地位的变化,林彪的野心也愈来愈膨胀起来。他曾经几次试图利用筹备召开四届全国人大的机会,通过选举担任国家主席的职务,来扫除威胁和障碍,巩固和强化他的权力。然而,林彪的如意算盘却由于毛泽东几次不同意设国家主席,而一次次地落空。在这种情况下,林彪、叶群便鼓动陈伯达等人在九届二中全会上搞"突然袭击",坚持要设国家主席。结果又被毛泽东识破,点名批判了陈伯达,揭露了他们的篡权野心,给林彪一伙以重大打击。

九届二中全会后，周恩来根据毛泽东的指示，连续召开华北会议和批陈（伯达）整风会议，实际上是要林彪等人认真检讨错误，吸取教训，避免重犯。但林彪、叶群等人却不思悔改，反而认为他们的地位更加不稳，"接班人"也有被他人取代的危险。为此，他们一方面假意检讨，以应付毛泽东、周恩来；另一方面却在暗中策划，阴谋抢班夺权。根据林彪、叶群的旨意，林、叶的儿子林立果纠集其亲信，于1971年春商定出一项反革命政变计划《"571"工程纪要》，丧心病狂地要杀害毛泽东，搞武装夺权。

这时，毛泽东、周恩来已从林彪、叶群、黄永胜等人的一些不寻常的举动中，察觉到他们并未真心检讨悔过，而是千方百计在避重就轻，掩盖问题。1971年夏，毛泽东根据林彪等人的表现，决心进一步揭开问题，促其检讨。

8月中旬，毛泽东巡视南方几个省区，向当地党政军负责人"吹风"，点名批评了林彪和黄永胜、吴法宪、叶群、李作鹏、邱会作等人的错误。周恩来则"坐镇"北京，筹备召开九届三中全会和四届全国人大。

就在这时，林彪在北京和外地的几个死党获悉毛泽东在外地谈话内容，急报在北戴河"休养"的林、叶，顿使林彪一伙慌作一团。他们经过多方密谋策划，决心暗杀毛泽东于巡视途中；同时，夺取中央党政军大权。

9月8日，林彪下达了实施反革命政变计划的手令，由林立果亲往"督战"。但是，由于毛泽东的高度警觉，他所坐专列风驰电掣，一路不停，于9月12日中午平安抵达北京，林立果等精心策划的暗杀未能得逞。毛泽东安抵北京的消息，使在北戴河的林彪一伙惊恐万状，急如热锅上的蚂蚁。林立果闻讯捶胸顿足，号啕大哭；林彪则面同死灰，一言不发；叶群更是束手无策。三人经过一番密谋，决定作垂死挣扎，先南逃广州，另立中央，如不成功，便驾机北叛。

这时，人民大会堂福建厅灯火通明，周恩来在这里主持会议，讨论四届全国人大政府工作报告的草稿。当晚约10时30分，周恩来接到中央警卫部队从北戴河打来的电话，告林立果私调一架"三叉戟"飞机到山海关机场。周恩来当即命令警卫部队密切注意，随时报告；接着，他又给空军司令吴法宪打电话，查问私调"三叉戟"飞机事。

当林彪、叶群得知周恩来查询飞机的消息之后，知道其阴谋已暴露，便决计北叛。行前，叶群亲自给周恩来打电话，这时已是深夜11时22分：

叶群:"总理啊,林副主席想动一动。"

总理:"是空中动,还是地上动?"

叶群:"空中动。这里需要调几架飞机来。"

总理:"哦,你们调飞机了没有?"

叶群十分心虚:"……没有,林副主席让报告总理再调。"

总理:"今晚夜航不安全,等我们商量一下,看天气情况再定吧!"

放下电话后,周恩来更加判明了情况,斩钉截铁地说:"这是阴谋!"略加思索之后,他命令海军第一政委李作鹏:"停在山海关的飞机不准动;要动,须有我、黄永胜、吴法宪和你四人一起下命令才能起飞。"这个命令,实际上是告诉黄、吴、李三人均无权下令放飞林彪的飞机。

晚 11 时 50 分,林彪、叶群、林立果在北戴河住地上车,冲出警卫部队的阻拦,急驶山海关机场。在几十公里的路途中,林彪车速高达 100 多公里,途中超过赶往机场控制飞机的警卫部队车辆,并打伤跟随林彪多年的警卫秘书。

到机场后,林彪、叶群等匆忙爬上飞机,林立果则挥舞手枪,催促起飞。这时,机场采取了阻飞措施,对空鸣枪警告,并关闭了跑道灯光。但飞机仍在一片漆黑中强行起飞!时间是 9 月 13 日凌晨零时 32 分。

周恩来很快就接到林彪飞机强行起飞的报告。他即刻下令关闭全国机场,所有飞机一律停飞,并开动全部雷达监视天空。为最后挽救林彪一伙,周总理命令调度人员向林彪飞机呼叫,希望他们马上飞回北京,告以"不论是在东郊机场或西郊机场降落,我周恩来都到机场去接";如不行,"在锡盟(即内蒙古中部锡林郭勒盟)降落也可以。"但林彪飞机一直不作回答。

约 1 小时 20 分钟后,飞机越出国境,进入蒙古人民共和国,从荧光屏上消失了。周恩来把电话一摔,气愤地说了句:"叛徒!"随即驱车前往中南海向毛泽东报告。

约半小时后,周恩来回到人民大会堂,召集在京的中央政治局委员开会,作紧急战备部署。毛泽东也从中南海转移到人民大会堂,所有政治局委员一律在人民大会堂里集体办公。随后,周恩来又亲自逐一给各大军区负责人打电话,通报林彪叛逃情况,告部队要听从毛主席、党中央的命令。全军即进入战时状态。

9 月 13 日下午,连续忙碌了 50 多个小时未合眼的周恩来刚刚睡下,便接到我驻蒙古使馆电报:国内一架飞机坠毁在蒙古温都尔汗,机上 8 男 1 女全部死亡。他兴奋得忘记了疲劳，连声说："摔死了！摔死了！"立即前往报告毛泽东这一消息。

至此，当了不到两年半"接班人"的林彪，便从中国的政治舞台上永远地"消逝"了。

这就是被周恩来后来称之为"既在预料之外，也在预料之中"的"九一三"林彪事件的前前后后。

（安建设）

一个机敏过人的决断

1972年1月6日深夜,"殊勋盖世间,直声满天下"的陈毅元帅停止了呼吸。

对陈毅怎样"盖棺论定"?这是压在周恩来心上的一大难题。

"文化大革命"开始后,林彪、江青两个阴谋集团,一直视刚直不阿的陈毅为眼中钉、肉中刺,欲置之死地而后快。他们狼狈为奸,把陈毅打成"二月逆流的黑干将",诬陷陈毅"一贯反对毛主席"。林彪集团垮台后,江青阴谋集团仍揪着陈毅不放。

如何客观地评价陈毅,实事求是地论定陈毅的一生,必将影响到"文化大革命",否定林彪、江青两个阴谋集团,肯定1967年"二月抗争"及一大批老干部的作用,这是江青集团绝对不能容忍的。正因为如此,江青集团竭力降低对陈毅的评价,竭力降低陈毅追悼会的规格。

1月8日,毛泽东签发了陈毅的悼词。但悼词连头带尾六百字,简历占去一半篇幅。这对功勋卓著的陈毅是不公平的。

对于陈毅追悼会按照政治局通过的文件所定的规格:陈毅已不算党和国家领导人,陈毅追悼会由中央军委出面组织,总政治部主任李德生主持追悼会,军委副主席叶剑英致悼词,政治局委员不一定出席,参加追悼会人数为500人。周恩来心里很难过,这样低规格的追悼会对威震华夏、誉满中外的元帅、外交家陈毅来说是太冷落了。

然而,陈毅一生功德在民,谁也埋没不了。连日来,周恩来的秘书不断接到全国人大、全国政协、国防委员会打来的电话,许多民主人士要求参加陈毅的追悼会。宋庆龄向中央写信,向周恩来打电话,坚持出席陈毅的追悼会,她说:"我深深地景仰他,因为他是一个胆识过人,具有真诚性格的人。"西哈努克亲王亲自打印了唁函,并向周恩来提出要参加陈毅追悼会的请求。周恩来希望满足所有人对陈毅真挚情感的最后寄托;希望提高陈毅追悼会的规格,使国家副主席宋庆龄和西哈努克亲王这样的外国元首也能参加追悼会。但是,周恩来望着桌上政治局委员一一圈阅的文件,他沉重地叹息着,因为他无权改动政治局定下的规格。

10日下午3时,陈毅的追悼会将在八宝山革命烈士公墓举行。中午已到吃饭的时间了,但周恩来怎么也吃不下,他在西花厅长时间地踱着沉重的步子,他在思索:陈毅不能就这样"盖棺论定"啊!这不仅对陈毅不公道,而且影响到一大批老干部的解放,影响到全国的政治局势。

下午1时,"游泳池"来电话:毛泽东要去参加陈毅的追悼会,而且已经起床了,正调车去八宝山。

周恩来得知这一消息,又惊又喜,迅速而果断地作出了提高陈毅追悼会规格的决定。他首先拨通中央办公厅的电话。大声地说:"我是周恩来,请马上通知在京政治局委员、候补委员,务必出席陈毅同志追悼会;通知宋庆龄副主席的秘书,通知人大、政协、国防委员会,凡是提出参加陈毅同志追悼会要求的,都能去参加。"接着,他又亲自用电话通知康矛召:"康矛召同志吗?我是周恩来,请转告西哈努克亲王,如果他愿意请他出席陈毅外长追悼会,我们将有中国领导人出席。"然后,周恩来又火速赶到八宝山进行安排。在追悼会上,周恩来亲自致悼词。在概述陈毅的一生后,说:"陈毅是中国共产党的优秀党员,是中国人民的忠诚战士。陈毅同志的逝世,使我们失去了一位老战友、老同志,是我党我军的一大损失。"

八宝山礼堂长久未用,又没有暖气设备,冰冷冻人。毛泽东身穿睡衣,外面只穿了一件大衣。他走进休息室,看望陈毅家属。陈毅夫人张茜见到毛泽东悲痛不已,激动万分,泪如泉涌。毛泽东动感情地对她说:"陈毅同志是一个好同志。""陈毅是为中国革命、世界革命做出贡献、立了大功劳的。"毛泽东还公开为"二月逆流"平反:"林彪是要打倒你们老帅的,我们的老帅他一个也不要。你们不要再讲他们'二月逆流'了,'二月逆流,是什么性质?是陈老总他们对付林彪、陈伯达、'王关戚'的。"

毛泽东出席追悼会,周恩来致悼词,及毛泽东的上述谈话,这是对陈毅最好的"盖棺论定"。

周恩来依据毛泽东参加陈毅追悼会的举动，迅速而果断地作出提高陈毅追悼会规格的决定，这是一个机敏过人的决断。这一决断不仅是周恩来对陈毅真实情感的流露，而且顺乎党心、顺乎民心，给江青阴谋集团的倒行逆施以当头一棒。这一决断不仅对推翻林彪、江青一伙强加给陈毅的诬蔑不实之词，客观地对陈毅"盖棺论定"起了重要作用，而且对进一步清算林彪集团的罪恶、打乱江青集团的阵脚、纠正极左思潮、解放老干部等等起到了重要的推动作用。

（曹应旺）

打破坚冰，推动中美关系正常化

20世纪70年代初，中国还处在"文化大革命"的动荡岁月。然而就在1972年春天，中国在对外关系方面出现了一个令世界瞩目的新变化：冰冻长达20多年的中美两国关系终于实现正常化，这对当时国际关系新格局产生了巨大而深远的影响，成为新中国外交史上的重大突破。

转折点

1969年12月3日，在波兰首都华沙文化宫举办的南斯拉夫时装表演会上，怀揣"使命"的美国驻波兰大使斯托塞尔看到"中国代办"（实为使馆二秘）离席，便尾随跟出，试图同中方搭话。不料"中国代办"却走出会场，坐进轿车，准备离开。情急中美国大使不顾外交礼仪，一把拉住中方译员，用波兰语说他得到华盛顿的指示，准备恢复同中国大使馆的联系。中方译员有礼貌地答应代为转达后，便匆匆离去。

当天晚上，周恩来便看到发自中国驻波兰大使馆的电文。他立刻报告毛泽东："找着门道了，可以敲门了，拿到敲门砖了。"在这以前，毛泽东和周恩来已经敏锐地察觉到尼克松发出的一系列值得注意的信号，包括美国政府宣布放宽对华贸易限制、反对苏联方面提出的旨在孤立中国的建议、下令停止美驱逐舰到台湾海峡巡逻等。波兰事件的半个月前，周恩来曾致信毛泽东："尼克松、基辛格的动向可以注意。"12月底，经过毛泽东、周恩来反复考虑，终于批准恢复中断了近三年的中美华沙会谈。

一年后，毛泽东会见他的美国朋友斯诺。他告诉斯诺："尼克松早就说要派代表来，他对于华沙那个会谈不感兴趣，要当面谈。如果尼克松愿意来，我愿意和他谈，谈得成也行，谈不成也行。"25日，《人民日报》头版刊出毛泽东在天安门城楼上和斯诺合影的照片，以含蓄的方式向美方透露了毛泽东赞成中美实现高层对话的"信息"。尼克松后来回忆，毛泽东同斯诺所谈欢迎他访华的内容，"我们在几天后就知道了"。

这样，举行中美高级会晤的条件已渐趋成熟，等待着实现一次重大突破。

乒乓外交

"文化大革命"开始后，中国体育事业遭到严重破坏，出国参赛也被取消，中国乒乓球选手失去了参加第29、30届世界乒乓球锦标赛的机会。1971年初春，鉴于第31届世乒赛即将在日本名古屋举行，长期致力于日中友好的日本乒乓球协会会长后藤钾二先生专程来华，邀请在世界乒坛享有盛誉的中国乒乓球队前往参赛。在周恩来直接指导下，中日乒乓球协会会谈纪要于2月1日在北京签字。随后，中国乒乓球代表团组成，并正式向第31届世乒赛组委会报名参赛。

3月中旬，中国乒乓球队各项参赛工作准备完毕。14日夜，周恩来召集外交部、国家体委等部门负责人会议，听取关于中国队赴日参赛问题的汇报。这时，体委内部不赞成去参赛的意见仍占多数，理由是国外有些敌对势力想破坏中国队的比赛，去了危险很大。周恩来沉思片刻后说："不去怎么能行？我们怎么能不守信用呢？"在耐心阐明派队参赛的理由后，他果断地说："我们信守诺言，参加第31届世乒赛。"他边说边抽出笔，当场给毛泽东写报告，提出：此次出国参赛，已成为一次严重的国际斗争；我方提出"友谊第一，比赛第二"，即使输了也不要紧，反正政治上占了上风。写完后，他马上要秘书将报告发出。15日一早，毛泽东赞同周恩来报告的批示传到体委，中国队参赛大局已定。

3月28日至4月7日，中国乒乓球队如期赴名古屋参赛，"宝刀"不老的中国男女队员一举荣获4项冠军，其锐气不减当年。在短短几天时间里，中国运动员还与包括美国在内的各国运动员进行了友好接触，表现出"友谊第一，比赛第二"的精神风貌。由此，在日参赛的美国乒乓球队向中方提出了访华的请求。

4月3日，外交部、国家体委写报告给周恩来，认为目前邀美国队访华的时机"还不成熟"。第二天，周恩来将报告送毛泽东审批。经过反复考虑，毛泽东在7日作出邀请美队访华的重要决定。周恩来闻讯后马上告诉外交部通知在日本的中国代表团，正式向美方发出邀请。当中国代表团负责人在名古屋宣布这一富有象征性含义的消息后，立即引起轰动，日本各大报纸都在头版头条登出消息，报道中美之间的"乒乓外交"。周恩来在转给毛泽东的一份报告上写道："电话传过去后，名古屋盛传这一震动世界的消息，超过31届国际比赛的消息。"兴奋之情，溢于言表。当晚，周恩来在全国旅游和援外工作会议上郑重宣布："从今天起，我们展开了新的外交攻势，首先从中国乒乓球队开始。……"

消息也很快传到美国白宫。中方导演的"乒乓外交"的杰作，令白宫的主人钦佩不已。尼克松后来承认：这是以美方"完全没有料到的方式出现了一个突破"。

一周后，周恩来在北京接见刚刚来到中国的美国乒乓球代表团全体成员。他说："中美两国人民过去往来是很频繁的，以后中断了一个很长的时间。你们这次应邀来访，打开了两国人民友好往来的大门。"作为东方大国的总理，周恩来的好客、谦逊和睿智的风度，给第一次来到这块被认为是"神秘国土"的美国人以良好、深刻的印象，并引起全世界舆论的关注。

"乒乓外交"取得了"小球推动地球"的戏剧性效果，加快了实现中美高级接触的进程。

基辛格秘密访华

1971年4、5月间，中美两国领导人通过相互递交"口信"，确认尼克松总统国家安全事务助理基辛格于近期秘密访华，商谈"各自主要关心的问题"。

从这时起，周恩来为准备同基辛格会谈做了大量工作。谈到这次中美会谈的意义时他说：这是中美交往中断了20多年后第一次重要的高级会晤，这说明了美国封锁敌视中国政策的完全失败。为了摆脱被动局面，美国不得不放下一贯的傲慢架子，跑到北京来与我们会谈；不是我们有求于他们，而首先是他们有求于我们。

7月9日中午，基辛格一行在中方有关人员陪同下，乘坐巴基斯坦民航公司的飞机秘密抵京。基辛格在北京逗留了48个小时。期间，73岁的周恩来同这位48岁的博士举行了6次总计17小时的会谈。双方着重就台湾问题以及尼克松访华时间、行程等进行磋商。周恩来重申：台湾历来就是中国的领土，台湾问题是中国的内政，不容外人干涉；美国必须承认台湾是中国的一个省，必须限期撤走驻台美军，必须废除美蒋"共同防御条约"。基辛格表示：美国承认台湾属于中国，希望台湾问题和平解决；美国不再与中国为敌，并随着中美关系的改善逐步减少驻台美军；美蒋"共同防御条约"历史可以解决。双方商定尼克松总统在1972年5月前访华。

7月15日，中美双方同时发表关于基辛格访华公告，宣布尼克松访华的消息。这条不足200字的公告，立刻震动了全世界，成了"本世纪最出人意外的外交新闻之一"。然而，这仅仅是迈出了第一步。中美双方在台湾这个关键性问题上还要有若干回合的"交锋"。

新中国在联大的胜利

中国是联合国的创始会员国，也是安全理事会五个常任理事国之一。新中国成立后，以美国为首的西方势力百般阻挠恢复新中国在联合国的合法席位，使得这一席位长期被在台湾的国民党当局所窃据。1970年第25届联合国大会上，支持恢复中国在联合国合法席位的提案第一次获得半数以上国家的赞同，但因不足三分之二多数而暂时未能通过。在形势越来越有利于中国的情况下，周恩来向美国友人斯诺表示：如果联大会议通过赞成我们的合法席位，同时驱逐台湾，当然我们对此要进行考虑。

形势的发展变化表明，美国已越来越难以操纵联合国。这就迫使它不得不改变过去的政策，承认台湾属于中国，甚至表示要在联合国支持恢复中国的合法席位，但同时又反对驱逐台湾当局的代表。这种做法的实质，就是主张在联合国搞"两个中国"或"一中一台"。

然而，令美国及其追随者们没有想到的一幕在1971年召开的第26届联大上出现了：10月25日晚，本届联合国大会以压倒多数的表决结果通过决议，恢复中华人民共和国在联合国的一切合法权利，并立即将台湾蒋介石集团的代表从联合国的一切机构中驱逐出去。表决刚一结束，纽约联合国会议大厅里一片欢腾，雷鸣般的掌声和欢呼声从四面响起，一浪高过一浪，此起彼伏，经久不息。支持中国的代表们起立，高举双手用不同的语言欢呼："我们胜利了！""中国万岁！"与会场里的热烈气氛形成鲜明对照，台湾当局的"代表"在尴尬地宣布"中华民国"退出联合国后，率领他手下的一帮人灰溜溜地离开会场。对此新闻媒介评论道："中国是在自己不在场的情况下，受到联大三分之二以上的国家的祝福，被赋予挥动巨手进入联合国的权利，使联合国发生根本变化。"

新中国如此迅速地恢复在联合国的合法席位，也有些出乎中国领导人的意料。联大通过表决后不久，周恩来即对外国友人表示：那天联合国的表决完全出乎意料，不但出乎我们的意料，也出乎美国的意料。我们没有派一个人去联大活动，而且提案国是由地中海两岸的两个国家带头的。这么多的国家对我们寄予希望，我们感谢他们。我们不能不重视这一表决的精神，因为它代表了世界大多数国家和人民的愿望。

为此，毛泽东、周恩来顺应潮流，因势利导，牢牢地把握住这一历史契机，迅速打开全新的外交格局。

改变世界的一周

1971年11月30日，新华社受权发表公告：经中美两国政府商定，尼克松总统将于1972年2月21日开始对中国访问。从这时起，周恩来直接领导和部署接待尼克松的各项准备工作，包括宣传教育、安全保密、新闻报道等，他都亲自研究布置，逐一落实。他对参加接待尼克松来华准备工作会议的有关负责人强调：我们是主权国家，凡事不能触犯我国主权。对尼克松总统的接待，一定要反映出无产阶级的原则、作风和严格的纪律，一切事情有条不紊，实事求是，行不通的就改正，行得通的就认真办好。对外宣传上注意不要夸大，不要过头。经周恩来确定的接待工作的总方针是："不冷不热，不亢不卑，待之以礼，不强加于人。"

1972年1月初，美国总统国家安全事务副助理黑格率先遣组来华，为尼克松访华进行技术安排。周恩来召集会议进行研究，原则同意美方提出的通过卫星转播尼克松在华活动实况，决定由中国政府出资买下供美方使用的通信卫星，然后租给美方使用。周恩来这种既坚持原则，又适度灵活的纯熟的外交艺术，使一贯高傲的美方也不得不表示敬佩。

2月21日中午，尼克松总统和夫人、美国国务卿罗杰斯、总统助理基辛格等一行乘专机抵达北京。周恩来、叶剑英、李先念等到机场迎接美国客人。尼克松走下舷梯，将手伸向周恩来。当两只手握在一起时，全世界都看到了这一历史性的时刻："一个时代结束了，另一个时代开始了。"周恩来对尼克松说："你的手伸过世界最辽阔的海洋来和我握手——25年没有交往了啊！"下午，周恩来陪同毛泽东会见尼克松和基辛格。在一个多小时的会谈中，把此次中美高级会晤的"基本方针都讲了"，气氛认真而坦率。

尼克松在华期间，周恩来同他进行了五次会谈，主要就国际形势和双边关系问题交换看法。由于双方在台湾问题上存在的分歧，直到25日下午，中美《联合公报》中关于台湾问题的措辞仍没有确定下来。美方担心，如果公报不能发表，尼克松的访华成果将无法体现。在这种情况下，周恩来告诉美方：反正双方观点已经接近了，我们也报告了毛主席，说已商定要写最后从台湾撤军的问题，但还要设法用双方都能接受的最佳措辞表达。基辛格当即表示：我们十分欣赏中方所表现的慷慨和公正的精神。当晚，周恩来出席尼克松总统和夫人举行的答谢宴会。由于公报尚未定稿，周恩来在宴会致辞中只讲了中美之间的分歧，而没有讲共同点。

2月26日凌晨，双方对中美联合公报的内容基本谈定。经过一番文字推敲和修改后，在27日定稿。次日，中美《联合公报》在上海发表。公报里美方关于台湾问题的措辞为："美国方面声明：美国认识到，在台湾海峡两边的所有中国人都认为只有一个中国，台湾是中国的一部分。美国对这一立场不提出异议。它重申它对由中国人自己和平解决台湾问题的关心。考虑到这一前景，它确认从台湾撤出全部美国武装力量和军事设施的最终目标。"

这份来之不易的中美《联合公报》的发表，标志着中美关系开始走向正常化。作为"破冰之旅"的美国总统尼克松显得心情格外舒畅。在上海市为他送行的宴会上，他发表即席讲话称：此次访华的一周，是"改变世界的一周"。离开中国前，有点"飘飘然"的尼克松甚至要国务卿罗杰斯当面邀请周恩来访美。对此周恩来意味深长地回答：中美目前还没有建交，我这时访美，似有不妥。这时周恩来的心中，已在思考中美两国建交的前景。

中美关系的突破，意义重大而深远。正如这年 8 月间周恩来所指出的：我们跟美国来往是有原则的。我们到现在没跟美国缔结什么协议，只有一个《联合公报》。但这一突破，使世界上的国家都愿意跟我们来往了。中美来往的收获就在这里。

1972 年，中国同世界上 18 个国家相继建立了外交关系或实现外交机构升格，其中包括与中国一衣带水的日本及西方许多发达国家。这是自新中国成立以来同外国建交最多的一年。中国在外交上取得的一系列巨大成就，促使世界政治格局发生重大变化，新中国的威望日益提升。

（安建设）

抓住时机　求同存异　恢复中日邦交

1971年由于中美关系开始改善，中日关系出现转机。1971年7月，基辛格秘密访华，而事先没有向佐藤内阁通报，被日本人称为"越顶外交"，美国的这个举动使佐藤处境尴尬。1972年2月尼克松访华，在国际上被称为"尼克松冲击波"，对世界的影响更大，受影响最大的是日本。佐藤自1964年执政以来，一直对中国采取消极态度，因为他估计中美关系不会在70年代初改善，这时他急忙宣布愿意和中国恢复正常关系。但是，中国政府不愿和佐藤政府解决建交问题。

中国政府要和谁来解决建交问题呢？

当时一些日本在野党希望由他们联合组阁来和中国建交。周总理认为这是不可能的，因为日本、美国都没有革命形势，他说：如果等到日本的左派执政再恢复中日邦交，那得等到什么时候呀，这样中国就没有几个国家可以建交了，只能跟朝鲜、越南、阿尔巴尼亚建交，这不是把自己孤立起来了吗？他也反对同一向敌视中国的佐藤内阁建交，而主张和自民党中主张中日友好的一派谈判建交。

1972年4月三木武夫到中国访问，亲自向周恩来表示，如他组阁，将承认中国提出的中日复交三原则。第二次会谈即将结束时，三木介绍他回国后向新闻界谈话的口径。周恩来听后表示：不要太说中国的好话，要说得比较含蓄一点，这样对你们党内外、人民之间，对美、对苏关系都有好处，还要使亚太地区的中小国家对我们放心。这不是你一个人的问题，而是中日两国人民和世界大多数人的问题。三木听后，大为感动，他没有想到周恩来考虑得这样周到。周恩来是站在全球战略的高度考虑中日建交，总是计高一筹。5月份佐藤政府危机，三木联合田中、大平准备组建同中国建交的内阁。在三木的力主下，三派政策协定明确加上："与中华人民共和国进行谈判，争取缔结和平条约。"经过较量最后形成田中和佐藤继承人福田之争的局面。7月7日田中当选首相，马上宣布："中日正常化后，日华（即台湾）条约不再存在，要加紧实现日中邦交正常化，充分理解中方提出的邦交正常化三原则。"周恩来反应十分迅速，7月9日即表示："这是值得欢迎的。"仅仅七个字，字字千钧重，顿使局势明朗，中国反应之快，大大出乎日本的预料，给田中内阁极大的鼓舞。

田中在佐藤内阁担任过重要大臣，中国是否能邀请他访华？这成为日本朝野关注的热点。7月12日，周恩来授权外交部长姬鹏飞发表声明：中国总理欢迎并邀请田中首相来中国访问，会谈并解决中日邦交问题。进一步坚定了田中访华的决心。

社会党领袖佐佐木更三访华负有使命。7月16日在人民大会堂周恩来接见佐佐木。落座后佐佐木正在踌躇如何开口，周恩来就问正在照相的日本记者："秋冈先生，你认为有没有可能在你驻华期间照到我和你们首相、外相在这里一起谈话的场面？"佐佐木十分兴奋，进而询问周恩来。周恩来毫不犹豫地说："欢迎田中首相到中国来访问。"问题迎刃而解。

因而田中表现出很高的热情，3日后即宣布：中日邦交正常化，"时机已经成熟"。他来中国访问是冲破了很大的阻力，由于担心右翼的暗害，行前留下遗书。

周恩来处理中日关系问题，一般多是由廖承志同志协助。姬鹏飞作为外交部长参与了中日建交谈判的全过程。1971年9月13日林彪摔死在温都尔汗之后，"文化大革命"出现转机，国内形势发生一系列变化。1972年全国开始批判林彪集团，但是由于"四人帮"的干扰，"左"的思潮并未能得到认真地清查，周恩来一方面要协助毛泽东打开中美、中日关系的大门；另一方面还要排除"四人帮"的干扰；同时要教育、说服受"左"的思潮影响的同志。不少同志对于打开中美、中日关系的重大意义不理解，特别不理解为什么要同右派打交道。所以毛泽东在会见尼克松时说："我喜欢右派。""我认为最重要是要看到，美国的左派只能夸夸其谈，右派却能作到，至少目前是如此。"

为了让大家更好地理解毛泽东的部署，周恩来对毛泽东的思想作了进一步阐发。1972年8月，他在接见一个兄弟党的领导人时说：

（一）我们外交行动的方针是争取当权派，可以跟他来往，因为如果我们跟一个国家没有外交关系，没有来往，我们就无法接近群众。跟上层来往就要跟他的当权派来往，而且要跟当权派的头子来往，否则就不能解决问题。这里有一个问题，上层和人民有矛盾，上层的外交来往总还要保持一定的外交关系吧，跟人民的来往是民间的来往。我们倾向于把两条路线不要搞得太密切了，要分开一点，外交归外交，民间来往归民间来往。

（二）上层来往还是按原则办事，既要有原则性，又要有灵活性。必须要有原则性，才能允许可能范围的灵活性。

（三）根据我们搞上层统一战线几十年的历史得出两条经验：第一，当我们跟资产阶级决裂的时候，容易犯"左"倾错误，把他看成铁板一块，只有斗争，反对一切，没有联合；第二，当我们跟资产阶级联合的时候，容易犯"右"倾错误，只有联合，没有斗争。

在1972年，"左"的思潮很有市场，周恩来讲这些话是用心良苦的。他深知中日建交的时机就国内外来讲条件都已成熟，必须抓紧，否则一纵即逝，不知要推迟到何时。所以周恩来对这项工作抓得非常紧。

周恩来事事向毛泽东报告，得到毛泽东的支持，使"四人帮"无隙可乘。为使工作万无一失，周恩来指定姬鹏飞、乔冠华、廖承志、韩念龙等人组成日本组。姬鹏飞回忆："总理白天接见外宾，那时到中国访问的日本朋友特别多，夜晚将我们找到西花厅或钓鱼台开会研究中日建交问题，或带我们一起到中南海毛主席住处开会，向主席汇报。在主席那里决定了大政方针后，回来总理又同我们一起研究、安排，事无巨细，总理都一一过问，一一想到。他常说：外交授权有限，外交无小事。这时他已是74岁的高龄，并已查明身患癌症。他就是这样带病工作，每天工作十几个小时甚至二十个小时。总理的精神感人至深，总理的举止言谈、音容笑貌，至今仍历历在目。"

为了使全国人民理解毛泽东打开中日大门的意义，周恩来从9月1日起修改《外交部关于接待田中首相访华宣传提纲》。该文件经政治局讨论后，作为中共中央文件下发。周恩来并于9月4日亲自批发这个文件，并"要求各大城市在9月20日作到家喻户晓"。这个文件针对极左思潮回答了、解决了人民中存在的疑问。对于统一全党、全国的思想、拨乱反正起到很好的作用，使"四人帮"不能有机可乘。

9月25日上午11时半，田中首相、大平外相到达北京机场，受到周恩来的欢迎。下午1点50分周恩来和田中首相在人民大会堂接见厅举行第一次会谈。田中首相和周恩来都没有休息，周恩来为人周到礼貌，首先问候首相："你也没得休息一下，吃了饭就来了。"田中谈到中午的茅台酒很好喝。本来周恩来了解到田中首相喜欢喝中国的汾酒，他在外交上接待客人一贯是主随客便，特别通知吕梁地委要杏花村汾酒厂准备窖藏几十年的汾酒。可是田中首相知道周恩来喜欢喝茅台酒，客随主便，表示到中国要喝茅台酒。这样窖藏几十年的汾酒就没有派上用场。

周恩来说："茅台酒比'伏特加'好，不上头，疲劳的时候喝一点能起振奋作用。你觉得好喝我们送一点给你，把你的'威士忌'改成茅台。"大家都知道伏特加是苏联产的酒，威士忌是美国产的酒，周恩来的话一下子把大家说笑了。会谈在轻松、亲切的气氛中进行。这是周恩来一贯的作风，首先创造一个良好的气氛。

周恩来回忆了田中执政40多天以来的情况，他说："首相阁下在外交上以这样高速度地进行，这在日本历史上也是很少见的。我很欣赏首相阁下9月21日宣布访华日期跟记者所讲的，一定要使会谈取得成功，而且肯定会取得成功。我们以这样的心情欢迎阁下来访问。"

田中首相表示了对周恩来的敬意，他说："尽管从我的愿望来讲，希望加紧实现日中两国邦交正常化，但根据以往的历史经验，如果时机不成熟，这种愿望也是不容易实现的。但周总理马上对我这个愿望表示了欢迎，并邀请我到中国来访问。也就是说，周总理马上抓住了这个时机，配合了我的愿望，作出了表示，所以我们才能迎接这个日子。我原来心里想，到中国来访恐怕不是那么容易的，今天我能这么快到中国来访问，感到喜出望外。"

随后，进行小范围（限制性）会谈。田中首相提出29日发表联合声明，这样可以不用在日本国会通过。首相十分坦率，一下子涉及核心问题，他和大平外相提出台湾问题和第三国问题。他说："我们要谋求日中邦交正常化，就只有自动取消和台湾的关系。可是一定要避免混乱。因为日本国会批准'日华（台）条约'。"

关于第三国的关系，大平外相说："日本和美国在政治上，经济上有紧密的关系，日美关系对日本具有重大意义。日本政府要注意，不能从日本政府方面损害和美国的关系以及美国和世界各国的关系。要在此情况下，谋求日中邦交正常化。"

周恩来已身患绝症。在会谈中不得不出去服药，休息片刻。但是，他以惊人的毅力坚持工作，始终保持清醒的头脑。他说：中日友好不是排他的，我们对日美安全条约有意见，但在联合声明中不提它，因为这是你们的事。

关于台湾问题，周恩来表示：日中关系一恢复，日蒋条约就自然失效了。他指出：我们希望从政治上来解决一些历史问题，不要拘泥于法律条文。日蒋的外交关系不能保存，但日本在台湾的侨民可以找到一个办法。

关于宣告结束战争状态的问题周恩来不同意日方的说法"确认战争状态已经结束"，周恩来说这样写，会变成从缔结旧金山和约到现在这段时期，中日战争状态已经结束，而我们又不是当事者，不包括在内。周恩来提议由两国的外长找出一个办法，即双方都同意的一句话。

周恩来坚持恢复中日邦交三原则，要姬鹏飞和大平考虑每一项原则如何在联合声明中表达出来的问题。最后他说：第二次世界大战早就结束了，但中日邦交还没有正常化，中日还没有建交，这在中国人民的感情上是不顺畅的，我们这一次要使他们在感情上顺畅起来，推动中日友好。

当晚，周恩来在欢迎田中首相的宴会上，提出"充分协商，求大同，存小异"，"中日友好不是排他的"，对日本侵华战争"前事不忘，后事之师"等谈判原则，他最后提出："中日两国人民应该世世代代友好下去。"

可是，田中的讲话引起波澜。他说："然而，遗憾的是过去几十年之间，日中关系经历了不幸的过程。其间，我国给中国国民添了很大的麻烦。"周恩来和在座的中国同志对"添了很大的麻烦"这句话十分反感，会场气氛一下子由热烈变得冷清。

其实，这是翻译的错误，因为田中首相用的是"世代仇敌之间和解时的谢罪"。而日方翻译不知汉语水平低，还是其他原因，竟然译成"麻烦"。

第二天上午，姬鹏飞和大平外相会谈，具体地讨论联合公报的内容。日方条约局局长高岛益郎首先发言：第一，不同意我方方案"自本声明公布之日起，中华人民共和国和日本国之间的战争状态宣告结束"，认为这样日华（台）条约从一开始就是无效的。第二，对我方提出的复交三原则，他认为应分开写。第三条"日华（台）条约是非法的、也是无效的、必须予以废除"不能上。第三，关于台湾问题，他认为根据旧金山条约日本已放弃了对台湾的一切权利，现在已无必要对此再作出法律上的认定。第四，关于赔偿问题，他说日方对于中国方面主动提出放弃赔偿要求，给予高度评价和感谢。但认为蒋介石在日台条约中放弃了赔偿，如果现在声明上的文字表达上出现明确，意味着"日本和台湾缔结和约从一开始就无效"，日方则不赞成。

高岛发言的中心是台湾问题，他只拘泥法律条文，他的发言给中日谈判带来了阴影。

当天下午，周恩来和田中举行第二次会谈。日方有大平、二阶堂、桥本恕参加，中方有姬鹏飞、廖承志、韩念龙参加，周恩来开门见山说：我们非常欣赏田中首相和大平外相所说的这样一句话：恢复日中邦交应从政治上解决，而不要从法律条文上去解决。从政治上解决，比较容易解决问题，而且照顾双方。如果只从条文上去解释，有时很难说通，甚至发生对立。周恩来说：日本军国主义的侵略使中国人民遭受重大的损害，而侵略战争的结果，也给日本人民带来灾难。中国解放后，毛泽东主席一再强调，要严格区分极少数军国主义分子和广大的日本人民。我们做了很多工作。周总理知道田中讲话的本意，直率地说，田中首相表示对过去的不幸过程感到遗憾，并表示要深深地反省，这是我们能接受的。但是，"添了很大的麻烦"这一句话引起了中国人民强烈的反感。因为普通的事情也可以说是"添了麻烦"。这可能是日文和中文的含意不一样。

田中解释说：从日文来说"添了麻烦"是诚心诚意地表示谢罪之意，而且包含着保证以后不重犯，请求原谅的意思。如果你们有更适当的词汇，可以按你们的习惯改。

道歉的问题解决了。

周恩来说：要建交，如同大平外相所说，就要同蒋介石断交，日台条约就自然失效。如果把旧金山和约、日台条约都拿来作根据，问题是无法解决的。我们说只有在你们充分理解我们提出的复交三原则的基础上，才能照顾你们面临的一些困难，而不是相反。日台条约在于你们同台湾之间，但这个事实是当时的美蒋关系造成的。这次在公报中可以不提这个字眼。但不能让我们承认这个条约的存在和合法。不然就等于中国是从今天才算接受中华人民共和国的统治。这是我们根本不能接受的。

关于赔偿问题，周恩来批驳高岛的说法："当时蒋介石已逃到台湾，表示所谓放弃赔偿要求，那时他已不能代表全中国，是慷他人之慨。我们是从两国人民的友好关系出发，不想使日本人民因赔偿负担而受苦，所以放弃了赔偿的要求。过去我们也负担过赔偿，使中国人民受苦。毛主席主张不要日本人民负担赔偿，我向日本朋友传达。而高岛先生反过来不领情，说蒋介石说过不要赔偿，这个话是对我们的侮辱。我这个人是个温和的人，但听了这个话，简直不能忍受。"

周恩来的谈话入情入理，明白简要地阐明了中国的立场。日本首相表示：完全明白了。

下午 5 点多，姬鹏飞和大平外相就条文的具体内容进行磋商。我方提出的方案，在前言中写了中日两国人民殷切希望结束迄今存在于两国间的不正常状态。写了日本充分理解中华人民共和国提出的复交三原则，而回避出现《日台条约》。双方议定在声明中宣布今后中日完全存在和平关系，不明确说战争状态何时结束。这两个问题一解决，其他技术性的问题就好办了，中方指定由张香山带几个同志，日方由吉田等参加具体协商。问题解决之后，9 月 27 日毛泽东会见了田中首相。29 日顺利地在人大会堂签订了中日联合声明。中日关系揭开新的篇章。

由于政策明确，方法得当，从 7 月 7 日起只用了 81 天的时间就在北京签署了中日联合声明，宣告中日之间不正常状态结束。真是迅雷不及掩耳，不仅大大出乎美苏的意料之外，而且为世界各国观察家叹为观止。周恩来以高度的原则性和灵活性相结合，办事缜密周到，无可挑剔，令人折服。

周恩来坚持的政策有以下几点：

一、不是排他的

周恩来在欢迎田中的宴会上祝词时指出："中日友好不是排他的，它将为和缓亚洲紧张局势和维护世界和平作出贡献。"[①]

不是排他的，就是不针对第三国，这是指美国而言。因为日本和美国之间

---

① 《周恩来外交文选》，中央文献出版社 1990 年版，第 495 页。

订有安全条约，在这个条约中涉及台湾问题，所以一直遭到中国的反对。建交前，周恩来认为中国已同美国签订上海公报，公报已涉及台湾问题，而且在中日联合声明中把台湾问题解决了，可以不提出日美安全条约。中国对这个条约不是没有意见，但是考虑到日本在经济上摆脱美国不是那么容易，日美友好关系仍是日本外交的基础，理解日本的处境，因而强调"中日友好不是排他的"。

田中在接受中国的邀请之后，于8月31日飞夏威夷同尼克松会谈。虽然尼克松主动缓和同中国的关系，但是仍坚持他的远东政策，对田中的做法心存疑虑。田中向尼克松保证：日中邦交正常化不会给日美安保体制带来任何不利影响。尼克松则对日中邦交正常化表示谅解。

中国的做法是否违背原则了呢？不，没有违背原则。在周恩来的坚持下，将反霸权的话写进联合声明中："两国任何一方都不应在亚洲和太平洋地区谋求霸权，每一方都反对任何其他国家或国家集团建立这种霸权的努力。"因为反霸权条款也写进了和尼克松签订的《上海公报》，田中没有反对而接受了。反霸权内容是对"不是排它性的"做了一个限定，一个重要补充。

二、坚持复交三原则

台湾问题是中日正常化的障碍。1971年11月周恩来接见东京知事美浓部亮吉时，着重谈到台湾问题，他说："我们认为，单说台湾是中国的一个省，或者说是中国领土不可分割的一部分还不够，还要说台湾已经归还它的祖国——中华人民共和国。"[①] 而且提出复交三原则。这三个原则是（一）中华人民共和国是代表中国的唯一合法政府；（二）台湾是中华人民共和国领土不可分割的一部分；（三）日台条约是非法的、无效的，必须废除。

虽然7日田中宣布充分理解中方提出的邦交正常化三原则，但是，能否接受三原则在自民党内是争论最大的问题。亲台分子认为不能接受第三条，而且要求继续保持同台湾的外交关系。以田中为首的多数知道这是中国政府绝对不能接受的，而否决了。自民党在派日中邦交正常化协会会长小坂善太郎到北京安排田中访华事宜的同时，派副总裁椎名到台湾解释、交涉。

---

① 《周恩来外交文选》，中央文献出版社1990年版，第485页。

周恩来十分关注日本在台湾问题的动向，9月20日深夜，他同小坂善太郎会谈后回到西花厅，看到共同社的消息，说椎名在台湾表示"包括外交关系在内照过去的原样保持下去"。虽然共同社消息说日本政府表示不受椎名讲话的束缚，但是周恩来仍连夜召见小坂善太郎，询问此事，并表示中国立场决无改变余地。小坂善太郎一再表示日本如与中华人民共和国建交而不准备与台湾割断外交关系，田中首相、大平外相来北京定无结果，那田中内阁非垮台不可。他坚信田中、大平来北京必已下了决心，坚信谈判必成。小坂言辞恳切，态度坚决。周恩来的愤怒才渐渐消失。

周恩来历来坚持高度的原则性与灵活的策略相结合，做事情都是通情达理，周密细致。在与田中、大平会谈时，大平提出日本有4000商人在台湾，每天有上千的日本人到台湾旅游。周恩来说：可以理解。同意日本民间和台湾保持经济往来。

三、坚持日本政府就战争责任问题道歉

自1894年以来，日本一直侵略中国，特别是"九一八"以来，日本的侵略给中国带来了深重的灾难。周恩来以战略的眼光，从中华民族的长远利益考虑，主张向前看，所以几十年来一直坚持不懈地努力改善中日关系。

可是，日本是站在十字路口，经过近二十年的发展，已成为经济上的强国。作为一个独立的国家，要有自卫力量，但是又不要走上军国主义老路；要同美苏中几个大国搞好关系，又不要发动战争。为了不使历史重演，周恩来常常讲："前事不忘，后事之师，这样的经验教训，我们应该牢牢记住。"[1] 为了防止日本军国主义，为了不忘记前车之鉴，周恩来认为田中应代表日本政府就战争责任向中国人民道歉。

在周恩来的坚持下，日方做出让步，双方同意在中日联合声明这样写道："日本方面痛感日本国过去由于战争给中国人民造成重大损害的责任，表示深刻的反省。"

田中首相评价周恩来"身体像垂柳般柔软，心像岩石般坚硬"。正是由于

---

[1] 《周恩来外交文选》，中央文献出版社1990年版，第494页。

周恩来在原则问题上寸步不让，在策略问题上灵活掌握，在温和敦厚、和蔼可亲之中又一针见血、切中要害，因而顺利地签订了中日联合声明。

正如联合声明指出的："战争状态的结束，中日邦交正常化，两国人民这种愿望的实现，将揭开两国关系史上新的一页。"中日关系的改善对中国、日本的发展产生深远的影响，为中国开放改革准备了一个良好的国际环境。

"饮水不忘掘井人。"作为共和国外交事业的奠基人、决策者与实践家，周恩来为此付出的巨大努力和心血，所表现出的超人的魄力与智慧，将永垂史册，永昭后人。

（李海文）

价值四十三亿美元大型成套设备的引进

1971年8月15日起,毛泽东离京到南方进行为批判林彪集团吹风的视察。他问列车员,星期天干什么去。列车员说排队去买"的确良",告诉毛泽东"的确良"如何好(如不用布票、经久耐用、挺括、不起皱等)。毛泽东说为什么不搞个厂生产呢?毛泽东回京后对周恩来、李先念谈了这件事,问:为什么不能多生产一点"的确良"?周恩来说:我们没有这个技术,还不能生产。毛泽东又问:能不能买生产技术?周恩来马上说:当然可以。

搞化纤厂,第一个条件先发展石油,石油提炼后才能有乙稀、化纤。"文化大革命"爆发后,中央文革小组叫嚷现在是"新文革与旧政府的矛盾"将矛头指向周恩来领导的国务院。只有毛泽东的话一言九鼎。周恩来立即抓住这个宝贵的机会,要李先念、余秋里研究引进技术这件事情,同时把急需引进的项目通盘研究一次,搞一个全面规划报给他审批。准备先在大庆、北京、上海各安排一个基地,后增加了胜利油田。

1971年11月,我国恢复在联合国的合法席位,1972年2月美国总统访华。消息传出,大批的国家,特别是发达国家纷纷与我国建交,打破了帝国主义对我国的政治、经济封锁。国际大格局的变化,外交工作的突破,提供了大规模引进的契机。周恩来决定要抓住时机。历史的机遇常常是瞬息万变,机不可失,失不再来。

就在处理林彪事件和准备尼克松访华的紧张工作的同时,在周恩来安排下,1971年12月16日国务院召开全国计划会议,开了两个月,于1972年2月12日结束。根据周恩来的指示,李先念、华国锋主持下起草的《1972年计划会议工作纪要》提出十条整顿意见和企业管理七项制度。但是张春桥借口

"文件长了，不好发。""拿多数压我们，我坚决反对！"还说：批空头政治就是批"文化大革命"。迫使文件和会议纪要没有下发，强行将会议出现的批林热潮压制下去。

但是，周恩来和业务组副组长李先念、华国锋仍然坚持抓住机遇，进口成套化纤、化肥技术设备，由计委向国务院写一个报告。1972年1月初，李先念和华国锋专门听取计委主任余秋里、轻工业部、燃化部、商业部、外贸部委汇报，组织大家讨论。1月16日国家计委起草好《关于进口成套化纤、化肥技术设备的报告》上报李先念、纪登奎、华国锋，并报周恩来。1972年1月22日，李先念、华国锋、余秋里联名给周恩来写了一封信。2月5日，周恩来主持国务院业务组会议，讨论国民经济计划。他批示同意《关于进口成套化纤、化肥技术设备的报告》，并报毛泽东批准。周恩来强调，对引进技术，只能是"一学、二用、三改、四创"的方针，即在消化、吸收后，再创新、改革。引进工作得到毛泽东的支持，"四人帮"也不敢再明目张胆地反对。2月7日引进工作正式组织实施。这是新中国成立以来，我国与资本主义国家在贸易和设备引进方面重大的突破。

1972年5月，李先念批准了计委出国考察，国务院兵分两路，一路由轻工部、燃化部组织的考察组分别到西欧、日本考察了两个月；一路由轻工部焦善民带队和国家建委、燃化部、交通部、水电部等到四川、辽宁、上海、天津实地考察厂址。决定在四川长寿、上海金山卫、辽宁辽阳、天津北大港建设四个厂。同时，李先念委派正在干校劳动的柴树藩回京主持对外谈判。

9月2日，周恩来在推进中日邦交正常化的百忙之中，将柴树藩写的《进口化纤设备谈判进展情况报告》批给李先念，并提出提前从日本进口设备。1972年9月20日国务院批准计委成立进口设备领导小组。冶金、燃化、机械、电讯、民航、水电、铁道、三机部、四机部闻风而动，纷纷写报告要求引进先进技术，出国考察，了解国际这些年的发展情况，货比三家，引进技术、设备。

但是，由于"四人帮"的存在，极左思潮难以消除。1972年10月5日，周恩来接见即将赴美访问的中国科学代表团和医学代表团全体成员，强调：对于外国的先进技术、好的东西，我们要学习，要吸收，但是必须有分析地批判地学，做到洋为中用。医学代表团回来，要做报告，有一个军代表说：不要把我们说得一团漆黑，结果他们不敢讲了。科学代表团连一个报告也没有写出来。周恩来知道后，在听取计委汇报的会议上，痛心地说："随便给人家戴帽子，结果他们不敢讲了。这种风气不好，出去花了不少钱，回来连报告也不敢做。不敢谈人家的长处，也不敢谈自己的短处。这是不符合毛泽东思想的。有些人自己不懂，又随便给人家戴帽子。出去参观、考察，就是为了学习人家的长处。"

余秋里让国家计委汇总石油、煤炭、化工、机械、军工、电讯、民航、水电、铁道、三机部、四机部的报告，又准备了大小两个方案，11月7日，计委将小方案《关于进口成套化工设备的请示报告》报周恩来。报告建议进口6亿美元的23套化工设备。11月30日，周恩来看这个报告，认为既然有这么好的机遇，事情就应该做大些，指示将关于进口33亿美元的大方案一起送来。

周恩来为什么要看大方案？经过几十年的斗争，他知道在一个以农业为主、文盲众多的国家（1966年中国人口7.4亿，有1亿文盲；1972年近9亿人口，有2亿文盲），实现四个现代化的理想是一个艰巨的任务，非一日之功，非一蹴而就，只能一步一步向前走。"文化大革命"前台湾与大陆发展水平基本相当，但是从1968年拉开距离。蒋介石用了严家淦。严家淦原在银行仅有一个小职位，但他对做生意、搞贸易有那么一套。很快台湾与日本、香港、新加坡成为发展迅猛的四小龙，为世界关注，美国人也在研究台湾起飞的原因。周恩来更是关心。1972年6月16日，周恩来会见并宴请美国哈佛大学教授费正清和夫人时，了解到，"台湾搞加工厂，出口商品。""引进美国、日本和其他国家的外资。进口原料，然后加工，专门供出口。还在高雄划了一个像香港一样的自由港，不收税。这样台湾的贸易额就大了。"什么是自由港？自由港又叫自由口岸，外国货物可以免征关税进出，可以在此进行装卸、贮藏、买卖、加工和改装，只要求外国船必须遵守有关的卫生和移民等法律规章。自由港的范围，有的仅限于某港口的特定地区，也有的扩大到邻近地区，该地区通称自由区。周恩来说："我们对国际上究竟哪一个国家需要什么货物并不清楚，我很直率地说，这一点我们还赶不上台湾的严家淦。"赶不上就要急起直追。心中有数，决心就大。特别是1972年的5月18日，周恩来确诊患有膀胱癌。他知道自己时间不多了，一定要在有生之年将引进工作抓出眉目、见到成效。所以他要看大方案。

1973年1月5日余秋里签发了计委向李先念、纪登奎、华国锋并报周总理的《关于增加设备进口、扩大经济交流的请示报告》，建议在今后三五年内引进43亿美元成套设备和单机的方案，简称："四十三亿方案"。

资金从何而来？

当时资本主义国家经过战后20多年的发展，面临着产品过剩，他们的产品、设备、技术急于找出路，找市场，很想很愿意卖给中国。可以赊账购买，等建成后用产品还本息，或者延期付款。后来发现，对方也是从银行贷款。我们就改为直接从银行贷款，减少了中间环节，降低利息。

新中国成立初期中国遭受西方资本主义国家的封锁，我国不得已一年举办两次广交会，请外国商人来看。美国的许多大公司受到政府的限制都是派在第三国如在澳大利亚的子公司出席广交会。美国贸易都是用第三国货币结算。这个局面一直到1973年6月美国大通曼哈顿银行董事长戴维·洛克菲勒到中国来才打破。他来中国的第二天就和中国银行董事长乔培新达成谅解：中国银行可用大通银行直接办理汇款和支付旅行支票。有了开端。6月29日，周恩来总理接见美国大通曼哈顿银行董事长戴维·洛克菲勒说："通过两国银行来推动两国贸易的发展，这是一个有效的渠道。我们过去不会运用银行。现在中国银行同你们办了第一个交涉。我们派一些人去你们大通银行那里考察市场和学习接触，你们派一些人来，接触一个时期，作为临时办法。考察相互的市场和国家需要，有好处。我们所有进出口货物都是通过国有机构来进行的。我们的国家社会制度不同，在不同政治制度基础上怎么找到有利于双方发展贸易的办法，这需要研究对方，了解对方。"

资金方面的工作多由熟悉西方规则和中国财贸工作的段云负责，具体由中国银行办理。

1974年6月1日，周恩来因病住院，当天即手术。过了两个月又做第二次大手术。身体每况愈下。中央政治局工作由副主席王洪文主持。1975年四、五月间，毛泽东批评了"四人帮"。6月，邓小平主持政治局工作，他说四十三亿引进"这是一个大政策"。作为一件大事，抓得很紧。

事情成功了，人们认为这是必然的，没有什么了不起。可是当时做事的人们顶着多大压力，费了多少心思，过程中有多少周折，这是后人难以体会和想象的。大家知道"文化大革命"爆发原因之一与20世纪60年代中国共产党同苏联共产党的争论有关。从1963年9月到1964年7月为评论《苏联共产党中央委员会给苏联各级党组织和全体共产党员的公开信》，写了九篇文章，简称"九评"，其中"三评"的题目是《南斯拉夫是社会主义国家吗?》。文中断言南斯拉夫不是社会主义国家，文中说："南斯拉夫私人资本和私人企业大量存在着，而且迅速发展。"宪法规定："私人可以创办企业，可以雇佣劳动力。""在农村实行土地自由买卖和自由租赁，实行自由雇工，并且废除农产品的计划制度，实行农产品自由贸易，鼓励农村资本主义的发展。"认为南斯拉夫的"农场"和"综合农业劳动者合作社"是"资本主义经济组织"。"铁托集团的所谓'工人自治'是一种特殊类型的国家资本主义。这种国家资本主义，不是无产阶级专政条件下的国家资本主义，而是铁托集团把无产阶级专政蜕化为官僚买办资产阶级专政下的国家资本主义。""三评"将买西方的产品说成是"帝国主义的倾销市场"；利用西方资本说是"帝国主义投资的场所"；将出口说成是"帝国主义原料基地"；将来料加工说成是"西方垄断资本主义企业的装配车间"。因而断言南斯拉夫成为帝国主义的附庸、别动队。

文章是以《人民日报》编辑部和《红旗》杂志编辑部的名义发表，由中宣部、中联部、中央党校、总政等中央单位的笔杆子住在钓鱼台8号楼写的，后来参加中央文革小组的王力、关锋都是主要成员。王力住钓鱼台，关锋住民族饭店。写作班子由时任中央政治局候补委员、中央书记处书记、后来担任中央文革顾问的康生具体领导，成文定稿要经过中央书记处、毛泽东的批准。写作班子的成员只称康生为"楼主"。中央文革小组成立后，在钓鱼台办公，8号楼自然成为康生的住所。中央文革于1966年八届十一中全会后实际代替了中央书记处。党的九大虽然没有再设立中央文革小组，但是，重要成员进入政治局，中央文革副组长江青及张春桥、姚文元都为政治局委员，康生为中央常委。党的十大，张春桥为中央常委，康生为党中央副主席。江青、张春桥、王洪文、姚文元结成"四人帮"，姚文元一直负责舆论宣传工作。

1972年，在这种形势下，周恩来敢于从资本主义国家引进外资、设备，是多么不容易，需要多大的魄力、胆识，才敢做，才敢坚持，才能一抓到底，圆满完成。引进工作不但打破了"文化大革命"以来保守、封闭的极左思潮的阻挠，也打破了长期以来以"既无内债，又无外债"为荣的思想局限，更重要的是冲破了社会主义不能用西方国家贷款的禁区，为此后我国大规模利用国外贷款，引进技术打开了通路。

但是1975年11月掀起的"反击右倾翻案风"和批邓，"四人帮"扣帽子还说引进是"爬行"。1976年3月，张春桥说："你们崇洋媚外，买那么多破烂，不知洛克希德公司给了多少钱？"江青说："我们出口石油，把国际能源危机转嫁到中国人民头上，得罪了第三世界，救了第一、第二世界的命！""四人帮"认为西方发生石油危机，如果中国不出口石油，不买国外设备，资本主义就会垮台了。岂不知道我们出口的石油和引进的43亿美元还不到资本主义世界生产总值的零头，真是井底之蛙。

由于"四人帮"的干扰，引进工作一再起波澜，江青制造了"蜗牛事件""风庆轮事件"。但是有毛泽东的同意，在国务院周恩来、李先念、华国锋领导下，余秋里在计委敢抓敢干。大家齐心协力，一抓到底，克服"四人帮"制造的重重阻碍，确保这些设备和技术尽快形成生产力。到1977年底26个项目20个建成投产，到1979年，1977年前签约的项目基本建成，完成实际签约成交39亿多美元，比预定43亿少花了3亿多美元。这些项目有：13套大化肥、4套大化纤（设在大庆、北京、上海、胜利油田）、三套石油化工、一个烷基苯工厂、43套综合采煤机组、3个大电站、武钢一米七轧机，以及透平压缩机、燃汽轮机、工业汽轮机制造工厂和斯贝发动机等。

这是新中国成立以来除156项工程外，第二次大规模的引进。对国内需要的项目选得准，达到了抗战胜利以来的最高水平。到1978年6月累计生产尿素361万吨。这是1979到1984年农业连续五年增产的因素之一。以全世界10%的耕地解决占世界21%的人口吃饭问题，解决了穿的问题，取消了实行几十年的布票。1981年南京的烷基苯厂建成投产，洗衣粉可以敞开供应，结束了20多年买肥皂要票的历史。1982年26个项目全部建成。这些项目的完成使我们的工业水平上了一个台阶，大大提高技术、质量、效率，极大改善民生、缓和社会矛盾。物品逐渐丰富极大缓解了国内的社会矛盾，为改革开放顺利进行奠定了经济基础。

这些项目带动了社会各个方面的开放、改革。为了引进，大批同志出国考察。这是新中国成立以来第一次大规模地和西方发达国家交流与合作。人们眼界大开，看到差距。我们年产10万吨合成氨厂职工要上千人，而国外年产30万吨合成氨厂职工只要100多人。"文化大革命"，使我们与世界先进水平的差距不是缩小了，而是扩大了。开放是先导，看到差距才知道改革的路径。所以先有开放，后有改革。引进，不仅是引进先进的技术、先进的设备，更主要是引进先进的管理理念。这不仅大大提高了生产效率，更主要促进人们思想的转变。与此同时，积累了与西方发达国家打交道的经验，培养了外事干部、技术干部、外语人才，形成了一支从事外事工作的干部队伍，为后来的改革开放准备了人才。

（李海文）

把基础理论研究抓起来

1971年"九一三"事件后,周恩来抓住人们认识发生深刻变化的有利时机,毅然举起批判极左思潮的旗帜,矛头所指,包括教育、科技、文艺等"文化大革命"的重灾区,着力批驳这些领域中一度甚嚣尘上的"黑线专政"的反动观点。于是,引发了1972年间周总理与江青集团的一场尖锐斗争。然而,这场斗争的一个起因,却又和一位中国血统的美籍科学家杨振宁博士联系在一起……

这一年夏天,曾获诺贝尔物理学奖的杨振宁博士来华。他这次回国不仅是探亲访友,更重要的是想很好地了解一下祖国的教育科技发展现状。在京停留期间,他详细地参观、了解了北京大学、中国科学院物理所等单位的教育和科研情况,对"文化大革命"中这些单位不注重基础理论研究的状况提出了直言不讳的批评。

对此,周总理极为重视,他亲自会见了杨振宁,直接听取他的批评建议,并且明确表示:杨先生说我们的理论太贫乏了,而且也不对外交流,恐怕这话有道理,这是看到我们的毛病了。他告诫有关部门负责人:我们不要还是自高自大,听不进不同的意见,如果当作耳旁风就更危险;对于某些极左的东西,必须大力整顿和克服。

几天后,他又说:"杨振宁讲话实在,毛主席看了他的讲话后,称赞他。"为切实解决杨振宁所指出的问题,他还当面嘱咐北大革委会副主任周培源:"你回去要把北大理科办好,把基础理论水平提高。这是我交给你的任务。有什么障碍要扫除,有什么钉子要拔掉。"这里,周总理提到的"障碍"和"钉子",是有所指的。

周培源回校后，立即向全校教职工传达了总理的讲话，顿时，北大校园沸腾了！人们欢欣鼓舞，奔走相告，特别是那些在"文化大革命"中受极左路线压抑、禁锢的中老年教师，更是眼含热泪，倍感周恩来的亲切关怀。

但是，正如周恩来所预料的，在教师中也有一些人心存疑虑，担心再出现"反复"，又要挨"斗"、受"批判"。为此，周培源写信向总理作了如实反映，周恩来立即批示有关部门：应以该信"作依据"，认真地、切实地把基础理论研究抓起来。

一周之后，针对对内对外工作中存在的主要问题，周恩来在一次会议上一针见血地指出："极左思潮一定要批透"；"政治挂帅，就是要挂在业务上，业务不好，就说明政策还没有落实。"

根据周恩来多次指示精神，10月初，周培源冲破江青一伙设置的重重阻力，在《光明日报》上发表了《对综合大学理科教育革命的一些看法》一文，提出"要对基本理论的研究给予足够的重视"。

这篇文章发表后，立刻引起江青一伙人的不满和反对。张春桥、姚文元马上指使一些人秘密来京调查文章的"出笼背景"。当他们得知周恩来的有关指示后，竟然四处宣称："周培源的文章有来头，有后台；不管他的后台多大多硬，就是要批！""那些口口声声说要重视基础理论的人，其实最不懂得马克思主义！"他们在北大的一个亲信甚至还不打自招地供认："他们要拔掉的钉子，就是拔掉我们。"随后，张、姚一伙授意一家报纸连续发表文章，对周培源的文章进行围攻，公开把矛头指向周恩来。

到了这一年的11月底，江青等人终于跳出来直接向周恩来发难。在周恩来已批示"同意"召开一次批判极左思潮和无政府主义的会议的报告上，张春桥竟气势汹汹地挥笔质问周恩来："当前的主要问题是否仍然是极左思潮？批林（彪）是否就是批极左和无政府主义？"江青也在批示里诡辩说，林彪是"卖国贼"，因此是"极右"。

江青一伙人之所以如此害怕提批判极左，就是因为他们和林彪一样，也是煽动极左思潮的罪魁祸首。如果按照周恩来所讲的，各条战线都"批透"极左思潮，那么，不仅林彪的极左路线及其流毒将得以肃清，江青一伙的极左思想体系也必将随之被揭露、被批判。

就在江青、张春桥抗拒周恩来批示这件事发生不久，毛泽东却错误地支持了江青等人的主张，否定了周恩来的正确意见，使得周恩来领导的这场批判极左思潮的斗争受到重大挫折。

但是，周恩来并没有因此而放弃"批透"极左思潮的努力。在他的领导下，批判极左思潮的斗争采取含蓄、迂回的方式（即不公开使用批"极左"一词），仍在继续进行着。在周恩来的不懈努力下，1972年到1973年，国家的政治、经济、外交、文教等各项工作，都出现了明显的转机。

（安建设）

"港口问题一定要解决"

"文化大革命"期间,周恩来在抓铁路运输的同时,亦十分重视水路运输特别是港口建设工作。

1967年,与铁路中断同样严重的是轮船在港口卸不了货。9月1日,周恩来在北京市革命委员会扩大会议上说,现在特别是运输降到最低的水平,主要的是轮船运输的码头,货堆了不少,外国船在港口卸不了货,每天罚款,国家财产损失相当大。

1967年10月1日,福州军区电话报告:英国一艘"加斯"号商船1日到厦门,按规定应检查,但因海关和港务局各分两派,无人检查,船无法靠岸。英船上有三病号,吃喝均成问题,要求尽速靠岸。军管会向两派做工作无效。

周恩来惊悉这一报告后,于2日凌晨3时起草了给厦门军管会并转"促联""革联"两派群众组织,并告厦门调查组的电话稿。要秘书马上通知厦门。他在电话稿中严正指出:"这种违犯国法、影响祖国信誉的行动,是极端错误的,是绝对不能容忍的。望厦门军管会、调查组接此电话后立即向两派组织号召:对外、对业务必须采取联合行动,如果哪一派响应中央、主席号召并见于行动,中央将通报表扬,如拒不执行,中央定予揭露,并命令军管会采取必要措施,保护海港检查、靠岸装卸。哪一派破坏这一行动,军管会应按《六六通令》惩处该派的主使人和肇事头头。"由于周恩来的重视和严厉态度,问题得到解决。10月2日上午10时英船靠岸,下午开始装货。

1971年以后,随着我国在联合国合法席位的恢复,中美、中日关系正常化,我国对外贸易迅速扩大,港口设施能力和远洋运输能力明显不相适应的矛盾突出出来,货等船、船等泊位、仓库和堆场积货如山的紧张状况经常发生。

早在 1970 年 2 月，周恩来在听取全国计划会议的情况汇报后，就果断地决定在"四五"计划期间将中国的远洋运输船队由 110 万载重吨扩大到 400 万载重吨，力争在 1975 年基本改变长期依靠租用大量外国船舶的被动局面。经周恩来批准，李先念和余秋里亲自组织国家计委、交通部、外贸部和中国人民银行，实施利用中国银行贷款平均每年购置近 100 万载重吨船舶的计划。到 1975 年，中国远洋运输船队达到 500 万载重吨。

周恩来在作出关于壮大远洋运输船队的重要指示的同时，还对发展船舶工业和水运工业进行筹划，并委托粟裕具体负责这一工作。

1973 年 2 月 27 日，周恩来指示：港口问题一定要解决，3 年时间基本解决港口问题，港口是发展水运繁荣经济的基础，要配套建设，包括装卸机械、供油、供水和港务船及其他运输生产设施等等。他委派粟裕和谷牧一起组织一个小班子，深入搞些调查研究，提出港口建设计划，予以实施。同年 3 月 2 日，国务院组建了以粟裕、谷牧为首的港口建设领导小组。随后，沿海各省、市、自治区纷纷成立建港指挥部，国家增拨专款，优先供应物资，特批进口设备，扩充建设队伍，掀起了全国性港口建设高潮。

5 年后，到 1978 年建成商用运输泊位 78 个，内含 1 万吨级以上泊位 55 个。终于解决了港口问题，为中国的改革开放准备了条件。

（曹应旺）

在"批林批孔"的困境中

1974年,在中国大地上又刮起一股旋风:从城市到乡村,到处都张贴着醒目的标语口号:"把批林批孔运动进行到底!"从机关到基层,到处都是大大小小的批判会、学习会、讨论会,一致"声讨"死于两年前的林彪和死于两千多年前的孔子,要人们把跨越了24个世纪的这两个中国人联系起来,批倒批臭。

这就是当时被称为"第二次文化大革命"的"批林批孔"运动。

然而,在"批林批孔"的喧嚣声中,却又冒出一个批周公。这是怎么一回事呢?原来,这完全是江青一伙搞的鬼,他们"批林批孔"是假,而批周公,即反对周恩来才是真。

据史书记载,周公是西周初年的一位著名政治家,是很有作为的周武王的弟弟。在周公的辅佐下,周武王挥师伐商,大战牧野,灭了商朝,建立了周朝。周武王死后,因周成王年幼,就由周公摄政。在这期间,他征伐反叛,分封诸侯,制礼作乐,建章立典,为周王朝的巩固立下了功勋。周公一生操劳,日理万机,因而有"一沐三握发,一饭三吐哺"的美誉。

众所周知,周恩来从1935年遵义会议确立毛主席的领导地位后,就始终不渝,协助毛泽东转战南北,一直到新中国建立。在担任总理的20多年里,他更是殚精竭虑,呕心沥血,成为新中国内政外交的奠基人、主持人之一。所以,"周公"的称呼,也是人们对周恩来的一种尊敬的代称。

然而,长期以来,林彪、江青一伙不仅对周恩来毫无尊敬可言,反而把他视为眼中钉、肉中刺,千方百计欲除去而后快。1971年林彪摔死后,周恩来亲自领导了批判极左思潮的斗争,使得江青等一伙人又恨又怕,总想找个理由打击、陷害周恩来。"批林批孔"运动的开展,使他们觉得有了"机会",于是,就演出了这场表面"批林批孔",暗中迫害周恩来的把戏。

以下就是江青一伙批周公的三部曲:

曲一:"三箭"齐发,突然袭击。

1974年1月,在江青的策划下,首都连续召开驻京部队单位、中直和国家机关万人"批林批孔"动员大会。会上,江青、姚文元、谢静宜、迟群等互相唱和,煽动"批林批孔"要联系批"走后门"的实际,企图利用群众对"走后门"之风的强烈不满,把矛头指向一大批党政军负责人。这样一来,就造成了"批林批孔"又批"走后门"的"三箭齐发"。

由于周恩来事前对江青等人的讲话一无所知,所以,他虽然也出席了大会,但一直是处在被责难、受攻击的地位。因为正是在他本人的努力下,才保护和解放了许多老干部。为此,周恩来于2月初写报告给毛泽东,提出自己的看法:如运动中只研究"走后门"一个问题,就太狭窄了,不正之风决不止此,而"走后门"又要进行分析,区别处理,才能收效。

在这之前,叶剑英也向毛泽东反映了这类问题。对此,毛泽东批评了江青等人大搞"三箭齐发"的讲话,指出:现在,形而上学猖獗,片面性;谢、迟讲话不宜向下发。制止了江青一伙的阴谋。

曲二:评法批儒,影射史学。

从"批林批孔"运动一开始,由江青、姚文元等人直接操纵下的"梁效"(笔名,即北大、清华两校大批判组)等写作班子,就连篇累牍地发表文章,借题发挥,大批"儒家",大捧"法家",把一部中国古代史硬编造成所谓"儒法斗争史"。其用意就在于"批现代的儒","批党内的儒"(江青语),以影射攻击周恩来等老一辈革命家。

尤其令人气愤的是,这些文章竟无中生有地把"宰相"一职硬加在孔丘身上,并称孔是"71岁,重病在床",甚至还更露骨地编造出孔丘"端起胳膊"的模样,对当时已是重病缠身的周恩来进行人身攻击。

这一年6月,江青在一次讲话中还画龙点睛地说:"现在之所以要批孔,就是因为还有很大的儒。"这时,她的一个亲信马上补充说:"注意,这个大儒不是指刘少奇,也不是林彪、陈伯达。"这短短几句"道白",清楚地表明了江青一伙的罪恶用心。

曲三:大反"复辟",四面围攻。

在1972年前后周恩来主持中央工作期间，由于党的各项政策得到落实，使得政治、经济、外交、文教等各条战线出现生机。而这些在江青一伙看来，简直是"大逆不道"，认为这是"否定"了"文化大革命"，搞"右倾翻案""复辟""开倒车"。

于是，江青等利用他们控制的舆论工具，大肆攻击重新起用一批老干部是"请隐士""举逸民"，引进国外先进技术设备是"崇洋媚外"，恢复文化考试制度是"为旧的教育制度翻案"，一些新的优秀文艺作品和剧目的出现是"文艺黑线回潮"，等等。

为此，从1973年秋起，在短短几个月时间里，他们连续导演了"张铁生交白卷"、"突然袭击考教授"、"马振扶公社中学逼死女学生"、大批"师道尊严"、调查"蜗牛事件"、批"黑画"、批《园丁之歌》、批《三上桃峰》等一场场闹剧。其矛头无一不是对准周恩来。

然而，江青一伙大批"周公"的倒行逆施，不仅没有批倒周恩来，反而在亿万人民面前暴露了他们的丑恶嘴脸，最终，成为他们自掘坟墓的拙劣表演。

（安建设）

饱含歉意的哀思

"文化大革命"后期,周恩来身患重病在三〇五医院住院治疗。

医院的东墙外是秀丽的北海公园。周恩来每逢精神好一些的时候,常常喜欢到公园里走一走。有时,他沿着湖畔一边散步,一边思考着需要处理的问题。有时,他坐在湖边的长椅上,微微地闭上眼睛,不知是回忆着往事,还是思考着未来。

8月24日的傍晚,周恩来又向北海湖畔走去。

站在湖边,望着眼前这一泓清水,他默默地沉思良久。当他抬起头来时,轻轻地吐出一句话,不知是对自己,还是对身边的随行人员说:"今天是老舍先生的忌日。"

此时此刻,他究竟在想什么?沉思中他是为新中国失去了这么一位人民艺术家而扼腕痛惜,还是为自己没有尽到保护责任而深感内疚?外人的确难以做出准确的判断。但是从他那注满深情的自语中已令人感受到他对亡者的哀悼与思念。

周恩来缓缓地沿湖走去,他的思绪飞到那遥远的过去,飞到老朋友老舍的身旁……

那是在1938年初春的武汉,周恩来与老舍相识了。那时候,抗日战争爆发不久,武汉已成为全国抗日救亡的中心,千千万万爱国的同胞从祖国四面八方潮水般涌向这里,著名作家老舍就是其中的一个。他是在日军逼近济南时忍痛离别心爱的妻子和弱小的子女投身到抗日的洪流中来的。这时候,周恩来作为中国共产党的首席代表,正在武汉开展抗日民族统一战线工作。共同抗日成为他们友谊的起点。

为了使云集武汉的文化界人士更紧密地团结起来，周恩来指示中共党员阳翰笙等，筹组中华全国文艺界抗敌协会。在筹备组织过程中，他们积极推荐深受文化界人士爱戴的老舍出面主持这项工作。虽然在抗战前我们党同老舍没有什么联系，但是从老舍的作品中已经了解到他是一个有正义感的爱国作家。抗战爆发后，老舍的爱国立场更加鲜明，战争给他带来的痛苦已化为满腔的仇恨，他曾毅然宣称："我不是国民党，也不是共产党，谁真正抗战我就跟谁走，我就是一个抗战派。"这样的人，党的左翼文艺队伍信得过他，国民党反动派也无法给他戴上什么红帽子，有利于团结更多的人一起抗日。显然，老舍是最合适的人选，我们党可以通过他实现对文协的领导。周恩来十分重视这个意见，并积极为此而奔走。

一天，周恩来专程拜访了国民政府军事委员会副委员长冯玉祥将军，因为初到武汉的老舍正在他那里帮助工作。会见中，周恩来同冯玉祥商谈了筹建"文协"的事情，并提出想请老舍出面主持这项工作。冯玉祥爽快地表示全力给予支持。经过一个多月的紧张筹备，"文协"正式成立了。老舍当选为"文协"的常务理事和总务部主任（因"文协"不设主席和会长，所以总务部主任实际负总责），周恩来当选为"文协"的名誉理事。从此，周恩来和老舍的交往逐渐多了起来……

1938年5月，"文协"召开第二次理事会，周恩来应邀参加。在老舍作的会务报告中曾有一段精彩的记载："……轮到周恩来先生讲话了，他非常高兴能与这么些文人坐在一处吃饭，不只是为吃饭而高兴，而是为大家能够这么亲密、这么协力同心地在一块工作。他说，必须设法给文协弄些款子，使大家能多写文章，使会务有更大发展。最后（他眼中含着泪）他说他要失陪了，因为老父亲今晚10时到汉口！（大家鼓掌）暴敌使我们受了损失，遭了不幸，暴敌也使我的老父亲被迫南来，生死离合，全出于暴敌的侵略，生死离合，都增强了我们的团结。"周恩来的情绪感染了到会的每一个人。老舍等人常常说，周恩来每次到来都会"使人感到温暖，也从中汲取力量"。老舍的夫人胡絜青后来回忆说：这时期"虽然老舍还在迷雾中徘徊，但他凭着一颗爱国的赤诚之心深深地为结识了这样一位卓越的无产阶级革命家而自喜"。整个抗战期间，通过与周恩来的接触，老舍对中国共产党有了深刻认识，"成为共产党的一位忠实可靠的朋友"。

在周恩来的影响下,老舍的工作做得十分出色,在艰苦的八年抗战中,他把一批不同政见,不同性格,不同爱好的文化人团结在抗日的旗帜下,使大家既没有因为生活的困苦而离开自己的工作岗位,也没有改变以文艺宣传而尽力于团结抗战的初衷。老舍本人在创作上也取得了很大成就,他以编写抗战曲艺、戏剧、小说等多种文艺形式鼓舞人民的斗争。他的作品均以抗日、团结、进步为主题,处处洋溢着感人至深的爱国热情,对广大人民有着深刻的教育与启发。

抗日战争结束后,老舍与曹禺接受美国国务院的邀请赴美讲学,交流两国文化。一年之后讲学期满,但是由于中国内战爆发,老舍被迫滞留大洋彼岸。在这期间,周恩来日夜为实现国内和平而奔走,为打垮国民党反动派而运筹帷幄。但是他心中一直没有忘记这位为抗战出过大力的人。当北平和平解放,全国文学艺术工作者又重新聚集到一起时,他首先想到的是旅居海外的老舍。1949年7月6日,周恩来在全国文艺工作者代表大会上深情地说:"现在就差老舍先生一个人了,无论如何要请他回国。"

1949年10月,在纽约的老舍收到了司徒慧敏送来的周恩来邀请他回国的信件。他当时正患坐骨神经痛,非常痛苦,但是他不顾疾病未愈,偷偷托人买票,立即赶往旧金山乘船回国。到达北京的第二天,他又不顾旅途劳顿,由阳翰笙陪同会见了周恩来。老朋友重逢心情格外激动,两人畅谈许久。

周恩来的召唤使老舍的生活道路发生了重要变化。从此,在新中国的怀抱中,老舍开始了新的起步。虽然他一直没有在组织上参加中国共产党,但是他的心始终是和党连在一起的。

新中国成立以后,老舍一直埋头写作,勤勤恳恳、兢兢业业,他的艺术才华得到充分发挥。在老舍的创作过程中始终受到了周恩来的关注,他鼓励老舍多写自己熟悉的事物,从创作计划到创作内容,从剧本到演出,都给以指导,都会提出许多中肯的意见。有时为了切磋一个问题,周恩来还亲自到老舍的住所与他促膝交谈。时间晚了,女主人留周恩来吃饭,一盘咸鱼干,一盘炒鸡蛋表示了他们之间亲密的友情。

每当老舍的一部新剧上演不久,常常可以听到他对剧院的同志说:"总理又给我出新题目了。"可以说,老舍的每一部新剧诞生都渗透了周恩来的心血。而周恩来无微不至的关怀与帮助使老舍深受感动并化为前进的动力。从全国解放到"文化大革命"发生前,老舍在创作上硕果累累,共发表剧本21部,其中《龙须沟》《茶馆》最为著名。老舍的创作劳动及其卓越成就赢得了人民的尊敬和爱戴。他从一名进步的爱国作家成长为革命的人民艺术家。

但是,就是这样一位与党同心同德多年的人民艺术家,却在一夜之间被"文化大革命"这场突如其来的风暴卷入太平湖中。这一天是1966年8月24日。

当老舍受尽人格侮辱,心情最痛苦时想到的是周恩来,在他抱定要以死相抗争的决心时他说过"总理最了解我"。

遗憾的是周恩来没有能够阻止悲剧的发生,他得知老舍的爱子怀抱血衣来报告其父亲失踪的消息后心急如焚,立即派人设法寻找。但是,太晚了,老舍已带着满腹疑问投入太平湖中。周恩来怎能不痛惜、不悲愤、不内疚啊!

在以后的几年中,周恩来一直身陷困境,他没有来得及为老舍平反昭雪。在这场民族的大悲剧未结束之前,周恩来也告别了人世。或许他正是预感到自己也将不久于人世,所以才不顾重病缠身,特意选择了这个日子,选择了静静的湖畔来向老舍的亡灵表达饱含着歉意的哀思。

(廖心文)

周恩来抱病飞长沙

朔风凛冽，万木凋零。周恩来走出病房，上了汽车。汽车向南苑飞机场驰去。

时间过得真快，周恩来住院已快半年了。1974年6月1日，周恩来因患膀胱癌住进北海西边的三〇五医院，进院当天就做了手术。手术后，病情得到控制。1974年7月17日，周恩来出席了毛泽东召开的中共中央政治局会议，在会上毛泽东严词批评江青、张春桥、姚文元、王洪文。会后，毛泽东离开北京到武汉、长沙等地休息。在这期间，毛泽东又多次批评了江青一伙。

江青原名蓝苹，在20世纪30年代曾当过演员，后又去延安，于1938年同毛泽东结了婚。从这以后，她一直给毛泽东做秘书工作，加上她身体不好，因此极少出头露面。

到了60年代初，她开始插手文艺界的一些事情，负责给毛泽东提供情况。

1965年秋，她亲自组织了姚文元的《评新编历史剧〈海瑞罢官〉》一文，后又召开部队文艺工作座谈会，为"文化大革命"的发动大造舆论。

在"文化大革命"中，她出任"中央文化革命小组"第一副组长、代组长，党的九大、十大又当上中央政治局委员，一下变得有职有权，八面威风。

但是，江青并不满足于她已经取得的权力。早在1972年，她就企图借一个外国女作家来为自己树碑立传。由于毛泽东、周恩来均年迈、病重，她的野心愈加膨胀起来，早日登上"女皇"宝座的欲望，使得她不顾一切地耍阴谋、施诡计，妄图攫取党和国家更大更多的权力。

自1973年，在党的十大，王洪文担任党中央副主席，张春桥进入政治局常委，江青、姚文元当上政治局委员，他们结成"四人帮"，开始了一系列

"组阁"的准备活动。

1974年"批林批孔"运动一开始,"四人帮"就借此大造舆论,别有用心地宣扬西汉的吕后、唐代的武则天,甚至还为清末的慈禧太后涂脂抹粉。同时,他们还以所谓"当代法家领导集团"自居,大批"周公""宰相""现代大儒",以此影射、攻击周恩来,为江青登上"女皇"宝座、"四人帮"上台执政鸣锣开道。

除此之外,"四人帮"还加紧从各地物色人选,准备派往中央和国家机关各部门。

周恩来住院以后,8月又做了第二次大手术。"四人帮"以为时机已到,有关四届全国人大的人事安排可由他们一手操办了。但使"四人帮"沮丧的是,10月4日,毛泽东在武汉电告王洪文,亲自提议邓小平任国务院第一副总理,这是对江青一伙"组阁"计划的一个沉重打击。而且出乎他们的意料,周恩来虽然癌症在身,仍以惊人的毅力顽强工作,他尤其关注四届全国人大的人事安排,特别是10月6日之后,他在医院里几乎每天都找一些老同志谈话,经常要谈到深夜。

江青不甘心,迫不及待地赶到医院找周恩来,向他提出四届全国人大和总参谋长人选安排的意见,但周恩来始终未作表态,实际是不赞成江青的意见。江青气急败坏,一回来便向王洪文嚷道:"我保留我提名的权力!"以发泄对周恩来的不满。"四人帮"一计不行,又施一计。经过多方密谋,他们决定首先向邓小平发难。

10月17日政治局会议上,江青一伙联合向邓小平挑衅,逼迫邓对所谓"风庆轮事件"(即"四人帮"借造船买船问题制造的一起政治事件)表态。邓小平据理严词驳斥江青等人:"对这件事我还要调查,不能搞强加于人,一定要赞成你们的意见!"江青借口邓小平"顶撞"了她,便在会上大撒其泼。邓小平忍无可忍,愤然退场。这时,张春桥在一边恨恨地说:"早知道你要跳出来,今天果然跳出来了!"

当夜,"四人帮"在钓鱼台江青住处碰头,经过一番策划,决定派王洪文去长沙向毛泽东告周恩来、邓小平的"状"。

10月19日,王洪文抵长沙。他一见毛泽东便危言耸听地说:"现在,北京大有庐山会议的味道。我这次来湖南,是冒着危险来的,没有告诉总理和政治局其他人，是我们四人开了一夜会后，决定由我向主席汇报。"

说到这里，他故意停下来，想看看毛泽东有何反应。但毛泽东却大口大口地吸着烟，一言不发。他只好又说下去：

"17号会上邓小平同江青同志吵架，那么大的情绪，恐怕与最近酝酿总参谋长人选有关。"

在提到"风庆轮事件"时，王洪文提高调门说道："这件事表明，邓小平还是在搞过去'造船不如买船，买船不如租船，那一套东西！"

这时，毛泽东仍不动声色，静听"汇报"。王洪文自感话还"投机"，便又靠上前一步，压低了声音说："总理现虽有病住院，但还忙着找人谈话。经常去总理那里的有小平、剑英、先念等。我看，他们在这个时候来往这样频繁，一定和四届人大的人事安排有关……"

如果说，王洪文向毛泽东告邓小平的"状"还是打着"汇报工作"的名义的话，那么，他告周恩来的"状"确是要掂量掂量的。从这一点上看，他开始所说"冒着危险"的话倒是真的。原来，这一切全是江青、张春桥精心安排的，而且王洪文向毛泽东告总理状的话，也全部是江青的原话。

听到这里，毛泽东变了脸色。他扳着手指对王洪文说："三个月前，就要你们注意不要搞成四人小宗派，可你们还是少数人搞在一起！你回去要多找总理和剑英同志谈谈，不要老是跟江青搞在一起，你要注意她。"

毛泽东的批评，像一瓢冷水泼下来。王洪文目瞪口呆，涨红着脸，半晌说不出一句话来。

周恩来在医院得知17日政治局会议争吵的情况后，明白这是"四人帮"向邓小平发难，目的是不想让小平当第一副总理。第二天，他继续找华国锋、纪登奎、李先念了解情况，又同邓小平长谈。当晚在接见外宾后，他向王海容、唐闻生指出："风庆轮事件"并不像江青他们所说的那样，而是他们预先计划好了要整小平同志，小平同志已经忍耐很久了。周恩来要他们借陪外宾到长沙的机会向毛主席报告。

20日，也就是王洪文告状后的第二天，毛泽东听了王海容、唐闻生的反映后，要王、唐回京后向周恩来、王洪文转告：总理还是总理，四届人大筹备工作仍由总理负责；建议邓小平任党的副主席、第一副总理、军委副主席兼总参谋长。

"四人帮"连连碰壁。他们见毛泽东对邓小平越来越重用,越发不满,对周恩来更是恨之入骨。四届全国人大召开的日期日益临近,斗争也越来越激烈。

11月6日,周恩来致信毛泽东,谈到自己病情:"我的身体情况比7月17日见主席时好多了,只是弱了些","即使照膀胱镜下烧不成,我还受得起再开刀,务请主席放心"。

周恩来不顾病情不断恶化的危险,多次召开政治局会议,研究代表名单、宪法草案和政府工作报告、国务院及各部委领导的人事安排,并提出应在代表分配方案中再增加老干部的名额。在会上,江青、张春桥竭力设法将其亲信安排在文化、教育、体育等部门。早在这一年4月,"四人帮"从上海提出的80多名备选名单中,就圈定16人,分别作为中央组织部、人民日报社、团中央、文化部、交通部等单位的"新生力量"。

会后,周恩来和李先念等交换意见,认为教育部以周荣鑫掌管为宜,文化部、体委可作让步。经过一番斗争、努力,终于在12月下旬拟定四届全国人大常务委员会委员长、副委员长和国务院副总理的第一、二、三方案。

这三个方案要送毛泽东过目、拍板。由谁送到长沙,当面向毛泽东汇报呢?王洪文是一定要去的,因为他是党中央的副主席,并主持中央工作。"四人帮"绝对不会放过这个天赐良机。

如果仅是王洪文一个人去,他会讲些什么呢?这是不言而喻的事。在决定党和国家命运的关键时刻,重病中的周恩来断然作出决定:"我去长沙见毛主席!"

"你去见毛主席?!"叶剑英十分吃惊,"总理,王洪文到长沙告的就是你呀!"

"解铃还须系铃人嘛。"周恩来这样向叶剑英解释,"你忘了他们有年龄优势的名言了?我病成这样,在他们眼里,当不当总理,再不会成为障碍,他们到主席那里,名曰告我,实际想牵累告倒的是邓小平,是你叶剑英,还有我们提名在四届人大参加国务院领导班子的那一批刚刚解放出来的老干部!"

"是啊,项庄舞剑,意在沛公。"

"只有我去面见主席,陈述我们这样提名的理由,才可能解除主席的担心。"

"是呀,我们这些人中,也只有你去见主席,才可能有用处。可是你刚做过手术，身体太虚弱呀⋯⋯"

"顾不了那么多了！"周恩来义无反顾。

叶剑英当即通知周恩来医疗专家组组长，请他立刻组织一个最高水平最精干的医疗班子，准备护送周总理去外地。保证总理平安出去，平安回来。专家听了十分吃惊："总理病成这样，需要绝对卧床休息，怎么还能去外地！"事实也是如此。周恩来的膀胱癌从 1973 年 3 月做电烧以来，多次复发。随时要做治疗。无法解释原因的叶剑英，含泪重复了总理说的那句话："顾不了那么多了！"

"轰轰轰⋯⋯"12 月 23 日，专机从北京起飞，直飞长沙，这是周恩来最后一次坐飞机远行，不，说躺在飞机上更准确。

专机组的同志再次见到了久别的总理。然而，亲热尊敬地握手，掩饰不住内心对总理身体如此虚弱的震惊，强颜的笑脸，却又留下一条条未干的泪痕。为安慰大家，周恩来主动提出与他们合影留念，他知道这将是自己一生中最后一次空中航行。

周恩来到长沙后，和王洪文一起去见毛泽东。12 月 26 日，周恩来和毛泽东单独长谈。他向毛泽东汇报说，在北京酝酿的国务院各部长的人选提名都是依据这样的原则：经过"文化大革命"运动考验，又熟悉业务工作的同志来担任领导工作，以便抓革命，促生产，实现四个现代化，国家富强，人民幸福，使中华民族屹立于世界强国之林。

毕竟振兴中华是这一代人共同的心愿，毛泽东了解和赞成了周恩来汇报的意见，最后确定了党的十届二中全会和四届全国人大会议上的人事安排方案。毛泽东还再次严厉批评了以江青为首的"四人帮"的一系列宗派活动。他当着王洪文的面说："江青有野心。你们看有没有？我看是有。"他要求王洪文在长沙写出书面检查。毛泽东还说邓小平"人才难得"，"政治思想强"。周恩来十分欣慰：看来，"他们几个人在党内结帮拉派，横行霸道的面目已经充分暴露！"多行不义必自毙。

周恩来真是不虚此行！

1975 年 1 月 13 日，四届人大开幕那天，人民大会堂里翻江倒海般的掌声经久不息，周恩来的眼睛湿润了：开国即当总理，多次做过政府工作报告，可这次感觉非同一般，掌声那么长久，那么热烈，那么响亮！他太激动，也太明白了：人心思安，人心思定，要在中国实现四个现代化，这是全体党员、全国人民共同的心声！

2月1日，周恩来以总理身份在人民大会堂主持国务院会议。会议确定第一副总理邓小平"主管外事，在周恩来治病疗养期间，代总理主持会议和呈批主要文件"。

在会上周恩来说："毛主席已经同意了。我身体不行了，今后国务院的工作由小平同志主持。""今天是开始，恐怕我也只能完成这个开始的任务。""将来这样的会，请小平同志主持。"

周恩来脸上露出了舒心的微笑。

3日后，周恩来再次做膀胱镜检查，医生对发现的癌细胞作了电烧处理。

由于劳累，1月份以来周恩来每天大便中都有潜血，肠道也不畅通。因为工作紧张，他一直拖到3月6日，才有机会做肠胃检查。检查发现大肠内接近肝部位有一核桃大的肿瘤。肿瘤的位置正好是40年前周恩来在毛儿盖过水草地之前得的肝脓疡病在那里穿肠的位置。周恩来亲自写信给毛泽东，报告病情，并提出："不管它是良性或者恶性，除了开刀取出外，别无其他办法。"3月26日，周恩来做第三次大手术，取出大肠内肿瘤，化验确诊是结肠癌。这是在周恩来身上发现的第二种癌。

周恩来历来是治疗服从工作，他为了工作一再拖迟检查、治疗。他是在用生命支撑共和国大厦。

(李海文)

全面整顿的后盾

1975年是"文化大革命"中极不寻常的一年。在这一年里,邓小平领导全党、全军和全国人民大张旗鼓、大刀阔斧地进行各条战线的"全面整顿",使自"批林批孔"以来被"四人帮"一伙搞乱了的形势,有了迅速好转,成为1972年周恩来领导的批判极左思潮斗争之后,又一次纠正"文化大革命"错误的历史壮举。

这一年,周恩来住在医院里。但是,即使躺在病床上,他仍无时无刻不在关心代他主持中央日常工作的邓小平,时时警觉着来自"四人帮"的干扰破坏。每当关键时刻,他都毫不犹豫地给邓小平以有力支持,无所畏惧地做"全面整顿"的坚强后盾。

就在"四人帮""长沙告状"失败后,周恩来更加频繁地在医院里与邓小平、叶剑英、李先念等老一辈革命家谈话,听取他们的汇报,指导他们既坚决、又策略地同江青一伙作斗争。其中,与周恩来交谈最多的领导人就是邓小平。据周恩来的台历统计,从这一年元旦起至12月初,周恩来在医院单独与邓小平同志谈话共达24次,平均每两周就有一次。这个历史的记录,凝聚着他们两位老战友之间多么深厚、真挚的战斗情谊啊!

1975年1月初,在毛泽东的提议下,党中央正式任命邓小平为中央军委副主席兼总参谋长。几天后,周恩来抱病主持党的十届二中全会,追认邓小平为中央政治局委员,选举他为党中央副主席、政治局常委。在1月中旬召开的四届全国人大一次会议上,邓小平又当选为国务院第一副总理。随后,毛泽东又批准周恩来的报告,由邓小平实际主持国务院工作。

这样,短短一个月内,邓小平担任了党政军全部要职,为他领导的全面整顿创造了最重要的条件。

从这一年的1月底开始,邓小平抓住时机,雷厉风行,先从军队入手,打响了他全面整顿的第一炮。2月底至3月初,他又以惊人的魄力和胆略,狠抓全国铁路整顿,集中力量打"歼灭战",使铁路运输这一"文化大革命"以来的"老大难"问题迅速得以解决,进而推动了整个工业生产。5月,他又趁热打铁,扭住钢铁生产不放松,一个月内就使钢产量实现日产达标,补还"欠账"。下半年,根据邓小平的一系列指示,农业、商业、教育、科技、文艺等各个领域都开始整顿,实际上是要系统纠正"文化大革命"以来的种种错误做法,全面落实党的各项政策。

邓小平的"全面整顿",引起"四人帮"一伙的极大恐慌和刻骨仇恨。他们施展种种伎俩,一次又一次地把矛头对准邓小平以及支持他的周恩来总理。

1975年初江青"组阁"阴谋破产后,"四人帮"又企图从思想理论方面找"突破口"。他们借学习"无产阶级专政理论"之机,大谈所谓对资产阶级的"全面专政",提出当前的"主要危险"是"经验主义",借以攻击周恩来、邓小平等一大批具有丰富经验的老干部。对此,邓小平针锋相对,毫不退让,就这个问题直接向毛泽东请教,提出了自己的不同看法,毛泽东表示赞同。不久,毛泽东批评江青等人"自以为是""不懂马列",再次告诫他们"不要搞'四人帮'"。

这时,正在医院卧床的周恩来,体重只有61斤,不顾身体极度虚弱,伏案写下自己的意见,表示同意小平同志意见,支持在政治局内对"四人帮"进行批评。

江青一伙再次碰壁后,仍不死心。8月间,他们又借毛泽东评古典小说《水浒》一事大做文章,竭力宣扬评论《水浒》的主题是要批判否定"文化大革命"的"投降派"。这一次,江青还亲自出马连续发表讲话,宣称:"现在政治局有些人要架空主席","他们反对学理论,反对限制资产阶级法权"。借以抗拒政治局对"四人帮"的批评。

对江青一伙散布的胡言乱语,邓小平早有警觉。他在许多场合向党内外的干部群众说明,毛主席评《水浒》并无所指,"不要听到风就是雨"。

此时此刻,周恩来也正密切注视着党内的这场尖锐斗争。由于病情加重,他正准备做第4次大的手术治疗。在生死难卜的情况下,经过反复考虑,他决定以特殊方式回击"四人帮"的攻击诬陷，用实际行动给邓小平以有力支持！

9月20日下午2时，在即将进入手术室之前，周恩来突然提出要看他在几年前所作的关于"伍豪事件"的讲话记录稿，在场的人一时都不解其意。待记录稿取来后，总理用他颤抖的手郑重地签上"周恩来"三个字，并注明"于进入手术室前"的字样。

原来，所谓"伍豪事件"，是江青等人一直企图用来整倒周恩来的一个伪造的历史案件，周恩来曾在党中央的一次会议上对这件事作了说明，用事实驳斥了敌人的造谣污蔑。现在，手术即将进行，他当着"四人帮"的重要成员张春桥的面做出这一举动，其含义是不言而喻的。

当平车推入手术室时，躺在车上的周恩来突然睁开双眼，大声说道："我是忠于党、忠于人民的！我不是投降派！"

周恩来的声音，响彻寂静的手术室内外。正守候在外面的邓小平、李先念，鄙视地看了一眼旁边的张春桥，彼此会意地点了点头。

死神，又一次悄悄从周恩来身边溜走。但就在这次手术中，发现他身上的癌瘤已向全身扩散，无法医治了。

"减少痛苦，延长生命！"邓小平果断指示医疗小组。正在领导各条战线全面整顿斗争的邓小平，多么希望这时总理能走下病床，同他一起并肩战斗啊！

一个月之后，周恩来不得不进行第5次大手术。守候在手术室外面的仍然是上次的几个人：邓小平、李先念、张春桥……

在进入手术室前，周恩来又示意让平车停下来，他用微弱的声音问："小平同志来了吗？"

邓小平立即靠近平车，俯身问候周恩来。

周恩来久久注视着几十年风雨同舟的战友，吃力地抽出手来，紧紧地握住邓小平早已伸过来的手，字字千钧地说："你这一年干得很好，比我强得多！"

周恩来的话，在场的人都听到了。这是周恩来对邓小平全面整顿的高度评价。

（安建设）

临终前的嘱托

1975年12月18日清晨。

冬天的太阳迟迟不肯露头，天色昏暗。周恩来却早早地醒来了。虽然他从9月20日第4次大手术以来一直卧床不起，但是脑子从未休息，时时都在思索着还有哪些事情要办，还有哪些话要讲。"我要见罗部长。"他用力呼喊着，可是声音却是那么微弱。

守护在侧的同志惊喜地看着周恩来轻声地问："总理，你要见罗青长部长？"

周恩来点点头。

这位同志急忙推门出去，打电话向正在西花厅休息的邓大姐报告。

一阵铃声将罗青长从睡梦中惊醒，他披衣起身拿起电话，从话筒传来邓大姐秘书的声音："罗部长，周总理要见你，请你做好准备。中央有规定，只有政治局委员才能见总理。我们正在请示。可是天还早，中央首长都还未起床。你做好准备，随时等候我们的通知。"

罗青长又惊又喜，今天终于可以见到日夜想念的周总理。多少同志牵挂着周总理的病情。

时间一分一分地过去了，周恩来努力集中精力，不使自己的思路散乱。他在等着罗青长。

邓小平起床后，听到关于周恩来要见罗青长的请示，当机立断地说："总理病成这个样子，他要见谁就见谁。"

罗青长接到获准的消息，令司机加大油门。汽车风驰电掣般从西郊赶到西花厅，又从西花厅赶到三〇五医院。

在病房大楼门前，不等汽车停稳，他就跳下汽车，强压着内心的激动，急切地向病房走去，耳畔又响起刚才邓大姐在西花厅的叮嘱："恩来病得很重，你要有思想准备，见了他不要太难过，一定要克制。他对外面的情况不太了解，你多听他讲。"罗青长知道，外面的情况就是指越来越升温的批邓运动。谁都知道这场运动不仅是批邓也是在批周。

他在病房门口停了一下，努力使自己的心情平静下来。然后，轻轻地推门走进病房。白色床单，白色墙壁，病房异常安静、肃穆。周恩来躺在床上，瘦削的面颊，过长的头发和胡子使他显得更加憔悴。罗青长强忍着泪水，走到床前，慢慢弯下腰，轻轻地说："总理，我来了。大家都在想你啊。"

周恩来睁开眼睛，陡然间有了精神，目光炯炯："平常不生病，一生病就病成这个样子。"他的声音十分微弱，由小高趴在周恩来的嘴边听，再告诉罗青长。

他同罗青长谈对台工作，他牵挂着祖国的宝岛——台湾，他想着祖国统一的大业。最后，周总理用尽全身力气，一字一字地说："千万要记住，不要忘记台湾的老朋友。"

罗青长明白周总理所说的老朋友指的是张学良和张镇等，会意地点点头说："总理，你放心吧。"

周恩来见他听懂了，喃喃地说："我实在……太累了……休息……十分钟……"说完闭上眼昏睡了过去。

罗青长呆呆地看着总理，心里呼唤着："总理，总理，你醒醒。你刚才等的时间太久了，我要是能早点来……"

在护士的催促下，罗青长退出病房，在外间等着。时针一小时、一小时走过去了，已是下午两点钟，总理还没有醒来。

罗青长踱来踱去，多少事涌上心头，他想起第一次见到周总理的情景。

那时，人们都叫他小罗。随红四方面军长征刚到达宁夏时，见到特来迎接红二、四方面军的周恩来副主席，在大会上听他作报告。虽然副主席留着大胡子，可还是那么年轻英俊，那么平易近人。人们都称他为"大胡子"，有的干脆省略地称他为"胡公"。

他想起在西花厅总理办公室工作的日日夜夜。周总理常常讲，我们夺得了政权，不要忘记帮助过我们的朋友。有的人现在还在台湾，等祖国统一了，一定要关照这些朋友。讲到这，周总理提到两个人的名字：张学良和张镇。

他听周总理讲过，1945年10月毛主席在重庆谈判时发生的一件意外事故。8日，毛主席正出席告别晚会。可是与此同时八路军办事处李少石坐汽车行进到重庆郊区突遭枪击。情况异常紧急与混乱。周恩来亲自找国民党的重庆宪兵司令张镇。张镇痛快地答应了护送毛主席回驻地，保证了毛主席的生命安全。周总理说：虽然张镇只做了一件好事，但是我们也不要忘记。

罗青长更是常常听周总理谈起张学良。周总理肯定张学良、杨虎城发动西安事变是"挽救国家民族的一大危机"，"为民族产生了惊天动地的大团结"。"成为当时停止内战，发动抗战的一个历史上的转变关键"。他说："张学良是民族英雄、千古功臣。"新中国成立前只要一有机会，周恩来就呼吁，要求蒋介石释放张学良。

他记得：1961年在西安事变25周年的纪念会上，政协副主席高崇民作诗怀念张将军，有两句话是"座中诸君都健在，一个憔悴在东南。"周总理立即说："'憔悴'两字太消极，不符合张将军的性格，应改为'一个奋斗在东南'。"

他想起周恩来多次要办公室通知政协及有关部门照顾张学良的亲朋及故旧。许多事常是周恩来亲自处理。张学良的四弟张学思1933年入党，新中国成立后担任海军副参谋长，要到苏联伏罗希洛夫海军学院深造。苏联人不理解为何中共中央派一个大军阀的儿子来学习，不肯接收。周总理亲自向苏方做解释工作，张才被允入学。"文化大革命"期间张学思受林彪反革命集团迫害，病重身危。周恩来得知后，亲自批示要医院尽力抢救。但由于林彪反革命集团的肆虐，张学思被迫害致死。又是周恩来几次指示海军要查清迫害张学思的问题。

他听别人讲过：1974年又是周恩来亲自批示要张学良的二弟张学铭出席国庆招待会，并要见报。罗青长明白，周恩来之所以这样做，不仅为被禁多年的张学铭平反，推动查清张学思被迫害一案，更主要的是告诉在台湾的张学良将军。

他想起三个月前看到的周恩来最后一份批示。周恩来得知张学良患眼疾，有失明的危险，不顾自己病体沉疴，要他们查清具体情况，批示中还谈到对台工作。批示最后三个字是"托，托，托。"一想到这里，他就宛如看到周恩来用颤抖的手艰难书写的情景。

而现在……想到这里，罗青长不禁潸然泪下，仰天长叹：

台湾，祖国的宝岛。何时回归祖国？

张学良，你听到了吗？周总理对你的思念和牵挂。

21天后的上午，周恩来去世了。周恩来的骨灰在撒向祖国大地之前在台湾厅停放了一夜。人们永远记着周恩来临终前的嘱托。

（李海文）

"英特纳雄耐尔"一定要实现

1975年秋周恩来做过最后一次手术后,他再也没有站起来。在这前后,由于"四人帮"一伙的疯狂反扑,国内政治形势急转直下,"反击右倾翻案风"运动正在北京、在全国展开。

这时,躺在病榻上的周恩来,仍在继续关注局势的变化,为党和国家的命运担忧、焦急。

开始,周恩来还可以强撑着坐起来,自己看报、看文件。12月中旬以后,他不得不靠饲管进食了,他的身体下部也都插满了各种管子。在无法坐起的情况下,他仍坚持让医护人员轮流给他读报、读文件,有时还要听听广播。

在这期间,尽管医务人员竭尽全力,总理的病情仍一天天加重。这时,周恩来的头脑依然十分清醒,他已很少说话,医护人员常常看到他眼望天花板,陷入长久的沉思……

现在,我们的总理在想些什么呢?

他知道,属于自己的日子已是屈指可数了。

半年以前,他亲往八宝山参加贺龙元帅骨灰安放仪式,当贺龙的子女劝他要多保重身体时,他缓缓地说:"我的时间也不多了!"顿时引起全场一片哭声。

3个月后,他又坦然地告诉他生前所见的最后一批外国客人:"马克思的'请帖',我已经收到了!"语气之肯定,神情之轻松,令在座外宾惊愕不已。

此时此刻,他是否还有什么要交代的事情?

——是呵,应该交代的,他都交代过了:

他曾嘱咐前来看望他的叶剑英等老一辈革命家,要注意斗争方法,无论如

何,不能把权落到"他们"(指"四人帮")手里;

他曾告诫王洪文,要记住毛主席对"四人帮"的批评,特别要记住"江青有野心"这句话;

他曾在体温高烧的情况下,念念不忘台湾回归祖国,实现统一大业,在病痛的折磨中与负责对台工作的同志长谈;

他曾深深地体贴着一位为自己理了20多年发的理发师傅,托人转告他不要再来为自己理发,免得这位师傅见到自己而伤心、难过;

也许,最使他心中不安的,还是他所崇敬的、比他年长五岁的毛泽东主席。

4年前,林彪事件给毛泽东从未有过的巨大刺激,以致一度病危。为此,周恩来曾大恸失声。1975年1月,毛泽东再次病危,乃至休克数小时,经抢救始苏醒。事后,周恩来致信毛泽东:"最希望主席健康日好,这一过渡时期,只有主席健在,才能领导好。"同年夏天,病重住院的周恩来竟用自己的眼睛为毛泽东试验眼药水,并在毛泽东做眼病手术时,亲往守候。1976年元旦,毛泽东的两首词《重上井冈山》《鸟儿问答》公开发表。病危中的周恩来从广播里听到后,马上让医护人员买来诗词本,当面读给他听。读后,还示意把诗词本放在自己枕边。当他从昏迷中醒来时,便用颤抖不已的手轻轻抚摸毛泽东的像章和那本诗词,并用细微的声音木讷地问身边的医生:"主席、主席身体怎么样?"

总理对主席的真挚感情,令在场的人无不为之泪下!

此时此刻,除了国家大事和他人之外,我们的总理难道一点也没想想自己身后之事吗?

而这类事情,作为已整整50年夫妻的邓颖超心里最清楚,他早就"有言在先"了:

10多年前,他们夫妇就共同商定,死后不留骨灰,把骨灰撒到祖国的大好河山。总理曾不只一次地讲过:人死后为什么要保留骨灰?把它撒在地里可以做肥料,撒在水里可以喂鱼。他还主张人死后应当把遗体贡献出来,作解剖试验,为医学研究服务。

为实践这些诺言,他最近还多次叮嘱邓颖超,死后不得保留他的骨灰,葬仪也要从简,不搞特殊化。

关于"解剖"一事,他也专门交代过医务人员:"现在对癌症的治疗还没有好办法,我一旦死去,你们要彻底解剖检查一下,好好研究研究;能为国家的医学发展作出一点贡献,我是很高兴的!"

此时此刻,我们的总理应该好好休息了,他太累了!现在,他已无愧于他在国家最混乱的时候给自己定下的8个字:"鞠躬尽瘁,死而后已!"

然而,那最后的几天,却是我们的总理为忍受巨大病痛煎熬的时刻:

他一次次疼得昏迷过去,又一次次从昏迷中醒来。有时,他会用瘦弱的手突然握住医护人员的手,边颤动,边出汗。医生明白,这是剧痛袭来时病人的下意识动作。即便在这个时候,他还竭力控制着自己,尽量不表现出痛苦的样子。

旁边的护士实在忍不住了,一边给他擦汗,一边流着泪说:"总理,你哼一哼吧,这样会好些。"

但总理始终不吭一声。他甚至还把嘴角微微一咧,强要作出笑的表情。——他宁肯独自承担一切痛苦!"别管我、我一个人,管、管全局……"他喃喃而语。

在场的邓颖超看不下去了,她声音颤抖地恳求医生:"这么痛苦,太难受、他太难受……"

医生含泪道:"大姐,总理太重大了,多活一天,哪怕一分一秒,对党对国家都有重大意义……"

是啊,这也是叶剑英元帅早就向医护人员反复交代的话。

不知什么时候,周恩来又一次从昏迷中醒来,他注意凝视了一下周围,用力喘息着。不一会儿,他竟用十分微弱的声音吟唱起《国际歌》:

"起来,饥寒交迫的奴隶!起来,全世界受苦的人!满腔的热血已经沸腾,要为真理而斗争!……"

守候在床边的邓颖超,噙着热泪,注视着丈夫憔悴、坚毅的面容,情不自禁地与他共同哼吟着,共鸣着:

"这是最后的斗争,团结起来到明天,英特纳雄耐尔就一定要实现!"

信念和意志的轰鸣,在病室中激越、回荡,渐渐地扩散、升腾,一直飘向遥远的天际……

(安建设)

"人民的总理人民爱"

1976年1月9日清晨，北京街头。寒凝大地，刺骨的寒风中不知从什么地方传来的电台播音员低沉悲恸的声音：

"中国共产党中央委员会、中华人民共和国全国人民代表大会常务委员会、国务院以极其沉痛的心情宣告：……中国共产党中央委员会副主席、中华人民共和国国务院总理……周恩来同志，因患癌症，于1976年1月8日9时57分在北京逝世，终年78岁……"

街上车辆的嘈杂声，使《讣告》的播音变得断断续续，许多地方听不清楚。但是，播音员沉重的、近乎哽咽的男中音，特别是那撕人心肺的哀乐声，却压过了大街上的所有声响，久久地萦回在首都的大街、小巷、工厂、机关、学校、营房……

所有的人都呆住了！许多人不由自主地下车、停步，侧耳聆听着《讣告》，竭力搜寻着其中的每一个字。不论男女老少，脸上都露出惊异的、难以置信的表情。

在哀乐声中，一些素不相识的人用最简单的几个字传递、相告："总理！""是周总理！""总理，他……"他们不愿用"去世""病逝"这样的字眼。看得出，这消息对人们是太突然了！

人们清楚地记得，就在一年多以前，当周总理出现在国庆25周年招待会会场时，大家是那么激动、欣慰，人们真诚地认为，总理已经恢复健康了！

人们还记得，就在去年1月召开的四届全国人大会议上，是周总理亲自作的政府工作报告，这更使人们相信，今后，总理还会像过去那样，精力充沛地出现在众人面前。

敬重、爱戴自己总理的人们，永远不愿把"衰老""病重"和"癌症"等字眼与"周总理"联系在一起；他们更不会知道，自1974年6月以来，周总理在病床上度过的那些日日夜夜。

然而，就在昨天，周总理竟匆匆地去了！

无情的事实降落在人们眼前！

哀乐阵阵。整个北京，整个中国都笼罩在一片悲恸之中。

两天以后，位于东长安街南侧的北京医院大门外，排起了一眼望不到尽头的队伍。这一天，党和国家领导人、党政军各部门负责人和爱国民主人士以及首都各界群众代表几万人，来到这里向周总理的遗体告别。

在这个极普通的、不很大的房间里，总理面容清癯，身着深灰色制服，阖目静卧在鲜花丛中。他身上覆盖的中国共产党党旗，格外鲜红夺目。

房间内外一片哭声！许多人还没有见到总理遗体，就已经抽泣不止；待一见总理遗容，无不泪如泉涌，失声痛哭，有的甚至哭倒在地，口里不住呼唤着："总理、总理，你不能走啊！"

在医院大门外，聚集着越来越多的自发赶来向总理告别的群众。他们身着素服，胸缀白花，臂挽黑纱，泪流满面地向工作人员恳求能进去见上总理一面！

1月11日，星期天的下午。彤云低垂，天气阴冷。周总理遗体将送往八宝山火化。

这一天，宽阔的东、西长安街两侧聚集着数以百万计的人群。许多人佩戴着黑纱和白花，还有的群众怀抱着周总理的遗像。人们肃立、眺望，在严寒中站了一个小时，又一个小时。

大家在等候总理的灵车，等候向总理作最后告别。

傍晚时分，随着悲壮的哀乐，载着总理遗体的灵车自东向西，缓缓而来。这时，不论男女老幼，人人泪眼相望，悲痛欲绝！随着灵车所到之处，整个长安街上哭声四起，撕心裂肺。人们再也抑制不住心头的悲恸，用泪雨送别自己的好总理。

灵车去后，几个小时过去了。夜色深沉，路灯昏暗。伫立在长安街头的人群依然在默默等候，等待"总理"的归来。然而，"只见灵车回，不见总理归"！止不住的滚滚热泪再次洒遍十里长街。

这是古今中外从来没有过的悲壮场面！

直到这时，哀思未尽的人们才突然明白了：周总理永远不会回来了！

从这一天起，来自四面八方的群众开始汇集在天安门广场。他们以镌刻有周总理手书铭文的人民英雄纪念碑为寄托，自发地举行悼念仪式，深深地缅怀、追思毕生操劳的好总理：

一位双鬓斑白的红军老战士偕全家老小，手捧鲜花赶来了！这位在炮火纷飞、硝烟弹雨中从不眨眼的钢铁硬汉，此时此刻，却将大把的涕泪洒在了汉白玉台阶下！

几个刚下火车的旅客，手提肩扛沉重的行李，一路询问着也赶来了！他们面朝雄伟的碑身，没发一言一语，便涟涟泪下，哽咽不已！

一对年轻夫妇，似乎忘却了周围的一切，在严寒中双双垂立，泪眼朦胧地望着前方。

一群女学生边搀扶、边哭泣，连连哭喊着："周总理、周总理，您在哪里！"

笼罩在广场上的沉重气氛，使那些仿佛已懂得大人心事的孩子们的幼小心灵，受到了一种从未有过的震颤。他们一下就明白了：大人们正在想念一位天底下最好的好人！他们那一双双天真纯洁的泪眼，那一声声"周爷爷""周伯伯"的稚嫩呼唤，更使人肠断，令人心碎！

在无比哀痛的日日夜夜，天安门广场悼念周总理的人群连绵不断，如海如潮。千万朵白花系满苍松翠柏；密密层层的花圈、挽幛列放在纪念碑周围。光洁的玉阶，浸染着人们抛洒的泪水；低垂的红旗，倾诉着心中不尽的思念。

这一幕幕感人的情景，使那些赶赴现场的摄影记者也都禁不住热泪盈眶，镜头变得模糊起来。

就这样，从北京的天安门广场，到全国数不尽的工厂、乡村、机关、学校、营区、院落；从周总理的诞生地江苏淮安，到他生前工作、战斗过的地方——天津、广州、上海、南昌、武汉、西安、南京、重庆……共和国的每一个角落，都在同心悼念这位任职 26 年的人民的好总理！

3 个月后，出于对"四人帮"一伙疯狂反对周总理、蓄意诋毁广大人民意愿的倒行逆施的强烈义愤，在首都天安门广场，在南京、武汉等大城市的街头，相继爆发了声势浩大的悼念周总理、声讨"四人帮"的强大抗议浪潮。这就是震撼世界的"四五"运动。

在这场运动中,人民群众自动集合在"周总理"的英名下,无所畏惧,万众一心,用诗词、传单等各种形式,向罪恶滔天的"四人帮"投以锋利的匕首,向万民景仰的周总理献上心中的颂歌。

其中,有一首献给周总理的诗最脍炙人口,倾诉出全国人民共同的心声:

人民的总理人民爱,

人民的总理爱人民。

总理和人民同甘苦,

人民和总理心连心!

(安建设)

魂归大地

1976年1月15日，北京朔风肆虐，天寒地冻，气温降到零下20摄氏度。

从西单向西的街上，万头攒动。人们从商店门前一直挤到街中心，只留下能过一辆汽车宽的通道；密密麻麻的人群向西延伸，到礼士路、公主坟、五棵松，一直到八宝山革命烈士陵园。人数比11日（周恩来总理遗体火化）那天多四倍、五倍，甚至十倍。

大家都知道今天是周总理的追悼会，按照常规，追悼会后骨灰要送八宝山安放。这是最后一次向周总理告别的机会，谁也不愿意错过。没有人号召，没有人组织，人们从城市的四面八方，甚至从外地赶来，在寒风中伫立，没有眼泪，默默地等待着。气氛庄严、肃穆。

从上午等到中午，从中午等到追悼会结束，人越聚越多。大家冻得手脚发麻，饥肠辘辘，可是谁也不肯离去，噙着泪水，翘首东望。

一个小时又一个小时过去了，夜幕降临，街灯亮了。夜深了。人们不禁发问："周总理啊，你怎么还不来？"

此时此刻，谁也没有想到周总理的骨灰不安放到八宝山。

当最后一批客人走出人民大会堂，追悼会结束了，邓大姐来到台湾厅接见总理身边的工作人员、医务工作者和亲属。她首先感谢医务人员的治疗，然后宣布周总理的骨灰不保留，要撒掉。她强忍悲痛，尽力平静地说：当恩来（自从1月8日后她就不再称总理）知道自己的病不能挽救时，一再叮嘱我，死后不要保留他的骨灰。这是我和恩来在十几年前共同约定下来的。他曾经讲过把它撒到地里可以做肥料，撒到水里可以喂鱼。

早在1956年4月27日，党中央发出倡议：改变"入土为安"的观念，改变几千年厚葬久丧的礼法，实行火葬，首先从国家机关的领导工作人员做起。周恩来在倡议书上签字后，回到西花厅和邓大姐约定：互相保证死后一定照此办理，后死的负责为先死的执行，不得毁约。

到20世纪60年代，周恩来进而决定不保留骨灰，多次讲："从土葬到火葬是一次革命，从保留骨灰到不保留骨灰也是一次革命。"他不放心地对邓大姐讲："你死在前面，我一定可以为你办到；而我死在前面，你不一定能够为我办到。"

为了完成丈夫的遗愿，邓颖超报告了党中央、毛主席。报告获准后，她向周恩来生前所在的党支部书记和委员老张、小高布置如何完成周恩来交办的最后一件事。她说："最好撒到有水的地方，我带你们夜间撒掉，不要让人发现。"可是数九寒冬，河流冻结，找不到合适的地方，只好依靠中央来解决。中央指派飞机去撒。

晚7时半左右，邓大姐带领大家走进西大厅，打开骨灰盒，双手抚摸着骨灰，做最后的诀别。她双手抖动，含着热泪，坚强地说："恩来同志，你的愿望就要实现了，安息吧。"在场的人无不掩面失声痛哭。

老张、小高强忍悲痛从邓大姐手中接过骨灰，穿过地下室，坐上周恩来生前的专车走在前面，邓大姐由秘书、护士陪同乘另一辆车尾随在后，悄悄驶出人民大会堂，向东驰去。

8时许，车队到达通县机场，一架安－2飞机发动了，邓大姐挥手告别，一直目送飞机消失在夜空中。

按照周总理的遗愿，没有举行任何仪式，没有惊动任何人，一切从简。

安－2飞机是撒农药的小飞机，颠簸大。老张和小高紧紧地抱着骨灰，陷入沉思，宛如又伴随周总理外出视察、访问。飞机飞到北京上空，驾驶员高喊"准备"的叫声，将他们从沉思中唤醒，赶快撒下第一包骨灰。飞机飞经密云水库、天津。随着飞机的上升，舱内温度急骤下降，寒风砭骨，再加上劳累和悲伤，他们全身发抖，两人紧紧地靠在一起，在黄河入海口撒下最后一包骨灰，完成了周总理交办的最后一件事。16日零时45分平安返回机场。

上午9时，老张、小高赶到西花厅向邓大姐汇报。邓大姐早已等候在门口，她张开双臂，紧紧地抱住他们。泪水如注，不停地说："谢谢、谢谢……"老张、小高再也抑制不住自己的感情，放声痛哭。三个人的泪水流在一起。

听完汇报后,大姐安详地说:"我为恩来做了一件大事。他活着的时候,对我替他做这件事把握不大。今天做了,他也应该得到安慰。我死后,骨灰也要撒掉,由我所在党支部负责。"

16日早上,人们从广播中听到周总理骨灰已按照他的遗愿撒向祖国的江河大地,开始是惊愕,继而对他更加敬仰:他活着为人民服务,死后仍为人民服务。他虽然离我们而去,但是他的精神永远活在亿万人民心中。永远、永远……

(李海文)

作者简介

李海文　中共中央党史和文献研究院研究员。享受国务院颁发的政府特殊津贴，1978年3月到中共中央党校党史教研室工作，1979年4月到中共中央文献研究室工作，历任周恩来年谱生平小组副组长、组长，周恩来研究组副组长，研究员。1998年到中共中央党史研究室，任《中共党史研究》副主编，《中共党史资料》主编。曾到日本、台湾参加学术讨论会，作学术报告。长期研究毛泽东、周恩来、华国锋、彭真、李雪峰、林育英（张浩）、李求实及中共党史，出版专著若干，有《周恩来年谱（1898—1949）》《中共党史拐点中的人物与事件》《历史巨人身边——师哲回忆录》《"四人帮"上海余党覆灭记》《世纪对话——忆法制奠定人彭真》，主编《周恩来家世》《彭真市长》《中国工农红军长征亲历记》《中共重大事件亲历记》，撰写《三个里程碑的提出与取消》等论文，整理口述历史近百多篇。本书中撰写《绚丽的樱花》等24篇文章。

廖心文　毕业于中国人民大学党史系，中共中央党史和文献研究院研究员，曾任原中共中央文献研究室室务委员兼第二编研部主任，中国中共文献研究会常务理事，周恩来、邓颖超研究中心主任，周恩来思想生平研究会会长、名誉会长，享受国务院颁发的政府特殊津贴。长期从事中共党史和党的领袖生平思想研究。参加《周恩来年谱（1898—1949）》《周恩来传（1949—1976）》《毛泽东传（1893—1949）》《李富春传》《陈云传》（上）等的撰稿；担任《建国以来周恩来文稿（1949—1950）》《建国以来刘少奇文稿（1953—1955）》《周恩来画传》《刘少奇画传》《朱德画传》以及《邓颖超》（画册）等书的主编。担任大型文献纪录片《周恩来》《新中国重大决策纪实》《奠基——老一辈革命家与新中国体育》《榜样——周恩来的故事》等的总撰稿。在《党的文献》《中共党史研究》《瞭望》《人民日报》等报刊上发表周恩来等老一辈革命家与台湾问题、香港问题、知识分子问题、外交问题等方面的论文多篇。本书中撰写《"这家真难当啊！"》《狂风暴雨护英华》等17篇。

曹应旺　武汉大学经济学硕士，中共中央党史和文献研究院研究员，原中共中央文献研究室第五编研部巡视员，享受国务院颁发的政府特殊津贴。长期从事中共党史、党和国家主要领导人相关文献的编辑研究工作。担任《陈云传》副主编。参加撰写《邓小平传》。参加编辑《周恩来经济文选》《十六大以来重要文献选编》《十七大以来重要文献选编》。担任《周恩来大辞典》副主编。著有《周恩来与治水》《周恩来的智慧》《中国的总管家周恩来》《中国外交第一人周恩来》《周恩来经历记述》《邓小平的智慧》《万水千山连着中南海》《开国财头陈云》《高端协力中的周恩来》。发表《中共十六大与八大比较研究》《从工业化到全面建设小康社会目标的考察》《科学发展观渊源中的中华文化传统》等研究文章百余篇。本书中撰写《用具体数字说话》等13篇。

李静 中国青少年研究中心编审，1984年7月毕业于北京师范学院历史系，就职中共中央文献研究室，任周恩来研究组编辑，曾任中华儿女杂志社编辑部主任、中国青年杂志社社会版副主编、中国共青团杂志社常务副总编辑、团中央青运史档案馆副馆长。参加《周恩来书信选集》《周恩来外交文选》《周恩来经济文选》《怀念周恩来》《忆邓大姐》等图书的编辑工作，主编《周恩来交友录》《实话实说丰泽园》《实话实说西花厅》《实话实说福禄居》《团一大历史研究》《纪念中国共青团成立90周年理论研讨会论文集》等图书，参加撰写《中国共产党光辉的70年》《中华人民共和国实录》《弘扬培育伟大的民族精神》等图书。著有《周恩来的故事》《邓颖超的故事》《共青团史话》《青运史研究文集》等。本书中撰写《"克什米尔公主号"爆炸前后》等4篇。

刘春秀 中共中央党史和文献研究院原副局级巡视员、编审。1965年高考前，选调到中共中央办公厅第一局干部学校学习，自1970年12月毕业后，先后在中央档案馆、毛泽东著作编委会办公室、中共中央文献研究室秘书处和周恩来研究组（后改称第二编研部）工作。自1982年起，长期从事周恩来生平著作编辑和研究工作，曾参加编辑《周恩来军事文选》《建国以来周恩来文稿》《周恩来书信选集》《周恩来手迹选》《周恩来题词手迹精品选》《周恩来邓颖超通信选集》《老一辈革命家手迹选》《周恩来画册》《周恩来和邓颖超画册》《我们的周总理》《邓颖超书信选集》《忆邓大姐》等。参加撰写和编著

《周恩来军事活动纪事》《周恩来大辞典·交往编》《周恩来研究学术讨论会论文选》《共和国领袖的故事——周恩来的故事》《共和国的象征——国旗、国徽、国歌》等。著有《周恩来和邓颖超》一书，再版后为《世纪伟人革命伴侣——周恩来和邓颖超》。合著《同舟风雨路：周恩来邓颖超爱情书简解读》。发表研究、评介、宣传文章多篇。本书中撰写《元帅的领路人》等13篇。

易飞先　硕士，编辑，1982年9月就读于湘潭大学历史系。1986年考入北京大学国际政治系，攻读共产国际与中国革命研究生。1989年7月到中央文献研究室周恩来研究组工作。编、撰、译（包括与人合作）有关毛泽东、周恩来等老一辈革命家生平思想及党史研究书籍十余种。主要有《周恩来传奇》《周恩来的故事》《毛泽东之路》《施拉姆集》《理性与疯狂》等。1995年后历任国务院新闻办公室副处长、处长，重庆市委宣传部副部长、重庆市委办公厅副主任，现任重庆市政协研究室主任。本书中撰写《"这条河，挡不住我"》等2篇。

熊华源　毕业于中共中央党校，中共中央党史和文献研究院研究员，曾任原中共中央文献研究室第一编研部主任，中国中共文献研究会理事，毛泽东生平思想研究会常务副会长、周恩来生平思想研究会顾问、当代中国史研究会常务理事等。享受国务院颁发的政府特殊津贴，中央人才工作协调小组联系专家。长期从事毛泽东、周恩来、邓小平等党和国家领导人的思想生平的研究宣传工作。担任《建国以来毛泽东文稿》《军事统帅毛泽东》主编，担任《毛泽东年谱（1949—1976）》《周恩来年谱（1949—1976）》《邓小平年谱（1975—1997）》《周恩来》（画册）副主编。参加编辑或编写《周恩来经济文选》《杨尚昆日记》《共和国的象征——国旗、国徽、国歌》等。担任文献纪录片《周恩来》《杨尚昆》等的撰稿。著有《周恩来总理生涯》《周恩来初登世界舞台》《周恩来和万隆会议》等。发表《周恩来和万隆会议》、《论周恩来在反冒进中的探索》、《人民心中的丰碑》、《邓小平的农村改革思想及其时代意义》、《论

邓小平"先富"与"共富"思想的历史演变》(合写)、《毛泽东与20世纪中国第二次历史性巨变》、《毛泽东关于正确处理人民内部矛盾理论的形成过程》、《第一代中央领导集体为当代中国一切发展进步奠基的历史贡献》等研究宣传文章百余篇。在本书中撰写《定都北京，进京"赶考"》等14篇。

  安建设 中共中央党校法学硕士，中共中央党史和文献研究院研究员，原中共中央文献研究室巡视员，周恩来思想生平研究会常务副会长，享受国务院颁发的政府特殊津贴。长期从事中共党史、党和国家主要领导人生平与思想研究。参加撰写《毛泽东传（1949—1976）》《周恩来传（1949—1976）》《周恩来年谱（1949—1976)》《邓小平年谱（1966—1976)》等。参加编写《二十世纪中国通鉴》《中国共产党历史》第二卷（1949—1978）《中华人民共和国国史百科全书》《中国近现代史纲要》等。参加《周恩来》《周恩来外交风云》《邓颖超》《开端》《新中国从这里走来》《国庆纪事》等文献纪录影视片的策划和撰稿。发表研究文章多篇。在本书中撰写《七亿人民的好"管家"》等17篇文章。